D1727867

Egger/Samer/Bertl

•

Der Jahresabschluss nach dem Unternehmensgesetzbuch

Der Jahresabschluss nach dem Unternehmensgesetzbuch

Band 2
Der Konzernabschluss

8., überarbeitete Auflage

Autoren dieser Auflage:

em. o. Univ.-Prof. Dkfm. Dr. Dr.hc. Anton Egger
Beeideter Wirtschaftsprüfer
und Steuerberater

o. Univ.-Prof. Mag. Dr. Romuald Bertl
Beeideter Wirtschaftsprüfer
und Steuerberater

Linde

Bibliografische Information der Deutschen Nationalbibliothek

Die Deutsche Nationalbibliothek verzeichnet diese Publikation in der Deutschen Nationalbibliografie; detaillierte bibliografische Daten sind im Internet über http://dnb.d-nb.de abrufbar.

ISBN 978-3-7073-3429-6

Es wird darauf verwiesen, dass alle Angaben in diesem Fachbuch trotz sorgfältiger Bearbeitung ohne Gewähr erfolgen und eine Haftung der Autoren oder des Verlages ausgeschlossen ist.

© Linde Verlag Ges.m.b.H., 2016
1210 Wien, Scheydgasse 24, Tel.: 01/24 630
www.lindeverlag.at

Druck: Hans Jentzsch & Co GmbH
1210 Wien, Scheydgasse 31

Vorwort zur 8. Auflage

Das Rechnungslegungs-Änderungsgesetz 2014 brachte nicht nur für die Aufstellung des Einzelabschlusses, sondern auch für den Konzernabschluss einige wesentliche Änderungen, wie zum Beispiel das Verbot der Anwendung der Buchwertmethode bei der Konsolidierung, mit sich. Diese Änderungen gaben auch uns die Möglichkeit, das gesamte Werk gründlich durchzuarbeiten. Wir glauben, dass wir mit dieser Auflage nicht nur dem Praktiker ein umfassendes Nachschlagewerk vorlegen können, sondern auch dem Lernenden eine didaktisch gut aufbereitete Einführung in die Probleme der Konzernrechnungslegung in die Hand geben.

Den Teil über die Konzernabschlussanalyse, wie auch die Jahresabschlussanalyse, haben wir wegen ihrer zunehmenden Bedeutung in einen eigenen Band 3 „Unternehmensanalyse" ausgegliedert.

Wie schon in der letzten Auflage haben wir davon abgesehen, die IFRS-Bestimmungen aufzunehmen, weil diese für die vielen nicht börsenotierenden Unternehmen nicht erforderlich sind und auch den Leser wegen ihrer Nähe und teilweise schwierigen Abgrenzung zum Unternehmensgesetzbuch leicht verwirren.

Wir danken Frau Mag. Atak und Herrn Mag. Kofler für ihre Mitarbeit bei der Überarbeitung dieser Auflage.

Anton Egger   Romuald Bertl

Inhaltsübersicht

Inhaltsverzeichnis

Beispielverzeichnis

Soweit nicht gesondert angegeben, sind alle Beispiele ohne Berücksichtigung der Größenmerkmale gemäß § 246 UGB erstellt.

Nr	Text	Kap	Seite
1	Konzerninterne Gewinnschöpfung	1.12	2
2	Mehrfachausweis des Eigenkapitals	1.12	3
3	Konzernabschluss GmbH & Co KG	2.327	25
4	Tannenbaumprinzip	2.4	29
5	Tannenbaumprinzip über die Grenze	2.5	32
6	Zeitlicher Befreiungseintritt	2.62	36
7	Demonstrationsbeispiel Konzernabschluss	3.1	45
8	Offenlegung stiller Reserven bei beschränkten Unterschiedsbeträgen	3.8	64
9	Zuordnung des UB bei übersteigenden stillen Reserven	3.8	67
10	Darstellung der verschiedenen Kapitalkonsolidierungsmethoden	4.112	72
11	Von der UB I in die UB II, Neubewertungsmethode	4.21	79
12	Behandlung des Minderheitenanteils	4.211	82
13	Kapitalkonsolidierung	4.221	85
14	Stille Reserven bei der Kapitalkonsolidierung	4.221	87
15	Analyse und Behandlung eines aktiven Unterschiedsbetrages	4.232	93
16	Behandlung verschiedener passiver Unterschiedsbeträge	4.232	95
17	Behandlung verschieden hoher Unterschiedsbeträge	4.232	95
18	Saldierung aktiver und passiver Unterschiedsbeträge in der Konzernbilanz	4.233	97
19	Erstkonsolidierung, Buchwert- und Neubewertungsmethode	4.31	99
20	Erstkonsolidierung, Übungsbeispiel	4.31	103
21	Teilaufwertung stiller Reserven	4.31	106
22	Teilaufwertung stiller Reserven	4.31	109
23	Unterschiedlicher Kapitalaufrechnungszeitpunkt und Einbeziehungszeitpunkt	4.311	113
24	Kapitalaufrechnung auf Grundlage der Wertansätze zum Erwerbsstichtag	4.311	119
25	Kapitalaufrechnung auf den Stichtag der ersten Einbeziehung	4.311	122
26	Kettenkonsolidierung bei 100%iger Beteiligung	4.312	124

1. Grundlagen der Konzernrechnungslegung

1.1 Die Konzernrechnungslegung als Informationsinstrument

Von einem Konzern spricht man, wenn rechtlich selbständige Unternehmen zu wirtschaftlichen Zwecken unter einheitlicher Leitung oder durch den beherrschenden Einfluss eines Mutterunternehmens zusammengeschlossen werden.

1.11 Motive für die Konzernbildung

In Österreich gibt es, in gleicher Weise wie in anderen Staaten, eine Vielzahl von Konzernen. Maßgebend für die Konzernbildung sind vor allem die Größe, Internationalität und Heterogenität der Unternehmen.

Der Wunsch nach einer **Konzernbildung** geht grundsätzlich vom Management des künftigen Mutterunternehmens, aber auch von Mehrheits- bzw Alleingesellschaftern aus. Ein wesentliches Motiv ist die Notwendigkeit, neu erworbene Unternehmen bestmöglich in die Unternehmensorganisation des Erwerbers einzuordnen, ohne jedoch die Flexibilität zu verlieren bzw die Prozedur einer Fusion auf sich zu nehmen, aber auch grenzüberschreitende Unternehmenserwerbe.

Hinter den Motiven für die Konzernbildung stehen auch Probleme der Forschung und Entwicklung, der Diversifikation in der Leistungserstellung und Leistungsverwertung.

Zentrale Finanzierungserfordernisse einerseits, dezentrale Organisationsformen und höhere Flexibilität andererseits fördern die Konzernbildung.

Gegenüber der **Verschmelzung** bietet die Konzernbildung in den Augen der handelnden Manager und Eigentümer eine Reihe von Vorteilen, die vor allem in der größeren Flexibilität in Bezug auf die Ein- und Ausgliederung der Teilunternehmen und relativen Selbständigkeit der Funktionsbereiche liegen. Das Unternehmerrisiko lässt sich besser streuen, da der Zusammenbruch eines rechtlich selbständigen Teilbereiches auf die übrige Organisation weniger durchschlägt, als dies bei einer rechtlich einheitlichen Struktur des Gesamtunternehmens der Fall wäre.

Erhebliche Vorteile für die **Konzernbildung** gegenüber der **Verschmelzung** liegen bei Vorhandensein von Minderheitsgesellschaftern bei Tochtergesellschaften in der leichteren Gestaltung der gewünschten Mehrheitsverhältnisse.

Das Wirken der Konzerne ist aber auch *„nicht nur ein Segen für die Entfaltung des Wirtschaftslebens, sondern auch ein Exerzierfeld für einfallsreiche Methoden, Aktionäre, Gesellschafter, Gläubiger und sonstige Dritte zu schädigen"* (*Krejci, H.*, Gutachten Konzernrecht, 10. Österreichischer Juristentag 1988, S 232. Hierzu ist zu vermerken, dass sich im **Konzernrecht** in Österreich mit Ausnahme der **Konzernrechnungslegung** seit 1988 nur wenig getan hat.).

Konzernfremde, wie Kunden, Marktteilnehmer und hier insbesondere Konkurrenten, stehen einer Konzernbildung in der Regel so lange neutral gegenüber, als ihnen aus der Konzernbildung kein Schaden in der Form negativer Marktkonsequenzen, wie Wettbewerbsverzerrungen oder Verdrängungsprozesse, droht. Diese Gefahr besteht allerdings auch im Falle der Fusion.

Für Lieferanten und sonstige Gläubiger von Tochtergesellschaften ist die Bestandsicherung der im Konzern befindlichen Unternehmen und deren Fähigkeit, ihren Zahlungsverpflichtungen auf die Dauer nachzukommen, von wesentlicher Bedeutung. Sie sehen als Folge der Konzernbildung sogar häufig eine Verbesserung dieser Situation.

Hat der Konzern eine bestimmte marktbeeinflussende Größe erreicht, erstreckt sich seine Wirkung auf große Teile der Wirtschaft einer Region und beginnt damit auch die Öffentlichkeit zu interessieren.

Für **Minderheitsgesellschafter** besteht das Problem, durch die Einbindung ihres Unternehmens in einen Konzern zu Gunsten des beherrschenden Unternehmens finanziellen Schaden dadurch zu erleiden, dass das erworbene Unternehmen finanziell ausgehöhlt wird, Gewinne in die Muttergesellschaft verlagert werden und eine etwaige Abschichtung nicht zu fairen Preisen durchgeführt wird.

1.12 Folgen einer fehlenden Konzernrechnungslegung

Mit der **Konzernbildung** bedarf es auch einer systematischen **Konzernrechnungslegung**, deren Bedeutung in der Ausschaltung sonst möglicher Gestaltungen und Manipulationen, die dem Leser ein völlig verzerrtes Bild der Vermögens-, Finanz- und Ertragslage der Gesamtheit aller dem Konzern angehörigen Unternehmen vorspiegeln können, liegt.

Als Beispiele derartiger **möglicher Verzerrungen** können
- der **Ausweis unrealisierter Gewinne** durch Lieferungen und sonstige Leistungen zwischen den dem Konzern angehörigen Unternehmen, soweit diese beim empfangenden verbundenen Unternehmen aktiviert werden, und
- die buchmäßige „Realisierung" von stillen Reserven durch Übertragung von Vermögensgegenständen an Tochterunternehmen (Beteiligungen, Liegenschaften in Verbindung mit Leasingverträgen)
genannt werden.

Beispiel 1
Konzerninterne Gewinnschöpfung

Das Mutterunternehmen liefert an das Tochterunternehmen Eigenerzeugnisse zu einem Preis von 2 Mio €, die am Abschlussstichtag noch im Bestand des Tochterunternehmens sind. Die bilanzierungspflichtigen Herstellungskosten des Mutterunternehmens würden 1 Mio € betragen. Durch die Lieferung an das Tochterunternehmen zeigt das Mutterunternehmen statt eines Vorratsvermögens von 1 Mio € eine Forderung gegen das Tochterunternehmen von 2 Mio € und weist ein zusätzliches unversteuertes Jahresergebnis von 1 Mio € aus. Bei dem Tochterunternehmen werden das Vorratsvermögen und die Verbindlichkeiten gegen-

über dem Mutterunternehmen mit 2 Mio € bilanziert.

Das Tochterunternehmen erbringt gegenüber dem Mutterunternehmen eine zu überhöhten Preisen fakturierte Projekt(Planungs-)leistung, die beim Mutterunternehmen als in Bau befindliche Anlage ausgewiesen wird.

- **Mehrfachausweis von Eigenkapital des Gesamtkonzerns durch Gründung von Tochterunternehmen**

Beispiel 2
Eigenkapitalschöpfung durch Gründung einer Tochtergesellschaft
Ein Unternehmen zeigt folgende Bilanzsumme:

Vermögen	1.000	Eigenkapital	200
		Fremdkapital	800
	1.000		1.000

Durch die Ausgliederung eines Tochterunternehmens, dem 500 Vermögen und 300 Fremdkapital übertragen werden, ergibt sich nach Ausgliederung folgendes Bild:

Mutterunternehmen

Beteiligung	200	Eigenkapital	200
Sonstiges Vermögen	500	Fremdkapital	500
	700		700

Tochterunternehmen

Vermögen	500	Eigenkapital	200
		Fremdkapital	300
	500		500

Durch die Ausgliederung ist das Eigenkapital des Konzerns, abgeleitet aus der Summe der Einzelbilanzen, auf 400 gestiegen.

In gleicher Weise wie das Eigenkapital erhöht sich auch das summenmäßige Gesamtvermögen von ursprünglich 1.000 auf nunmehr 1.200.

Eine weitere Möglichkeit der Eigenkapitalschöpfung besteht in einer Kapitalerhöhung des Tochterunternehmens, ohne die finanziellen Mittel tatsächlich im Tochterunternehmen zu lassen:

Das Mutterunternehmen nimmt einen Bankkredit von 200 auf und verwendet diesen zur Erhöhung des Eigenkapitals des Tochterunternehmens (Kapitalzuschuss bzw Nennkapitalerhöhung). Das Tochterunternehmen zahlt den ihm zugeflossenen Betrag dem Mutterunternehmen zurück, welches damit den Bankkredit abdeckt.

Bilanz des Mutterunternehmens vor Kreditaufnahme (wie vorne)

Beteiligung	200	Eigenkapital	200
Sonstiges Vermögen	500	Fremdkapital	500
	700		700

Bilanz des Mutterunternehmens nach Kreditaufnahme

Beteiligung	200	Eigenkapital	200
Sonstiges Vermögen	700	Fremdkapital	700
	900		900

Bilanz des Mutterunternehmens nach Kapitalerhöhung und Einzahlung des Betrages bei dem Tochterunternehmen

Beteiligung	400	Eigenkapital	200
Sonstiges Vermögen	500	Fremdkapital	700
	900		900

Bilanz des Tochterunternehmens nach Kapitalerhöhung und Einzahlung des Betrages seitens des Mutterunternehmens

Vermögen	700	Eigenkapital	400
		Fremdkapital	300
	700		700

Bilanz des Mutterunternehmens nach Rückzahlung des Betrages durch das Tochterunternehmen und Tilgung des Bankkredites

Beteiligung	400	Eigenkapital	200
Sonstiges Vermögen	500	Verb Tochterunternehmen	200
		Sonstige Verbindlichkeiten	500
	900		900

Bilanz des Tochterunternehmens nach Rückzahlung des Betrages an das Mutterunternehmen

Forderung gegenüber		Eigenkapital	400
Mutterunternehmen	200	Fremdkapital	300
Sonstiges Vermögen	500		
	700		700

Durch die beiden oben dargestellten Vorgänge wurden aus einem Eigenkapital von ursprünglich 200 nunmehr 600 (200 + 400), obwohl sich, wirtschaftlich gesehen, das Eigenkapital insgesamt nicht verändert hat.

Fasst man die Bilanzen beider Gesellschaften zusammen, ergibt sich Folgendes:

- *Die Beteiligung bei dem Mutterunternehmen wird mit dem Eigenkapital 400 des Tochterunternehmens aufgerechnet.*
- *Die Forderung des Tochterunternehmens wird mit der Verbindlichkeit 200 des Mutterunternehmens aufgerechnet.*

Konsolidierte Bilanz

Sonstiges Vermögen	*1.000*	*Eigenkapital*	*200*
		Fremdkapital	*800*
	1.000		*1.000*

Damit ist der ursprüngliche Zustand wiederhergestellt.

1.13 Die Bedeutung der Konzernrechnungslegung und die Informationsaufgabe des Konzernabschlusses

Durch die gesetzlichen Vorschriften zur **Konzernrechnungslegung** sollen die vorne genannten Gestaltungs- und Manipulationsmöglichkeiten durch Zusammenfassung der Jahresabschlüsse der unter einheitlicher Leitung oder unter dem beherrschenden Einfluss eines Mutterunternehmens stehenden Unternehmen zu einem **einheitlichen Konzernabschluss** verhindert werden. Dadurch sollen die Abschlussadressaten (Öffentlichkeit, Anteilsbesitzer, potentielle Investoren, Gläubiger, Arbeitnehmer) in die Lage versetzt werden, die Vermögens-, Finanz- und Ertragslage der zu einem Konzern **verbundenen Unternehmen** so zu sehen, als wären diese ein einziges Unternehmen.

Im **Konzernabschluss** werden alle Geschäftsvorfälle zwischen den im Konzernabschluss zusammengefassten (verbundenen) Unternehmen, die in den Einzelabschlüssen ihren Niederschlag gefunden haben, eliminiert, da diese im Rahmen der Konzernrechnung als innerbetriebliche Vorgänge angesehen werden.

Im Einzelnen führt dies zur **Integration aller Aktiva und Passiva sowie Aufwendungen und Erträge der Einzelabschlüsse in einen Gesamtabschluss mit den Folgen:**

- Saldierung der Beteiligung des Mutterunternehmens an dem Tochterunternehmen mit dessen Eigenkapital (Kapitalkonsolidierung),
- Saldierung von gegenseitigen Forderungen und Verbindlichkeiten (Schuldenkonsolidierung),
- Zusammenfassung von Aufwendungen und Erträgen verbundener Unternehmen (Aufwands- und Ertragskonsolidierung),
- Eliminierung von Zwischenergebnissen zwischen den verbundenen Unternehmen.

1.131 Lieferung entscheidungsrelevanter Konzerninformationen

Im Unterschied zum Einzelabschluss, der mehrere Aufgaben erfüllt, die sich im Wesentlichen in die Ausschüttungsbemessungsfunktion, die Steuerbemessungsfunktion und die Informationsfunktion zerlegen lassen, wird dem Konzernabschluss als einzige Funktion die Lieferung **entscheidungsrelevanter Konzerninformationen** an den Abschlussadressaten zugeschrieben.

Gem § 250 Abs 2 hat der Konzernabschluss ein möglichst getreues Bild der Vermögens-, Finanz- und Ertragslage des Konzerns zu vermitteln; grundlegende Basis für die Aufstellung des Konzernabschlusses ist die in § 250 Abs 3 erster Satz verankerte **Einheitstheorie**, wonach im Konzernabschluss die Vermögens-, Finanz- und Ertragslage der einbezogenen Unternehmen so darzustellen ist, als ob die Konzernunternehmen **insgesamt ein einziges Unternehmen** wären.

Nach dem Willen des Gesetzgebers richtet sich die Information des Konzernabschlusses vor allem an die Außenwelt, und zwar insbesondere an bestehende oder potentielle Gesellschafter (Aktionäre) der Muttergesellschaft, aber auch an Minderheitsgesellschafter von Tochtergesellschaften sowie an Investoren, Kreditgeber, Lieferanten, Mitarbeiter und nicht zuletzt an die Öffentlichkeit. Das Interesse der Öffentlichkeit als Jahresabschlussadressat richtet sich im Wesentlichen nach der Bedeutung des Konzerns für die Beschäftigungslage und das wirtschaftliche Umfeld in der Region.

Die Bedeutung der **Konzernbilanzierung** wird in der überwiegenden Zahl der Kommentare durchaus positiv gewürdigt. So meint etwa *Fröhlich* noch in der ersten Auflage seiner „Praxis der Konzernrechnungslegung", Wien 2007, S 6 f in Bezug auf das Interesse der Gesellschafter, dass diese durch die Vorlage des Konzernabschlusses sicher sein können, dass die Geschäftsführung nicht durch den Abschluss konzerninterner Geschäfte Bilanzpolitik betreibt, die die wirtschaftliche Situation der Unternehmensgruppe verschleiert. Für Kreditgeber sieht *Fröhlich* eine wesentliche Verbesserung bei der Beurteilung der Kreditwürdigkeit, da Schulden vom Unternehmen nicht mehr so einfach in Tochterunternehmen versteckt werden können oder das Geschäftsergebnis durch konzerninterne Geschäfte verbessert werden kann.

Wagenhofer (Internationale Rechnungslegungsstandards IAS/IFRS, 6. Aufl, München 2009, S 389) verweist auf die Tatsache, dass international der Konzernabschluss im Vergleich zum Einzelabschluss als der für die Adressaten **wesentlich informativere Abschluss** eines Unternehmens gilt. Als Indikator hierfür sieht er die Praxis vieler Muttergesellschaften, in ihrem Geschäftsbericht nur mehr den Konzernabschluss darzustellen und nicht mehr die frühere Darstellung zu wählen, den Einzelabschluss des Mutterunternehmens und den Konzernabschluss gemeinsam abzudrucken.

1.132 *Mängel in der Konzerninformation eines nach dem UGB aufgestellten Jahresabschlusses*

Die Adressaten des Konzernabschlusses haben höchst **unterschiedliche Informationsbedürfnisse**, die sich jedoch auf einige wenige für alle Gesellschafter geltenden Grundinformationen reduzieren lassen. Hierzu gehören die Höhe und Stabilität der erzielbaren Erträge, der nachhaltig gewährleistete Bestand des Konzerns und **seiner Teile** sowie die Fähigkeit, Fremdkapital vertragsgemäß zu verzinsen und bei Fälligkeit zurückzuzahlen.

Diese Informationen werden durch den **österreichischen Konzernabschluss** im Hinblick auf die Lage des **Gesamtkonzerns** durchaus vermittelt, sind aber im Hinblick auf einzelne Tochtergesellschaften nur in eingeschränktem Ausmaß gegeben.

Während der **Konzernabschluss** ein möglichst getreues Bild der Vermögens-, Finanz- und Ertragslage des **Gesamtkonzerns** vermittelt, lässt er die Lage der einzelnen Tochterunternehmen informationsmäßig im Dunkeln. So gibt es einerseits im

Konzernrecht im Falle der Insolvenz einer Tochtergesellschaft weder organisatorisch noch rechtlich eine Bestimmung über die Behandlung derselben, während andererseits das Konzernbilanzrecht keine Information darüber verlangt, ob und wie weit die Muttergesellschaft für die **Bonität einer Tochtergesellschaft** haftet. Da bestehende oder potentielle Investoren (Lieferanten, Darlehensgeber, sonstige Kreditgeber, stille Gesellschafter) der Tochtergesellschaften aber nicht in das fiktive Unternehmen „Konzern", sondern nach wie vor in einzelne Unternehmen investieren und auch rechtlich dem einzelnen Tochterunternehmen gegenüberstehen, bietet der Konzernabschluss nach der derzeitigen Rechtslage **diesen Investoren keine entscheidungsrelevanten Informationen**.

Der Konzernabschluss lässt auch nicht erkennen, welche Tochterunternehmen mehr oder weniger erfolgreich waren. Während gem § 238 Abs 1 Z 4 im **Anhang des Einzelabschlusses** der Muttergesellschaft das **Eigenkapital und das Ergebnis des letzten Geschäftsjahres** aller Unternehmen, an denen die Muttergesellschaft direkt oder indirekt mindesten 20% der Anteile besitzt, anzugeben sind, fehlt diese Bestimmung im § 265 völlig. Der konsolidierte Abschluss sollte daher den Einzelabschluss **nicht ersetzen, sondern ergänzen**. Gerade diese Tatsache wird aber häufig dadurch unterschlagen, dass eine Reihe von Konzernen den Einzelabschluss von Tochtergesellschaften, aber auch der Muttergesellschaft mit der Begründung nicht geschäftsberichtsmäßig veröffentlichen, dass der Einzelabschluss keine wesentlichen Informationen biete. Der interessierte Leser muss in diesem Fall auf das Firmenbuch zugreifen, wo er – wenn auch häufig sehr spät und manchmal zu spät – in die Einzelabschlüsse Einblick nehmen kann.

Der **Informationsmangel** im Konzernabschluss könnte zumindest im Hinblick auf die Solvenzsicherheit der einzelnen Tochtergesellschaften dahingehend behoben werden, dass im Konzernanhang bei jeder Tochtergesellschaft vermerkt ist, ob und wie weit die Muttergesellschaft bzw eine andere Schwestergesellschaft im Falle einer Insolvenz für diese haftet.

1.2 Gesetzliche Bestimmungen zum Konzern in Österreich

1.21 Konzerndefinition gem § 15 AktG bzw § 115 GmbHG

Unabhängig von den Konzernrechnungslegungsbestimmungen gem § 244 UGB definieren § 15 AktG und § 115 GmbHG einen Konzern wie folgt:

> *§ 15. (1) Sind rechtlich selbständige Unternehmen zu wirtschaftlichen Zwecken unter einheitlicher Leitung zusammengefaßt, so bilden sie einen Konzern; die einzelnen Unternehmen sind Konzernunternehmen.*
>
> *(2) Steht ein rechtlich selbständiges Unternehmen auf Grund von Beteiligungen oder sonst unmittelbar oder mittelbar unter dem beherrschenden Einfluß eines anderen Unternehmens, so gelten das herrschende und das abhängige Unternehmen zusammen als Konzern und einzeln als Konzernunternehmen.*

Während Absatz 1 auf eine einheitliche Leitung (**Leitungsprinzip**) abstellt, setzt Absatz 2 den beherrschenden Einfluss eines anderen Unternehmens voraus (**Kontrollprinzip**).

Von einheitlicher Leitung spricht man, wenn ein oder mehrere Unternehmen in ihren wesentlichen Funktionen, wie Geschäfts- und Finanzpolitik, von einem Willen abhängig sind und dieser Wille auch tatsächlich ausgeübt wird.

1. Die **einheitliche Leitung** wird in der Regel über ein Mutterunternehmen, das an einem oder mehreren Unternehmen unmittelbar oder mittelbar beteiligt ist, ausgeübt. In diesem Fall liegen allerdings auch die Voraussetzungen des Absatzes 2 vor.
2. Eine **einheitliche Leitung** kann aber auch in jenen Fällen vorliegen, in denen das Mutterunternehmen zwar nicht mehrheitlich beteiligt ist, sich aber vertraglich die einheitliche Leitung gesichert hat (zB Syndikatsverträge), oder wenn die übrigen Anteile derart zersplittert sind, dass es Mutterunternehmen gelingt, sich regelmäßig in der Gesellschafterversammlung durchzusetzen und dies für eine einheitliche Leitung des Tochterunternehmens zu nutzen.
3. Die einheitliche Leitung kann auch von einer natürlichen Person oder einer Personengruppe ausgehen (zB Mehrheitsaktionäre oder Aktionärsgruppen bei mehreren Unternehmen ohne Bestehen von Beteiligungsverhältnissen zwischen den einzelnen Unternehmen).
4. Die einheitliche Leitung kann auch durch Personengleichheit der Vorstandsmitglieder oder Geschäftsführer entstehen.
5. Zur Institutionalisierung der Willensbildung wird eine Lenkungsgesellschaft gegründet, deren Kapital die Konzernmitglieder halten (zB Raiffeisen).

In den Fällen 3 bis 5 spricht man von einem **Gleichordnungskonzern**.

Im Gegensatz dazu steht der **Unterordnungskonzern**, der vorliegt, wenn die **einheitliche Leitung** durch ein Mutterunternehmen ausgeübt wird oder wenn dieses einen **beherrschenden Einfluss** auf die Tochterunternehmen ausübt. Für das Vorliegen eines beherrschenden Einflusses genügt es, wenn das Mutterunternehmen seinen Willen gegenüber den (unmittelbaren und mittelbaren) Tochterunternehmen durchzusetzen in der Lage ist.

Zu erwähnen ist, dass der Kreis der **konzernrechnungslegungspflichtigen Konzerne** nicht von § 15 AktG bzw § 115 GmbHG, sondern von § 244 UGB umschrieben wird. So fallen etwa die oben angeführten **Gleichordnungskonzerne** nicht unter die Konzernrechnungslegungsbestimmungen, weil eine der im § 244 geforderten Voraussetzungen für die Aufstellung des Konzernabschlusses, nämlich das Bestehen einer Kapitalgesellschaft bzw einer Kapitalgesellschaft & Co als Mutterunternehmen, fehlt.

1.22 Sonstige aktienrechtliche Bestimmungen zum Konzern

Einige wenige gesetzliche Regelungen finden sich im Aktiengesetz insoweit, als sich diese auf den Konzernbegriff des § 15 AktG und § 115 GmbHG und die daraus abgeleiteten Konsequenzen beziehen (vgl hiezu *Jabornegg P.*, § 15, in *Schiemer/ Jabornegg/Strasser*, Kommentar zum Aktiengesetz, Wien 1993, S 137).

Derartige gesetzliche Regelungen sind:

- Die Aufhebung des Wettbewerbsverbots für Vorstandsmitglieder, die gem § 79 auch ohne Einwilligung des Aufsichtsrates Aufsichtsratsmandate in Konzern-unternehmen annehmen dürfen.
- Gem § 86 Abs 2 Z 2 kann nicht Aufsichtsrat sein, wer gesetzlicher Vertreter eines Tochterunternehmens ist.
- Gem § 90 Abs 1 können Aufsichtsratsmitglieder nicht gleichzeitig Vorstandsmit-glieder der Gesellschaft oder ihrer Tochterunternehmen sein.
- Gem § 95 Abs 2 kann der Aufsichtsrat vom Vorstand jederzeit einen Bericht über die Angelegenheiten der Gesellschaft einschließlich ihrer Beziehungen zu einem Konzernunternehmen verlangen.
- Gem § 95 Abs 5 Z 1 gehören zu den zustimmungspflichtigen Geschäften der Er-werb und die Veräußerung von Beteiligungen gem § 228 UGB sowie der Erwerb, die Veräußerung und die Stilllegung von Unternehmen.
- Gem § 95 Abs 5 Z 12 gehört zu den zustimmungspflichtigen Geschäften der Abschluss von Verträgen mit Mitgliedern des Aufsichtsrates, durch die sich diese außerhalb ihrer Tätigkeit im Aufsichtsrat gegenüber der Gesellschaft oder einem Tochterunternehmen zu einer Leistung gegen ein nicht bloß geringfügiges Entgelt verpflichten.
- § 96 bestimmt die Prüfungspflicht des Aufsichtsrates für den Jahresabschluss und den Konzernabschluss.
- § 108 Abs 3 bestimmt eine mindestens 21-tägige Auflegungsfrist des Jahresab-schlusses und des Konzernabschlusses vor dem Tag der Hauptversammlung zur Einsichtnahme durch die Aktionäre.
- § 238 Abs 1 und Abs 2 regeln lediglich die Zustimmungspflicht der Hauptver-sammlung für Gewinnabführungsverträge und Verträge über die Verpachtung oder Überlassung des Betriebes ihres Unternehmens, sehen aber keine bestimmten In-haltsvorschriften vor.

1.23 Einzelbestimmungen zum Konzernrecht in anderen Gesetzen

GmbHG

Im GmbHG regelt § 29 Abs 1 Z 3 die Aufsichtsratspflicht von GmbHs, die andere Kapitalgesellschaften einheitlich leiten oder auf Grund einer unmittelbaren Beteili-gung von mehr als 50% beherrschen.

Arbeitsrecht

§ 88a ArbVG betrifft die Errichtung von Arbeitsgemeinschaften von Betriebsräten in Konzernen.

§ 110 Abs 6 ArbVG regelt die Entsendung von Arbeitnehmervertretern in den Aufsichtsrat des herrschenden Unternehmens.

Steuerrecht

Für die Ertragsbesteuerung von Kapitalgesellschaften kann seit 2005 die sogenannte Gruppenbesteuerung angewendet werden. Nach § 9 Abs 1 KStG können unmittelbar oder mittelbar finanziell verbundene Körperschaften eine Unternehmensgruppe bilden. Dabei wird das steuerlich maßgebende Ergebnis des jeweiligen Gruppenmitgliedes dem steuerlich maßgebenden Ergebnis des unmittelbar bzw mittelbar beteiligten **Gruppenmitglieds bzw Gruppenträgers** jenes Wirtschaftsjahres zugerechnet, in das der Bilanzstichtag des Gruppenmitgliedes fällt.

Gruppenmitglieder können inländische unbeschränkt steuerpflichtige Kapitalgesellschaften und Erwerbs- und Wirtschaftsgenossenschaften sowie ausländische vergleichbare Körperschaften sein.

Gruppenträger können im Wesentlichen inländische unbeschränkt steuerpflichtige Körperschaften und Beteiligungsgemeinschaften solcher Körperschaften sein.

1.3 Österreichisches Konzernrecht und Konzernrechnungslegungsrecht

1.31 Fehlen eines systematischen Konzernrechts in Österreich

In Österreich fehlt ein **geschlossenes Konzernrecht**, das die rechtlichen Beziehungen der einzelnen Konzernunternehmen zueinander und die organisatorischen und wirtschaftlichen Verhältnisse zwischen den einzelnen dem Konzern angehörigen Unternehmen regelt. In Deutschland gibt es aktienrechtliche Bestimmungen (Drittes Buch des dAktG 1965, verbundene Unternehmen, §§ 291–338), die dem herrschenden Unternehmen ein Weisungsrecht gegenüber dem verbundenen Unternehmen geben, aber auch die daraus entstehende Haftung des herrschenden Unternehmens für das beherrschte Unternehmen regeln. Die Haftung richtet sich danach, ob sich die Beherrschung der Muttergesellschaft allein aus dem Anteilsverhältnis ergibt, ob es sich um einen Vertragskonzern (Konzern mit einem Gewinnabführungsvertrag oder einem Beherrschungsvertrag) oder um eine eingegliederte Aktiengesellschaft (Aktiengesellschaft, die vertraglich wie eine Betriebsabteilung behandelt wird) handelt. Insbesondere bei Bestehen von Beherrschungsverträgen hat der Vorstand der herrschenden Gesellschaft ein umfassendes Weisungsrecht, welches allerdings nicht den Konzerninteressen widersprechen oder die Existenz des beherrschten Unternehmens gefährden darf.

In Österreich sind **Vertragskonzerne** mit Ausnahme von Gewinnabführungsverträgen (§ 238 AktG), die jedoch mit keinen weiteren Regelungen verbunden sind, gesetzlich nicht vorgesehen.

Abgesehen von der **wirtschaftlich einheitlichen** Leitung, die bei kleinen und mittleren Unternehmen durch Personalunion der Geschäftsführung der Mutter- und Tochtergesellschaften unschwer herbeigeführt werden kann, bildet das wesentliche Kriterium der Konzernbildung der beherrschende Einfluss. Im Sinne der Konzernbildung versteht man darunter die Möglichkeit der laufenden finanziell und wirtschaftlich bestimmenden Einflussnahme der Muttergesellschaft auf die Tochterunternehmen.

Die Realisierung dieser Bedingung wird in Österreich durch das Fehlen entsprechender **gesetzlicher Bestimmungen** über die **innere Organisation des Konzerns** und die **Rechtsverhältnisse der verbundenen Unternehmen zueinander** erschwert bzw geschieht nicht gesetzeskonform. Dies gilt vor allem dann, wenn Tochtergesellschaften in der Rechtsform einer AG geführt werden, da der Vorstand der Tochtergesellschaft gem § 70 AktG verpflichtet ist, *„die Gesellschaft unter eigener Verantwortung so zu leiten, wie das Wohl des Unternehmens unter Berücksichtigung der Interessen der Aktionäre und der Arbeitnehmer sowie des öffentlichen Interesses es erfordert"*. Der Vorstand ist weisungsfrei und hat andere als in den §§ 74 und 95 Abs 5 genannte Beschränkungen nicht auf sich zu nehmen, wobei sich Letztere auch nicht auf das laufende Geschäft beziehen dürfen. Keinesfalls darf er Weisungen seitens eines Aktionärs entgegennehmen.

Eine über die rein gesellschaftsrechtliche Bindung hinausgehende **beherrschende Stellung** der Muttergesellschaft kann somit nur durch vertragliche Vereinbarungen geschaffen werden, wobei allerdings die Frage entsteht, wie weit sich ohne entsprechendes Konzernrecht der Vorstand einer Tochtergesellschaft in der Rechtsform einer AG weisungsmäßig der Muttergesellschaft unterwerfen kann. Konzernfreundlicher ist die Situation bei Gesellschaften mit beschränkter Haftung. Der Begriff des Konzerns ist im § 115 GmbHG gleichlautend wie bei der AG geregelt. Die Bestellung der Geschäftsführer erfolgt gem § 15 durch Beschluss der Gesellschafter, kann aber bei Bestellung von Gesellschaftern zu Geschäftsführern auch im Gesellschaftsvertrag geschehen.

Darüber hinaus sind die Geschäftsführer gem § 20 GmbHG verpflichtet, bindende Anordnungen der Generalversammlung bzw des Aufsichtsrates entgegenzunehmen und einzuhalten. Das bedeutet, dass es bei einer hundertprozentigen Beteiligung für den Alleingesellschafter keine Beschränkungen in der Weisungsbefugnis gegenüber dem Geschäftsführer gibt, außer die Weisungen sind gesetzes-, vertrags- oder sittenwidrig (*Krejci, H.*, Gutachten Konzernrecht, 10. Österreichischer Juristentag 1988, S 384 ff). Aus diesem Grunde werden **hundertprozentige Tochtergesellschaften** in der Regel in der Rechtsform einer GmbH geführt.

Gar nicht geregelt sind die **Haftungsverhältnisse** des beherrschenden Unternehmens für Drittschulden von Tochtergesellschaften. Diese hängen davon ab, ob (konzernunabhängig) seitens der Muttergesellschaft entsprechende Haftungserklärungen (Patronatserklärungen) abgegeben wurden. Da derartige Haftungsverhältnisse weder im Jahresabschluss (Anhang) der Tochtergesellschaft noch im Konzernabschluss angegeben werden müssen, kann dies zu unangenehmen Fehlinformationen von Gläubigern der Tochtergesellschaft führen.

So weist auch *Nowotny, C.* (in *Straube*, Wiener Kommentar zum UGB[3], Wien 2011, Rz 13 zu den Vorbemerkungen vor § 244) unter Hinweis auf *Koppensteiner/Rüffler*, GmbHG[3] § 115 Rz 4 darauf hin, dass *„zur Zeit ein gesonderter bilanzrechtlicher Konzerntatbestand besteht, aus dessen Verwirklichung keine Schlüsse auf gesell-schaftsrechtliche, arbeitsverfassungsrechtliche oder steuerliche Rechtsfolgen gezo-gen werden dürfen".*

2. Das Österreichische Konzernrechnungslegungsrecht

Im Gegensatz zum **Konzernrecht**, welches den gesetzlichen Rahmen für die Bildung, den Aufbau, die Organisation und die rechtlichen Verhältnisse der Konzernunternehmen zueinander **regeln sollte**, verlangen die Bestimmungen der §§ 244–267 UGB über die Konzernrechnungslegung eine systematisch aufgebaute ausführliche und umfassende **Information** über die finanziellen Konzerndaten, welcher allerdings das Manko anhängt, dass sie von der **Fiktion eines einheitlichen Unternehmens** ausgeht und damit auf Vorgaben beruht, **denen die gesetzliche Basis fehlt** (siehe beispielsweise die konzernrechtlich fehlende Haftung der Muttergesellschaft für die Tochtergesellschaft oder das Weisungsrecht der Muttergesellschaft an eine Tochtergesellschaft, die in Form einer AG geführt wird). Der **Informationspflicht** steht somit nicht die notwendige **Informationswirkung** gegenüber.

Das Konzernrechnungslegungsrecht wird damit so lange auf tönernen Beinen stehen, bis auch in Österreich ein Konzernrecht mit gesetzlichen Bestimmungen über die innere Organisation des Konzerns und die Rechtsverhältnisse der verbundenen Unternehmen zueinander geschaffen wird.

Trotz der hier angeführten Mängel wird die Konzernrechnungslegung als ein nicht verzichtbares **Informationsinstrument** über einen Konzern angesehen.

Die österreichischen Konzernrechnungslegungsbestimmungen finden ihren Niederschlag in den §§ 244–267 UGB. Diese Bestimmungen ergeben sich ursprünglich aus der Umsetzung der 7. EG-Richtlinie vom 13. Juli 1983 und mehrerer nachfolgender Verordnungen.

Mit der Richtlinie 2013/34/EU des Europäischen Parlaments und des Rates vom 26. Juni 2013 über den Jahresabschluss, den konsolidierten Abschluss und damit verbundene Berichte von Unternehmen bestimmter Rechtsformen, welche die bis dahin geltenden 4. (Bilanz-) und 7. (Konzern-)Richtlinie ersetzte, wurde auch das UGB reformiert.

Gemäß den Vorgaben der Bilanzrichtlinie war diese bis 20. Juli 2015 in nationales Recht umzusetzen. In Österreich erfolgte die Umsetzung mit dem Rechnungslegungs-Änderungsgesetz 2014 (RÄG 2014).

Die Anwendung erfolgt erstmals auf Abschlüsse für Geschäftsjahre, die am 1. Jänner 2016 oder während des Kalenderjahres 2016 beginnen. Eine vorzeitige Anwendung ist nicht zulässig.

Das österreichische Konzernrechnungslegungsrecht basiert auf zwei unterschiedlichen Systemen der Erstellung des Konzernabschlusses, das sind einerseits die Bilanzrichtlinie und andererseits die von der EU übernommenen internationalen Rechnungslegungsstandards (IFRS).

2.1 Der Konzernabschluss nach internationalen Rechnungslegungsstandards (IFRS) gem § 245a UGB (gilt zwingend für börsenotierte Unternehmen)

International tätige Unternehmen sind daran interessiert, Zugang nicht nur zu den Wertpapierbörsen ihres Sitzstaates, sondern zu wichtigen Börsen weltweit zu haben; eine wesentliche Ursache hierfür ist die Leistungsfähigkeit des jeweiligen Kapitalmarktes.

Im Allgemeinen ist eine Hauptgrundlage der **Börsenzulassung** nicht der Einzelabschluss des Mutterunternehmens, sondern der **Konzernabschluss**, der in der Regel primär nach den Bestimmungen des Sitzstaates des Mutterunternehmens aufzustellen ist.

Ob dieser Konzernabschluss für internationale Börsennotierungen ausreicht, ist von den Zulassungsbedingungen nach den jeweils geltenden Börsenvorschriften und den darin anerkannten Vorschriften für die Aufstellung von Konzernabschlüssen abhängig.

Aus der vorstehend dargestellten Situation leitet sich das Interesse an einer **weltweiten Vereinheitlichung von Rechnungslegungsvorschriften** aus zwei Gesichtspunkten ab:

- **von Seiten der Börsen** das Interesse an einem weltweit anerkannten System von Rechnungslegungsgrundsätzen, die ausreichende Informationen als Entscheidungsgrundlage für die Investoren geben und sowohl in zeitlicher als auch in sachlicher Hinsicht zur Vergleichbarkeit von Rechnungsabschlüssen führen;
- **von Seiten international tätiger und internationale Börsennotierungen anstrebender Unternehmen**, damit nur ein **einheitlicher** überall anerkannter Rechnungsabschluss als Grundlage für Börsenzulassungen aufgestellt werden muss.

Das Bestreben der Vereinheitlichung der Rechnungslegung führte letztlich in der EU zur IAS-Verordnung, die in Österreich mit § 245a UGB ihre gesetzliche Grundlage fand. Demnach haben **kapitalmarktorientierte Unternehmen** ihren Konzernabschluss zwingend nach den International Financial Reporting Standards (IFRS) aufzustellen.

2.11 Maßnahmen der EU zur Angleichung der Bilanzierungsrichtlinien (4. und 7. EG-Richtlinie) an die International Financial Reporting Standards (IFRS)

Anmerkung: Entsprechend dem Vorgehen des International Accounting Standards Board (IASB) wird die Gesamtheit der gültigen IAS und IFRS in den folgenden Ausführungen mit der Sammelbezeichnung IFRS versehen.

2.111 Allgemeines

Infolge der zahlreichen in der 4. und 7. EG-Richtlinie enthaltenen Wahlrechte und der verschiedenartigen Umsetzung in den Mitgliedstaaten der EU sind die Jahresabschlüsse von Unternehmen in den Mitgliedstaaten nur zum Teil vergleichbar. Mit den sich daraus ergebenden Problemen hat sich die EU-Kommission im Rahmen der 1995 begonnenen Bestrebungen zur **Harmonisierung der Rechnungslegung** (insb der konsolidierten Abschlüsse international tätiger Unternehmen) auseinandergesetzt.

Auf diese Weise gelang es, in über mehrere Jahre verteilten Etappen eine Angleichung der 4. und der 7. EG-Richtlinie an die IFRS zu erreichen und Letztere richtlinienkompatibel zu machen. Damit war die grundlegende Bedingung für die Anwendung der IFRS bei der Aufstellung nationaler und internationaler (Konzern-)Abschlüsse und ihre Zulassung in den Mitgliedsländern der EU erfüllt.

Die **Stufen der Annäherung** sind durch nachstehende Mitteilungen, Richtlinien und Verordnungen der EU bestimmt:

- New Accounting Strategy 1995 – Harmonisierung der Rechnungslegung
- New Accounting Strategy 2000
- Fair-Value-Richtlinie 2001
- IAS-Verordnung 2002
- Modernisierungsrichtlinie 2003
- Beschlüsse der Kommission zur Übernahme der einzelnen IFRS seit Juli 2003.

2.112 Die IAS-Verordnung

Die Rechnungslegungsstrategie 2000 der EG hat in Erwägung von 18 angeführten Gründen zur Verabschiedung der **„Verordnung (EG) Nr 1606/2002 des Europäischen Parlaments und des Rates vom 19. Juli 2002 betreffend die Anwendung internationaler Rechnungslegungsstandards"** **(„IAS-Verordnung")** geführt.

2.113 Der Begriff der in der Verordnung angeführten internationalen Rechnungsegungsstandards (Art 2)

Im Sinne dieser Verordnung bezeichnen **„internationale Rechnungslegungsstandards"** die „International Accounting Standards" (IAS), die „International Financial Reporting Standards" (IFRS) und damit verbundene Auslegungen (SIC/IFRIC-Interpretationen), spätere Änderungen dieser Standards und damit verbundene Auslegungen sowie künftige Standards und damit verbundene Auslegungen, die vom International Accounting Standards Board (IASB) herausgegeben oder angenommen wurden.

2.114 Das Verfahren der Übernahme (Art 3 und Art 6)

Da der IASB ein privater Verein ist, bedarf es, damit dessen Ausarbeitungen Bestandteil des EU-Rechts werden, entsprechender Verfahren.

Die Übernahme erfolgt gem Art 3 Abs 1 der IAS-VO durch **Beschluss der Kommission** in Anwendung des so genannten **Komitologie-Verfahrens** gemäß dem Beschluss zur Festlegung der Modalitäten für die Ausübung der der Kommission übertragenen Durchführungsbefugnisse (Übertragung von Befugnissen an die Kommission, wobei die Einschaltung des Rates und des Europäischen Parlamentes vorgesehen ist).

Die Kommission wird dabei durch einen **Regelungsausschuss für Rechnungslegung (Accounting Regulatory Committee)** unterstützt (**Art 6 Abs 1**). Die Kommission hat dabei nach **Art 7** den Ausschuss regelmäßig über den Stand laufender Vorhaben des IASB und über die vom IASB veröffentlichten Dokumente zu informieren und frühzeitig zu berichten, wenn sie die Übernahme eines Standards nicht vorschlagen will.

Die Kommission sollte so weit wie möglich die von den Delegationen im Regelungsausschuss für Rechnungslegung zum Ausdruck gebrachten Ansichten berücksichtigen (**Erwägungsgrund 15**).

Der Ausschuss besteht aus Vertretern der Mitgliedstaaten.

Laut **Erwägungsgrund 10** wird ein **Technischer Ausschuss für Rechnungslegung** die Kommission bei der Bewertung internationaler Rechnungslegungsstandards unterstützen und beraten. Dieser Technische Ausschuss für Rechnungslegung ist ein Bestandteil der **EFRAG** (European Financial Reporting Advisory Group). Diese Organisation hat auch die Aufgabe, am Zustandekommen der IAS/IFRS mitzuwirken, insbesondere durch Stellungnahmen zu deren Ausarbeitungen. Die **EFRAG** ist eine Organisation, die auf Anregung der Fédération des Experts Comptables Européens (FEE) ins Leben gerufen wurde und deren Mitglieder die FEE selbst und eine Reihe europäischer Wirtschaftsorganisationen (Industrie, Banken, Versicherungen) sind, also Organisationen, die besonders an der Ausgestaltung der Rechnungslegung interessiert sind. Die EFRAG hat auch enge Kontakte mit dem IASB.

2.115 Voraussetzungen für die Übernahme der internationalen Rechnungslegungsstandards

Nach Art 3 Abs 2 der IAS-VO können die internationalen Rechnungslegungsstandards nur übernommen werden, wenn sie die **Grundanforderungen der EU-Rechnungslegungsrichtlinien** erfüllen, dh wenn ihre Anwendung ein den tatsächlichen Verhältnissen entsprechendes Bild der Vermögens-, Finanz- und Ertragslage eines Unternehmens (nach der österreichischen Umsetzung der Bilanzrichtlinien ein **möglichst getreues Bild der Vermögens-, Finanz- und Ertragslage**) vermittelt, wenn sie **dem europäischen öffentlichen Interesse entsprechen** und den Kriterien der **Verständlichkeit** (understandability), **Erheblichkeit** (relevance), **Verlässlichkeit** (reliability) und **Vergleichbarkeit** (comparability) genügen.

Anmerkung: Die Begriffe understandability, relevance, reliability und comparability sind dem Rahmenkonzept der IASB aus dem Jahre 1989 entnommen.

Nach **Art 3 Abs 4** sind **übernommene internationale Rechnungslegungsstandards** als **Kommissionsverordnung** vollständig in allen Amtssprachen der Gemeinschaft im Amtsblatt der Europäischen Gemeinschaften zu veröffentlichen.

2.116 *Zwingende Anwendung der IAS-Verordnung für kapitalmarktorientierte Gesellschaften*

Nach Art 4 der **IAS-VO** ist die **Anwendung der übernommenen internationalen Rechnungslegungsstandards auf konsolidierte Abschlüsse von kapitalmarktorientierten Gesellschaften zwingend** vorgeschrieben. Die darin enthaltenen Bestimmungen sind unmittelbar in den Mitgliedsstaaten der EU anzuwenden und bedürfen keiner Umsetzung in das Recht der Mitgliedsstaaten.

Für Geschäftjahre, die am oder nach dem 1. Januar 2005 beginnen, stellen Gesellschaften, die dem Recht eines Mitgliedsstaates unterliegen, ihre konsolidierten Abschlüsse nach den internationalen Rechnungslegungsstandards auf, die nach dem Verfahren des Art 6 Abs 2 übernommen wurden, wenn am jeweiligen Abschlussstichtag ihre Wertpapiere in einem beliebigen Mitgliedsstaat zum Handel in einem geregelten Markt im Sinne des Art 1 Abs 13 der Richtlinie 93/22/EWG des Rates vom 10. Mai 1993 über Wertpapierdienstleistungen zugelassen sind.

Kapitalmarktorientierte Gesellschaften sind Gesellschaften, deren Wertpapiere am jeweiligen Abschlussstichtag in einem beliebigen Mitgliedsstaat zum Handel in einem geregelten Markt im Sinne des Art 1 Abs 13 der Richtlinie 93/22/EWG des Rates vom 10. Mai 1993 über Wertpapierdienstleistungen zugelassen sind.

2.117 *Wahlweise Anwendung der IAS-Verordnung*

Nach **Art 5 der IAS-VO** können die Mitgliedsstaaten vorsehen, dass andere, dh nicht kapitalmarktorientierte Gesellschaften ihre konsolidierten Abschlüsse nach den übernommenen internationalen Rechnungslegungsstandards aufstellen können. Dieses Wahlrecht wurde in **§ 245a Abs 2 UGB** übernommen, sodass auch österreichische Gesellschaften, die nicht unter Art 4 der IAS-VO fallen, bei der Aufstellung ihrer Konzernabschlüsse **die internationalen Rechnungslegungsstandards anwenden können**.

2.12 Die Bestimmungen des § 245a UGB

Die Umsetzung der IAS-Verordnung erfolgte in Österreich mit dem § 245a:

> *(1) Ein Mutterunternehmen, das nach Art. 4 der Verordnung (EG) Nr. 1606/2002 betreffend die Anwendung internationaler Rechnungslegungsstandards dazu verpflichtet ist, den Konzernabschluss nach den internationalen Rechnungslegungsstandards aufzustellen, die nach Art. 3 der Verordnung übernommen wurden, hat dabei § 193 Abs. 4 zweiter Halbsatz und § 194 sowie von den Vorschriften des zweiten bis neunten Titels § 247 Abs. 3, § 265 Abs. 2 bis 4, § 267 und § 267a anzuwenden; der Konzernanhang ist außerdem um die Angaben nach § 237 Abs. 1 Z 6 in Verbindung mit § 266 Z 4, § 237 Abs. 1 Z 3 und § 239 Abs. 1 Z 4 in Verbindung mit § 266 Z 2 sowie § 238 Abs. 1 Z 10 und Z 18 zu ergänzen.*

> *(2) Ein Mutterunternehmen, das nicht unter Abs. 1 fällt, kann den Konzernabschluss nach den Rechnungslegungsvorschriften in Abs. 1 aufstellen.*
>
> *(3) Ein Mutterunternehmen, das einen Konzernabschluss nach den in Abs. 1 bezeichneten Rechnungslegungsstandards aufstellt, hat bei der Offenlegung ausdrücklich darauf hinzuweisen, dass es sich um einen nach den in Abs. 1 bezeichneten Rechnungslegungsstandards aufgestellten Konzernabschluss und Konzernlagebericht handelt.*

§ 245a unterscheidet für die Aufstellung eines Konzernabschlusses nach internationalen Rechnungslegungsstandards zwei Fälle:

- Mutterunternehmen, die nach Artikel 4 der IAS-Verordnung dazu verpflichtet sind, den Konzernabschluss nach den internationalen Rechnungslegungsstandards aufzustellen, die nach Art 3 der VO übernommen wurden (§ 245a Abs 1);
- Mutterunternehmen, die nach Artikel 5 ohne Verpflichtung ein entsprechendes Wahlrecht ausüben (§ 245a Abs 2).

In beiden Fällen sind die von der Kommission übernommenen internationalen Rechnungslegungsstandards anzuwenden. Dies sind die IFRS (International Financial Reporting Standards), in welche die IAS (International Accounting Standards) eingeschlossen sind. Ein nach US-GAAP (General Accounting Principles in den USA) aufgestellter Jahresabschluss genügt diesen Ansprüchen nicht.

Hat das Mutterunternehmen eines nach internationalen Rechnungslegungsstandards aufzustellenden Konzernabschlusses seinen Sitz in Österreich, sind gem § 245a Abs 1 folgende Bestimmungen des UGB bei der Erstellung des Konzernabschlusses anzuwenden:

§ 193 Abs 4 2. Halbsatz: Aufstellung in EUR und in deutscher Sprache (unbeschadet der volksgruppenrechtlichen Bestimmungen).

§ 194: Unterzeichnung des Jahresabschlusses durch den Unternehmer *(durch alle Geschäftsführer bzw Vorstandsmitglieder – Anm der Verfasser)* bzw durch alle unbeschränkt haftenden Gesellschafter

§ 247 Abs 3: Vorlage aller Jahresabschlüsse, Prüfungsberichte etc sowie Übermittlung aller für den Konzernabschluss und den Konzernlagebericht erforderlichen Aufklärungen und Nachweise durch die Tochterunternehmen an das Mutterunternehmen.

§ 265 Abs 2–4: Angabe im Konzernanhang oder in einer Aufstellung des Anteilsbesitzes: Namen und Sitz der in den Konzernabschluss einbezogenen Unternehmen, der assoziierten Unternehmen, der nur anteilsmäßig in den Konzernabschluss einbezogenen Unternehmen und sonstiger Beteiligungen.

§§ 267 und 267a: Konzernlagebericht und konsolidierter Corporate-Governance-Bericht.

§§ 237 Abs 1 Z 6 in Verbindung mit § 266 Z 4; § 237 Abs 1 Z 3 und § 239 Abs 1 Z 4 in Verbindung mit § 266 Z 2; § 238 Abs 1 Z 10 und 16: Zusätzliche Anhangangaben.

Gem § 245a Abs 3 hat ein Mutterunternehmen, das einen Konzernabschluss nach internationalen Rechnungslegungsstandards aufstellt, bei der Offenlegung ausdrücklich darauf hinzuweisen, dass es sich um einen nach den in Abs 1 bezeichneten Rechnungslegungsstandards aufgestellten Konzernabschluss und Konzernlagebericht handelt, der, wie bereits oben erwähnt, ein IFRS-Abschluss sein muss.

Die Einzelabschlüsse aller verbundenen Unternehmen, soweit diese ihren Sitz in Österreich haben, sind jedenfalls nach den UGB-Bestimmungen zu erstellen und anlässlich des Überganges auf den Konzernabschluss anzupassen (Erstellung der UB II). Das Wahlrecht zur Aufstellung auch des Einzelabschlusses nach den internationalen Rechnungslegungsstandards, wie es in Artikel 5 der IAS-Verordnung enthalten ist, wurde von Österreich nicht übernommen.

2.2 Die Konzernrechnungslegung nach den UGB-Standards

2.21 Anzuwendende Bestimmungen

Grundsätzlich gelten für alle konzernrechnungslegungspflichtigen Gesellschaften mit Sitz in Österreich die Rechnungslegungsvorschriften des UGB. Zum Kreis der Verpflichteten gehören bei Vorliegen der Voraussetzungen Kapitalgesellschaften (§ 244 Abs 1 und 2), Genossenschaften (§ 22 Abs 5 GenG), Privatstiftungen (§ 18 PSG) und unternehmerisch tätige eingetragene Personengesellschaften, bei denen kein persönlich haftender Gesellschafter mit Vertretungsbefugnis eine natürliche Person ist (§ 244 Abs 3).

Die speziellen Vorschriften für die Konzernrechnungslegung sind in den §§ 244–267 enthalten. Gemäß § 251 Abs 1 gelten, soweit in den §§ 244–267 keine anderen Vorschriften enthalten sind, auch die Vorschriften des § 193 Abs 3 und 4 (Dauer des Geschäftsjahres und Aufstellung des Jahresabschlusses in EUR und in deutscher Sprache), die §§ 194–211 (Inhalt und Bewertung der Komponenten des Jahresabschlusses), die §§ 223–227 (Gliederung der Bilanz, Vorschriften zu einzelnen Posten der Bilanz, Anlagenspiegel), § 229 Abs 1–3 (Rücklagen) und §§ 231 bis 234 (Gliederung der Gewinn- und Verlustrechnung, Vorschriften zu einzelnen Posten der Gewinn- und Verlustrechnung) sowie §§ 237–241 (Anhang) und der §§ 194–211 (Inhalt und Bewertung der Komponenten des Jahresabschlusses) sowie der §§ 223–235 (Gliederung des Jahresabschlusses).

Die §§ 244–246 enthalten die Bestimmungen über die Verpflichtung zur bzw die Befreiung von der Aufstellung eines Konzernabschlusses.

2.3 Pflicht zur Aufstellung des Konzernabschlusses

2.31 In den Konzernabschluss einzubeziehende Unternehmen

Bezüglich der in den Konzernabschluss einzubeziehenden Unternehmen sind zu unterscheiden:

2.311 Mutterunternehmen (§ 189a Z 6)

> *Ein Mutterunternehmen ist ein Unternehmen, das ein oder mehrere Tochterunternehmen im Sinne des § 244 beherrscht.*

Mutterunternehmen können sein:

- Kapitalgesellschaften
- Genossenschaften

Für **Genossenschaften** gilt § 22 Abs 5 Genossenschaftsgesetz:

> *Stehen Unternehmen unter der einheitlichen Leitung einer Genossenschaft (**Mutterunternehmen**) mit Sitz im Inland und gehört dem Mutterunternehmen eine Beteiligung gemäß § 228 UGB an dem oder den anderen unter der einheitlichen Leitung stehenden Unternehmen (Tochterunternehmen), oder stehen ihr bei diesen Unternehmen die Rechte nach § 244 Abs. 2 UGB zu, so gelten die Bestimmungen des Dritten Abschnitts des Dritten Buches des UGB und die Bestimmungen über die Offenlegung und Prüfung des Konzernabschlusses nach dem Vierten Abschnitt des Dritten Buches einschließlich des § 283 UGB mit der Maßgabe, daß Abschlußprüfer des Konzerns der für das Mutterunternehmen bestellte Revisor ist, sofern nicht von dem für die Bestellung des Revisors des Mutterunternehmens zuständigen Revisionsverband oder dem für die Bestellung des Revisors des Mutterunternehmens zuständigen Gericht ein anderer Revisor als Abschlußprüfer des Konzerns gemäß den §§ 2 und 3 GenRevG 1997 bestellt wird. Für Betriebe, die unter die Bestimmungen des II. Teils des ArbVG, BGBl. Nr. 22/1974, fallen, gilt überdies § 108 Abs. 4 ArbVG.*

- Privatstiftungen

Für **Privatstiftungen** gilt § 18 PSG:

> *Der Stiftungsvorstand hat die Bücher der Privatstiftung zu führen; hiebei sind die §§ 189 bis 216, 222 bis 226 Abs. 1, 226 Abs. 3 bis 234 und 236 bis 239 HGB, der § 243 HGB über den Lagebericht sowie die **§§ 244 bis 276 HGB über den Konzernabschluß und den Konzernlagebericht** sinngemäß anzuwenden. Im Lagebericht ist auch auf die Erfüllung des Stiftungszwecks einzugehen.*

- Personengesellschaften gem § 189 Abs 1 Z 2

Hier handelt es sich grundsätzlich um Personengesellschaften, bei denen weder unmittelbar noch mittelbar eine natürliche Person unbeschränkt haftet.

Hierzu gehört beispielsweise die GmbH & Co KG oder eine Kommanditgesellschaft, deren unbeschränkt haftender Gesellschafter eine OG ist, deren Gesellschafter Kapitalgesellschaften sind.

Ist eine Personengesellschaft gem § 189 Abs 1 Z 2 Mutterunternehmen, so gilt § 244 Abs 3, wonach für den Fall, dass der unbeschränkt haftende Gesellschafter eine Kapitalgesellschaft ist, deren Rechtsvorschriften gelten. Ist dieser keine Kapitalgesellschaft, so gelten die Vorschriften für Gesellschaften mit beschränkter Haftung.

2.312 Tochterunternehmen (189a Z 7)

Ein Tochterunternehmen ist ein Unternehmen, das von einem Mutterunternehmen im Sinne des § 244 unmittelbar oder mittelbar beherrscht wird.

Wenn das Mutterunternehmen B des Tochterunternehmens A selbst von einem anderen Mutterunternehmen C beherrscht wird, sind sowohl B als auch C Mutterunternehmen des Tochterunternehmens A.

2.313 Verbundene Unternehmen (189a Z 8)

Verbundene Unternehmen sind zwei oder mehrere Unternehmen innerhalb einer Gruppe, wobei das Mutterunternehmen und alle Tochterunternehmen eine Gruppe bilden.

2.314 Assoziierte Unternehmen (§ 189a Z 9)

Ein assoziiertes Unternehmen ist ein Unternehmen, an dem ein anderes Unternehmen eine Beteiligung hält und dessen Geschäfts und Finanzpolitik durch das andere Unternehmen maßgeblich beeinflusst wird; es wird vermutet, dass ein Unternehmen einen maßgeblichen Einfluss auf ein anderes Unternehmen ausübt, sofern jenes Unternehmen 20 % oder mehr der Stimmrechte der Aktionäre oder Gesellschafter dieses Unternehmens besitzt.

Assoziierte Unternehmen werden nicht unmittelbar in den Konzernabschluss einbezogen, jedoch wird die Beteiligung am assoziierten Unternehmen in der Konzernbilanz nach der Equity-Methode erfasst.

2.32 Einheitliche Leitung oder beherrschender Einfluss als Voraussetzung für den Konzernabschluss

Die Verpflichtung zur Aufstellung eines Konzernabschlusses ergibt sich aus den Bestimmungen des § 244 Abs 1 und 2. Während § 244 Abs 1 das Vorliegen einer einheitlichen Leitung zugrundelegt, stellt § 244 auf den beherrschenden Einfluss ab.

2.321 Einheitliche Leitung gem § 244 Abs 1

Stehen Unternehmen unter der einheitlichen Leitung einer Kapitalgesellschaft (Mutterunternehmen) mit Sitz im Inland, so haben die gesetzlichen Vertreter des Mutterunternehmens einen Konzernabschluss, einen Konzernlagebericht sowie gegebenenfalls einen konsolidierten Corporate Governance-Bericht und einen konsolidierten Bericht über Zahlungen an staatliche Stellen aufzustellen sowie dem Aufsichtsrat und der Hauptversammlung (Generalversammlung) des Mutterunternehmens innerhalb der für die Vorlage des Jahresabschlusses geltenden Fristen vorzulegen. Der Konzernabschluss, der Konzernlagebericht sowie der konsolidierte Corporate Governance-Bericht und der konsolidierte Bericht über Zahlungen an staatliche Stellen sind von sämtlichen gesetzlichen Vertretern zu unterzeichnen und der Haupt- oder Generalversammlung zusammen mit dem Jahresabschluss des Mutterunternehmens vorzulegen. Soweit in den folgenden Bestimmungen der Konzernlagebericht erwähnt wird, erfasst dieser Begriff gegebenenfalls auch den konsolidierten Corporate Governance-Bericht.

Die ErlRV verweisen darauf, dass das bisher geltende Beteiligungserfordernis entfernt wurde, um unter anderem zu verhindern, *„dass eine Konsolidierung dadurch umgangen wird, dass so genannte Zweckgesellschaften gebildet werden, die nicht durch eine Beteiligung sondern etwa auf Grund personeller Verpflichtungen (wenn Organe der Zweckgesellschaft mehrheitlich mit Organwaltern der Muttergesellschaft besetzt werden) beherrscht werden".*

2.321.1 Tatsächliche Ausübung der einheitlichen Leitung

Man spricht von **einheitlicher Leitung**, wenn ein oder mehrere Unternehmen in ihren wesentlichen Funktionen, wie Geschäfts- und Finanzpolitik, von einem Willen abhängig sind und dieser Wille auch **tatsächlich** ausgeübt wird. *Nowotny* (in *Straube*[3], Rz 17 ff zu § 244) weist in Anlehnung an mehrere Literaturstellen darauf hin, dass die einheitliche Leitung keine Weisungsrechte voraussetzt, dass auch nicht sämtliche Unternehmensbereiche davon betroffen sein müssen. Wesentlich ist, dass tatsächlich in wesentlichen Unternehmensfunktionen die maßgeblichen Entscheidungen entsprechend den geschäftlichen Vorstellungen des Mutterunternehmens getroffen werden.

Obwohl umstritten, ist anzunehmen, dass ein zentrales Finanzmanagement durch das Mutterunternehmen in der Regel den Tatbestand der einheitlichen Leitung verwirklicht (vgl auch *Wünsch*, Kommentar GmbHG, Rz 6 zu § 29, zitiert bei *Nowotny*, in *Straube*[3], Rz 172 zu § 244 und *Loder*, in *Baetge/Kirsch/Thiele*, Konzernbilanzen[7], Düsseldorf 2004, S 92).

2.322 Verpflichtung zur Aufstellung eines Konzernabschlusses wegen des beherrschenden Einflusses (Control-Konzept) gem § 244 Abs 2

(2) Eine Kapitalgesellschaft mit Sitz im Inland ist stets zur Aufstellung eines Konzernabschlusses und eines Konzernlageberichtes verpflichtet (Mutterunternehmen), wenn ihr bei einem Unternehmen (Tochterunternehmen)

1. *die Mehrheit der Stimmrechte der Gesellschafter zusteht,*
2. *das Recht zusteht, die Mehrheit der Mitglieder des Verwaltungs-, Leitungs- oder Aufsichtsorgans zu bestellen oder abzuberufen und sie gleichzeitig Gesellschafter ist oder*
3. *das Recht zusteht, einen beherrschenden Einfluß auszuüben, oder*
4. *auf Grund eines Vertrages mit einem oder mehreren Gesellschaftern des Tochterunternehmens das Recht zur Entscheidung zusteht, wie Stimmrechte der Gesellschafter, soweit sie mit ihren eigenen Stimmrechten zur Erreichung der Mehrheit aller Stimmen erforderlich sind, bei Bestellung oder Abberufung der Mehrheit der Mitglieder des Leitungs- oder eines Aufsichtsorgans auszuüben sind.*

Während der Begriff der einheitlichen Leitung im § 244 nicht umschrieben wird und damit aus dieser Bestimmung die Pflicht zur Aufstellung eines Konzernabschlusses auch nicht eindeutig abgrenzbar ist, lässt sich der **Sachverhalt für die Verpflichtung zur Konzernrechnungslegung** im Sinne des § 244 Abs 2 ableiten. Die in den Z 1–4 angeführten Merkmale führen in der Regel zur Möglichkeit des beherrschenden Einflusses **(Control-Konzept)**.

Der **beherrschende Einfluss** muss im Gegensatz zur einheitlichen Leitung nicht tatsächlich ausgeübt werden; dies bedeutet, dass die Nichtausübung des beherrschenden Einflusses nicht von der Konsolidierung befreit, außer es wird von dem Mutterunternehmen bewiesen, dass aus rechtlichen und tatsächlichen Gründen die Ausübung der Rechte desselben nachhaltig beeinträchtigt ist (vgl hierzu *Nowotny*, in *Straube*[3], Rz 6 Vor § 244).

Nowotny (in *Straube*[3], Rz 31 zu § 244) weist unter Anführung zahlreicher Literatur darauf hin, dass schuldrechtliche Vereinbarungen, wie **Stimmrechtsbindungsverträge, Entherrschungsverträge** (Verpflichtung des Gesellschafters, die ihm zustehende Stimmrechtsmehrheit nicht einzusetzen), nicht automatisch von der Konzernrechnungslegungspflicht ausschließen. „*In derartigen Fällen besteht für das Mutterunternehmen eine Wahlmöglichkeit, ob es das Tochterunternehmen in den Konsolidierungskreis einbezieht oder gem § 249 Abs 1 Z 1 wegen einer andauernden und erheblichen Beschränkung der Rechte darauf verzichtet.*"

2.322.1 Keine Beteiligungsvoraussetzung

In den Fällen des § 244 Abs 2 Z 1, 3 und 4 ist eine Beteiligung des Mutterunternehmens an dem beherrschten Unternehmen **nicht** erforderlich.

Liegt der Tatbestand der Z 2 (Recht der Bestellung und Abberufung der Mehrheit der Mitglieder des Verwaltungs-, Leitungs- oder Aufsichtsorgans) vor, ist die **Gesellschafterstellung des Mutterunternehmens** erforderlich, wobei gem herrschender Ansicht diese Forderung auch bei mittelbaren Gesellschafterverhältnissen erfüllt ist. Eine **kapitalmäßige Beteiligung** ist nicht erforderlich.

Kapitalgesellschaft & Co KG

Als typischen Fall einer **Gesellschafterstellung ohne kapitalmäßige Beteiligung** führen *ADS*, Rechnungslegung und Prüfung der Unternehmen[6], Rz 123 zu § 290 dHGB, **die GmbH & Co KG, wenn die GmbH nur Arbeitsgesellschafter ist, an. Obwohl der Komplementär-GmbH** nicht das Recht zusteht, die Mehrheit der Mitglieder des Leitungsorgans zu bestellen oder abzuberufen, weil sie selbst – vertreten durch ihren Geschäftsführer – das Leitungsorgan der KG ist, *„steht ihr kraft Gesetzes ein viel stärkeres Recht als (nur) ein Bestellungsrecht zu“.* Auf Grund dieser Tatsache liegen die Voraussetzungen der **Konzernrechnungslegungspflicht** (GmbH als Mutterunternehmen und KG als Tochterunternehmen) vor (vgl *ADS*, Rechnungslegung und Prüfung der Unternehmen[6], Rz 123 zu § 290 dHGB).

Skeptisch äußern sich *Küting/Weber* (Handbuch der Konzernrechnungslegung[2], Band II, Stuttgart 1998, Rz 11 zu § 290), die in Anlehnung an das WP-Handbuch 1992, Band I, S 940 für den Fall, dass die GmbH lediglich der Haftungsbeschränkung des Komplementärs dient und neben der KG keinen Geschäftsbetrieb unterhält, die Verpflichtung zur Aufstellung eines Konzernabschlusses verneinen, weil die GmbH dann nicht als rechtlich selbständiges Unternehmen anzusehen ist, sodass zwischen der GmbH und der KG auch kein Mutter-Tochter-Verhältnis bestehen kann. *„Nimmt die GmbH dagegen eigenständig am wirtschaftlichen Geschäftsverkehr teil, so bestehen mit der GmbH und der KG zwei rechtlich selbständige Unternehmen, weswegen es in Ausnahmefällen möglich sein könnte, dass die GmbH ... eine der Voraussetzungen nach § 290 Abs 2 erfüllt“* (*Küting/Weber*, Handbuch der Konzernrechnungslegung[2], Band II, Stuttgart 1998, Rz 11 zu § 290).

Die Verfasser schließen sich der Meinung von *ADS* an, die auch von *Biener/Berneke*, Bilanzrichtliniengesetz, Düsseldorf 1986, S 287 f, vertreten wird. Für *Biener/Berneke* ist es nicht entscheidend, dass die GmbH eigenständig am wirtschaftlichen Geschäftsverkehr teilnimmt.

Völlig anderer Meinung ist allerdings *Nowotny, C.* (in *Straube*[3], Rz 36 zu § 244), der unter Berufung auf andere Literaturmeinungen davon ausgeht, dass der Tatbestand einer Komplementär-Kapitalgesellschaft als Muttergesellschaft im Verhältnis zur Personengesellschaft in den typischen Fällen an der Realität vorbeigehe, da die Komplementär-Kapitalgesellschaft von den Kommanditisten beherrscht werde und keine eigenständige Beherrschungsmöglichkeit über die Personengesellschaft habe. *„Da regelmäßig die Komplementär-Kapitalgesellschaft gegenüber der Personenge-*

sellschaft kein eigenes unternehmerisches Interesse hat, würde die Anwendung von Abs 2 Z 2 (§ 244) nicht dem Zweck der Konsolidierungsvorschriften entsprechen."

Die Meinung von *Nowotny* wird aus mehreren Gründen nicht geteilt. Zunächst ist die Aussage der Beherrschung der Komplementärgesellschaft durch die Kommanditisten für die Frage der Konsolidierung irrelevant, da die Geschäftsführung der Kommanditgesellschaft ausschließlich durch die Komplementärgesellschaft ausgeübt wird, gleichgültig, wer die Anteile an der Komplementärgesellschaft besitzt. Außerdem haben sich die typischen Fälle der GmbH & Co KG (Wunsch nach Haftungsbeschränkung unter Vermeidung der Doppelbesteuerung [KSt und ESt]) wegen des Wegfalls dieser Nachteile auf solche Konzernunternehmen verlagert, die ihre Tochtergesellschaften aus verschiedenen Gründen in Form von Personengesellschaften (engere Bindung an die Muttergesellschaft, volle Besteuerung des anteiligen Ergebnisses der Tochter bei der Mutter) führen wollen.

Würde man in diesen Fällen die Personengesellschaft nicht in den Konzernabschluss einbeziehen, hätte man beispielsweise hervorragende Möglichkeiten, Problemfälle vom Konzernabschluss fernzuhalten.

Beispiel 3
Konzernabschluss einer GmbH & Co KG

Die Kapitalgesellschaft A mit einer Bilanzsumme von 100 Mio € gründet eine hundertprozentige Tochtergesellschaft (B = GmbH) mit einer Bilanzsumme von 100.000 €, deren ausschließliche operative Tätigkeit darin besteht, Komplementärgesellschaft ohne Kapitalbeteiligung an einer Kommanditgesellschaft (C) zu sein. An der Kommanditgesellschaft besitzt die Muttergesellschaft 40% der Kommanditanteile. Die Personengesellschaft übernimmt Teile der Aktivitäten von A und hat eine Bilanzsumme von 60 Mio €.

Obwohl A über B einen beherrschenden Einfluss auf C ausübt, wäre nach Meinung von Nowotny die Kommanditgesellschaft C nicht in den Konzernabschluss einzubeziehen, obwohl der Nichteinbezug dieser Kommanditgesellschaft schwere Informationsmängel mit sich bringen würde.

2.322.2 Tatbestände des § 244 Abs 2, die einen beherrschenden Einfluss bedingen

2.322.21 Mehrheit der Stimmrechte der Gesellschafter (Z 1)

§ 244 Abs 4 bestimmt, dass als Rechte, die einem Mutterunternehmen zustehen, auch die einem Tochterunternehmen zustehenden Rechte und die für Rechnung des Mutterunternehmens oder der Tochterunternehmen anderer Personen zustehenden Rechte gelten. Abzuziehen sind die Rechte, die

- mit Anteilen verbunden sind, die von dem Mutterunternehmen oder vom Tochterunternehmen für Rechnung einer anderen Person gehalten werden, oder
- mit Anteilen verbunden sind, die als Sicherheit gehalten werden, sofern diese Rechte nach Weisung des Sicherheitsgebers oder in dessen Interesse auszuüben sind.

Gem § 244 Abs 5 sind bei der Ermittlung der Mehrheit der Stimmrechte von der Zahl aller Stimmrechte die Stimmrechte aus eigenen Anteilen, die dem Tochterunternehmen selbst, einem seiner Tochterunternehmen oder einer anderen Person für Rechte dieser Unternehmen gehören, abzuziehen.

Daraus ergibt sich folgende Rechnung zur Ermittlung der Stimmrechte des Mutterunternehmens am Tochterunternehmen X (*Janschek*, Konzernrechnungslegung[2], Wien 1996, S 34 f):

> *„Stimmrechte des Mutterunternehmens an X*
>
> \+ *Rechte an X, die von anderen Tochterunternehmen gehalten werden*
>
> \+ *Rechte an X, die von anderen Tochterunternehmen oder Dritten für Rechnung des Mutterunternehmens gehalten werden*
>
> – *Rechte an X, die vom Mutterunternehmen oder von Tochterunternehmen für Rechte Dritter gehalten werden*
>
> – *Rechte an X, die vom Mutterunternehmen oder von Tochterunternehmen weisungsgebunden als Sicherheit für andere Personen gehalten werden*
>
> *Summe der Stimmrechte des Mutterunternehmens*

Die Ermittlung der Gesamtzahl der Stimmrechte am Tochterunternehmen ergibt sich aus § 244 Abs 5 wie folgt:

> *Gesamtzahl der Stimmrechte des Tochterunternehmens X*
>
> – *eigene Anteile des Tochterunternehmens X*
>
> – *Anteile an X, die von anderen Tochterunternehmen oder Dritten für Rechnung von X gehalten werden*
>
> *modifizierte Summe der Stimmrechte von X*

Der prozentuelle Stimmrechtsanteil ergibt sich nunmehr aus dem Verhältnis der Stimmrechte des Mutterunternehmens zur modifizierten Summe der Stimmrechte von X."

Die im Sinne des § 244 Abs 2 Z 1 geforderte Mehrheit der Stimmrechte ergibt sich somit bei folgenden Konstellationen:

- **Mehrheit der Stimmrechte auf Grundlage der Anteilsverhältnisse**
  Dabei ist es unerheblich, ob diese Mehrheit unmittelbar oder nur mittelbar über ein Tochterunternehmen gegeben ist.
  Folgende Darstellung soll dies veranschaulichen:
  A (Mutterunternehmen) ist an B zu 60% und an C zu 20% beteiligt. Die Beteiligung entspricht den Stimmrechten. B ist an C zu 40% beteiligt.
  Da A über B einen beherrschenden Einfluss ausübt, sind zur Feststellung des beherrschenden Einflusses von A über C die Anteile (besser: Stimmrechte) von A und B an C zu addieren. Da diese Addition 60% ergibt, ist auch der beherrschende Einfluss über C gegeben.

- **Mehrheit der Stimmrechte auf Grundlage des Besitzes von Mehrfachstimmrechten**, wie dies bei der GmbH, derzeit aber nicht bei der AG möglich ist.
- **Mehrheit der Stimmrechte auf Grund des Besitzes von stimmrechtslosen Anteilen (stimmrechtslose Vorzugsaktien) bei anderen Gesellschaftern.**
- **Bestehen eines Höchststimmrechtes gem § 114 AktG in den Statuten des Tochterunternehmens**, das einen anderen Gesellschafter hindert, seinen Mehrheitsanteil in Stimmrechte umzusetzen.
- **Mehrheit der Stimmrechte**, die auf Grund von **Anteilen, die im Umlaufvermögen** gehalten werden, bestehen. Auch in diesem Fall besteht eine Verpflichtung zur Einbeziehung in den Konzernabschluss im Gegensatz zu Art 13 Abs 3 lit c der Konzernrichtlinie und zu § 296 Abs 1 Z 3 dHGB. Nach diesen Bestimmungen besteht für die Einbeziehung von Anteilen, die ausschließlich zum Zwecke ihrer Veräußerung gehalten werden, ein Einbeziehungswahlrecht.
- **Mehrheit der Stimmrechte** auf Grund vertraglicher Konstellationen (beispielsweise Übertragung derselben von einem anderen Gesellschafter), ohne dass das Mutterunternehmen selbst Gesellschafter (weder mittelbar noch unmittelbar) ist.

Die Stimmrechtsmehrheit muss rechtlich zustehen. Eine reine Präsenzmehrheit, auch wenn sie nachhaltig bestehen sollte, erfüllt nicht den Tatbestand des § 244 Abs 2 Z 1 (vgl *Nowotny*, in *Straube*[3], Rz 29 zu § 244 und die dort angeführte Literatur).

2.322.22 Recht zur Bestellung oder Abberufung der Mehrheit der Unternehmensorgane (Z 2)

In diesem Fall sieht das Gesetz ausdrücklich vor, dass das Mutterunternehmen gleichzeitig Gesellschafter sein muss.

Dieses Recht ergibt sich zunächst aus der **Mehrheit der Stimmrechte** im Sinne der Z 1 und müsste somit nicht gesondert angeführt werden. Soweit dieses Recht auf **Vereinbarungen mit anderen Gesellschaftern** beruht, ist Z 4 anzuwenden. Z 2 kommt somit dann zur Anwendung, wenn die **Satzung des Tochterunternehmens** einem Gesellschafter die Möglichkeit der Bestellung oder Abberufung der Organe gibt.

Bezüglich der Problematik siehe *Nowotny* (in *Straube*[3], Rz 32 zu § 244). Ein weiterer Anwendungsfall ist die GmbH & Co KG.

2.322.23 Recht zur Ausübung eines beherrschenden Einflusses (Z 3)

Das Recht auf einen beherrschenden Einfluss gem Z 3 kann auf Grundlage eines Konzernvertrages oder einer Satzungsbestimmung bestehen.

2.322.24 Recht der Bestellung oder Abberufung der Mehrheit der Mitglieder des Leitungs- oder Aufsichtsorgans auf Grund eines Stimmrechtsbindungsvertrages (Z 4)

Auf Grund eines Vertrages mit einem oder mehreren Gesellschaftern des Tochterunternehmens kann dem Mutterunternehmen gem § 244 Z 4 das Recht der Entscheidung übertragen werden, wie Stimmrechte der Gesellschafter, soweit sie mit ihren eigenen Stimmrechten zur Erreichung der Mehrheit aller Stimmen erforderlich sind, bei Bestellung oder Abberufung der Mehrheit der Mitglieder des Leitungs- oder eines Aufsichtsorgans auszuüben sind.

2.33 Zutreffen gleichwertiger Rechte auf mehrere Mutterunternehmen

Sind die Rechte mehrerer Mutterunternehmen so geartet, dass sie als gleichwertig gelten können (zB verfügt ein Gesellschafter über die Mehrheit der Stimmrechte und der andere über das Recht der Bestellung der Mehrheit des Aufsichts- oder Leitungsorgans), gilt die abhängige Gesellschaft im Verhältnis zu beiden Gesellschaften als Tochterunternehmen (vgl *Nowotny*, in *Straube*[3], Rz 47 zu § 244).

Sind beide Mutterunternehmen zu einem koordinierten Vorgehen veranlasst, ist nach *Nowotny* der Ausweis als quotenkonsolidiertes oder assoziiertes Unternehmen der Vollkonsolidierung vorzuziehen.

2.34 Entscheidung bei Meinungsverschiedenheiten über die Verpflichtung zur Aufstellung eines Konzernabschlusses

Gem § 244 Abs 1 haben die gesetzlichen Vertreter des Mutterunternehmens bei Vorliegen der gesetzlichen Voraussetzungen einen Konzernabschluss und einen Konzernlagebericht aufzustellen.

§ 244 Abs 7 bestimmt, dass im Falle von **Meinungsverschiedenheiten** über das Vorliegen dieser Verpflichtung der für den Sitz des Unternehmens zuständige, zur Ausübung der Gerichtsbarkeit in Handelssachen berufene Gerichtshof erster Instanz im Verfahren außer Streitsachen entscheidet.

Antragsberechtigt ist:

- jedes Vorstands- und Aufsichtsratsmitglied des Mutter- und des Tochterunternehmens,
- der Abschlussprüfer des Mutter- und des Tochterunternehmens,
- eine Minderheit des Mutter- oder eines Tochterunternehmens, deren Anteile 5% des Nennkapitals oder den Nennbetrag von 700.000 Euro erreichen.

Diese Regelung gilt sinngemäß für Personengesellschaften im Sinne des § 189 Abs 1 Z 2.

2.4 Teilkonzernabschluss und Tannenbaumprinzip

Die Verpflichtung zur Aufstellung eines Konzernabschlusses (Teilkonzernabschlusses) besteht auch dann, wenn das Mutterunternehmen selbst Tochterunternehmen eines anderen Mutterunternehmens ist, gleichgültig, ob Letzteres seinen Sitz im Inland oder Ausland hat. In der Literatur wird das Prinzip, dass jedes Mutterunternehmen auch dann, wenn es selbst Tochterunternehmen eines übergelagerten Mutterunternehmens ist und in dessen Konzernabschluss einbezogen wird, einen **Teilkonzernabschluss** aufzustellen hat, als **Tannenbaumprinzip** bezeichnet (vgl *Deutsch-Goldoni*, in *Straube*[3], Rz 2 zu § 245).

Beispiel 4
Tannenbaumprinzip

Zur Vereinfachung wird im Beispiel angenommen, dass der beherrschende Einfluss jeweils vom (mittelbaren oder unmittelbaren) Beteiligungsverhältnis abhängig ist:

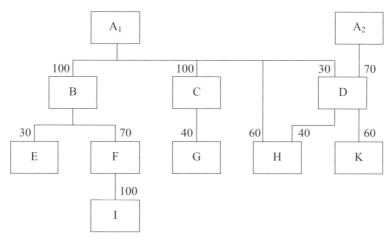

Folgende Unternehmen sind grundsätzlich verpflichtet, einen Konzernabschluss bzw Teilkonzernabschluss aufzustellen:

A₁ mit den Tochterunternehmen B, C, F, H und I (Gesamtkonzernabschluss)
B mit den Tochterunternehmen F und I (Teilkonzernabschluss)
F mit dem Tochterunternehmen I (Teilkonzernabschluss)
A₂ mit den Tochterunternehmen D und K (Gesamtkonzernabschluss)
D mit dem Tochterunternehmen K (Teilkonzernabschluss)

2.5 Befreiende Konzernabschlüsse und Konzernlageberichte (§ 245 Abs 1–5)

(1) Ein Mutterunternehmen (§ 189a Z 6), das österreichischem Recht unterliegt, braucht bei Erfüllung der Voraussetzungen des Abs. 2 keinen Teilkonzernabschluss samt Konzernlagebericht aufzustellen (befreites Unternehmen), wenn es in den Konzernabschluss eines übergeordneten Mutterunternehmens (befreiender Konzernabschluss) einbezogen ist und

1. das übergeordnete Mutterunternehmen dem Recht eines Mitgliedstaats der Europäischen Union oder eines Vertragsstaats des Abkommens über den Europäischen Wirtschaftsraum unterliegt und entweder

a. sämtliche Anteile am befreiten Unternehmen besitzt oder

b. *mindestens 90 % der Anteile am befreiten Unternehmen besitzt und die anderen Anteilsinhaber der Befreiung zugestimmt haben oder*

c. *weder der Aufsichtsrat noch eine qualifizierte Minderheit, deren Anteile 10 % des Nennkapitals oder den anteiligen Betrag von 1 400 000 Euro erreichen, spätestens sechs Monate vor dem Ablauf des Konzerngeschäftsjahrs die Aufstellung des Teilkonzernabschlusses verlangen oder*

2. *das übergeordnete Mutterunternehmen nicht dem Recht eines Mitgliedstaats der Europäischen Union oder eines Vertragsstaats des Abkommens über den Europäischen Wirtschaftsraum unterliegt und weder der Aufsichtsrat noch eine qualifizierte Minderheit, deren Anteile 5 % des Nennkapitals oder den anteiligen Betrag von 700 000 Euro erreichen, spätestens sechs Monate vor dem Ablauf des Konzerngeschäftsjahres die Aufstellung des Teilkonzernabschlusses verlangen.*

(2) Der Konzernabschluss und der Konzernlagebericht des übergeordneten Mutterunternehmens haben nur befreiende Wirkung nach Abs. 1, wenn alle nachstehenden Voraussetzungen erfüllt sind:

1. *das befreite Unternehmen sowie alle seine Tochterunternehmen sind unbeschadet des § 249 in den befreienden Konzernabschluss einbezogen;*

2. *Konzernabschluss und Konzernlagebericht wurden nach dem für das übergeordnete Mutterunternehmen maßgeblichen Recht im Einklang mit der Bilanz-Richtlinie oder nach den gemäß der Verordnung (EG) Nr. 1606/2002 angenommenen internationalen Rechnungslegungsstandards aufgestellt; im Fall des Abs. 1 Z 2 reicht es aus, wenn Konzernabschluss und Konzernlagebericht den nach der Bilanz-Richlinie erstellten Unterlagen oder internationalen Rechnungslegungsstandards, die gemäß der Verordnung (EG) Nr. 1569/2007 der Kommission über die Einrichtung eines Mechanismus zur Festlegung der Gleichwertigkeit der von Drittstaatemittenten angewandten Rechnungslegungsgrundsätze gemäß den Richtlinien 2003/71/EG und 2004/109/EG ABl. Nr. L 340 vom 22. 12. 2007 S. 66, festgelegt wurden, gleichwertig sind;*

3. *der befreiende Konzernabschluss eines übergeordneten Mutterunternehmens nach Abs. 1 Z 2 wurde von einem nach dem anzuwendenden Recht zugelassenen Abschlussprüfer geprüft;*

4. *der Anhang des Jahresabschlusses des befreiten Unternehmens enthält Angaben über den Namen und den Sitz des übergeordneten Mutterunternehmens, das den befreienden Konzernabschluss aufstellt, sowie einen Hinweis auf die Befreiung von der Verpflichtung, einen Konzernabschluss und einen Konzernlagebericht aufzustellen;*

5. *der befreiende Konzernabschluss und der Konzernlagebericht des übergeordneten Mutterunternehmens werden unverzüglich in deutscher Sprache oder in einer in internationalen Finanzkreisen gebräuchlichen Sprache beim Firmenbuchgericht offengelegt (§ 280 Abs. 2) und dem Aufsichtsrat sowie der nächsten ordentlichen Hauptversammlung (Generalversammlung) vorgelegt.*

(3) Die Befreiung nach Abs. 1 darf nicht in Anspruch genommen werden, wenn das befreite Unternehmen eine Gesellschaft im Sinn des § 189a Abs. 1 lit. a ist.

Fortsetzung Beispiel 4

Die Mütter A1 und A2 haben ihren Sitz in Österreich oder in der EU und erstellen einen Konzernabschluss.

B ist von der Aufstellung eines Konzernabschlusses befreit (100%ige Beteiligung).

F und D sind dann von der Aufstellung eines Konzernabschlusses befreit, wenn nicht gem § 245 Abs 1 Z 1c vom Aufsichtsrat oder einer qualifizierten Minderheit, deren Anteile 10 % oder den anteiligen Betrag von 1.400.000 erreichen, die Aufstellung eines Teilkonzernabschlusses verlangt wird.

Die Mütter A1 und A2 haben ihren Sitz in einem Drittstaat und erstellen einen den Bestimmungen des § 245 Abs 2 entsprechenden Konzernabschluss B , F und D sind dann von der Aufstellung eines Konzernabschlusses befreit, wenn nicht gem § 245 Abs 1 Z 1c vom Aufsichtsrat oder einer qualifizierten Minderheit, deren Anteile 5 % oder den anteiligen Betrag von 700.000 erreichen, die Aufstellung eines Teilkonzernabschlusses verlangt wird.

Im Gegensatz zur bisherigen Regelung über die Befreiung des österreichische Mutterunternehmens von der Aufstellung eines Konzernabschlusses und Konzernlageberichtes ist gem § 245 Abs 1 zu unterscheiden, ob das dem österreichischen Mutterunternehmen übergeordnete Mutterunternehmen

1. in einem Drittstaat seinen Sitz hat oder
2. dem Recht eines Mitgliedstaates der EU bzw EWR unterliegt,

wobei in beiden Fällen für die Befreiung die Voraussetzungen des § 245 Abs 2 für den vom übergeordneten Mutterunternehmen erstellten Konzernabschluss und Lagebericht erfüllt sein müssen.

Im ersten Fall haben entweder der Aufsichtsrat oder eine qualifizierte Minderheit, deren Anteile 5 % des Nennkapitals oder den anteiligen Betrag von 700.000 Euro erreichen, jedenfalls die Möglichkeit, spätestens 6 Monate vor dem Ablauf des Konzerngeschäftsjahres die Aufstellung eines Teilkonzernabschlusses zu verlangen.

Im zweiten Fall entfällt die Möglichkeit, die Aufstellung eines Teilkonzernabschlusses zu verlangen, wenn das übergeordnete Mutterunternehmen entweder sämtliche Anteile am befreiten Unternehmen besitzt oder mindestens 90 % der Anteile besitzt und die anderen Anteilsinhaber der Befreiung zugestimmt haben. Liegt der Anteil des übergeordneten Mutterunternehmens unter 90 %, können entweder der Aufsichtsrat oder eine qualifizierte Minderheit, deren Anteile 10 % des Nennkapitals oder den anteiligen Betrag von 1.400.000 Euro erreichen, spätestens 6 Monate vor dem Ablauf des Konzerngeschäftsjahres die Aufstellung eines Teilkonzernabschlusses verlangen.

Die Voraussetzungen für die befreiende Wirkung des vom übergeordneten Mutterunternehmens erstellten Konzernabschlusses können aus § 245 Abs 2 ersehen werden.

§ 245 Abs 2 sieht folgende Voraussetzungen vor:

1. Es müssen alle Tochterunternehmen des befreiten Unternehmens in den Konzernabschluss des übergeordneten Mutterunternehmens einbezogen sein. Die Ausnahme des § 249 gilt auch hier.
2. Der befreiende Konzernabschluss ist nach dem Recht des Mutterunternehmens aufzustellen, wobei er im Einklang mit der Bilanzrichtlinie oder der IAS-Verordnung stehen oder, bei Mutterunternehmen in einem Drittland, zumindest gleichwertig sein muss. Dies gilt derzeit für die nach den IFRS, sowie die nach den General Accepted Accounting Principles der USA, Chinas, Kanadas, Koreas und Indiens aufgestellten Konzernabschlüsse (siehe *Dokalik/Hirschler*, RÄG 2014 – Reform des Bilanzrechtes, Wien 2015, S 110).
3. Der befreiende Konzernabschluss muss von einem nach dem anzuwendenden Recht zugelassenen Abschlussprüfer geprüft worden sein.
4. Angaben im Anhang des Jahresabschlusses des befreiten Unternehmens über den Namen und Sitz des übergeordneten Mutterunternehmens, das den befreienden Konzernabschluss aufstellt, sowie ein Hinweis auf die Befreiung von der Verpflichtung, einen Teilkonzernabschluss und einen Teilkonzernlagebericht aufzustellen.
5. Der befreiende Konzernabschluss und Konzernlagebericht des übergeordneten Mutterunternehmens sind unverzüglich in deutscher Sprache oder in einer in internationalen Finanzkreisen gebräuchlichen Sprache beim Firmenbuchgericht offenzulegen und dem Aufsichtsrat sowie der nächsten ordentlichen Hauptversammlung (Generalversammlung) vorzulegen. Unter der international gebräuchlichen Sprache ist gemäß dem Ursprung dieser Formulierung (§ 85 BörseG) ausschließlich die englische Sprache zu verstehen.

Keine Befreiung gibt es gemäß § 246 Abs 3 für Gesellschaften gemäß § 189a Z 1 lit a (Unternehmen, die an einer Börse der EU bzw des EWR notieren).

Beispiel 5
Tannenbaumprinzip über die Grenze
Es wird eine jeweils 70%ige Beteiligung angenommen.

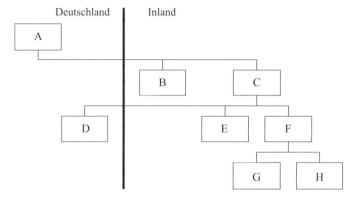

A hat jedenfalls einen vollen Konzernabschluss aufzustellen, der sich befreiend auf einen möglichen Teilkonzernabschluss von C (mit den Tochterunternehmen D–H) und F (mit den Tochterunternehmen G und H) auswirkt. Allerdings können sowohl der Aufsichtsrat bzw eine qualifizierte Minderheit von 10 % (bzw 1.400.000) der Unternehmen C und F jeweils die Aufstellung eines Teilkonzernabschlusses verlangen.

Für den Fall, dass § 245 Abs 3 auf C oder F zutrifft, das heißt, wenn C oder F an einer Börse in der EU oder dem EWR notieren, entfällt die Befreiung für diese Unternehmen.

2.6 Größenabhängige Befreiungen

2.61 Größenmerkmale (§ 246 Abs 1–4)

Im § 246 Abs 1 sind Mindestgrößen festgesetzt, ab denen ein Mutterunternehmen einen Konzernabschluss und einen Konzernlagebericht aufzustellen hat.

(1) Ein Mutterunternehmen ist von der Pflicht, einen Konzernabschluß und einen Konzernlagebericht aufzustellen, befreit, wenn

1. am Abschlußstichtag seines Jahresabschlusses und am vorhergehenden Abschlußstichtag mindestens zwei der drei nachstehenden Merkmale zutreffen:

a) Die Bilanzsummen in den Bilanzen des Mutterunternehmens und der Tochterunternehmen, die in den Konzernabschluß einzubeziehen wären, übersteigen insgesamt nicht 24 Millionen Euro.

b) Die Umsatzerlöse des Mutterunternehmens und der Tochterunternehmen, die in den Konzernabschluß einzubeziehen wären, übersteigen in den zwölf Monaten vor dem Abschlußstichtag insgesamt nicht 48 Millionen Euro.

c) Das Mutterunternehmen und die Tochterunternehmen, die in den Konzernabschluß einzubeziehen wären, haben in den zwölf Monaten vor dem Abschlußstichtag im Jahresdurchschnitt nicht mehr als 250 Arbeitnehmer beschäftigt; oder

2. am Abschlußstichtag eines von ihm aufzustellenden Konzernabschlusses und am vorhergehenden Abschlußstichtag mindestens zwei der drei nachstehenden Merkmale zutreffen:

a) Die Bilanzsumme übersteigt nicht 20 Millionen Euro.

b) Die Umsatzerlöse in den zwölf Monaten vor dem Abschlußstichtag übersteigen nicht 40 Millionen Euro.

c) Das Mutterunternehmen und die in den Konzernabschluß einbezogenen Tochterunternehmen haben in den zwölf Monaten vor dem Abschlußstichtag im Jahresdurchschnitt nicht mehr als 250 Arbeitnehmer beschäftigt.

(2) Die Rechtsfolgen der Merkmale gemäß Abs. 1 Z 1 und 2 treten, wenn diese Merkmale an den Abschlußstichtagen von zwei aufeinanderfolgenden Geschäftsjahren zutreffen, ab dem folgenden Geschäftsjahr ein.

> *(3) Abs. 1 ist nicht anzuwenden, wenn eines der verbundenen Unternehmen ein Unternehmen von öffentlichem Interesse (§ 189a Z 1) ist.*
>
> *(4) § 221 Abs. 7 gilt sinngemäß für die in Abs. 1 Z 1 und 2 angeführten Merkmale.*

Gem § 246 Abs 1 ist ein Mutterunternehmen von der Pflicht, einen Konzernabschluss und einen Lagebericht aufzustellen, befreit, wenn am Abschlussstichtag und am vorhergehenden Abschlussstichtag **mindestens zwei der drei** nachstehenden Merkmale nicht überschritten werden, wobei das zur Aufstellung verpflichtete Mutterunternehmen die Wahlmöglichkeit hat, von den Einzelabschlüssen oder dem (fiktiven) Konzernabschluss auszugehen.

Größenmerkmale

	Summe der Einzelabschlüsse von Mutter- und Tochterunternehmen, die in den Einzelabschluss einzubeziehen wären (**Bruttomethode**)	Summe des (fiktiven) Konzernabschlusses (**Nettomethode**)
Bilanzsumme <	24 Mio Euro	20 Mio Euro
Umsatzerlöse <	48 Mio Euro	40 Mio Euro
Arbeitnehmer <[1]	250 Personen	250 Personen

1   Die Arbeitnehmeranzahl bezieht sich auf den Jahresdurchschnitt in den letzten zwölf Monaten vor dem Abschlussstichtag

Die Rechtsfolgen der Überschreitung der Größenmerkmale treten, wenn diese Merkmale an den Abschlussstichtagen von zwei aufeinanderfolgenden Geschäftsjahren zutreffen, ab dem folgenden Geschäftsjahr ein (§ 246 Abs 2).

Bei der Festsetzung der Größenmerkmale nach der **Bruttomethode** sind jene Tochterunternehmen heranzuziehen, welche in den Konzernabschluss einzubeziehen wären. Dies bedeutet, dass Tochterunternehmen, die gem § 249 nicht einbezogen werden müssen, im Falle der Anwendung der Bruttomethode für die Größenberechnung nicht heranzuziehen sind. Dieser Standpunkt wird auch in der Literatur allgemein vertreten (vgl *Deutsch-Goldoni*, in *Straube*[3], Rz 11 zu § 246). Wird der Konzernabschluss zur Feststellung der Größenmerkmale herangezogen, stellt sich dieses Problem nicht, da die nicht einbezogenen Unternehmen im Konzernabschluss nur mit dem Beteiligungsansatz enthalten sind.

Entstehung eines Konzerns

Eine offene Frage ergibt sich dann, wenn eine Kapitalgesellschaft ohne Tochterunternehmen bereits in der Vergangenheit die Größenmerkmale für die verpflichtende Erstellung eines Konzernabschlusses überschritten hat und im laufenden Geschäftsjahr eine Tochtergesellschaft (Anteil mehr als 50 %) erwirbt und damit zum Konzern wird. Da vor dem Erwerb noch kein Konzern existiert hat, sollten auf Grund der Bestimmungen des § 246 Abs 1 (bestehender Konzernumsatz und Konzernbilanz) die ersten beiden Konzernjahre von der Verpflichtung der Konzernabschlusserstellung befreit sein.

Das UGB lässt diese Frage unbeantwortet. *Fröhlich* (Praxis der Konzernrechnungslegung, 3. Auflage, Wien 2011, S 29) rät unabhängig von der Beantwortung dieser Frage, den Konzernabschluss bereits am ersten Konzernabschlussstichtag nach Entstehen des Mutter-Tochterverhältnisses zu erstellen, um sich 2 Jahre später die auf den Erwerbsstichtag bezogene Eigenkapitalaufrechnung zu ersparen (siehe hierzu das Kapitel 4.311.3) .

Das deutsche HGB hat diese Lücke mit dem § 293 Abs 4 HGB geschlossen, wonach die Rechtsfolgen bei Neugründung schon dann eintreten, wenn die Größenvoraussetzungen am ersten Abschlussstichtag vorliegen. Obwohl der österreichische Gesetzgeber mit dem § 221 Abs 4 eine ähnliche Bestimmung für Kapitalgesellschaften geschaffen hat, hat er dies im Falle der Neuentstehung eines Konzerns unterlassen.

Unternehmen von öffentlichem Interesse

Die Bestimmung über den befreienden Konzernabschluss gilt, anders als in der bisherigen Fassung, nicht, wenn eines der verbundenen Unternehmen ein Unternehmen von öffentlichem Interesse ist.

Unternehmen von öffentlichem Interesse sind gem § 189a Z 1:

a. Unternehmen, die an einer Börse der EU bzw des EWR notieren
b. Kreditinstitute
c. Versicherungsunternehmen
d. Unternehmen, die in einem Bundesgesetz als solche bezeichnet werden

In der nunmehrigen Fassung des § 246 kann für in Drittstaaten notierende Unternehmen die größenabhängige Befreiung in Anspruch genommen werden. Diese Bestimmung ist gem § 906 Abs 28 erstmalig auf Geschäftsjahre anzuwenden, die nach dem 31.12.2015 beginnen.

Für den Eintritt der Rechtsfolgen sind gem § 906 Abs 29 auch die geänderten Größenmerkmale der Beobachtungszeiträume anzuwenden, die vor dem 1.1.2016 liegen.

Anpassungsklausel

Gem § 246 Abs 4 in Verbindung mit § 221 Abs 7 wird der Bundesminister für Justiz ermächtigt, zur Erfüllung der die Republik Österreich nach den Rechtsvorschriften der Europäischen Union treffenden Verpflichtungen durch **Verordnung** anstelle der im Abs 1 und 2 angeführten Merkmale andere Zahlen festzusetzen.

2.62 Zeitlicher Eintritt der Befreiung

Nach § 246 Abs 1 ist die Befreiung gegeben, wenn die Bedingungen für die Befreiung am Abschlussstichtag und am vorhergehenden Abschlussstichtag gegeben sind.

§ 246 Abs 2 bestimmt allerdings, dass die Rechtsfolgen der Merkmale gem Abs 1 ab dem folgenden Geschäftsjahr eintreten, wenn diese Merkmale an den Abschlussstichtagen von zweiaufeinanderfolgenden Geschäftsjahren zutreffen.

Abs 1 und Abs 2 stehen in scheinbarem Widerspruch, da Abs 1 im Hinblick auf die Befreiung auf den vorhergehenden und den laufenden Jahresabschluss abstellt, während Abs 2 die Rechtsfolgen ein Jahr nach dem zweimaligen Zutreffen der Merkmale eintreten lässt.

Da die **Befreiungsbestimmung** klar auf den Jahresabschluss abstellt, an dem die Merkmale hierfür zum zweiten Mal zutreffen, kann sich Abs 2 nur auf den Eintritt der Pflicht zur Aufstellung des Konzernabschlusses beziehen, womit diese erst im Folgejahr nach zweimaligem Übersteigen der Größenmerkmale eintritt.

Beispiel 6
Zeitlicher Eintritt der Befreiung von der Aufstellung eines Konzernabschlusses

Jahr	zwei der drei Merkmale sind überschritten	Grundlage: § 246 Abs 1 oder Abs 2	Konzernrechnungs-legungspflicht
1	nein	1	nein
2	nein	1	nein
3	ja	2	nein
4	ja	2	nein
5	nein	2	ja
6	nein	1	nein
7	ja	2	nein
8	nein	2	nein
9	ja	2	nein
10	ja	2	nein
11	ja	2	Ja
12	nein	2	Ja
13	nein	1	nein
14	ja	2	nein

Anderer Ansicht ist *Wagenhofer* (vgl *Wagenhofer*, Der Beginn der Konzernrechnungslegungspflicht, RdW 11/1991, S 342), der ausführt, dass *„die Verzögerung nur* *für eine Befreiung, nicht jedoch für die Aufstellungspflicht wirkt".* Vgl hierzu die Diskussion in der Literatur wie bei *Deutsch-Goldoni* (in *Straube*[3], Rz 22 f zu § 246), die allerdings zu keinem einheitlichen Ergebnis kommt.

2.7 Konsolidierungskreis

> *§ 247. (1) In den Konzernabschluß sind das Mutterunternehmen und alle Tochterunternehmen ohne Rücksicht auf den Sitz der Tochterunternehmen einzubeziehen, sofern die Einbeziehung nicht gemäß § 249 unterbleibt.*
>
> *(2) Hat sich die Zusammensetzung der in den Konzernabschluß einbezogenen Unternehmen im Laufe des Geschäftsjahrs wesentlich geändert, so sind in den Konzernabschluß Angaben aufzunehmen, die es ermöglichen, die aufeinanderfolgenden Konzernabschlüsse sinnvoll zu vergleichen. Dieser Verpflichtung kann auch dadurch entsprochen werden, daß die entsprechenden Beträge des vorhergehenden Konzernabschlusses an die Änderung angepaßt werden.*
>
> *(3) Die Tochterunternehmen haben dem Mutterunternehmen ihre Jahresabschlüsse, Lageberichte, Konzernabschlüsse, Konzernlageberichte und, wenn eine Prüfung des Jahresabschlusses oder des Konzernabschlusses stattgefunden hat, die Prüfungsberichte sowie, wenn ein Zwischenabschluß aufzustellen ist, einen auf den Stichtag des Konzernabschlusses aufgestellten Abschluß unverzüglich einzureichen. Das Mutterunternehmen kann von jedem Tochterunternehmen alle Aufklärungen und Nachweise verlangen, welche die Aufstellung des Konzernabschlusses und des Konzernlageberichts erfordert.*

2.71 Einzubeziehende Unternehmen, Vorlage- und Auskunftspflichten

Nach dem **Weltabschlussprinzip** sind in den Konzernabschluss das Mutterunternehmen und alle Tochterunternehmen ohne Rücksicht auf den Sitz der Tochterunternehmen einzubeziehen, sofern die Einbeziehung nicht gem §§ 249 ff unterbleibt (§ 247 Abs 1).

Hat sich die **Zusammensetzung** der in den Konzernabschluss einbezogenen Unternehmen im Laufe des Geschäftsjahres wesentlich geändert, so sind gem § 247 Abs 2 entweder

- in den Konzernabschluss Angaben aufzunehmen, die es ermöglichen, die **aufeinanderfolgenden Konzernabschlüsse sinnvoll zu vergleichen** oder
- die entsprechenden **Beträge des vorhergehenden Konzernabschlusses** an die Änderung anzupassen.

2.72 Ausnahmen von der Einbeziehung in den Konzernabschluss
2.721 Verbot der Einbeziehung

Das Verbot der Einbeziehung eines Tochterunternehmens in den Konzernabschluss, das sich in seiner Tätigkeit von der Tätigkeit der anderen Unternehmen derart unterscheidet, dass die Einbeziehung in den Konzernabschluss mit der Verpflichtung, ein möglichst getreues Bild der Vermögens-, Finanz- und Ertragslage des Konzerns zu vermitteln, unvereinbar ist, galt bis **31. 12. 2004**. Mit der Umsetzung der Modernisierungsrichtlinie wurde der diesbezügliche § 248 ersatzlos mit diesem Stichtag gestrichen.

2.722 *Verzicht auf die Einbeziehung in den Konzernabschluss gem § 249 Abs 1*

§ 249. (1) Ein Tochterunternehmen braucht in den Konzernabschluss nicht einbezogen zu werden, wenn

1. *die für die Aufstellung des Konzernabschlusses erforderlichen Angaben nicht ohne unverhältnismäßige Verzögerungen oder ohne unverhältnismäßig hohe Kosten zu erhalten sind, wobei auf die Größe des Unternehmens Bedacht zu nehmen ist; oder*

2. *die Anteile an dem Tochterunternehmen ausschließlich zum Zwecke ihrer Weiterveräußerung gehalten werden; oder*

3. *erhebliche und andauernde Beschränkungen die Ausübung der Rechte des Mutterunternehmens in Bezug auf das Vermögen oder die Geschäftsführung dieses Unternehmens nachhaltig beeinträchtigen.*

...

(3) Der Ausschluss der in Abs. 1 bezeichneten Unternehmen ist im Konzernanhang, falls kein Konzernabschluss aufzustellen ist, im Anhang des Jahresabschlusses der Muttergesellschaft anzugeben und zu begründen.

Gem § 249 Abs 1 braucht ein Tochterunternehmen in den folgenden Fällen nicht in den Konzernabschluss einbezogen werden:

1. Bei unverhältnismäßigen Verzögerungen oder unverhältnismäßig hohen Kosten

2. Die Anteile an dem Tochterunternehmen werden ausschließlich zum Zwecke ihrer Weiterveräußerung gehalten

3. Es sind erhebliche und andauernde Beschränkungen in der Ausübung der Rechte des Mutterunternehmens vorhanden

Während die Punkte 1. und 3. unverändert in die Neufassung des UGB übernommen wurden, wurde Punkt 2. mit dem RÄG 2014 neu in das UGB aufgenommen.

Für alle drei Punkte gilt gemäß § 246 Abs 3 die Bestimmung, dass der Ausschluss dieser Unternehmen vom Einbezug in den Konzernabschluss im Konzernanhang oder mangels eines Konzernabschlusses im Anhang des Jahresabschlusses der Muttergesellschaft anzugeben und zu begründen ist.

Die in den nachfolgenden Erläuterungen der oben angeführten Punkte angeführten ErlRV beziehen sich auf die unverändert weitergeltende bisherige Fassung des UGB.

2.722.1 Unverhältnismäßige Verzögerung oder unverhältnismäßig hohe Kosten (§ 249 Abs 1 Z 1)

Gem § 249 Abs 1 Z 1 braucht ein Tochterunternehmen nicht in den Konzernabschluss einbezogen zu werden, wenn

> *die für die Aufstellung des Konzernabschlusses erforderlichen Angaben nicht ohne unverhältnismäßige Verzögerungen oder ohne unverhältnismäßig hohe Kosten zu erhalten sind, wobei auf die Größe des Unternehmens Bedacht zu nehmen ist.*

Die **EBRV** vermerken hiezu, dass

> *„eine unverhältnismäßige Verzögerung dann anzunehmen ist, wenn wegen des Fehlens der erforderlichen Angaben der Konzernabschluß nicht innerhalb der vorgesehenen Frist aufgestellt werden kann, und die sich daraus ergebende Verzögerung der Publizität die Konzernrechnungslegung deutlich stärker beeinträchtigt als der Verzicht auf die Einbeziehung des die Verzögerung verursachenden Konzernunternehmens. Dies kann zB eintreten, wenn ein Unternehmen während des Geschäftsjahres Konzernunternehmen geworden ist und das Rechnungswesen des Unternehmens noch nicht auf die Notwendigkeit des Konzernabschlusses umgestellt werden konnte.“*

In diesem Zusammenhang wird in der Literatur (vgl *Deutsch-Goldoni*, in *Straube*[3], Rz 17 ff zu § 249) darauf hingewiesen, dass eine **unverhältnismäßige Verzögerung** in der Regel dann nicht vorliegt, wenn der Konzernabschluss innerhalb der gesetzlich vorgesehenen Frist aufgestellt werden kann. Darüber hinausgehende Verzögerungen gelten in aller Regel als unverhältnismäßig, es sei denn, dem Tochterunternehmen kommt für die Darstellung des Konzerns erhebliche Bedeutung zu (vgl *Biener/Berneke*, Bilanzrichtliniengesetz, Düsseldorf 1986, S 317).

In Bezug auf die unverhältnismäßigen Kosten **weisen die EBRV zu § 249 Abs 1 Z 2 weiters darauf hin**,

> *„daß die Kosten nur dann im Sinne des Abs 1 Z 2 (in der Neufassung Z 1) als unverhältnismäßig anzusehen sind, wenn sie in einem deutlich erkennbaren Mißverhältnis zu den Kosten für die Aufstellung des Konzernabschlusses insgesamt und der sich aus der Einbeziehung dieses Unternehmens in den Konzernabschluß ergebenden Verbesserung der Aussagekraft des Konzernabschlusses stehen. Dies soll durch den Verweis auf die Größe des Unternehmens zum Ausdruck gebracht werden.“*

2.722.2 Ausschließlich zum Zweck der Weiterveräußerung gehaltene Anteile an dem Tochterunternehmen (§ 249 Abs 1 Z 1)

Dieser neu in das Gesetz aufgenommene Punkt war bereits im Art 13 Abs 3c der 7. Richtlinie aus 1983 enthalten, wurde aber bis zum RÄG 2014 nicht in österreichisches Recht aufgenommen.

Die Weiterveräußerungsabsicht muss sich zumindest auf so viele im Besitz des Mutterunternehmens und eines anderen Unternehmens der Gruppe befindlichen Anteile beziehen, dass gewährleistet ist, dass nach der Veräußerung keine Tochtergesellschaft mehr vorliegt. Wie *Müller* hinweist (*Müller N.*, in *Hirschler* [Hrsg], Bilanzrecht – Konzernabschluss, § 249, S 105, Wien 2013), muss die Veräußerungsabsicht bereits zum Zeitpunkt des Erwerbes vorgelegen sein.

Die im Abs 3 sinngemäß geforderte Begründung für den Ausschluss auf Grund der Weiterveräußerungsabsicht ist zum einen durch den (zwingenden) Ausweis dieser Anteile im Umlaufvermögen gegeben. Weitere Begründungen sind nach Müller und der dort angegebenen Literatur eingeleitete Verkaufsverhandlungen, Vorverträge, die erteilte Genehmigung des Aufsichtsrates, entsprechende Vermittlungsaufträge an Investmentinstitute etc.

Die Bewertung dieser Anteile hat zu Anschaffungskosten, maximal jedoch zum erwarteten Veräußerungserlös abzüglich der Veräußerungskosten zu erfolgen.

2.722.3 Erhebliche und andauernde Beschränkungen in der Ausübung der Rechte des Mutterunternehmens (§ 249 Abs 1 Z 3)

Die Bestimmung des § 249 Abs 1 Z 3 geht davon aus, dass die Voraussetzungen für den Einbezug eines Tochterunternehmens in den Konzernabschluss zwar grundsätzlich vorliegen, die Rechte des Mutterunternehmens in Bezug auf das Vermögen oder die Geschäftsführung jedoch erheblich und andauernd beeinträchtigt sind.

Die Frage des Verzichtes auf die Einbeziehung einer Tochtergesellschaft in den Konzernabschluss ist sowohl bezüglich der Gründe als auch hinsichtlich des Ausmaßes und der Zeit sehr restriktiv zu behandeln.

Als mögliche Beispiele für **Rechtsbeeinträchtigungen**, die zu einem Einbeziehungswahlrecht führen, nennt *Deutsch-Goldoni* (in *Straube*[3], Rz 13 zu § 249) unter Bezug auf verschiedene Literaturstellen Folgende:

- *„Trotz formaler Stimmrechtsmehrheit bestehende* **Einstimmigkeits- oder Vetoklauseln** *in Unternehmensverträgen,*
- *gesatzte* **Mitwirkungs- oder Zustimmungserfordernisse** *der Minderheitsgesellschafter, durch welche nicht nur besondere Unternehmensentscheidungen, sondern schon jene der gewöhnlichen Geschäftstätigkeit beeinflusst werden können,*
- *rechtlich selbständige gemeinnützige Einrichtungen, bei denen insbesondere* **Beeinträchtigungen der Rechte** *in Bezug auf das Vermögen vorliegen,*

- *ein über ein Tochterunternehmen eröffnetes **Konkursverfahren** sowie*
- *drohende oder tatsächliche **Verstaatlichungen oder staatliche Zwangsverwaltungen**."*

Als Gründe, die einen Ausschluss von der Einbeziehung nicht hinreichend rechtfertigen, weil sie *„die Durchsetzung einer sinnvollen Konzerngeschäftspolitik nicht unbedingt unmöglich machen"*, nennt *Deutsch-Goldoni* *„**Produktionsbeschränkungen** oder **Preisreglementierungen** im Sitzland des Tochterunternehmens sowie **Besetzungsverbote für Organe** oder Betätigungsbeschränkungen für Ausländer in ihnen ... Auch Transferbeschränkungen für Vermögen bzw Gewinne sind kein hinreichender Grund, um die Nichteinbeziehung eines Tochterunternehmens zu rechtfertigen; sie berühren den Entscheidungsspielraum des Mutterunternehmens etwa dann nicht, wenn nicht der Transfer von Gewinnen, sondern Reinvestitionen in der entsprechenden Tochtergesellschaft beabsichtigt sind. Beschränkungen, die allen Geschäftsführungen einer bestimmten Branche oder in einer Region auferlegt sind, wie etwa Umweltschutzauflagen oder kartellrechtliche Bestimmungen, fallen gleichfalls nicht unter § 249 Abs 1 Z 1."*

Im Hinblick auf den **Zeitraum der Beeinträchtigung** der Rechte führen die EBRV an,

> *daß sich die andauernde Beschränkung nicht auf mehrere Geschäftsjahre erstrecken muß. Bei der Anwendung dieser Bestimmung wird zu beachten sein, dass die Einbeziehung in den Konzernabschluß regelmäßig organisatorische Maßnahmen im Rechnungswesen erfordert, die einer Vorbereitung bedürfen.*
>
> *Dies schließt aber nicht aus, daß in einer Übergangsphase ein Ausweis als assoziiertes Unternehmen erfolgt.*

Die unter Abs 1 Z 1 angeführten Beschränkungen sind auch im Zusammenhang mit § 247 Abs 3 zu sehen, wonach die Tochterunternehmen ihre Jahresabschlüsse, Lageberichte, Konzernabschlüsse, Konzernlageberichte und, wenn eine Prüfung des Jahresabschlusses oder des Konzernabschlusses stattgefunden hat, die Prüfungsberichte sowie, wenn ein Zwischenabschluss aufzustellen ist, einen auf den Stichtag des Konzernabschlusses aufgestellten Abschluss unverzüglich einzureichen haben.

Die **EBRV** vermerken dazu, dass

> *der Anspruch nur gegenüber inländischen Tochterunternehmen zivilrechtlich und durch Verhängung von Zwangsstrafen durchgesetzt werden kann. Räumt die für ein ausländisches Tochterunternehmen maßgebliche Rechtsordnung keinen derartigen Anspruch ein und kann das Mutterunternehmen auch nicht im Wege gesellschaftsrechtlich begründeter Einflußmöglichkeiten die für den Konzernabschluß benötigten Angaben und Unterlagen erhalten, kann dieses Tochterunternehmen gem § 249 Abs 1 Z 3 vom Konzernabschluß ausgenommen werden.*

Die Verfasser stellen die Aussage in den EBRV allerdings insoweit in Frage, als sie die Meinung vertreten, dass faktisch gar keine Einbeziehungsmöglichkeit besteht, wenn die für die Einbeziehung erforderlichen Unterlagen fehlen; die Aussagen in den EBRV sind insoweit nicht erforderlich.

2.722.4 Verzicht auf die Einbeziehung eines Tochterunternehmens, wenn die Einbeziehung nicht wesentlich ist (§ 249 Abs 2)

> *(2) Wenn die Einbeziehung eines Tochterunternehmens nicht wesentlich ist, braucht es nicht in den Konzernabschluss einbezogen zu werden. Trifft dies auf mehrere Tochterunternehmen zu, so sind sie dann in den Konzernabschluss einzubeziehen, wenn sie zusammen wesentlich sind. Für ein Mutterunternehmen, das ausschließlich Tochterunternehmen hat, deren Einbeziehung entweder für sich und zusammengenommen nicht wesentlich ist oder die aufgrund von Abs. 1 nicht einbezogen zu werden brauchen, entfällt die Pflicht zur Aufstellung eines Konzernabschlusses und eines Konzernlageberichts.*

Durch das RÄG 2014 wurde die bisher gebräuchliche Bezeichnung „Tochterunternehmen von untergeordneter Bedeutung" durch die Bezeichnung „Tochtergesellschaften, deren Einbeziehung nicht wesentlich ist" ersetzt.

Diese Änderung im Gesetzeswortlaut bringt jedoch keine Änderung im Inhalt mit sich; sie ist einfach darauf zurückzuführen, dass der Begriff „von untergeordneter Bedeutung" allgemein durch den Begriff „unwesentlich" bzw „nicht wesentlich"ersetzt wurde (siehe hierzu § 189a Z 10).

Die Wesentlichkeit einer Tochtergesellschaft für die Einbeziehung in den Konzernabschluss hängt vor allem vom Ausmaß der Beeinflussung des möglichst getreuen Bildes der Vermögens-, Finanz- und Ertragslage des Konzerns ab. Bei der Feststellung dieser Tatsache sind unter anderem der Anteil des Tochterunternehmens am Gesamtumsatz und Vermögen des Konzerns, die Bedeutung des Tochterunternehmens für die wirtschaftliche Lage des Konzerns sowie alle Risiken, die die Tätigkeit des Tochterunternehmens für den Gesamtkonzern mit sich bringt, zu beachten.

2.722.5 Ausnahmen für Tochterunternehmen deren Einbeziehung nicht wesentlich ist

Keinesfalls kann die zu einem historischen, mittlerweile wirtschaftlich überholten Wertansatz in der Bilanz der Mutterunternehmen ausgewiesene Beteiligung am Tochterunternehmen für sich allein für die Bedeutung eines möglichst getreuen Bildes maßgeblich sein.

Der zweite Satz des § 249 Abs 2, wonach mehrere Tochterunternehmen in den Konzernabschluss einzubeziehen sind, wenn sie zusammen nicht wesentlich sind, ist insoweit unklar, als die Frage offenbleibt, wie dies festgestellt werden soll.

Den Verfassern erschiene als eine adäquate Lösung, die einzelnen **Tochterunternehmen nach ihrer Bedeutung zu reihen** und diese, mit dem bedeutendsten beginnend, so weit in den Konzernabschluss einzubeziehen, als sie zusammen nicht unwesentlich sind, während die verbleibenden Tochterunternehmen, deren Einbeziehung unwesentlich ist, nicht einbezogen werden. Problematisch kann allerdings die Beantwortung der Frage sein, nach welchen Kriterien diese Reihung zu erfolgen hat.

Abschließend ist noch einmal anzumerken, dass die Anwendung des § 249 Abs 1 im Konzernanhang, falls kein solcher aufzustellen ist, im Anhang des Jahresabschlusses des Mutterunternehmens anzugeben und zu begründen ist.

2.8 Behandlung von nicht in den Konsolidierungskreis einbezogenen Tochterunternehmen im Konzernabschluss

Tochterunternehmen bleiben auch dann **verbundene Unternehmen**, wenn sie aus Gründen des § 249 nicht in den Konzernabschluss einbezogen werden. In der Konzernbilanz sind Anteile an derartigen Tochterunternehmen unabhängig vom gewählten Bilanzansatz als Anteile an verbundenen Unternehmen und die Forderungen und Verbindlichkeiten als Forderungen gegen bzw Verbindlichkeiten gegenüber verbundenen Unternehmen auszuweisen. Im Falle des § 249 Abs 1 Z 1 und 3 sowie § 249 Abs 2 erfolgt der Ausweis der Beteiligung des nicht einbezogenen Tochterunternehmens im Anlagevermögen, im Falle des Absatzes 1 Z 2 im Umlaufvermögen.

Wird ein verbundenes Unternehmen aus Gründen des § 249 nicht in den Konzernabschluss einbezogen, ist dies gem § 249 Abs 3 im Konzernanhang anzugeben und zu begründen. Die Begründung der Nichtaufnahme darf sich allerdings nicht in einem einfachen Bezug auf die jeweilige Gesetzesstelle erschöpfen (vgl hierzu *Deutsch-Goldoni*, in *Straube*[3], Rz 29 zu § 249 sowie die dort angegebene Literatur).

2.9 Zusammenhang von § 247 und § 249

Die nachfolgende Darstellung wurde in Anlehnung an *Gross/Schruff/von Wysocki* (Der Konzernabschluss nach neuem Recht. Aufstellung, Prüfung, Offenlegung, 2. Auflage, Düsseldorf 1987, S 84) erstellt.

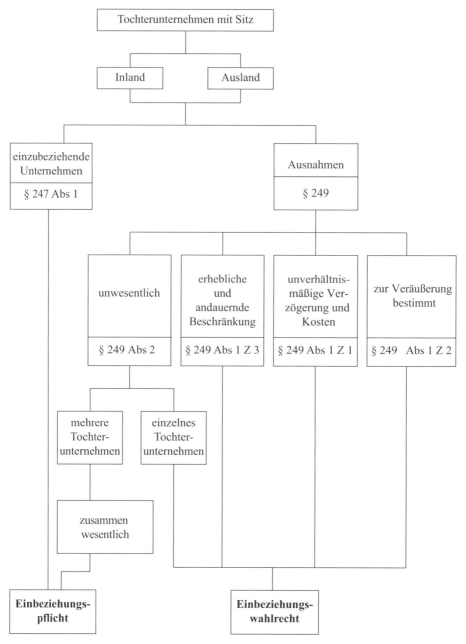

3. Grundsätze der Aufstellung des Konzernabschlusses

3.1 Die Einheitstheorie als Basis für den Konzernabschluss

Die grundlegende Bestimmung für die Aufstellung von Konzernabschlüssen ist die in § 250 Abs 3 erster Satz verankerte Einheitstheorie.

> *Im Konzernabschluss ist die Vermögens-, Finanz- und Ertragslage der einbezogenen Unternehmen so darzustellen, als ob diese Unternehmen insgesamt ein einziges Unternehmen wären*

Beispiel 7
Demonstrationsbeispiel eines Konzernabschlusses

Die M-Gesellschaft hat die T-Gesellschaft gegründet und möchte wegen der engen Verflechtung eine Konzernbilanz aufstellen.

Die Bilanzen der beiden Gesellschaften zeigen folgendes Bild:

	Bilanz M	Bilanz T	Summe	
				Die Summe der beiden Bilanzen kann nicht als einheitliche Bilanz fungieren, da die Tochter in der Konzernbilanz als eine Betriebsstätte der Mutter gilt. Es müssen daher alle in der Bilanz ausgewiesenen Beziehungen zwischen zwei bisher selbständigen Unternehmen ausgeschaltet werden.
Sachanlagevermögen	300	1.000	1.300	
Beteiligung	1.200		1.200	*1) Die Beteiligung an T gibt es nicht mehr, da T eine Betriebsstätte ist. Damit fällt auch das Eigenkapital von T weg. Beide sind zu saldieren.*
Sonstiges Anlagevermögen	250	500	750	
Vorräte	600	900	1.500	
Von T an M gelieferte Ware	200		200	*2)3) Wäre die Ware nicht geliefert worden, würde sie bei T zu den Herstellungskosten von 100 gelagert werden. Daher ist der Gewinn von 100, der in den Waren steckt, zu eliminieren und die beiden Lager sind zusammenzuführen.*
Forderungen gegenüber M		150	150	*4) T hat eine Forderung gegenüber M, die in der Konzernbilanz nicht mehr existiert, da T eine Betriebsstätte geworden ist. Es sind daher die konzerninternen Forderungen und Verbindlichkeiten zu saldieren.*

	Bilanz M	Bilanz T	Summe	
Sonstiges Umlaufvermögen	600	360	960	
Summe Aktiva	**3.150**	**2.910**	**6.060**	
Stammkapital	1.100	1.200	2.300	
Gewinnrücklagen	500		500	
Rückstellungen	500	400	900	
Verbindlichkeit gegenüber T	150		150	
Sonstige Verbindlichkeiten	900	1.310	2.210	
Summe Passiva	**3.150**	**2.910**	**6.060**	

Um die Konzernbilanz aufzustellen, müssen daher die oben genannten Punkte korrigiert werden:

1. *Saldierung der Beteiligung mit dem Eigenkapital der Tochtergesellschaft.*
2. *Eliminierung des in den Vorräten enthaltenen Gewinnes. Dieser ist gegen die Gewinnrücklage auszubuchen.*
3. *Der verbleibende Warenbestand ist mit den übrigen Waren zusammenzuführen.*
4. *Saldierung der gegenseitigen Forderungen und Verbindlichkeiten.*

Lösung

	Bilanz M	Bilanz T	Summe		Überleitung in die Konzernbilanz		**Konzern-bilanz**
					Soll	Haben	
Sachanlagevermögen	300	1.000	**1.300**				**1.300**
Beteiligung	1.200		**1.200**	1		1.200	
Sonstiges Anlagevermögen	250	500	**750**				**750**
Vorräte	600	900	**1.500**	3	100		**1.600**
Von T gelieferte Ware	200		**200**	2		100	
				3		100	
Forderungen gegenüber M		150	**150**	4		150	
Sonstiges Umlaufvermögen	600	360	**960**				**960**
Summe Aktiva	**3.150**	**2.910**	**6.060**		100	1.550	**4.610**
Stammkapital	1.100	1.200	**2.300**	1	1.200		**1.100**
Gewinnrücklagen	500		**500**	2	100		**400**
Rückstellungen	500	400	**900**				**900**
Verbindlichkeit gegenüber T	150		**150**	4	150		

	Bilanz M	Bilanz T	Summe	Überleitung in die Konzernbilanz		Konzern-bilanz
				Soll	Haben	
Sonstige Verbindlichkei-ten	900	1.310	2.210			2.210
Summe	3.150	2.910	6.060	1.450	0	4.610

3.11 Die Erwerbsmethode

Die Erwerbsmethode ist im § 253 Abs 1, Satz 1 und 2, normiert:

> *In dem Konzernabschluß ist der Jahresabschluß des Mutterunternehmens mit den Jahresabschlüssen der Tochterunternehmen zusammenzufassen. An die Stelle der dem Mutterunternehmen gehörenden Anteile an den einbezogenen Tochterunternehmen treten die Vermögensgegenstände, Rückstellungen, Verbindlichkeiten und Rechnungsabgrenzungsposten der Tochterunternehmen (...).*

Die **Erwerbsmethode** führt zur Aufteilung des Preises der erworbenen Beteiligung (Buchwert der Beteiligung in der Bilanz der Muttergesellschaft) auf die einzelnen Vermögensgegenstände und Verpflichtungen des Unternehmens. Liegt der **Erwerbspreis** (**die Beteiligung**) über dem Saldo aus Vermögen und Verpflichtungen (buchmäßiges Eigenkapital), kommt es gegebenenfalls zu **Neubewertungen** im Vermögen und in den Verpflichtungen gegenüber dem Einzelabschluss der Tochtergesellschaft. Ein verbleibender Saldo (Unterschiedsbetrag) gegenüber dem Erwerbspreis ist als **Geschäfts- oder Firmenwert** zu betrachten.

Diese Betrachtungsweise entspricht dem im angloamerikanischen Raum angewandten Konsolidierungsverfahren, welches als **Erwerbsmethode** bezeichnet wird (reine **angelsächsische Methode der Kapitalkonsolidierung – „purchase" oder „acquisition" method**). Die Neubewertung der Vermögensgegenstände und Schulden des Tochterunternehmens führt zwangsläufig dazu, dass die Unterschiedsbeträge gegenüber den Bilanzansätzen im Einzelabschluss des Tochterunternehmens die Konzern-Gewinn- und Verlustrechnungen der Folgeperioden beeinflussen. Aufgrund dieser Konsequenz spricht man auch von einer **erfolgswirksamen Erwerbsmethode**.

3.12 Einheitlicher Stichtag für die Aufstellung des Konzernabschlusses

(§ 252 Abs 1):

> *Der Konzernabschluß ist auf den Stichtag des Jahresabschlusses des Mutterunternehmens oder auf den hievon abweichenden Stichtag der Jahresabschlüsse der bedeutendsten oder der Mehrzahl der in den Konzernabschluß einbezogenen Unternehmen aufzustellen die Abweichung vom Abschlußstichtag des Mutterunternehmens ist im Konzernanhang anzugeben und zu begründen.*

Mit dieser Regelung lässt das Gesetz **neben dem Stichtag des Jahresabschlusses des Mutterunternehmens** zwei hiervon abweichende Stichtage zu:

- Stichtag des Jahresabschlusses der bedeutendsten in den Konzernabschluss einbezogenen Unternehmen;
- Stichtag der Mehrzahl der in den Konzernabschluss einbezogenen Unternehmen.

Da abweichende Stichtage im Konzernanhang anzugeben und zu begründen sind, kann davon ausgegangen werden, dass diese Fälle eher Ausnahmen darstellen sollen.

Voraussetzung für den abweichenden Stichtag ist, dass entweder die bedeutendsten Tochterunternehmen (gemessen am Umsatz, dem Vermögen, an der wirtschaftlichen Bedeutung im Rahmen des Konzerns) oder die Mehrzahl der Tochterunternehmen abweichende Abschlussstichtage aufweisen.

Abweichende Abschlussstichtage einbezogener Unternehmen
(§ 252 Abs 2 und 3)

(2) Die Jahresabschlüsse der in den Konzernabschluß einbezogenen Unternehmen sollen auf den Stichtag des Konzernabschlusses aufgestellt werden. Liegt der Abschlußstichtag eines Unternehmens um mehr als drei Monate vor oder nach dem Stichtag des Konzernabschlusses, so ist dieses Unternehmen auf Grund eines auf den Stichtag und den Zeitraum des Konzernabschlusses aufgestellten Zwischenabschlusses in den Konzernabschluß einzubeziehen.

(3) Wird bei abweichenden Abschlußstichtagen ein Unternehmen nicht auf der Grundlage eines auf den Stichtag und den Zeitraum des Konzernabschlusses aufgestellten Zwischenabschlusses einbezogen, so sind Vorgänge von besonderer Bedeutung für die Vermögens-, Finanz- und Ertragslage eines in den Konzernabschluß einbezogenen Unternehmens, die zwischen dem Abschlußstichtag dieses Unternehmens und dem Abschlußstichtag des Konzernabschlusses eingetreten sind, in der Konzernbilanz und der Konzern-Gewinn- und Verlustrechnung zu berücksichtigen oder im Konzernanhang anzugeben.

Im Gegensatz zur bisherigen Regelung, wonach ein Zwischenabschluss nur dann aufzustellen war, wenn der Abschluss eines einbezogenen Unternehmens um mehr als drei Monate vor dem Stichtag des Konzernabschlusses lag, gilt dies nunmehr auch dann, wenn der Abschluss eines einbezogenen Unternehmens um mehr als drei Monate nach dem Stichtag des Konzernabschlusses liegt.

Bezüglich der sich aus **abweichenden Abschlussstichtagen** ergebenden Probleme bei der Konsolidierung und zur Berücksichtigung der Vorgänge von besonderer Bedeutung zwischen Abschlussstichtag des einbezogenen Unternehmens und dem abweichenden Konzernabschlussstichtag (siehe *Küting/Weber*, Handbuch der Konzernrechnungslegung[2], Stuttgart 1998, Rz 26 ff zu § 299).

3.13 Ausschaltung aller Innenbeziehungen

Bei der Zusammenfassung zum Konzernabschluss sind sämtliche **Innenbeziehungen** zwischen den einbezogenen Unternehmen **zu eliminieren**, da diese in dem einheitlichen Konzernabschluss keinen Platz haben.

Die Ausschaltung der Innenbeziehungen führt dabei zu den im Abschnitt zur Vollkonsolidierung angeführten Vorgängen, nämlich der **Kapitalkonsolidierung** als „Zusammenfassung" von Eigenkapital und Beteiligungen (§ 253 Abs 1, 2. Satz), der **Schuldenkonsolidierung** (§ 255) als Zusammenfassung von Forderungen und Schulden, der **Aufwands- und Ertragskonsolidierung (§ 257)** als Zusammenfassung von Aufwendungen und Erträgen und der **Ausschaltung von Zwischenergebnissen** (§ 256). Diese Vorschrift lässt sich unmittelbar aus der Anwendung der Einheitstheorie auf den **Realisationsgrundsatz** (§ 201 Abs 2 Z 4a) ableiten.

Für die Schuldenkonsolidierung sowie die für Aufwands- und Ertragskonsolidierung und die Ausschaltung der Zwischenergebnisse gelten die Bestimmungen der §§ 255 Abs 2, 256 Abs 2 und 257 Abs 2, wonach einzelne Konsolidierungsmaßnahmen entfallen können, soweit die wegzulassenden Beträge und die Behandlung der Zwischenergebnisse nicht wesentlich sind.

Die Frage der Nichtwesentlichkeit ist immer unter Beachtung des möglichst getreuen Bildes der Finanz-, Vermögens- und Ertragslage aus dem Verhältnis der zu konsolidierenden Größen mit den gleichartigen anderen Größen des Konzerns festzustellen, wobei grundsätzlich die Auswirkungen in ihrer Gesamtheit zu prüfen sind.

Die bis zum Inkrafttreten des RÄG 2014 geltende Regelung, dass gem § 256 Abs 2 auf die Ausschaltung der in den Wertansätzen der Vermögensgegenstände enthaltenen Zwischenergebnisse, die auf Grund von zu üblichen Marktbedingungen vorgenommenen Lieferungen und Leistungen entstanden sind, verzichtet werden konnte, wenn die Ermittlung des vorgeschriebenen Wertansatzes einen unverhältnismäßig hohen Aufwand erfordert, ist weggefallen.

Damit können Ausnahmen von der Zwischengewinneliminierung jetzt nur mehr auf Grund der Unwesentlichkeit in Anspruch genommen werden.

3.14 Einheitliche Bewertungs-, Rechts- und Stetigkeitsgrundsätze für alle in den Konzern eingebundenen Tochtergesellschaften

- Die im Konzernabschluss zusammengefassten Bilanzposten sind nach **einheitlichen Grundsätzen** zu bewerten (§ 260).
- Es ist ein **einheitliches Bilanzrecht**, und zwar das österreichische, anzuwenden (§ 251 Abs 1 und verschiedene Einzelvorschriften in den §§ 253 und 260), soweit nicht § 245a zur Anwendung kommt.
- Da sich aufgrund vorstehender Sachverhalte Unterschiede zwischen dem Konzernergebnis und der Summe der Einzelergebnisse der einbezogenen Unternehmen er-

geben können, kann eine Neuberechnung des dem Konzernergebnis zuzurechnenden Aufwandes für Ertragssteuern erforderlich sein („Steuerabgrenzung", § 258).

- Aus den allgemeinen Stetigkeitsgrundsätzen (§ 201 Abs 2 Z 1 und § 223 Abs 1) ergibt sich für den Konzernabschluss der Grundsatz der **Stetigkeit der Zusammenfassungs(Konsolidierungs)methoden** (§ 250 Abs 3, 2. Satz).

3.15 Einzelbeispiele für den Anwendungsbereich der Einheitstheorie

Anwendungsbereiche der Einheitstheorie

- *Ein verbundenes Unternehmen hat einem anderen verbundenen Unternehmen den **Auftrag zur Errichtung einer Produktionsanlage** als Generalunternehmer erteilt. Diese Anlage ist zum Jahresabschluss noch nicht fertig gestellt und übergeben und daher beim Auftragnehmer als unfertiges Erzeugnis bzw als „noch nicht abrechenbare Leistungen" bilanziert. Vom Konzernstandpunkt jedoch handelt es sich um eine „in Bau befindliche Anlage", sodass bei der Aufstellung des Konzernabschlusses dieser Posten im Anlagevermögen auszuweisen ist.*

- *Ein verbundenes Unternehmen hat einem anderen entgeltlich ein **selbst entwickeltes EDV-Programm** übertragen. Das erwerbende Konzernunternehmen hat dieses EDV-Programm als entgeltlich erworbenen immateriellen Vermögensgegenstand aktiviert. Vom Konzernstandpunkt handelt es sich um einen nicht aktivierungsfähigen immateriellen Vermögensgegenstand.*

- *Ein Konzernunternehmen liefert **gebrauchte Anlagegegenstände** an ein anderes verbundenes Unternehmen, das diese Gegenstände ebenfalls als Anlagevermögen verwendet. Vom Konzernstandpunkt liegt jedoch nur die Verwendung eines Anlagegegenstandes in einer anderen „Betriebsstätte" vor; im Konzernanlagespiegel erscheint diese Übertragung weder als Zugang noch als Abgang. Eine Übertragung über dem Buchwert wäre nur insoweit zulässig, als vom Standpunkt des Konzerns als einheitliches Unternehmen für den übertragenen Gegenstand eine Zuschreibung zulässig wäre. Bei einer Veräußerung mit Verlust dagegen müssten die Voraussetzungen für eine außerplanmäßige Abschreibung gegeben sein.*

- *Eine Tochtergesellschaft wird in der Weise errichtet, dass die Muttergesellschaft einen **Teilbetrieb** in eine neu gegründete GmbH einbringt. Bei der Einbringung wird eine Aufwertung der eingebrachten Vermögensgegenstände im Rahmen des § 202 durchgeführt. Die im Einzelabschluss des einbringenden Unternehmens durchgeführte Gewinnrealisierung ist für die Aufstellung des Konzernabschlusses nach der Einheitstheorie nicht zulässig, da es sich hier um eine reine Umschichtung handelt. Diese Konsequenz, die unmittelbar aus der Einheitstheorie abgeleitet werden kann, ist allerdings auch ausdrücklich in § 256 Abs 1 verankert. Das bedeutet praktisch, dass bei Einbringungen nach* *dem Umgründungssteuergesetz die dort vorgeschriebene „Buchwertfortfüh-rung" auch für die Aufstellung des Konzernabschlusses gilt (für die unterneh-mensrechtlichen Buchwerte, die mit den steuerlichen nicht übereinstimmen müssen).*

3.2 Beachtung der Grundsätze ordnungsgemäßer Buchführung

§ 250. (2) Der Konzernabschluß hat den Grundsätzen ordnungsmäßiger Buchfüh-rung zu entsprechen. Er ist klar und übersichtlich aufzustellen. Er hat ein möglichst getreues Bild der Vermögens-, Finanz- und Ertragslage des Konzerns zu vermit-teln. Wenn dies aus besonderen Umständen nicht gelingt, sind im Konzernanhang die erforderlichen zusätzlichen Angaben zu machen.

(3) Im Konzernabschluß ist die Vermögens-, Finanz- und Ertragslage der einbezo-genen Unternehmen so darzustellen, als ob diese Unternehmen insgesamt ein ein-ziges Unternehmen wären. Die auf den vorhergehenden Konzernabschluß ange-wandten Zusammenfassungs(Konsolidierungs)methoden sind beizubehalten. Ein Abweichen von diesem Grundsatz ist nur bei Vorliegen besonderer Umstände und unter Beachtung der in Abs. 2 dritter Satz umschriebenen Zielsetzung zulässig; im Konzernanhang ist die Abweichung anzugeben, zu begründen und ihr Einfluss auf die Vermögens-, Finanz- und Ertragslage des Konzerns darzulegen.

Ein Abweichen vom Grundsatz der Stetigkeit ist gem Abs 3 nur bei Vorliegen be-sonderer Umstände unter Beachtung der Lieferung eines möglichst getreuen Bildes der Vermögens-, Finanz- und Ertragslage möglich. Die Abweichung ist im Anhang anzugeben, zu begründen und ihr Einfluss auf die Vermögens-, Finanz- und Ertrags-lage darzulegen.

3.3 Bestandteile des Konzernabschlusses (§ 250 Abs 1)

*(1) Der Konzernabschluss besteht aus der **Konzernbilanz**, der **Konzern-Gewinn-und Verlustrechnung**, dem **Konzernanhang**, der **Konzernkapitalflussrechnung** und einer **Darstellung der Komponenten des Eigenkapitals** und ihrer Entwick-lung. Er kann um die Segmentberichterstattung erweitert werden.*

Der **Konzernlagebericht** ist zusätzlich zum Konzernabschluss aufzustellen (§ 267).

§ 251 Abs 3

Der Konzernanhang und der Anhang des Jahresabschlusses des Mutterunterneh-mens dürfen (...) zusammengefaßt werden. In diesem Falle müssen der Konzernab-schluß und der Jahresabschluß des Mutterunternehmens gemeinsam offengelegt werden und dürfen auch die Prüfungsberichte und die Bestätigungsvermerke zu-sammengefaßt werden.

Gemäß § 267 Abs 4 gilt die Möglichkeit der Zusammenlegung des Anhanges mit dem Konzernanhang auch für die Zusammenlegung des Lageberichts des Mutterunternehmens mit jenem des Konzerns.

Zu den Einwendungen, die gegen diese Zusammenlegung zu erheben sind, siehe die Ausführungen im Kapitel 8.2 dieses Buches.

3.4 Anzuwendende Vorschriften des Einzelabschlusses

§ 251 Abs 1 bestimmt:

> *Auf den Konzernabschluß sind, soweit seine Eigenart keine Abweichung bedingt oder in den folgenden Vorschriften nichts anderes bestimmt ist, § 193 Abs 3 und 4 zweiter Halbsatz, §§ 194 bis 211, 223 bis 227, § 229 Abs 1–3, §§ 231 bis 234 und §§ 237 bis 241 über den Jahresabschluß und die für die Rechtsform und den Geschäftszweig der in den Konzernabschluß einbezogenen Unternehmen mit dem Sitz im Geltungsbereich dieses Gesetzes geltenden Vorschriften entsprechend anzuwenden.*

Vorweg sei angeführt, dass für die Aufstellung des Konzernabschlusses, soweit nicht § 245a angewendet wird, ausschließlich inländisches Recht gilt; dies bedeutet, dass auch die Jahresabschlüsse ausländischer einbezogener Unternehmen vor der Zusammenfassung nach österreichischen Vorschriften aufzustellen sind (Anwendung einheitlicher Bewertungen und Bewertungsmethoden gem § 260).

Im Folgenden werden die oben angeführten Vorschriften bzw ihre Querverbindungen mit den Sondervorschriften für die Konzernrechnungslegung kurz erläutert, wobei nicht streng nach der Reihenfolge der §§ vorgegangen wird.

3.41 Dauer des Geschäftsjahres (§ 193 Abs 3 und 4 zweiter Halbsatz)

> *(3) Die Dauer des Geschäftsjahrs darf zwölf Monate nicht überschreiten.*
> *(4) 2. Halbsatz: Der Konzernabschluss ist in Euro und in deutscher Sprache unbeschadet der volksgruppenrechtlichen Bestimmungen in der jeweils geltenden Fassung aufzustellen.*

3.42 Unterzeichnung des Jahresabschlusses (§ 194)

> *Der Jahresabschluß ist vom Unternehmer unter Beisetzung des Datums zu unterzeichnen. Sind mehrere unbeschränkt haftende Gesellschafter vorhanden, so haben sie alle zu unterzeichnen.*

Im Konzernabschluss sind damit die Organe (*Geschäftsführer bzw Vorstandsmitglieder und eventuelle unbeschränkt haftende Gesellschafter*) des Mutterunternehmens (bei Teilkonzernabschlüssen die Führungsorgane des unmittelbaren Mutterunternehmens) gemeint.

3.43 Vollständigkeitsgrundsatz (§ 196 Abs 1) und Verrechnungsverbot (§ 196 Abs 2)

Gemäß § 196 Abs 1 hat der Jahresabschluss

> *sämtliche Vermögensgegenstände, Rückstellungen, Verbindlichkeiten, Rechnungs-*
> *abgrenzungsposten, Aufwendungen und Erträge zu enthalten, soweit gesetzlich*
> *nichts anderes bestimmt ist.*

Bei der Einbeziehung ausländischer Tochtergesellschaften in den Konzernabschluss ist beispielsweise zu beachten, ob nach österreichischem Recht aktivierungspflichtige Vermögensgegenstände auch im nach ausländischem Recht aufgestellten Jahresabschluss enthalten sind (andere Regelung der Aktivierungspflicht) bzw ob nach österreichischem Recht passivierungspflichtige Rückstellungen auch zur Gänze im ausländischen Jahresabschluss berücksichtigt wurden.

Gemäß § 196 Abs 2 dürfen Posten der Aktivseite

> *nicht mit Posten der Passivseite, Aufwendungen nicht mit Erträgen, Grundstücks-*
> *rechte nicht mit Grundstückslasten verrechnet werden.*

3.44 Wirtschaftlicher Gehalt, Wesentlichkeit (§ 196a)

> *§ 196a. (1) Die Posten des Jahresabschlusses sind unter Berücksichtigung des wirt-*
> *schaftlichen Gehalts der betreffenden Geschäftsvorfälle oder der betreffenden Ver-*
> *einbarungen zu bilanzieren und darzustellen.*
>
> *(2) Die Anforderungen an den Jahresabschluss in Bezug auf Darstellung und Of-*
> *fenlegung müssen nicht erfüllt werden, wenn die Wirkung ihrer Einhaltung unwe-*
> *sentlich ist.*

Neben dem Grundsatz des wirtschaftlichen Gehaltes gilt in gleicher Weise für den Konzernabschluss der Grundsatz der Wesentlichkeit, wie beispielsweise im § 249 für den Verzicht auf die Einbeziehung in den Konzernabschluss, im § 251 für die Zusammenfassung der Vorräte zu einem Posten, im § 255 für die Konsolidierung von Forderungen und Schulden, im § 256 für die Eliminierung von Zwischenergebnissen, im § 258 für die Steuerabgrenzung, im § 260 für die Einheitlichkeit der Bewertung, im § 263 für die Anwendung der Bestimmungen über assoziierte Unternehmen sowie für die Angaben zu § 265 Abs 2 Z 4.

3.45 Bilanzierungsverbote (§ 197)

> *(1) Aufwendungen für die Gründung des Unternehmens und für die Beschaffung des*
> *Eigenkapitals dürfen nicht als Aktivposten in die Bilanz eingestellt werden.*
>
> *(2) Für immaterielle Gegenstände des Anlagevermögens, die nicht entgeltlich er-*
> *worben wurden, darf ein Aktivposten nicht angesetzt werden.*

Die **Beachtung des Bilanzierungsverbotes** kann **bei der Einbeziehung ausländischer Tochtergesellschaften** dann von Bedeutung sein, wenn die nach ausländischem Recht aufgestellten Jahresabschlüsse nach österreichischem Recht nicht aktivierungsfähige Posten enthalten (zB Gründungskosten, Forschungs- und Entwicklungskosten, selbst erstellte immaterielle Vermögensgegenstände).

Aus dem **Einheitsgrundsatz** ergibt sich auch noch folgende Konsequenz: Wenn ein einbezogenes Unternehmen einen selbst erstellten immateriellen Vermögensgegenstand an ein anderes einbezogenes Unternehmen entgeltlich übertragen hat, besteht im Einzelabschluss des erwerbenden Unternehmens eine Aktivierungsverpflichtung, ergänzt durch eine Angabepflicht im Anhang (§ 238 Z 1). Vom Konzernstandpunkt handelt es sich jedoch um einen selbst erstellten immateriellen Vermögensgegenstand, der im Konzernabschluss nicht aktivierungsfähig ist.

3.46   Bilanzierungsverpflichtung für das Disagio (§ 198 Abs 7)

(7) Ist der Rückzahlungsbetrag einer Verbindlichkeit zum Zeitpunkt ihrer Begründung höher als der Ausgabebetrag, so ist der Unterschiedsbetrag in den Rechnungsabgrenzungsposten auf der Aktivseite aufzunehmen und gesondert aufzuweisen. Der eingesetzte Betrag ist durch planmäßige jährliche Abschreibung zu tilgen. (...)

Aus dem bisherigen Wahlrecht der Aktivierung des Disagios wurde nunmehr eine Aktivierungspflicht. Die Abschreibung desselben kann nach wie vor sowohl linear als auch nach der Effektivzinsmethode erfolgen.

3.47   Steuerabgrenzung gem § 198 Abs 9 und 10

Diese Bestimmung ist für den Konzernabschluss im Zusammenhang mit § 258 zu sehen. Siehe hierzu das Kapitel 4.6.

3.48   Haftungsverhältnisse (§ 199)

Unter der Bilanz sind Verbindlichkeiten aus der Begebung und Übertragung von Wechseln, Bürgschaften, Garantien sowie sonstigen vertraglichen Haftungsverhältnissen, soweit sie nicht auf der Passivseite auszuweisen sind, zu vermerken, auch wenn ihnen gleichwertige Rückgriffsforderungen gegenüberstehen.

3.5   Gliederungsvorschriften für die Konzernbilanz

Für die Konzernbilanz gelten vorbehaltlich strukturbedingter Änderungen grundsätzlich die Gliederungsvorschriften der §§ 223 bis 227. Aus der **Eigenart des Konzernabschlusses** bzw auf Grund gesonderter Regelungen sind nachstehende Abweichungen möglich oder geboten:

3.51   Möglichkeit der Zusammenfassung der Vorräte zu einem Posten (§ 251 Abs 2)

*In der Gliederung der Konzernbilanz dürfen **Vorräte in einem Posten zusammengefaßt werden**, wenn die Aufgliederung nicht wesentlich ist.*

Die bisherige Möglichkeit, gem § 251 Abs 2 die Vorräte in einem Posten zusammenzufassen, wurde mit dem RÄG 2014 auf jene Fälle beschränkt, in denen die Aufgliederung nicht wesentlich ist. Eine unterlassene Zusammenfassung aus dem Grund unverhältnismäßigen Aufwandes ist nicht mehr gestattet. Der Meinung *Dokalik/Hirschlers* (RÄG 2014 – Reform des Bilanzrechts, S 120) wonach es sich bei dem geänderten Wortlaut (Ersatz der Wortfolge *„deren Aufgliederung wegen besonderer Umstände mit einem unverhältnismäßigen Aufwand verbunden wäre"* durch *„wenn die Aufgliederung nicht wesentlich ist"*) um keine Änderung der bisherigen Vorschrift handelt, folgen die Autoren nicht, da die Wesentlichkeit immer mit dem Einfluss einer Handlung auf das möglichst getreue Bild der Vermögens-, Finanz- und Ertragslage verbunden ist. Das bedeutet, dass von der Unterlassung der Aufgliederung nur dann Gebrauch gemacht werden kann, wenn dies für das möglichst getreue Bild der Konzernbilanz unwesentlich ist.

Bei der Zusammenfassung der Vorräte zu einem Posten besteht in der Gewinn- und Verlustrechnung bei Anwendung des Gesamtkostenverfahrens allerdings das Problem des Bestandes an **unfertigen und fertigen Erzeugnissen**, da dessen Veränderung über das Konto **„Bestandsveränderungen"** erfasst werden soll, die Höhe des Bestandes aber nicht bekannt ist.

Zu diesem Zweck müssten alle im Posten Vorräte befindlichen konzerninterne Erzeugnisse herausgerechnet werden. *Deutsch-Goldoni* vertritt in Anlehnung an mehrere Literaturstellen dennoch die Ansicht, dass ein getrennter Ausweis in der Gewinn- und Verlustrechnung erfolgen müsste (in *Straube*[3], Rz 22 zu § 251).

3.52 Darstellung des Eigenkapitals

In der Konzernbilanz entfällt die für die Einzelbilanz vorgeschriebene Gliederung des Eigenkapitals.

Da die Konzernbilanz ausschließlich Informationsaufgaben hat, verbleiben alle Rechtsfolgen aus einem Jahresabschluss, wie beispielsweise Gewinnzurechnung, Gewinnausschüttung oder Ausschüttungsbeschränkungen bei den Einzelbilanzen der verbundenen Unternehmen.

Durch die Aufrechnung der Beteiligungen der Muttergesellschaft mit dem Eigenkapital der Tochterunternehmen werden in der Konzernbilanz lediglich das Eigenkapital des Mutterunternehmens und die Anteile der Minderheitsgesellschafter des Tochterunternehmens (nicht beherrschende Anteile) ausgewiesen.

In der Regel werden in der Konzernbilanz neben dem Grundkapital und den zusammengefassten Rücklagen jeder Art des Mutterunternehmens die nicht beherrschenden Anteile (Minderheitenanteile) der Tochtergesellschaft dargestellt.

Manche Konzerne weisen in ihren Bilanzen die gebundenen Rücklagen des Mutterunternehmens gesondert aus, um die nicht ausschüttbaren Rücklagen darzustellen.

Bezüglich der in § 250 Abs 1 geforderten Darstellung der Komponenten des Eigenkapitals und deren Entwicklung in einem Eigenkapitalspiegel siehe Kapitel 6.

3.53   Ausweis eigener Anteile (§ 254 Abs 4)

> *§ 254. (4) Anteile an dem Mutterunternehmen, die diesem oder einem in den Konzernabschluß einbezogenen Tochterunternehmen gehören, sind in der Konzernbilanz als eigene Anteile im Umlaufvermögen gesondert auszuweisen.*

Diese Bestimmung, wonach eigene Anteile in der Konzernbilanz als eigene Anteile im Umlaufvermögen gesondert auszuweisen sind, steht allerdings im Widerspruch zu § 229 Abs 1a. Es dürfte sich hier um einen Redaktionsfehler handeln, weil die Bilanzrichtlinie gem Art 24 Abs 3a sinngemäß die gleiche Behandlung vorsieht, wie für die eigener Anteile im Einzelabschluss. Auch die deutsche Umsetzung der Bilanzrichtlinie sieht im § 301 Abs 4 dHGB vor,

> *dass Anteile an dem Mutterunternehmen, die einem in den Konzernabschluss einbezogenen Tochterunternehmen gehören, in der Konzernbilanz als eigene Anteile des Mutterunternehmens mit ihrem Nennwert oder, falls ein solcher nicht vorhanden ist, mit ihrem rechnerischen Wert, in der Vorspalte offen von dem Posten Gezeichnetes Kapital abzusetzen sind.*

Eine Änderung des Gesetzestextes ist allerdings noch nicht zu erwarten.

3.54   Nicht beherrschende Anteile

Dieser Posten enthält gem § 259 Abs 1 jene Konzernanteile am Eigenkapital, die anderen Gesellschaftern als dem Mutterunternehmen zuzurechnen sind. Der Begriff „nicht beherrschende Anteile" wurde mit dem RÄG 2014 in das Gesetz aufgenommen.

Dieser Ausgleichsposten für die Anteile anderer Gesellschafter, die nicht dem Mutterunternehmen oder einem einbezogenen Tochterunternehmen zurechenbar sind, sind innerhalb des Eigenkapitals gesondert auszuweisen.

3.55   Beteiligungen an assoziierten Unternehmen (263 Abs 1)

> *§ 263. (1) Die Beteiligung an einem assoziierten Unternehmen ist in der Konzernbilanz unter einem besonderen Posten mit entsprechender Bezeichnung auszuweisen.*

Dies gilt sowohl für assoziierte Unternehmen der Mutter als auch der Töchter.

Das auf assoziierte Unternehmen entfallende Ergebnis ist gem § 264 Abs 4 letzter Satz in der Konzern-Gewinn- und Verlustrechnung unter einem gesonderten Posten auszuweisen.

3.6 Gliederung der Konzern-Gewinn- und -Verlustrechnung

Gemäß § 251 sind auch für die Gliederung der Konzerngewinn- und Verlustrechnung die §§ 200 und 231 bis 234 anzuwenden. Die Konzerngewinn- und Verlustrechnung hat daher, abgesehen von den besonderen Erfordernissen des Konzerns, den gleichen Aufbau wie jene des einzelnen Unternehmens.

Gemäß § 259 Abs 2 sind in der Konzern-Gewinn- und Verlustrechnung der im Jahresergebnis enthaltene, **anderen Gesellschaftern zustehende Gewinn** und **der auf sie entfallende Verlust nach dem Posten „Jahresüberschuss/Jahresfehlbetrag"** unter entsprechender Bezeichnung gesondert auszuweisen.

Die Darstellung der Rücklagenentwicklung nach der Zeile Jahresüberschuss/Jahresfehlbetrag ist seit dem Rechnungslegungsänderungsgesetzgesetz 2004 mit der gesetzlichen Einführung des **Eigenkapitalspiegels**, in dem die Komponenten des Konzerneigenkapitals und ihre Entwicklung darzustellen sind, nicht mehr erforderlich. Die im Eigenkapitalspiegel ausgewiesenen Komponenten müssen gleichlautend in der Konzernbilanz aufscheinen.

Die Konzern-Gewinn- und Verlustrechnung endet somit üblicherweise mit folgenden Zeilen:

Jahresüberschuss/Jahresfehlbetrag

Anteil anderer Gesellschafter

Anteil der Muttergesellschaft

3.7 Bewertungsvorschriften

Für den Konzernabschluss gelten die Bewertungsvorschriften der §§ 201 bis 211, wobei jedoch das Mutterunternehmen nicht an die im Einzelabschluss angewandten Bewertungsmethoden gebunden ist. Allerdings müssen die Tochtergesellschaften gem § 260 Abs 2 im Konzernabschluss den Bewertungsmethoden und Bewertungswahlrechten des Mutterunternehmens folgen, auch dann, wenn sie im Einzelabschluss andere Bewertungsmethoden und -wahlrechte angewendet haben.

Auch für den Konzernabschluss gelten die Grundsätze der **Bewertungsstetigkeit**, des **Going-Concern**, der **Einzelbewertung** zum Abschlussstichtag und der **Grundsatz der Vorsicht** (Realisationsprinzip, Grundsatz des Ausweises noch nicht realisierter Verluste und Verbot des Ausweises noch nicht realisierter Gewinne).

Eine **wesentliche Konzernbewertungsvorschrift** besteht in der Forderung des § 260 Abs 1, die in den Konzernabschluss übernommenen Vermögensgegenstände und Schulden nach **einheitlichen Bewertungsmethoden** zu bewerten. Diese im § 201 (Allgemeine Grundsätze der Bewertung) wegen ihrer Selbstverständlichkeit nicht explizit ausgesprochene Vorschrift ist für den Konzernabschluss deswegen von so großer Bedeutung, weil es sich um eine Zusammenfassung rechtlich selbständiger

Unternehmen zum Teil aus verschiedenen Ländern mit der Anwendung unterschiedlicher Bewertungsmethoden im Einzelabschluss handelt.

3.71 Einheitlichkeit der Bewertung und der Bewertungsmethoden (§ 253 Abs 2 und § 260 Abs 2)

Gemäß **§ 253 Abs 2** sind

> *[d]ie Vermögensgegenstände, Rückstellungen, Verbindlichkeiten und Rechnungsabgrenzungsposten sowie die Erträge und Aufwendungen der in den Konzernabschluß einbezogenen Unternehmen (...) unabhängig von ihrer Berücksichtigung in den Jahresabschlüssen dieser Unternehmen vollständig aufzunehmen, soweit nach dem Recht des Mutterunternehmens nicht ein Bilanzierungsverbot oder ein Bilanzierungswahlrecht besteht. Nach dem Recht des Mutterunternehmens zulässige Bewertungswahlrechte dürfen im Konzernabschluß unabhängig von ihrer Ausübung in den Jahresabschlüssen der in den Konzernabschluß einbezogenen Unternehmen ausgeübt werden.*

§ 260 bestimmt hierzu:

> *(1) Die in den Konzernabschluß gemäß § 253 Abs 2 übernommenen Vermögensgegenstände und Schulden der in den Konzernabschluß einbezogenen Unternehmen sind nach den auf den Jahresabschluß des Mutterunternehmens anwendbaren Bewertungsmethoden einheitlich zu bewerten zulässige Bewertungswahlrechte können im Konzernabschluß unabhängig von ihrer Ausübung in den Jahresabschlüssen der in den Konzernabschluß einbezogenen Unternehmen ausgeübt werden. **Abweichungen** von den auf den **Jahresabschluss des Mutterunternehmens** angewandten Bewertungsmethoden sind im Konzernanhang anzugeben und zu begründen.*
>
> *(2) Sind in den Konzernabschluß aufzunehmende Vermögensgegenstände oder Schulden des Mutterunternehmens oder der Tochterunternehmen in den Jahresabschlüssen dieser Unternehmen nach Methoden bewertet worden, die sich von denen unterscheiden, die auf den Konzernabschluß anzuwenden sind oder die von den gesetzlichen Vertretern des Mutterunternehmens in Ausübung von Bewertungswahlrechten auf den Konzernabschluß angewendet werden, so sind die abweichend bewerteten Vermögensgegenstände oder Schulden nach den auf den Konzernabschluß angewandten Bewertungsmethoden neu zu bewerten und mit den neuen Wertansätzen in den Konzernabschluß zu übernehmen (...) Eine einheitliche Bewertung nach dem ersten Satz braucht nicht vorgenommen zu werden, soweit ihre Auswirkungen nicht wesentlich (§ 189a Z 10) sind. Darüber hinaus ist ein Abweichen bei Vorliegen besonderer Umstände und unter Beachtung der in § 250 Abs 2 dritter Satz umschriebenen Zielsetzung (Einheitlichkeit) zulässig; im Konzernanhang ist die Abweichung anzugeben, zu begründen und ihr Einfluss auf die Vermögens-, Finanz- und Ertragslage des Konzerns darzulegen.*

Nach der Stellungnahme IWP/RL 1, Grundsatz der Bewertungsstetigkeit (§ 201 Abs 2 Z 1 UGB) und zur Berichterstattung bei Änderungen der Bewertungsmethoden (§ 237Abs 1 Z 1 i.V. mit § 201 Abs 3 UGB) vom 26.11.2015 sind gem Rz 7 nach dem Grundsatz der Einheitlichkeit der Bewertung *„art- und funktionsgleiche Vermögensgegenstände und Schulden nach gleichen Methoden zu bewerten, wenn nicht sachliche Gründe eine andere Behandlung rechtfertigen"*. Wenn für bestimmte Posten verschiedene Bewertungsmethoden anwendbar sind (verschiedene Abschreibungsmethoden, verschiedene Bewertungsvereinfachungsverfahren), können die Wahlrechte nebeneinander dann unterschiedlich ausgeübt werden, wenn dies im Jahresabschluss einer auch rechtlich einheitlichen Kapitalgesellschaft zulässig wäre. Der Grundsatz der Einheitlichkeit der Bewertung bezieht sich bei gleichen Sachverhalten nicht nur auf die Einheitlichkeit der Methode, sondern auch auf die Verwendung gleicher Rechengrößen, sodass zB bei der Abschreibung nach der linearen Methode bei gleichen Sachverhalten von derselben voraussichtlichen Nutzungsdauer auszugehen ist.

*„Bei der Beantwortung der Frage, ob gleiche Sachverhalte vorliegen, sind jedoch strenge Maßstäbe anzulegen, denn die **Einheitlichkeit der Bewertung** darf nicht zu einer Nivellierung in der Bewertung art- oder funktionsverschiedener Vermögensgegenstände oder Schulden sowie ungleicher wertbestimmender Bedingungen führen. Insbesondere weichen die wertbestimmenden Bedingungen bei den einzelnen Vermögensgegenständen und Schuldposten internationaler Konzerne eher voneinander ab, als in einem national operierenden Einzelunternehmen. Länderspezifische Bedingungen sind insoweit gesondert zu berücksichtigen. Bei gleichen Vermögensgegenständen in unterschiedlichen Ländern kann die Anwendung verschiedener Methoden bzw verschiedener Rechengrößen (zB Nutzungsdauer) zulässig sein"* (Hauptfachausschuss Stellungnahme HFA 3/1988: Einheitliche Bewertung im Konzernabschluss, Kapitel II B, in: Die Wirtschaftsprüfung, Heft 16/1988).

Bezüglich Details zu wertbestimmenden Bedingungen wird auf *Riener-Micheler* (in *Straube*[3], Wien 2011, § 260) verwiesen. Gem WP-Handbuch 2006[13], Band I, Düsseldorf 2000, S 1187 f können an die Einheitlichkeit der Bewertung im Konzernabschluss keineswegs strengere Anforderungen gestellt werden als im Einzelabschluss.

3.711 Einheitliche Bewertung für alle in den Konzernabschluss einbezogenen Unternehmen gemäß § 253 Abs 2 und § 260 Abs 2

Gem § 260 Abs 1 Satz 1 sind für die Bewertung im Konzern solche Bewertungsmethoden anzuwenden, die im Jahresabschluss des Mutterunternehmens anwendbar sind, das heißt, es gelten für den Konzernabschluss die Bewertungsbestimmungen der §§ 201 bis 211. Dabei können die nach dem Recht des Mutterunternehmens zulässigen Bewertungswahlrechte im Konzernabschluss unabhängig von ihrer Ausübung in den Jahresabschlüssen der in den Konzernabschluss einbezogenen Unternehmen ausgeübt werden. Dies gilt auch für das Mutterunternehmen, wobei dies in diesem Fall im Konzernanhang anzugeben und zu begründen ist.

Gem § 250 Abs 3 Satz 1 ist die Vermögens-, Finanz- und Ertragslage so dazustellen, als ob diese Unternehmen insgesamt ein einziges Unternehmen wären. Daraus ergeben sich die Anwendung einer einheitlichen Bewertung und einheitlicher Bewertungsmethoden für alle in den Konzernabschluss einbezogenen Unternehmen, wobei es durchaus möglich ist, dass die im Konzern angewendeten Bewertungsmethoden nicht jenen der Muttergesellschaft, sondern einer der Tochtergesellschaften entsprechen.

Die Stellungnahme KFS/RL 10 des Fachsenats für Unternehmensrecht und Revision, überarbeitet im November 2015, nimmt zur Einheitlichkeit der Bewertung Stellung und führt hierzu aus:

> *Rz 3–5. Die Konsequenz der einheitlichen Bewertung liegt darin, dass sich jedes neu einbezogene Tochterunternehmen bei der Erstkonsolidierung der einheitlichen Bewertung und den einheitlichen Bewertungsmethoden im Konzern anzuschließen und anzupassen hat.*

Die Anpassung an die einheitliche Bewertung und an einheitliche Bewertungsmethoden der Konzernbilanz stellt keine Neubewertung, sondern lediglich eine (zwingende) Angleichung der Tochterunternehmen dar. Dazu gehören beispielsweise die Angleichungen an die im Konzern angewendeten Bewertungswahlrechte und Bewertungsmethoden (zB Abschreibungspolitik). Bei dieser Angleichung dürfen die Anschaffungskosten der angeglichenen Vermögensgegenstände und Schulden keinesfalls überschritten werden.

Die angepassten Werte gelten weiterhin als Buchwerte.

3.711.1   Einheitliche Bewertung bei Pensionsrückstellungen

In vielen Fällen wird die Berechnung von Pensionsrückstellungen bei ausländischen Tochterunternehmen aufgrund länderbedingter Unterschiede (zB biometrische und arbeitsrechtliche Grundlagen, Kapitalmarktverhältnisse) nach anderen Grundsätzen durchgeführt; da es sich in diesem Fall um sachliche Differenzierungen handelt, bedeutet dies keinen Verstoß gegen den Grundsatz der Einheitlichkeit der Bewertung.

3.72   Ausnahmen von der einheitlichen Bewertung

3.721   Spezifische Bewertungsvorschriften für Kreditinstitute und Versicherungsunternehmen

Wertansätze, die auf der Anwendung von für Banken oder Versicherungsunternehmen wegen der Besonderheiten des Geschäftszweiges geltenden Vorschriften beruhen, sind beizubehalten, auch wenn diese Wertansätze nicht den Bewertungsmethoden entsprechen, die auf den Konzernabschluss angewendet werden. Auf die Anwendung dieser Ausnahme ist im Konzernanhang hinzuweisen (§ 260 Abs 2, zweiter Satz). Dabei ist die angewandte Bewertungsmethode anzugeben (§ 260 Abs 2, zweiter Satz, zweiter Halbsatz iVm § 265 Abs 1 Z 1).

3.722 Verzicht auf Bewertungsanpassungen in Ausnahmefällen (§ 260 Abs 2 vorletzter und letzter Satz)

Gem § 260 Abs 2 braucht eine einheitliche Bewertung nicht vorgenommen zu werden, soweit ihre Auswirkungen nicht wesentlich sind. Darüber hinaus ist ein Abweichen bei Vorliegen besonderer Umstände und unter Beachtung der Einhaltung des möglichst getreuen Bildes der Vermögens-, Finanz- und Ertragslage möglich. Im Konzernanhang ist die Abweichung anzugeben, zu begründen und ihr Einfluss auf die Vermögens-, Finanz- und Ertragslage darzulegen.

3.722.1 Verzicht auf die Bewertungsanpassung bei Unwesentlichkeit der Auswirkungen

Wie im § 260 Abs 2 dargelegt, kann auf die Bewertungsanpassung bei Unwesentlichkeit der Auswirkungen und aus besonderen Umständen verzichtet werden.

Dieser Verzicht gemäß § 260 Abs 2 vorletzter Satz gilt nicht im Fall mehrerer Sachverhalte, bei denen nur unter isolierter Betrachtung des Einzelfalles – nicht jedoch bei einer Gesamtbetrachtung – die Auswirkungen der Bewertungsanpassung nicht wesentlich sind. Der für die Einheitlichkeit der Bewertung kodifizierte **Grundsatz der Wesentlichkeit** ist so anzuwenden, dass die Voraussetzung der Unwesentlichkeit auch kumulativ erfüllt ist.

„Eine allgemein gültige Normierung von Größenkriterien für die Beurteilung des Begriffes nicht wesentlich ist nicht möglich. Daher muß im Einzelfall unter Berücksichtigung aller Umstände und zu jedem Stichtag erneut geprüft werden, ob die Voraussetzungen des Wahlrechts erfüllt sind. Dies gilt auch für die Festlegung eines Maßstabes für die Wesentlichkeit in den Richtlinien des Konzerns für die einheitliche Bewertung. Die Ausübung des Wahlrechts, keine Anpassung vorzunehmen, führt nicht zu einer Angabepflicht im Konzernanhang" (HFA 3/1988, Abschn III/2).

3.722.2 Verzicht auf Bewertungsanpassungen bei Vorliegen besonderer Umstände

Ein Abweichen von der einheitlichen Bewertung ist gem § 260 Abs 2 letzter Satz nur bei Vorliegen besonderer Umstände zulässig. Ein besonderer Umstand, der eine Abweichung von der einheitlichen Bewertung erforderlich machen würde, kann allerdings in der erstmaligen Aufstellung eines Konzernabschlusses in der Regel nicht erblickt werden. Selbst wenn dies im Einzelfall angenommen werden könnte, müssten die Auswirkungen der Nichtanpassung auf die Vermögens-, Finanz- und Ertragslage im Konzernanhang dargestellt werden.

Mit dem Ausnahmewahlrecht soll die **Praktikabilität der Konsolidierung** gewährleistet werden, wenn zB bei einem neu erworbenen Tochterunternehmen die Bewertungsanpassung zu einer unverhältnismäßigen Verzögerung führen würde und insofern die Nichteinbeziehung des Tochterunternehmens begründen könnte (§ 249 Abs 1 Z 1).

3.73 Neuausübung von Bewertungswahlrechten bei der Muttergesellschaft

Die Bestimmung des § 253 Abs 2 gilt vor allem der Herstellung der Grundlagen für die einheitliche Bewertung gemäß § 260, wobei nach dem Recht des Mutterunternehmens zulässige Bewertungswahlrechte unabhängig von ihrer Ausübung in den Jahresabschlüssen der in den Konzernabschluss einbezogenen Unternehmen ausgeübt werden dürfen. Hierbei werden in der Regel Bewertungsmethoden der Tochterunternehmen an jene des Mutterunternehmens angepasst. Durch die Möglichkeit, auch **Bewertungsmethoden der Muttergesellschaft** durch andere nach dem Recht der Muttergesellschaft **zulässige Bewertungsmethoden** zu ersetzen, wird der Konzernleitung eine relative Unabhängigkeit des Konzernabschlusses gegenüber den Einzelabschlüssen gegeben. Abweichungen von den auf den Jahresabschluss der Muttergesellschaft angewandten Bewertungsmethoden müssen aber den Bestimmungen des UGB entsprechen und im Konzernanhang **angegeben und begründet** werden, womit die Eigenständigkeit des Konzernabschlusses naturgemäß beschränkt ist.

Für die Neuausübung von Bewertungswahlrechten ergeben sich beispielsweise folgende Möglichkeiten:

- Bildung nicht wesentlicher Rückstellungen gem § 198 Abs 8 Z 3
- Bildung von Aufwandsrückstellungen gem § 198 Abs 2
- Einbeziehung der Aufwendungen für Sozialeinrichtungen des Betriebes, für freiwillige Sozialleistungen, für betriebliche Altersversorgung und Abfertigungen in die Herstellungskosten gem § 203 Abs 3
- Einbeziehung von Fremdkapitalzinsen in die Herstellungskosten gem § 203 Abs 4
- Außerplanmäßige Abschreibung bei Gegenständen des Finanzanlagevermögens gem § 204 Abs 2

3.8 Die Neubewertung von Tochterunternehmen

Die Neubewertung des Vermögens und der Schulden einer Tochtergesellschaft anlässlich des Einbezugs in die Konzernbilanz darf nicht mit der im Kapitel 3.71 besprochenen Herstellung der Einheitlichkeit der Bewertung und Bewertungsmethoden, bei der es durchaus zu Wertanpassungen des Vermögens und der Schulden der in den Konzernabschluss einbezogenen Unternehmen nach oben oder unten kommen kann, verwechselt werden.

§ 254 Abs 1 verlangt unabhängig von der Angleichung der Bewertung und Bewertungsmethoden der Tochtergesellschaft an jene des Konzerns (§ 260 Abs 2), dass das

Eigenkapital des Tochterunternehmens mit dem Betrag anzusetzen ist, der dem beizulegenden Zeitwert der in den Konzernabschluss aufzunehmenden Vermögensgegenständen, Rückstellungen, Verbindlichkeiten und Rechnungsabgrenzungen entspricht.

Das bedeutet beispielsweise, dass auch vorkonzernlich selbsterstellte immaterielle Vermögensgegenstände des Anlagevermögens, die gem § 197 Abs 2 in der Bilanz des Tochterunternehmens nicht aktiviert werden durften, in der Konzernbilanz aktivierungspflichig sind. Dies gilt nicht für immaterielle Vermögensgegenstände des Anlagevermögens, die nach der Einbeziehung in den Konzernabschluss selbst erstellt wurden.

Die ermittelten Zeitwerte sind auch dann aktivierungspflichtig, wenn sie über die seinerzeitigen individuellen Anschaffungs- oder Herstellungskosten des jeweiligen Vermögensgegenstandes hinausgehen oder gar nicht in der Bilanz der Tochter aufscheinen (siehe die selbst erstellten immateriellen Vermögensgegenstände).

Eine Obergrenze für den Ansatz der Zeitwerte gibt es allerdings mit den Anschaffungskosten der Beteiligung. Übersteigt die Summe der aufgewerteten Vermögensgegenstände abzüglich der Schulden die Anschaffungskosten der Beteiligung, darf der Gesamtbetrag der aufgewerteten Vermögensgegenstände nicht über den Beteiligungsansatz hinausgehen.

Übersteigt der Erwerbspreis die Summe der dem anteiligen Beteiligungsprozentsatz entsprechenden Zeitwerte der einzelnen Vermögensgegenstände und Schulden, ist diese Differenz der Firmenwert, der für das Unternehmen bezahlt wurde. Sind die Zeitwerte insgesamt höher als der Erwerbspreis, dürfen diese nur bis zur Höhe des Erwerbspreises (Beteiligungsansatz) angesetzt werden.

Aus diesem Grunde ist anlässlich des erstmaligen Einbezuges des Tochterunternehmens in die Konzernbilanz zu prüfen, ob ein Überhang des Beteiligungsansatzes über das Eigenkapital des Tochterunternehmens (Unterschiedsbetrag stille Reserven und stille Lasten) in den Vermögensgegenständen und Schulden des Tochterunternehmens besteht und wie weit er einem erworbenen Firmenwert entspricht. Die Obergrenze der Neubewertung liegt im Erwerbspreis für das erworbene Tochterunternehmen.

Folgende Konstellationen sind denkbar:

1. Der Erwerbspreis liegt über dem Buchwert des Eigenkapitals; die Differenz deckt sowohl eine notwendige Neubewertung als auch den Firmenwert ab.
   Lösung: Sowohl die Zeitwerte als auch der Firmenwert werden aktiviert.
2. Der Erwerbspreis liegt unter dem Buchwert; es handelt sich entweder um einen „lucky buy" oder um einen negativen Firmenwert auf Grund erwarteter Verluste.
   Lösung: Etwaige stille Lasten könnten bis zur Höhe des negativen Unterschiedsbetrages aufgelöst werden, aber keinesfalls darüber hinaus. Eine Aufwertung von Vermögensgegenständen ist nicht gestattet.

Der negative Unterschiedsbetrag wird zunächst in der Konzernbilanz ausgewiesen, wobei er im ersten Fall Eigenkapitalcharakter und im zweiten Fall Rückstellungscharakter hat.

3. Der Erwerbspreis liegt über dem Buchwert des Eigenkapitals; die Differenz deckt aber nur einen Teil der möglichen Neubewertung ab.

   Lösung: Die Aufwertung auf die beiliegenden Zeitwerte und deren Aktivierung darf nur bis zur Höhe des Erwerbspreises erfolgen. Die Frage, ob nicht etwaige vorhandene stille Lasten vorher aufgelöst werden sollten, ist aus Gründen des Vorsichtsprinzips eher zu bejahen.

Im Fall drei ergibt sich zunächst die Frage, nach welchem Maßstab die (nicht zur Gänze aktivierbaren) stillen Reserven den jeweiligen Vermögensgegenständen zugeordnet werden sollen. Die Art der Zuordnung wirkt sich sowohl bei der Erstkonsolidierung als auch bei Folgekonsolidierungen auf die Darstellung der Vermögens- und Finanzlage, bei Folgekonsolidierungen außerdem auf die Darstellung der Ertragslage des Konzerns aus, da von der Art der Zuordnung die Höhe der Erfolgswirksamkeit abhängig ist.

Zunächst ist die Grenze der Aufwertung festzustellen. Bei hundertprozentigem Anteil ist dies kein Problem. Bei einem Anteil von weniger als 100 % muss die Aufwertungsgrenze dadurch errechnet werden, dass der Erwerbspreis auf 100 % hochgerechnet wird.

Wenn beispielsweise ein 60%iger Anteil um 120 erworben wird und das buchmäßige Eigenkapital des Tochterunternehmens beträgt 130, beträgt die Aufwertungsmöglichkeit auf beizulegende Zeitwerte maximal 70. Den Betrag von 70 errechnet man durch Hochrechnung der Anschaffungskosten auf 100 % (= 200) und Gegenüberstellung zum Eigenkapital (200 – 130).

Probe:	Erwerbspreis für 60 % =	120
	– partieller Zeitwert des Eigenkapitals (130 + 70), davon 60 %	120
	Differenz	0

Anschließend ist die mögliche Aufwertung auf die einzelnen Vermögensgegenstände zu verteilen, wobei die Möglichkeit besteht, die Aufwertung proportional durchzuführen oder auf einen oder wenige Vermögensgegenstände zu beschränken.

Beispiel 8

Eine AG erwirbt 100 % der Anteile an einer GmbH, deren Eigenkapital mit 650 ausgewiesen ist, um 800. Der Beteiligungsansatz in der Bilanz des Mutterunternehmens beträgt somit 800. Bei der erstmaligen Aufnahme der GmbH in den Konzern wird festgestellt, dass sich im Falle

a) *in einem unverbauten Grundstück der GmbH stille Reserven von 50 und im Falle*

b) *von 200 befinden.*

Mit welchem Betrag dürfen (und müssen) die stillen Reserven in jedem der beiden Fälle in der Konzernbilanz offengelegt werden?

Fall a) Da der Kaufpreis den Buchwert des Eigenkapitals um 150 übersteigt, dürfen alle stillen Reserven in Höhe von 50 offengelegt werden. Der Rest ist der Firmenwert.

Fall b) Die stillen Reserven in Höhe von 200 liegen mit 50 über dem Saldo aus Buchwerten und Kaufpreis. Sie dürfen daher nur mit 150 offengelegt werden. Der Firmenwert ist null.

Angabe wie oben, jedoch erwirbt die AG nur 80 % der GmbH-Anteile um 640.

Bis zu welcher Höhe können die stillen Reserven aufgelöst werden?

Hochrechnung des Erwerbspreises auf 100 % = 640/0,8 =	*800*
Eigenkapital zu Buchwerten	*650*
Differenz = Unterschiedsbetrag = möglicher Aufwertungsbetrag	*150*
Fall a) Erwerbspreis für 80 %	*640*
Eigenkapital 650 + 50 stille Reserven = 700, davon 80 %	*560*
Firmenwert	*80*
Fall b) Erwerbspreis für 80 %	*640*
Eigenkapital 650 + 150 stille Reserven = 800, davon 80 %	*640*
Differenz	*0*

Die stillen Reserven von 200 dürfen nur mit 150 aufgelöst werden.

Ist, wie oben dargestellt, die Aufwertungsgrenze festgestellt, ist die Frage zu lösen, in welcher Form die Auflösungsbegrenzung der stillen Reserven gehandhabt wird, da sich der beizulegende Zeitwert aus vielen Einzelwerten der Vermögensgegenstände und Schulden des Unternehmens zusammensetzt. Das heißt, dass jeder Gegenstand und jede Schuld im Unternehmen einzeln bewertet und mit dem bei dieser Bewertung ermittelten Wert anzusetzen ist. Allerdings darf die Summe aller positiven und negativen Einzelwerte (= das Eigenkapital des Tochterunternehmens) die Anschaffungskosten der Beteiligung nicht überschreiten, womit bei übersteigendem Zeitwert Kürzungen desselben vorgenommen werden müssen.

Sabi 2/1988 nimmt in Abschnitt A 4 dazu wie folgt Stellung

*„**Die Aufteilung proportional zu den feststellbaren stillen Reserven** wird häufig als eine geeignete Methode angesehen. In Betracht kommen kann auch eine Verteilung **nach anderen nachprüfbaren Kriterien**, zB eine selektive Auswahl insbesondere aus Vereinfachungsgründen entsprechend dem Grundsatz der Wesentlichkeit und der Wirtschaftlichkeit. Dabei ist der Sicherheitsgrad bei der Feststellung der stillen Reserven zu berücksichtigen. Eine Berichterstattung über die Aufteilung ist nicht vorgeschrieben."*

Deutsch/Platzer (in *Straube*[2], Rz 18 zu § 254) nennen als weitere Kriterien noch die Verteilung nach der Bestimmtheit des Vorhandenseins von stillen Reserven und stillen Lasten (die Zuordnung beschränkt sich auf die relativ eindeutig bestimmbaren Posten) und die Verteilung nach der Liquidierbarkeit (beginnend mit jenen Reserven, deren Auflösung [Verbrauch] erst in der ferneren Zukunft zu erwarten ist).

*„In der Praxis wird man im Regelfall schon aus Wirtschaftlichkeitsüberlegungen die Zuordnung der stillen Reserven nach Maßgabe ihrer Bedeutung (nach dem **Prinzip der Wesentlichkeit**) präferieren, da auf diese Weise eine Fülle schwer administrierbarer kleiner Wertkorrekturen vermieden werden kann"; (...) „sind die übernommenen anteiligen stillen Rücklagen, stillen Lasten und der restliche Unterschiedsbetrag jeweils nur von geringer Bedeutung, so darf aus Wirtschaftlichkeitsüberlegungen auf seine Aufteilung verzichtet und der gesamte Unterschiedsbetrag als Firmenwert ausgewiesen werden, wobei im Anhang auf diese Vorgangsweise hinzuweisen ist"* (*Deutsch/Platzer*, in *Straube*[2], Rz 18 zu § 254).

Coenenberg nennt mit Hinweis auf die Literatur als Aufteilungskriterien die Bestimmtheit des Vorhandenseins, die Liquidierbarkeit oder eine proportionale Aufteilung (*Coenenberg*, Jahresabschluss und Jahresabschlussanalyse[20], Stuttgart 2005, S 627).

In der Praxis beschränkt man sich oft auf die Aufdeckung der stillen Reserven beim langfristigen Vermögen (vgl *Fröhlich*, Praxis der Konzernrechnungslegung[2], Wien 2007, S 158).

In diesem Zusammenhang ist darauf hinzuweisen, dass bei der Zuordnung von stillen Reserven auch vom Tochterunternehmen **vor** seiner Akquisition **selbst erstellte immaterielle Vermögensgegenstände** zu berücksichtigen sind. Vom Standpunkt des Konzerns handelt es sich in diesem Fall um **angeschaffte immaterielle Vermögensgegenstände**, die aus diesem Grund nicht dem Aktivierungsverbot des § 197 Abs 2 unterliegen (siehe SABI 2/1988 Abschn A 5, *Deutsch/Platzer*, in *Straube*[2], Wien 2000, Rz 15 zu § 254 und *Coenenberg*, Jahresabschluss und Jahresabschlussanalyse[20], S 625).

Wollert hält es auch für sachgerecht, wenn sich ein Konzern bestimmte Regeln für die Zuordnung von stillen Reserven gibt. *„Solche Regelungen können den Grundsätzen der Klarheit und Übersichtlichkeit des Konzernabschlusses dienen und entsprechen insofern der Generalnorm. Eine solche Regelung könnte darin bestehen, stille Reserven in erster Linie den Vorräten, in zweiter Linie dem abnutzbaren Anlagevermögen zuzuordnen und keine stillen Reserven auf nicht abnutzbare Vermögensgegenstände zu übernehmen"* (*Wollert*, Wahlrecht bei der Kapitalkonsolidierung, in *Gesellschaft für Computeranwendungen mbH* [Hrsg], Konzernabschluß in der Praxis, Wiesbaden 1993, S 82 f).

Beispiel 9
Zuordnung des verteilbaren Unterschiedsbetrag bei übersteigenden stillen Reserven

Der Kaufpreis für eine 100%ige Tochtergesellschaft beträgt 100, das ausgewiesene Eigenkapital der Tochtergesellschaft 50. An stillen Reserven sind bei der Tochtergesellschaft vorhanden:

Selbst erstellte immaterielle Vermögensgegenstände	*80*
Maschinen	*20*
	100

Da der Unterschiedsbetrag 50 beträgt, dürfen von den stillen Reserven nur 50 zugeordnet und aktiviert werden.

Eine verhältnismäßige Zuordnung würde mit 10 die Maschinen und mit 40 die immateriellen Vermögensgegenstände betreffen.

Im vorliegenden Fall erscheint es aus Gründen der Wesentlichkeit und angesichts der Tatsache, dass die immateriellen Vermögensgegenstände bei der Tochtergesellschaft nicht aktiviert werden durften, geeigneter, die stillen Reserven in Höhe von 50 den immateriellen Vermögensgegenständen zuzuordnen. Die vorhandenen immateriellen Vermögensgegenstände dürften auch der Grund für den Kauf des Unternehmens gewesen sein.

Eine weitere Alternative wäre, jene Aufteilung zu wählen, die in Zukunft am wenigsten das Konzernergebnis beeinflusst. Man wird in einem solchen Fall nach Möglichkeit die stillen Reserven der Gegenstände mit der längsten Nutzungsdauer auflösen.

Anzumerken ist, dass der deutsche Gesetzgeber im § 301 Abs 1 HGB (entspricht dem § 254 Abs 1 UGB) seit dem BilMoG keine Obergrenze für die Zeitwertbewertung gesetzt hat.

4. Die Konsolidierung der einbezogenen Unternehmen

Im Konzernabschluss werden der Jahresabschluss eines Mutterunternehmens mit den Jahresabschlüssen der Tochterunternehmen so zusammengefasst, als wären sie ein Unternehmen. Dies bringt auch § 253 zum Ausdruck, der Folgendes bestimmt:

> *§ 253. (1) In dem Konzernabschluß ist der Jahresabschluß des Mutterunternehmens mit den Jahresabschlüssen der Tochterunternehmen zusammenzufassen. An die Stelle der dem Mutterunternehmen gehörenden Anteile an den einbezogenen Tochterunternehmen treten die Vermögensgegenstände, Rückstellungen, Verbindlichkeiten und Rechnungsabgrenzungsposten der Tochterunternehmen, soweit sie nach dem Recht des Mutterunternehmens bilanzierbar sind und die Eigenart des Konzernabschlusses keine Abweichungen bedingt oder in den folgenden Vorschriften nichts anderes bestimmt ist.*
>
> *(2) Die Vermögensgegenstände, Rückstellungen, Verbindlichkeiten und Rechnungsabgrenzungsposten sowie die Erträge und Aufwendungen der in den Konzernabschluß einbezogenen Unternehmen sind unabhängig von ihrer Berücksichtigung in den Jahresabschlüssen dieser Unternehmen vollständig aufzunehmen, soweit nach dem Recht des Mutterunternehmens nicht ein Bilanzierungsverbot oder ein Bilanzierungswahlrecht besteht. Nach dem Recht des Mutterunternehmens zulässige Bilanzierungswahlrechte dürfen im Konzernabschluß unabhängig von ihrer Ausübung in den Jahresabschlüssen der in den Konzernabschluß einbezogenen Unternehmen ausgeübt werden.*

Die Voraussetzung für die Aufstellung eines Konzernabschlusses ist es, die in den Konzernabschluss einbezogenen Unternehmen (Konsolidierungskreis) so zu behandeln, als wären sie Betriebsstätten eines Unternehmens.

Bei der Aufstellung des Konzernabschlusses ist zu beachten, dass der Einbezug eines Unternehmens je nach der Beherrschung durch das Mutterunternehmen bzw. nach der Höhe ihres Anteiles am jeweiligen Unternehmen unterschiedlich sein kann.

Im Rahmen der Vollkonsolidierung wird das Tochterunternehmen voll beherrscht bzw. ist durch die einheitliche Leitung voll in den Konzern einbezogen. Durch die Vollkonsolidierung wird das Tochterunternehmen rechnungsmäßig zu einer Betriebsstätte des Mutterunternehmens. Alle Aktiva und Passiva des Tochterunternehmens sowie deren Aufwendungen und Erträge werden in den Konzernabschluss einbezogen. Sind noch andere Gesellschafter minderheitenmäßig am Tochterunternehmen beteiligt, werden deren Anteile als nicht beherrschende Anteile in der Konzernbilanz ausgewiesen.

Bei der Quotenkonsolidierung sind zwei Mutterunternehmen mit gleichen Rechten an einem Tochterunternehmen beteiligt. In diesem Fall wird das (Tochter)Unternehmen entweder quotenmäßig (anteilsmäßig) in den Konzernabschluss der einbezogen oder im Rahmen der Equitybilanzierung als assoziiertes Unternehmen dargestellt.

Grundsätzlich wird die Equitybilanzierung dann angewendet, wenn das Mutterunternehmen das untergebene Unternehmen nicht voll beherrscht, aber einen maßgeblichen Einfluss auf seine Entscheidungen hat. In diesem Fall wird das Unternehmen in der Konzernbilanz als Beteiligung an assoziierten Unternehmen bewertet und zum anteiligen Eigenkapital des assoziierten Unternehmens ausgewiesen. Die Höhe der Beteiligung in der Konzernbilanz schwankt jährlich entsprechend der Eigenkapitalentwicklung beim assoziierten Unternehmen. Sehr häufig wird in Konzernen anstatt der Quotenkonsolidierung die Equitybilanzierung angewendet.

4.1 Die Vollkonsolidierung

Üblicherweise wird der Beginn eines Unternehmens durch die aufzustellende Eröffnungsbilanz, in der alle Vermögensgegenstände, Schulden und das Eigenkapital des Unternehmens erfasst werden, dokumentiert.

Bei Entstehung eines Konzerns wird die Eröffnungsbilanz durch die Erstkonsolidierung, das heißt, durch die erstmalige Zusammenfassung aller Bilanzen der in den Konzern einzubeziehenden Unternehmen zu einer Konzernbilanz, ersetzt. Die Konzernbilanz repräsentiert den Konzern, bestehend aus dem Mutterunternehmen und den in den Konzern einbezogenen Tochterunternehmen (Konsolidierungskreis).

Ist ein Konzern etabliert und wird ein neues Unternehmen in den Konzern einbezogen, geschieht dies, bezogen auf das neu hinzukommende (Tochter)Unternehmen, wieder in Form einer Erstkonsolidierung. Scheidet ein Unternehmen aus, wird dieses rechnungsmäßig entkonsolidiert.

Durch die Vollkonsolidierung von Tochterunternehmen werden alle rechtlichen, formalen und wirtschaftlichen Unterscheidungsmerkmale zwischen den in den Konsolidierungskreis einbezogenen Unternehmen ausgeschaltet. Hierzu gehören einheitliche Gliederungs- und Bewertungsvorschriften, die Eliminierung aller Bilanzbeziehungen, wie Schuldenkonsolidierung, Aufwands- und Ertragskonsolidierung, die Eliminierung innerkonzernlicher Ertragszuwächse und als Herzstück der Konsolidierungsmaßnahmen die Kapitalkonsolidierung, die Aufrechnung des Beteiligungsansatzes des Mutterunternehmens mit dem Eigenkapital des Tochterunternehmens.

4.11 Die Entwicklung der internationalen Kapitalkonsolidierungsmethoden

Die Kapitalkonsolidierung dient der Eliminierung der kapitalmäßigen Verflechtung zwischen Mutter- und Tochterunternehmen. Diese wird grundsätzlich bei der Erstkonsolidierung durchgeführt und in den Folgekonsolidierungen weitergeführt (fortgeschrieben).

Durch die Verrechnung des Beteiligungsansatzes mit dem Eigenkapital der Tochter wird der doppelte, bei mehrstöckigen Konzernstrukturen der mehrfache Ausweis des Eigenkapitals eliminiert, womit letztlich in der Konzernbilanz nur mehr das Eigenkapital des Mutterunternehmens ausgewiesen wird.

Die Schwierigkeit der Kapitalkonsolidierung liegt darin, dass üblicherweise die Höhe des Beteiligungsansatzes in der Bilanz des Mutterunternehmens nicht mit dem Eigenkapital der Tochtergesellschaft übereinstimmt. Diese Übereinstimmung findet sich nur bei Neugründung einer Tochtergesellschaft.

Werden die Anteile des Tochterunternehmens vom Mutterunternehmen erworben, ergibt sich bei der Aufrechnung der Beteiligung mit dem Eigenkapital der Tochter in aller Regel eine Differenz, den sogenannten Unterschiedsbetrag.

Grundformel der Kapitalkonsolidierung

Beteiligungsansatz des Mutterunternehmens

abzüglich Eigenkapital des Tochterunternehmens

soweit auf das Mutterunternehmen entfallend
_____
Unterschiedsbetrag

Entsprechend der Behandlung des Unterschiedsbetrages haben sich international verschiedene Kapitalkonsolidierungsmethoden herausgebildet.

4.111 Die Interessenzusammenführungsmethode

Die Interessenzusammenführungsmethode (Pooling-of-Interest-Method) ist eine der beiden Grundkonzeptionen der Kapitalkonsolidierung. Sie geht von einem gleichberechtigten Zusammenschluss zweier Unternehmen in Form eines Anteilstausches aus. Damit vertreten die bisherigen Eigentümer beider Unternehmen nunmehr die Eigentümerinteressen an der neuen Unternehmensverbindung.

Technisch gesehen werden die eingebrachten Eigenkapitalien zu Buchwerten mit den jeweiligen Beteiligungsansätzen verrechnet, wobei auftretende Differenzen (Unterschiedsbeträge) weder der Aufdeckung eventueller stiller Reserven dienen noch als Firmenwert ausgewiesen werden. Diese Differenzen werden sofort mit der Konzernrücklage verrechnet.

Die Interessenzusammenführungsmethode wurde frühzeitig international, vor allem in den USA und Großbritannien angewendet, wurde aber wegen der fehlenden aufwandswirksamen Folgeabschreibung zu Beginn der Zweitausenderjahre in den USA und auch vom IASB mit Inkrafttreten des IFRS 3 untersagt. In Deutschland wurde sie mit Inkrafttreten des BilMoG ebenfalls verboten.

In Österreich fand die Interessenzusammenführungsmethode kaum Anwendung.

4.112 Die (erfolgswirksame) Erwerbsmethode

Die erfolgswirksame Erwerbsmethode unterstellt der Kapitalkonsolidierung, dass die Aktiva und Passiva des Tochterunternehmens, repräsentiert durch das Eigenkapital derselben, einzeln erworben wurden. Der über den Wert des übernommenen Eigenkapitals hinausgehende Erwerbspreis, der sogenannte Unterschiedsbetrag, wird daraufhin analysiert, wie weit damit stille Reserven abzüglich stiller Lasten abgegolten wurden und wie weit damit ein Firmenwert erworben wurde.

Die im Unterschiedsbetrag enthaltenen stillen Reserven und Lasten werden nach einer entsprechenden Analyse jenen Vermögensgegenständen und Schulden zugerechnet, in denen sie sich befinden. Damit teilen sie in Zukunft das Schicksal dieser Vermögensgegenstände und Schulden.

Ein nicht den Vermögensgegenständen und Schulden zuteilbarer Rest wird als Firmenwert aktiviert und gleichmäßig über einen bestimmten Zeitraum (bei unbestimmter Nutzungsdauer 10 Jahre) abgeschrieben.

Aus der vorne dargestellten erfolgswirtschaftlichen Behandlung der Komponenten des Unterschiedsbetrages ergibt sich der Name „erfolgswirksame Erwerbsmethode".

Bei der Kapitalkonsolidierung nach der Erwerbsmethode gibt es drei Varianten, die sich danach unterscheiden, mit welchem Wert das Eigenkapital des Tochterunternehmens der Kapitalkonsolidierung zugrunde gelegt wird.

4.112.1 Buchwertmethode

In der Konzernbilanz wird dem Beteiligungsansatz das Eigenkapital zum Buchwert gegenübergestellt. Die im Unterschiedsbetrag enthaltenen stillen Reserven und Lasten werden anschließend den einzelnen Vermögensgegenständen und Schulden zugerechnet, der Firmenwert wird aktiviert und in der Folge planmäßig abgeschrieben. Ein eventueller Minderheitenanteil wird am buchmäßigen Eigenkapital bemessen und auf den Posten nicht beherrschende Anteile übertragen.

4.112.2 Neubewertungsmethode

In der Konzernbilanz wird dem Beteiligungsansatz das Eigenkapital auf Basis der beigelegten Zeitwerte gegenübergestellt, nachdem vorher die stillen Reserven und Lasten aufgelöst und erfolgsneutral (über das Eigenkapital) den einzelnen Vermögensgegenständen und Schulden zugebucht wurden. Ein eventueller Minderheitenanteil wird am Zeitwert des Eigenkapitals bemessen und auf den Posten „nicht beherrschende Anteile" übertragen.

4.112.3 Full-Goodwill-Methode

Diese Methode entspricht der Neubewertungsmethode mit der Ergänzung, dass der Firmenwert für das ganze Unternehmen errechnet und anteilsmäßig dem Minderheitenanteil zugebucht wird. Die Full-Goodwill-Methode ist nach der Bilanzrichtlinie nicht zugelassen, wohl aber nach den Bestimmungen des IFRS 3.

IFRS 3 gestattet nur die **Neubewertungsmethode**, wobei entweder die **partiale Goodwill-Methode** oder die **Full-Goodwill-Methode** angewendet werden kann. Sie unterscheiden sich dadurch, dass bei der Full-Goodwill-Methode auch den Minderheitsanteilen ein anteiliger Goodwill zugerechnet wird.

Im Gegensatz zur deutschen und österreichischen Regelung sowie zur Bilanzrichtlinie der Europäischen Kommission unterliegt der Firmenwert gem IFRS keiner planmäßigen Abschreibung, sondern lediglich einer außerplanmäßigen Abschreibung bei tatsächlicher Wertminderung. Diese wird auf Grund eines jährlichen **Impairmenttests** festgestellt. Die Vorschriften der IFRS sind gemäß § 245a UGB bei der Aufstellung der Konzernabschlüsse österreichischer börsenotierter Unternehmen verpflichtend anzuwenden.

Der Betrag des in der Konzernbilanz ausgewiesenen Gesamteigenkapitals ist bei der Full-Goodwill-Methode am höchsten, da der Minderheitenanteil sowohl die aufgelösten anteiligen stillen Reserven aus der Zeitwertbewertung als auch den anteiligen Firmenwert enthält.

Beispiel 10

Darstellung der verschiedenen Kapitalkonsolidierungsmethoden (von der Buchwertmethode zur Full-Goodwill-Methode)

Ein Mutterunternehmen erwirbt 60 % einer GmbH um 90.

Bilanz des Mutterunternehmens	*Aktiva*	*Passiva*
Beteiligung	*90*	
Sonstiges Vermögen	*680*	
Eigenkapital		*415*
Schulden		*355*
	770	*770*

Die UGB-Bilanz des Tochterunternehmens zeigt folgendes Bild

Vermögen	*100*	
Schulden		*70*
Eigenkapital		*30*
	100	*100*

Eine Analyse der Vermögens und der Schulden zeigt, dass im Vermögen des Tochterunternehmens Gegenstände mit stillen Reserven in Höhe von 40 enthalten sind, die restliche Überzahlung ist der Firmenwert.

Stellen Sie die Konzerneröffnungsbilanz nach den drei Kapitalkonsolidierungsmethoden auf

1. Buchwertmethode:	*Beteiligung*	*90*
	Eigenkapital Tochter 60 % von 70	*42*
	Unterschiedsbetrag	*48*
	davon stille Reserven 60 % von 40	*– 24*
	Firmenwert	*24*

	Mutter	Tochter	Überleitung				Konzern-eröffnungs-bilanz
			Soll		Haben		
Firmenwert			4	24			24
Beteiligung	90				1	42	0
					2	48	
Sonstiges Vermögen	680	100	3	24			804
Unterschiedsbetrag			2	48	3	24	0
					4	24	
Aktiva	**770**	**100**		**96**		**138**	**828**
Eigenkapital	415	70	1	42			415
			5	28			
Nicht beherrschende Anteile					5	28	**28**
Fremdkapital	355	30					385
Passiva	**770**	**100**		**70**		**28**	**828**

Ergebnis:

1. Durch die Kapitalkonsolidierung ist das ausgewiesene Eigenkapital des Tochterunternehmens, soweit es auf den Konzern fällt, verschwunden. Es verbleibt das Eigenkapital der Minderheit, das mit den Buchwerten unter nicht beherrschende Anteile ausgewiesen wird.

2. Die stillen Reserven werden in Höhe des auf das Mutterunternehmen entfallenden Anteils den einzelnen Gegenständen, aus denen sie stammen, zugebucht und teilen das Schicksal derselben.

3. Der Firmenwert in Höhe des auf das Mutterunternehmen entfallenden Anteils wird aktiviert und über seine Nutzungszeit abgeschrieben.

4. Der Minderheitenanteil wird vom Buchwert des Eigenkapitals des Tochterunternehmens bemessen in der Konzernbilanz ausgewiesen.

2. Neubewertungsmethode

Zum Unterschied zur Buchwertmethode werden die stillen Reserven unter Beachtung des Anschaffungspreisprinzips zu 100 % aufgelöst und anteilig den einzelnen Vermögensgegenständen zugewiesen. Sie fallen damit aus der Kapitalkonsolidierung und werden unabhängig davon ermittelt.

Die stillen Reserven in Höhe von 40 werden in voller Höhe dem Vermögen zugewiesen und erhöhen das Eigenkapital der Tochter von 70 auf 110.

Kapitalkonsolidierung

Beteiligung				*90*
Eigenkapital Tochter	*Buchwert*	*70*		
	Stille Reserven	*40*		
	Gesamt	*110*	*60%*	*66*
	Unterschiedsbetrag			*24*
	davon Firmenwert			*24*

	Mutter	*Tochter*		*Überleitung*			*Konzern-bilanz*
				Soll		*Haben*	
Firmenwert			*3*	*24*			*24*
Beteiligung	*90*				*2*	*90*	*0*
Sonstiges Vermögen	*680*	*100*	*1*	*40*			*820*
Unterschiedsbetrag			*2*	*24*	*3*	*24*	*0*
Aktiva	***770***	***100***		*88*		*114*	***844***
Eigenkapital	*415*	*70*	*2* *4*	*66* *44*	*1*	*40*	*415*
Nicht beherrschende Anteile					*4*	*44*	*44*
Fremdkapital	*355*	*30*					*385*
Passiva	***770***	***100***		*110*		*84*	***844***

Ergebnis:

1. *Die stillen Reserven werden zur Gänze den einzelnen Gegenständen, aus denen sie stammen, zugebucht und teilen das Schicksal derselben.*

2. *Die Kapitalkonsolidierung erfolgt auf Basis der Bewertung des Eigenkapitals zum beizulegenden Zeitwert. Durch die Kapitalkonsolidierung ist das ausgewiesene Eigenkapital des Tochterunternehmens, soweit es auf den Konzern fällt, verschwunden.*

3. *Der Firmenwert in Höhe des auf das Mutterunternehmen entfallenden Anteils von 24 wird aktiviert und über seine Nutzungszeit abgeschrieben.*

4. *Der Minderheitenanteil in Höhe von 44 (40 % des Zeitwertes des Eigenkapitals) wird unter „nicht beherrschende Anteile" ausgewiesen.*

3. Full-Goodwill-Methode

Neben den vollen stillen Reserven wird auch der Firmenwert zur Gänze aktiviert und im Verhältnis der Anteile auf das Kapital des Mutterunternehmens und der Minderheit aufgeteilt

Die Kapitalkonsolidierung ist gleich der Neubewertungsmethode

Hochrechnung der Beteiligung von 60 % auf 100 % =	*von 90 auf*	*150*
abzüglich Zeitwert des Eigenkapitals		*– 110*
Goodwill/Firmenwert		*40*
davon Minderheitenanteil 40 %		*16*
davon Konzernanteil (entspricht der Neubewertungs-methode)		*24*

	Mutter	Tochter	Überleitung				Konzern-bilanz
				Soll		Haben	
Firmenwert			2 4	24 16			40
Beteiligung	90				2	90	
Sonstiges Vermögen	680	100	1	40			820
Unterschiedsbetrag			2	24	2	24	
Aktiva	**770**	**100**		**104**		**114**	**860**
Eigenkapital	415	70	2 3	66 44	1	40	415
Nicht beherrschende Anteile					3 4	44 16	60
Fremdkapital	355	30					385
Passiva	**770**	**100**		**110**		**100**	**860**

Ergebnis:

1. *Die stillen Reserven werden zur Gänze den einzelnen Gegenständen, aus denen sie stammen, zugebucht und teilen das Schicksal derselben.*

2. *Durch die Kapitalkonsolidierung ist das ausgewiesene Eigenkapital des Tochterunternehmens, soweit es auf den Konzern fällt, verschwunden.*

3. *Der Firmenwert in Höhe von 40 wird aktiviert und mit 40 % der Minderheit und mit 60 % dem Mutterunternehmen zugeschrieben.*

4. *Minderheitenanteil: Es verbleibt das Eigenkapital der Minderheit, das unter nicht beherrschende Anteile in Höhe von 60 (40 % des Zeitwertes des Eigenkapitals plus dem anteiligen Firmenwert) ausgewiesen wird.*

*Die Full-Goodwill-Methode ist nur nach den IFRS zugelassen. In Österreich (wie auch in Deutschland) ist gesetzlich nur die **Neubewertungsmethode** zugelassen, wobei die bisher angewendete Buchwertmethode weitergeführt werden kann.*

4.2 Die Stufen der Vollkonsolidierung

Die Vollkonsolidierung läuft üblicherweise in zwei Stufen ab.

In der ersten Stufe erfolgt die Herstellung der Konsolidierungsreife der einzelnen Bilanzen der in den Konsolidierungskreis einbezogenen Unternehmen. Dies geschieht durch die Überleitung von der UGB-Bilanz (UB I) in die konsolidierungsreife Bilanz (UB II).

Mit der Überleitung in die UB II werden die Bewertung und Bewertungsmethoden der einzubeziehenden Tochterunternehmen an jene des Konzerns angepasst. Hinzu kommt bei erworbenen Unternehmen die Umwertung der Vermögensgegenstände und Schulden auf den beizulegenden Zeitwert bis zur Höhe des Erwerbspreises. In der Regel wird in diesem Stadium auch der Minderheitenanteil auf das Konto „nicht beherrschende Anteile" übertragen.

In der zweiten Stufe erfolgt die eigentliche Konsolidierung, der Zusammenschluss aller (konsolidierungsreif gemachten) Jahresabschlüsse zum Konzernabschluss.

Während die erste Stufe üblicherweise (nach einheitlichen Regeln) dezentralisiert in den einzelnen Unternehmen des Konsolidierungskreises erfolgt, geschieht die zweite Stufe in der Regel zentral.

4.21 Die Herstellung der Konsolidierungsfähigkeit des Einzelabschlusses – von der UB I in die UB II (Stufe 1)

Wie schon ausgeführt, dient die Überleitung von der UB I in die UB II der Herstellung der Konsolidierungsreife der einzubeziehenden Jahresabschlüsse.

Bei der erstmaligen Aufnahme einer Tochtergesellschaft in den Konzernabschluss (Erstkonsolidierung) muss der Einzelabschluss derselben den Kriterien des Konzernabschlusses hinsichtlich Bewertung, Bewertungsmethoden, Gliederung und Währungsumrechnung entsprechen. Ist dies nicht der Fall, hat eine Anpassung zu erfolgen. Diese Anpassung ist, soweit erforderlich, jedes Jahr zu wiederholen (Folgekonsolidierung).

Wesentlich ist der Grundsatz, dass sich diese Anpassungsmaßnahmen immer auf eine bestimmte Tochtergesellschaft beziehen, unabhängig von der Behandlung der übrigen Tochtergesellschaften.

Diese Anpassung erfolgt in einer Überleitung vom Jahresabschluss der Tochtergesellschaft (Unternehmensbilanz I = UB I) in einen konsolidierungsfähigen Abschluss derselben (UB II).

Während somit die UB I der Einzelabschluss eines in den Konzernabschluss einbezogenen Tochterunternehmens ist, ist die UB II der an die Gliederungsvorschriften, Ansatzwahlrechte und Bewertungsgrundsätze des Mutterunternehmens angepasste Einzelabschluss eines Tochterunternehmens. (*Urtz*, in *Straube*[2], Wien 2000, Rz 2 zu § 253 bezeichnet die UB II als Grundlage für die eigentlichen Konsolidierungsarbeiten.)

Die **UB II** ist lediglich ein **technisches Hilfsmittel** bei der Überleitung in den Konzernabschluss; **gesetzliche Vorschriften für die Aufstellung bestehen nicht**. Eine UB II wird in der Regel nur bei den Tochtergesellschaften erstellt. Sie **entfällt häufig** bei der Konsolidierung inländischer Tochterunternehmen und bei selbst gegründeten Tochterunternehmen, da hier in der Regel die Einheitlichkeit in der Bewertung, Gliederung und den Bilanzansätzen mit dem Mutterunternehmen gegeben ist. In diesem Fall erfolgt die Konsolidierung unmittelbar vom Einzelabschluss der Tochtergesellschaft (UB I) aus.

Bei der **Muttergesellschaft** wird in Ausnahmefällen dann eine UB II erstellt, wenn diese in der Konzernbilanz von den Bewertungsansätzen in der Einzelbilanz abgeht.

Mit Inkrafttreten des RÄG 2014 ist bei der Erstkonsolidierung **zwingend die Neubewertungsmethode** anzuwenden. Das bedeutet, dass das Eigenkapital einer erworbenen Tochtergesellschaft auf Basis der beizulegenden Zeitwerte der Vermögensgegenstände und Schulden, soweit diese nicht den Erwerbspreis des Anteils übersteigen, zu bewerten ist. Daraus ergeben sich für die erste Stufe, die Überleitung von der **UB I in die UB II**, folgende Maßnahmen:

UB I **(UGB-Abschluss des Tochterunternehmens zum Stichtag der Kapitalverrechnung)**

+/– Anpassung des UGB-Abschlusses an die einheitliche Bewertung und an einheitliche

Bewertungsmethoden gem § 253 Abs 2 und § 260 Abs 2 (siehe Abschnitt 3.711)

angepasste Buchwerte

+/– Umwertung der in den Konzernabschluss zu übernehmenden Vermögensgegenstände und

Schulden auf die beizulegenden Zeitwerte gem § 254 Abs 1 (siehe Abschnitt 3.8)

Abschluss zu Zeitwerten

– Feststellung und Übertrag der Anteile der Minderheitsgesellschafter auf einen eigenen

Bilanzposten „nicht beherrschende Anteile"

UB II konsolidierungsreife Bilanz des Tochterunternehmens

Die Anforderungen an diese Maßnahmen sind unterschiedlich. Steht ein Tochterunternehmen im 100%igen Eigentum des Mutterunternehmens, gibt es keine Minderheitsgesellschafter. Wurde ein Tochterunternehmen selbst gegründet, entfällt mangels Erwerbspreis eine Aufwertung auf eventuelle Zeitwerte. Außerdem ist zu erwarten, dass Anpassungen an einheitliche Bewertungsmethoden in der Regel in diesem Fall nicht erforderlich sind.

In vielen Fällen wird somit die UB I mit der UB II identisch sein.

Bei Anwendung der (auslaufenden) Buchwertmethode werden die Zeitwertermittlung und die Feststellung des Anteils der Minderheitsgesellschafter nicht im Rahmen der Überleitung von der UB I in die UB II, sondern erst im Rahmen der Kapitalkonsolidierung durchgeführt – und zwar deswegen, weil eine Aufwertung der Bilanzposten auf den Zeitwert nur in dem prozentuellen Ausmaß erfolgt, in dem die Muttergesellschaft Anteile am Tochterunternehmen erworben hat und die Aufwertung daher nur für diese erfolgt.

Wie im Abschnitt 3.711 dargestellt, ist die Anpassung gem § 260 Abs 2 an die einheitlichen Bewertungsmethoden keine Neubewertung, sondern lediglich die Anpassung der Buchwerte und Bewertungsmethoden des Tochterunternehmens an jene des Konzerns.

Die Anpassung des Jahresabschlusses an die im Konzern angewendeten einheitlichen Bilanzierungs- und Bewertungswahlrechte sowie Bewertungsmethoden stellt allerdings das einzelne im Konsolidierungskreis befindliche Unternehmen häufig vor Schwierigkeiten, wenn insbesondere in jenen Fällen, in denen es sich um Auslandstochtergesellschaften handelt, andere Bewertungs- und Bilanzansatzbestimmungen gelten als jene, die im Konzernabschluss zur Anwendung kommen. Bei österreichischen Tochtergesellschaften sind es vielfach steuerliche Gründe, die im Einzelabschluss ein anderes Vorgehen bedingen als im Konzernabschluss.

Kann sich das einzelne Unternehmen somit nicht bereits im laufenden Rechnungswesen an die im Konzernabschluss angewendeten Bilanzierungs- und Bewertungsmethoden anschließen, hat diese Anpassung jährlich in der Überleitungsrechnung zu erfolgen.

Die **Anpassung** an die einheitliche Bewertung und die einheitlichen Bewertungsmethoden im Konzern **erfolgt zu 100%** unabhängig von dem Beteiligungsprozentsatz der Muttergesellschaft und unabhängig vom Kaufpreis der Muttergesellschaft für die Anteile der Tochtergesellschaft.

Soweit bei der **Erstkonsolidierung** im Zuge der Anpassung an die einheitliche Bewertung und die einheitlichen Bewertungsmethoden Wertänderungen auftreten, sind diese direkt über das **Eigenkapitalkonto** (soweit vorhanden, Gewinnrücklagen) zu führen. Alle weiteren in Zukunft auftretenden Wertänderungen werden in der **Gewinn- und Verlustrechnung** erfasst.

Die auf Grund der Vereinheitlichung der Bewertung und Bewertungsmethoden gem § 260 Abs 2 festgestellten neuen Werte gelten gem § 254 Abs 1 Z 1 für die Konsolidierung als **Buchwerte der Tochtergesellschaft**.

Beispiel 11

Von der UB I zur UB II nach der Neubewertungsmethode

Anpassung gemäß § 260 Abs 2

Die Muttergesellschaft (M) hat Ende 2016 einen 60%igen Anteil an der Tochtergesellschaft (T) um 500 erworben. Anlässlich der Erstkonsolidierung am 31.12.2016 werden folgende Maßnahmen gesetzt, um die Bewertung und die Bewertungsmethoden von T an jene des Konzerns anzugleichen:

T weist Spezialanlage auf Basis einer Nutzungsdauer von 5 Jahren im Jahresabschluss aus. Im Konzern beträgt die übliche Abschreibungsdauer vier Jahre. Auf Grund dieser Tatsache steht die Spezialanlage mit Anschaffungskosten von insgesamt 520 am Ende des Jahres 2016 bei T mit 416 zu Buche. Im Konzern würde sich ein Restwert von 390 ergeben. Die Jahresabschreibung beträgt bei T 104.

Das Betriebsgebäude wird bei T mit 4 % abgeschrieben, die Nutzungsdauer im Konzern wird mit 40 Jahren angenommen. Das Gebäude wird seit 23 Jahren genutzt. Die Anschaffungskosten des Gebäudes betragen 600; der Restwert in den Büchern von T beträgt 48, im Konzern ergäben sich 255.

Anpassungen gem § 254 Abs 1

Der beizulegende Zeitwert der Grundstücke beträgt zum Zeitpunkt der Erstkonsolidierung 160.

Es ist die UB I der Tochtergesellschaft in die UB II überzuleiten und der anteilige Minderheitenanteil auf den Bilanzposten „nicht beherrschende Anteile" zu übertragen.

Die Schlussbilanz des Ende Dezember 2016 erworbenen Tochterunternehmens zeigt folgendes Bild:

Bilanz des Tochterunternehmens zum 31.12.2016

Aktiva

Grundstücke	100
Gebäude	48
Spezialanlage	416
Sonstige Anlagen	190
Roh-, Hilfs- und Betriebsstoffe	12
Fertige und unfertige Erzeugnisse	200
Sonstiges Umlaufvermögen	238
Summe Aktiva	1.204

Passiva

Stammkapital	300
Gewinnrücklagen	130
Schulden und Rückstellungen	774
Summe Passiva	1.204

Überleitung von UB I zu UB II per 31.12.2016 (1.1.2017)

	Jahresabschluss 31.12.16 (UB I)	Überleitung von der UB I auf die UB II				UB II
Aktiva						
Unbebaute Grundstücke	100	3	60			160
Gebäude	48	2	207			255
Spezialanlage	416			1	26	390
Sonstiges Anlagevermögen	190					190
Fertige und unfertige Erzeugnisse	200					200
Sonstiges Umlaufvermögen	250					250
Summe Aktiva	1.204		267		26	1.445
Passiva						
Stammkapital	300	4	120			180
Gewinnrücklage inkl Bilanzgewinn	130	1	26	2	207	223
		4	148	3	60	
Nicht beherrschende Anteile				4	268	268
Rückstellungen und Verbindlichkeiten	774					774
Summe Passiva	1.204					1.445

Erläuterungen zur Überleitung von der UB I zur UB II anlässlich der Erstkonsolidierung am 31.12.2016

1. Abschreibungstabelle für die Spezialanlage

Datum 31.12.	Jahresabschluss UB I		Konzernabschluss UB II		Wertdifferenz		Anmerkung
	Abschr	Restwert	Abschr	Restwert	Abschr	Restwert	
Anschaffungsdatum Jänner 2016, Anschaffungswert 520 Erstkonsolidierung 31.12.2016							
ND	5 Jahre		4 Jahre				
2016	104	416	130	390	26	−26	Erstkonsolidierung
2017	104	312	130	260	26	−52	
2018	104	208	130	130	26	−78	
2019	104	104	130	0	26	104	
2020	104	0			−104		

2. Abschreibungstabelle für das Gebäude

Datum 31.12.	Jahresabschluss UB I		Konzern-abschluss UB II		Wertdifferenz		Anmerkung
	Abschr	Rest-wert	Abschr	Rest-wert	Abschr	Rest-wert	
Anschaffungsdatum Mai 1994, Anschaffungswert 600 Erstkonsolidierung 31.12.2016							
ND	25 Jahre		40 Jahre				
2015	24	72	15	270		198	
2016	24	48	15	255	−9	207	Erstkon-solidierung
2017	24	24	15	240	−9	216	
2018		0	15	210	15	210	
2019			15	195	15	195	

Überleitungsbuchung 31.12.2016

Anpassung gem § 260 Abs 2

1	Soll	Haben
Gewinnrücklagen	26	
an Spezialanlage		26
Restwertanpassung		

2	Soll	Haben
Gebäude	207	
an Gewinnrücklagen		207
Restwertanpassung		

Zeitwertansatz

3	Soll	Haben
Grundstücke	60	
an Gewinnrücklagen		60
beizulegender Zeitwert der Grundstücke		

Minderheitenanteile

40 % des Zeitwertes des Eigenkapitals des Tochterunternehmens

Stammkapital 300	40 %	120
Gewinnrücklage (130 + 207 + 60 − 26) = 371	40 %	148
Nicht beherrschende Anteile		268

4	Soll	Haben
Stammkapital	120	
Gewinnrücklagen	148	
an nicht beherrschende Anteile		
Minderheitenanteile		268

4.211 Übertragung der Minderheitenanteile auf den Bilanzposten „nicht beherrschende Anteile" gem § 259

Der den Minderheiten zugerechnete Teil des Eigenkapitals des Tochterunternehmens wird in der Konzernbilanz im Eigenkapitalbereich unter „nicht beherrschende Anteile" ausgewiesen und der auf das Mutterunternehmen entfallende Teil mit der ausgewiesenen Beteiligung verrechnet. Wie schon dargestellt, hängt die Höhe des Ausweises der Minderheitenanteile von der Art der Kapitalkonsolidierung ab.

Allerdings drückt sich § 259, der die Höhe und den Ausweis der Minderheitenanteile am Eigenkapital der Tochtergesellschaft regelt, nicht sehr klar aus.

Danach ist die Höhe der Minderheitenanteile am nach den Vorschriften des § 251 Abs 1 ermittelten Eigenkapitals zu bemessen und unter dem Posten „nicht beherrschende Anteile" innerhalb des Eigenkapitals gesondert auszuweisen.

Die wörtliche Befolgung dieser Regel würde bedeuten, dass die Minderheitenanteile vor der Anpassung an die einheitlichen Bewertungsmethoden gem § 260 Abs 2 und vor dem Zeitwertansatz gem § 254 Abs 1 zu ermitteln seien. Diese Gesetzesaussage wird aber dadurch relativiert, dass die erläuternden Bemerkungen zu § 259 auf die Erläuterungen zu § 254 Abs 1 und 3 verweisen. Diese beziehen sich auf die nunmehr über Vorschlag des AFRAC (ausschließlich) zur Anwendung kommende Neubewertungsmethode, bei der das gesamte Eigenkapital der Tochterunternehmen (somit auch die Minderheitenanteile) zu beizulegenden Zeitwerten zu berechnen sind.

Dokalik/Hirschler bezeichnen den Verweis auf den § 251 Abs 1 folgerichtig auch als Redaktionsfehler.

Beispiel 12

Ermittlung des Minderheitenanteils

Eigenkapital der Tochter zu Buchwerten 1.000; Minderheitenanteil 20 %; der Kaufpreis für 80 % der Anteile beträgt 1.200.

Anlässlich der Erstkonsolidierung werden die Bewertungsmethoden des Tochterunternehmens an jene des Konzerns angepasst, wodurch sich bei den Maschinen eine Erhöhung des Restwertes um 100 und bei den Finanzanlagen eine Senkung um 50 ergibt.

Abweichende Zeitwerte gibt es bei den Wertpapieren in Höhe von 80.

Es ist der Minderheitenanteil nach der Buchwertmethode und nach der Neubewertungsmethode zu errechnen:

1. Buchwertmethode

Eigenkapital der Tochtergesellschaft in der Einzelbilanz			*1.000*
Anpassung der Buchwerte gem § 260 Abs 2	*Maschine*	*100*	
	Finanzanlagen	*–50*	*50*
Buchwert des Eigenkapitals nach Anpassung			*1.050*
davon 20 % Minderheitenanteil			*210*
verbleiben			*840*
zuzüglich 80 % der stillen Reserven (80 % von 80)			*64*
Anteil des Mutterunternehmens			*904*
Gesamtes ausgewiesenes Konzerneigenkapital			*1.114*

2. Neubewertungsmethode

Eigenkapital der Tochtergesellschaft in der Einzelbilanz			*1.000*
Anpassung gem § 260 Abs 2	*Maschine*	*100*	
	Finanzanlagen	*–50*	*50*
Buchwert des Eigenkapitals nach Anpassung			*1.050*
Neubewertung zu beizulegenden Zeitwerten			
Wertpapiere			*80*
Eigenkapital der Tochter auf Basis von Zeitwerten			*1.130*
20 % Minderheitenanteil			*226*
80 % Anteil der Mutter			*904*
Gesamtes ausgewiesenes Konzerneigenkapital			*1.130*

Befindet sich das Tochterunternehmen zu 100 % in Händen des Mutterunternehmens, gibt es, wie schon dargelegt, zwischen beiden Methoden keinen Unterschied.

4.22 Die Konsolidierungsmaßnahmen (Stufe 2)

Die zweite (Konsolidierungs)Stufe besteht bei der Erstkonsolidierung vor allem aus der Kapitalkonsolidierung (Verrechnung des Beteiligungsansatzes mit dem auf Basis der Zeitwerte und angepassten Bewertung festgestellten Eigenkapital und Ermittlung des aktiven oder passiven Unterschiedsbetrages) und der Eliminierung aller in den Bilanzen befindlichen gegenseitigen Bezüge. Dazu gehört die Eliminierung von

Forderungen und Verbindlichkeiten (Schuldenkonsolidierung), von Aufwendungen und Erträgen (Erfolgskonsolidierung) und von innerkonzernlich geschaffenen Gewinnen (Gewinneliminierung).

4.221 Die Kapitalkonsolidierung gem § 254 Abs 1 nach der Neubewertungsmethode

In Österreich wurde die Konzernrechnungslegung mit dem Rechnungslegungsgesetz 1990 erstmals gesetzlich geregelt. Auf Grund des Gesetzes konnten sowohl die Buchwertmethode als auch die Neubewertungsmethode gleichwertig angewendet werden, wobei allerdings die Literatur mehrheitlich davon ausging, dass das Wahlrecht einheitlich genutzt werden sollte.

Wie seit dem BilMoG in Deutschland ist auch in Österreich die ursprünglich wahlweise anzuwendende Buchwertmethode bei Erstkapitalkonsolidierungen mit Inkrafttreten des RÄG 2014 nur noch für die Fälle vor dem Inkrafttreten des RÄG anzuwenden. Gem § 906 Abs 35 können jedoch Gesellschaften, die in Konzernabschlüssen für Geschäftsjahre, die vor dem 1. Jänner 2016 begonnen haben, die Kapitalkonsolidierung nach der Buchwertmethode durchgeführt haben, diese Methode beibehalten. Diese Bestimmung gibt die Möglichkeit, bei prozentueller Aufstockung der Anteile bereits bestehender Tochterunternehmen auch in den Folgejahren die Buchwertmethode anzuwenden.

Bei Erstkonsolidierungen kommt somit grundsätzlich nur mehr die Neubewertungsmethode zur Anwendung. Obwohl die Bilanzrichtlinie 2013/34 gem Artikel 24 Abs 3a die Buchwertmethode eher favorisiert und die Neubewertungsmethode als Alternativmethode anführt, ist der Gesetzgeber dem Vorschlag des AFRAC zur alleinigen Anwendung der Neubewertungsmethode in allen neuen Fällen gefolgt, weil die Neubewertungsmethode die besseren theoretischen und praktischen Argumente für sich habe. Dennoch ist die Bedeutung der Buchwertmethode wegen der langen Übergangsfrist noch immer gegeben.

Gem § 254 Abs 1

wird der Wertansatz der dem Mutterunternehmen gehörenden Anteile an einem in den Konzernabschluss einbezogenen Tochterunternehmen mit dem auf diese Anteile entfallenden Betrag des Eigenkapitals des Tochterunternehmens verrechnet. Das Eigenkapital ist mit dem Betrag anzusetzen, der dem beizulegenden Zeitwert der in den Konzernabschluss aufzunehmenden Vermögensgegenstände, Rückstellungen, Verbindlichkeiten und Rechnungsabgrenzungsposten zu dem für die Verrechnung gemäß Abs. 2 gewählten Zeitpunkt entspricht. Das anteilige Eigenkapital darf nicht mit einem Betrag angesetzt werden, der die Anschaffungskosten des Mutterunternehmens für die Anteile an dem einbezogenen Tochterunternehmen überschreitet. Wenn die Anschaffungskosten den Buchwert des anteiligen Eigenkapitals unterschreiten, so ist der Buchwert anzusetzen.

Nach den Bestimmungen des § 254 Abs 1 wird der Unterschiedsbetrag nach der Neubewertungsmethode auf der Basis der beizulegenden Zeitwerte (Eigenkapital der Tochter auf Basis von Zeitwerten der Vermögensgegenstände und Schulden) definiert und daher im Gesetz direkt mit dem Geschäfts-(Firmenwert) gleichgesetzt.

Die Minderheitsanteile werden gem § 259 aus dem auf Zeitwerten basierenden Eigenkapital des Tochterunternehmens abgeleitet.

Schema der Kapitalkonsolidierung nach der Neubewertungsmethode

1. Beteiligungsansatz bei dem Mutterunternehmen

2. minus anteiliges Eigenkapital des Tochterunternehmens auf Basis von Zeitwerten

3. Unterschiedsbetrag

Beispiel 13 Kapitalkonsolidierung nach Ermittlung der UB II eines Tochterunternehmens (Fortsetzung Beispiel 11)

Feststellung des Unterschiedsbetrages

Beteiligungsansatz	*500*
Eigenkapital Tochter, soweit auf die Mutter entfallend (180+223)	*403*
Unterschiedsbetrag = Firmenwert	*97*

	JA Mutter	UB II Tochter aus Bsp 11	Gesamt-bilanz	Kapital-konsolidierung		Konzern-bilanz
				Soll	*Haben*	
Firmenwert				*1* *97*		*97*
Beteiligung	*500*		*500*		*1* *500*	
Unbebaute Grundstücke		*160*	*160*			*160*
Gebäude	*1.810*	*255*	*2.065*			*2.065*
Spezialanlage		*390*	*390*			*390*
Sonst. Anlagevermögen	*2.090*	*190*	*2.280*			*2.280*
Vorräte	*1.300*	*200*	*1.500*			*1.500*
Sonst. Umlaufvermögen	*2.700*	*250*	*2.950*			*2.950*
Summe Aktiva	*8.400*	*1.445*	*9.845*	*97*	*500*	*9.442*
Eingefordertes Nennkapital	*2.900*	*180*	*3.080*	*1* *180*		*2.900*
Gewinnrückl/ Bilanzgew	*1.200*	*223*	*1.423*	*1* *223*		*1.200*
Nicht beherrschende Anteile		*268*	*268*			*268*
Rückstellungen u Verbindl	*4.300*	*774*	*5.074*			*5.074*
Summe Passiva	*8.400*	*1.445*	*9.845*	*403*		*9.442*

Die Bestandteile und die Berechnung des Unterschiedsbetrages im Einzelnen:

1. Der Beteiligungsansatz

Die **Höhe der Beteiligung** entspricht grundsätzlich deren Anschaffungskosten vermehrt und vermindert durch nachträgliche Anschaffungspreisänderungen sowie Anschaffungsnebenkosten.

Abschreibungen vom Beteiligungsansatz bei der Muttergesellschaft vor der Erstkonsolidierung kürzen den Unterschiedsbetrag oder machen ihn negativ und vermeiden damit eine eventuelle außerplanmäßige Abschreibung des sonst errechneten Firmenwertes im Konzernabschluss.

Erfolgt eine **Abschreibung des Beteiligungsansatzes** nach der Erstkonsolidierung, ist diese im Rahmen der Folgekonsolidierung rückgängig zu machen. Da Abschreibungen der Beteiligung grundsätzlich nur dann erfolgen, wenn sich die Ertragslage des Tochterunternehmens verschlechtert hat, hat dies allerdings eine außerplanmäßige Abschreibung eines eventuell im Konzernabschluss noch vorhandenen Firmenwertes zur Folge.

Änderungen im Beteiligungsansatz können bei **Veränderung der Beteiligungsverhältnisse** eintreten (zB durch Erwerb oder Veräußerung).

2. Der Eigenkapitalansatz des Tochterunternehmens

Dieses Kapitel steht in engem Zusammenhang mit dem Kapitel 3.8.

Zum Eigenkapital sind neben dem Nennkapital des Tochterunternehmens alle Rücklagen zu zählen. Eigene Anteile sind abzuziehen, ebenso wie nicht eingeforderte ausstehende Einlagen. Soweit sich eingeforderte ausstehende Einlagen auf das Mutterunternehmen beziehen, sind die sich daraus ergebenden Forderungen mit den analogen Verbindlichkeiten bei dem Mutterunternehmen zu saldieren.

Wie schon im Kapitel 3.8 ausgeführt, verlangt § 254 Abs 1 unabhängig von der Angleichung der Bewertung und der Bewertungsmethoden der Tochtergesellschaft an jene des Konzerns (§ 260 Abs 2), dass das Eigenkapital des Tochterunternehmens mit dem Betrag anzusetzen ist, der dem beizulegenden Zeitwert der in den Konzernabschluss aufzunehmenden Vermögensgegenstände, Rückstellungen, Verbindlichkeiten und Rechnungsabgrenzungen entspricht.

Zeitwerte, die über die individuellen Anschaffungswerte hinausgehen, können bei nichtabnutzbaren und abnutzbaren Gegenständen des Anlagevermögens, aber auch im Sachumlaufvermögen (Vorräte) auftreten. Stille Reserven und Stille Lasten ergeben sich bei zu hoch oder zu niedrig angesetzten Rückstellungen, aber auch bei eventuellen Haftungen.

Begrenzter Ansatz des Zeitwertes bei Anwendung der Neubewertungsmethode

Grundsätzlich dürfen die Zeitwerte nur bis zur Höhe der Anschaffungskosten der Beteiligung angesetzt werden – mit der Folge, dass sich daraus kein negativer Unterschiedsbetrag ergeben kann (siehe hierzu Kapitel 3.8).

Das zu konsolidierende Eigenkapital des Tochterunternehmens ergibt sich somit aus folgender Rechnung:

Buchmäßiges Eigenkapital lt UB I
+/− Anpassungsmaßnahmen zur Vereinheitlichung gem § 260 Abs 2
+/− stille Reserven und Lasten gem § 254 Abs 1
− Minderheitsanteil vom nunmehr neubewerteten Eigenkapital

Zu konsolidierendes Eigenkapital

Beispiel 14

Behandlung der stillen Reserven bei der Kapitalkonsolidierung (Buchwert- und Neubewertungsmethode)

Erwerb einer 60%-Beteiligung an einer GmbH um 1.000.

Der Buchwert des Eigenkapitals beträgt 900.

Im Kaufpreis wurden vorhandene stille Reserven bei der Tochtergesellschaft berücksichtigt, die bei den Grundstücken insgesamt 200 und im sonstigen Anlagevermögen insgesamt 300 betragen.

Die Kapitalkonsolidierung ist nach der Buchwert- und der Neubewertungsmethode durchzuführen.

Buchwertmethode

Gesamtes Eigenkapital der Tochtergesellschaft zu Buchwerten lt UB II	*900*
nicht beherrschende Anteile 40%	*360*
verbleiben Anteile der Muttergesellschaft	*540*

Kapitalkonsolidierung

Beteiligungsansatz bei der Muttergesellschaft für 60 % der Anteile		*1.000*
Buchmäßiger Eigenkapitalsanteil bei der Tochter lt UB II 60 %		*−540*
Unterschiedsbetrag		*460*
davon stille Reserven Grundstück 60 % von 200	*120*	
davon stille Reserven sonst Anlagen 60 % von 300	*180*	*−300*
Geschäfts- oder Firmenwert		*160*

Neubewertungsmethode

Buchmäßiges Eigenkapital des Tochterunternehmens	*900*
zuz Stille Reserven im Grundstück 100%	*200*
zuz Stille Reserven in den sonstigen Anlagen 100%	*300*
Zeitwert des Eigenkapitals	*1.400*
Nicht beherrschende Anteile 40%	*−560*
Anteil Mutterunternehmen 60%	*840*

Kapitalkonsolidierung

Beteiligungsansatz 60%	*1.000*
Kapitalanteil des Mutterunternehmens zu Zeitwerten	*−840*
Unterschiedsbetrag = Geschäfts- oder Firmenwert	*160*

Wie oben dargestellt, werden die aufgelösten stillen Reserven dem Eigenkapital, in der Regel der Gewinnrücklage, zugebucht. Es ist nicht unüblich, die aufgelösten stillen Reserven zur besseren Übersicht der in den folgenden Jahren durchzuführenden Fortschreibung einer Neubewertungsrücklage zuzuweisen. Die Entwicklung der Neubewertungsrücklage zeigt in der Folge jeweils den Stand der fortgeschriebenen stillen Reserve.

Während die Anteile des Mutterunternehmens in beiden Fällen gleich sind, steigen die Fremdanteile bei Anwendung der Neubewertungsmethode auf 560. Die Steigerung der Anteile ergibt sich folgendermaßen:

Nicht beherrschende Anteile bei der Buchwertmethode	*360*
40 % Anteile an den stillen Reserven von 500	*200*
Nicht beherrschende Anteile bei der Neubewertungsmethode	*560*

Auswirkungen der Neubewertungsmethode

1. Die stillen Reserven werden zu 100% offengelegt;
2. die über den Anteil der Muttergesellschaft hinausgehenden stillen Reserven werden den anderen Gesellschaftern zugeschrieben;
3. bei der Muttergesellschaft ändert sich nichts.

Einer der Vorteile der Neubewertungsmethode gegenüber der Buchwertmethode liegt darin, dass die Konzernbilanz im Fall des Vorhandenseins von Minderheitenanteilen und stillen Reserven ein höheres Eigenkapital ausweist, weil auch der Minderheitenanteil auf Basis des beizulegenden Wertes dargestellt wird.

Betrachtet man die Neubewertungsmethode jedoch kritisch, dürfte diese nach den Bewertungsbestimmungen des UGB nicht zur Anwendung kommen, da es sich bei den der Minderheit zugerechneten stillen Reserven und Lasten um eine Hochrechnung der vom Mutterunternehmen bezahlten stillen Reserven handelt, und der Bilanzierende in der Regel nicht weiß, ob die Minderheitsgesellschafter mehr oder weniger dafür bezahlt haben.

3. Unterschiedsbetrag

Dieser wird im nachfolgenden Kapitel eingehend behandelt.

4.23 Der Unterschiedsbetrag aus der Kapitalkonsolidierung

Wenn von einem Unterschiedsbetrag die Rede ist, betrifft dieser immer nur eine Tochtergesellschaft im Verhältnis zur Muttergesellschaft. Das heißt, dass es mindestens so viele Unterschiedsbeträge gibt, als Erwerbsvorgänge stattgefunden haben, wobei es natürlich auch sein kann, dass bei einem Erwerbsvorgang der Beteiligungsansatz mit dem Eigenkapital des Tochterunternehmens übereinstimmt und damit kein Unterschiedsbetrag entsteht. Für ein und dieselbe Tochtergesellschaft können auch zwei oder mehrere Unterschiedsbeträge existieren, wenn beispielsweise zunächst 60 % eines Tochterunternehmens und später weitere Anteile erworben wurden.

Ein aktiver Unterschiedsbetrag ergibt sich bei der Buchwertmethode, wenn der Beteiligungsansatz über dem Buchwert des Eigenkapitals des Tochterunternehmens liegt. Er enthält in diesem Fall alle stillen Reserven und Lasten und den Goodwill oder Firmenwert.

Bei Anwendung der Neubewertungsmethode wird der Beteiligungsansatz dem Zeitwert des Eigenkapitals des Tochterunternehmens gegenübergestellt. Ist der Unterschiedsbetrag positiv, liegt ein aktiver Unterschiedsbetrag vor, der ausschließlich den Goodwill oder Firmenwert enthält.

Liegt der Beteiligungsansatz unter dem buchmäßigen Eigenkapital des Tochterunternehmens ergibt sich ein passiver Unterschiedsbetrag. Dies bedeutet, dass der Erwerbspreis des Anteiles am Tochterunternehmen geringer ist, als das (anteilige) Eigenkapital desselben.

Ursachen des Unterschiedsbetrages

Die bei der Muttergesellschaft ausgewiesene Beteiligung wird in der Regel nur dann mit dem Eigenkapital der Tochtergesellschaft übereinstimmen, wenn Letztere **neu gegründet** wurde. Liegt die Gründung schon längere Zeit zurück, können sich beispielsweise aus folgenden Gründen Differenzen bilden:

- Gewinnthesaurierungen bei der Tochtergesellschaft
- nicht ausgeglichene Verluste
- Kapitalzuschüsse der Muttergesellschaft, die keinen Niederschlag in der Beteiligung gefunden haben
- entstandene stille Reserven oder stille Lasten, die anlässlich der Erstkonsolidierung aufgedeckt werden **(Buchwertmethode)**
- die Eigenkapitalverrechnung und der erstmalige Einbezug der Tochtergesellschaft in den Konsolidierungskreis erfolgen zu verschiedenen Zeitpunkten.

Wurde eine Tochtergesellschaft **neu erworben**, werden sich die bei der Muttergesellschaft ausgewiesenen Anteile (Kaufpreis) nur in seltenen Fällen mit dem Eigenkapital der erworbenen Anteile decken.

Hier werden vor allem folgende Tatsachen zu unterschiedlichen positiven oder negativen Unterschiedsbeträgen führen:

- stille Reserven oder stille Lasten **(Buchwertmethode)**
- ein originärer Firmenwert (Geschäftswert)

- negative Zukunftsaussichten oder
- die Eigenkapitalverrechnung und der erstmalige Einbezug der Tochtergesellschaft in den Konsolidierungskreis erfolgen zu verschiedenen Zeitpunkten.

Behandlung des Unterschiedsbetrages

Bei Anwendung der **Buchwertmethode** sind zunächst die im Unterschiedsbetrag enthaltenen stillen Reserven und stillen Lasten den betroffenen Vermögensgegenständen und Schulden zuzuordnen, deren Schicksal sie in Zukunft teilen. Bei Anwendung der Neubewertungsmethode werden die stillen Reserven und Lasten bereits bei der Überleitung in die UB II erfasst und zugeordnet, womit der verbleibende Unterschiedsbetrag nur noch den Firmenwert enthält.

Die gesetzlichen Bestimmungen zum Bilanzausweis des bei der Neubewertungsmethode verbleibenden Unterschiedsbetrages, der sowohl positiv (aktiver Unterschiedsbetrag) als auch negativ (passiver Unterschiedsbetrag) sein kann, sind im § 254 Abs 3 niedergelegt.

Die erfolgswirtschaftliche Behandlung des Unterschiedsbetrages wird im § 261 bestimmt.

---

§ 254. (3) Ein bei der Verrechnung entstehender Unterschiedsbetrag ist in der Konzernbilanz, wenn er auf der Aktivseite entsteht, als Geschäfts(Firmen)wert und, wenn er auf der Passivseite entsteht, als Unterschiedsbetrag aus der Zusammenfassung von Eigenkapital und Beteiligungen (Kapitalkonsolidierung) auszuweisen. Dieser Posten und wesentliche Änderungen gegenüber dem Vorjahr sind im Anhang zu erläutern. Werden Unterschiedsbeträge der Aktivseite mit solchen der Passivseite verrechnet, so sind die verrechneten Beträge im Anhang anzugeben.

§ 261. (1) Die Abschreibung eines nach § 254 Abs. 3 auszuweisenden Geschäfts(Firmen)werts richtet sich nach § 203 Abs. 5.

(2) Ein gemäß § 254 Abs. 3 auf der Passivseite auszuweisender Unterschiedsbetrag darf ergebniswirksam aufgelöst werden, soweit

1. eine zum Zeitpunkt des Erwerbs der Anteile oder der erstmaligen Zusammenfassung der Jahresabschlüsse verbundener Unternehmen (Konsolidierung) erwartete ungünstige Entwicklung der künftigen Ertragslage des Unternehmens eingetreten ist oder zu diesem Zeitpunkt erwartete Aufwendungen zu berücksichtigen sind oder

2. am Abschlußstichtag feststeht, daß er einem verwirklichten Gewinn entspricht.

4.231 Der aktive Unterschiedsbetrag – Firmenwert oder Goodwill

Gem § 254 Abs 3 ist ein aktiver Unterschiedsbetrag in der Konzernbilanz als Geschäfts- oder Firmenwert auszuweisen und gem § 261 Abs 1 nach den Vorschriften des § 203 Abs 5 abzuschreiben. Das bedeutet, dass der Abschreibung entweder die voraussichtliche Nutzungsdauer oder, wenn die voraussichtliche Nutzungsdauer nicht verlässlich geschätzt werden kann, ein Zeitraum von 10 Jahren zugrunde gelegt wird.

Bezüglich der Ermittlung der Nutzungsdauer gibt das DRS 22 in der Tz 121 folgende Anhaltspunkte:

a) die voraussichtliche Bestandsdauer und Entwicklung des erworbenen Unternehmens einschließlich der gesetzlichen oder vertraglichen Regelungen,
b) der Lebenszyklus der Produkte des erworbenen Unternehmens
c) die Auswirkungen von zu erwartenden Veränderungen der Absatz- und Beschaffungsmärkte sowie der wirtschaftlichen, rechtlichen und plolitischen Rahmenbedingungen auf das erworbene Unternehmen,
d) die Höhe und der zeitliche Verlauf von Erhaltungsaufwendungen, die erforderlich sind, um den erwarteten ökonomischen Nutzen des erworbenen Unternehmens zu realisieren sowie die Fähigkeit des Unternehmens, diese Aufwendungen aufzubringen,
e) die Laufzeit wesentlicher Absatz- und Beschaffungsverträge der erworbenen Unternehmens,
f) die voraussichtliche Dauer der Tätigkeit wichtiger Schlüsselpersonen für das erworbene Unternehmen,
g) das erwartete Verhalten von (potentiellen) Wettbewerben des erworbenen Unternehmens sowie
h) die Branche und deren zu erwartende Entwicklung.

DRS 22 verlangt bei dauernder Wertminderung des Geschäfts- oder Firmenwertes zwingend eine außerplanmäßige Abschreibung und gibt hierfür folgende Anhaltspunkte

a) Das interne Berichtswesen liefert substanzielle Hinweise dafür, dass die zu erwartende Ertrags- und Kostenentwicklung des Tochterunternehmens schlechter ist oder sein wird als erwartet.
b) Das Unternehmen weist eine Historie nachhaltiger, operativer Verluste auf (über mindestens 3 Jahre).
c) Die für die Bestimmung der betriebsgewöhnlichen Nutzungsdauer wesentlichen Faktoren haben sich im Vergleich zur ursprünglichen Annahme tatsächlich ungünstiger entwickelt.
d) Schlüsselpersonen aus den verschiedenen Berichten, z.B. des Managements oder der Forschung des Tochterunternehmens, scheiden früher als erwartet aus dem Konzern aus.
e) Während der Periode sind signifikante Veränderungen mit nachhaltigen Folgen für das Unternehmen im technischen, marktbezogenen, ökonomischen, rechtlichen oder gesetzlichen Umfeld, in welchem das Unternehmen tätig ist, eingetreten oder werden in der nächsten Zukunft eintreten.

f) Die Marktzinssätze oder andere Marktrenditen haben sich während der Periode erhöht und die Erhöhungen werden sich wahrscheinlich auf den Abzinsungssatz, der für die Berechnung des beizulegenden Zeitwerts herangezogen wird, auswirken und damit den beizulegenden Zeitwert wesentlich mindern.

g) Der Buchwert des Nettovermögens des Tochterunternehmens ist größer als seine Marktkapitalisierung.

h) Technische Veränderungen oder Veränderungen des rechtlichen Umfelds führen zu einer Verkürzung des Lebenszyklus der erworbenen Produktlinien.

i) Durch den unvorhergesehenen Wegfall von Teilmärkten hat sich das Marktpotential wichtiger Produktlinien wesentlich verringert.

Eine Wiederaufwertung eines außerplanmäßig abgeschriebenen Firmenwertes ist nicht zulässig (§ 208 Abs 2).

4.232 *Der passive Unterschiedsbetrag*

Wie schon dargelegt, entspricht der passive Unterschiedsbetrag dem negativen Saldo aus dem Beteiligungsansatz beim Mutterunternehmen und dem Buchwert des Eigenkapitals des Tochterunternehmens. Das Problem, das entsteht, wenn die Anschaffungskosten der Beteiligung höher als der Buchwert des Eigenkapitals, aber niedriger als das neu bewertete Eigenkapital sind, wird im Abschnitt 3.8 eingehend besprochen.

Ursachen des passiven Unterschiedsbetrages

a) Der passive Unterschiedsbetrag kommt durch die Erwartung schlechter Ertragsaussichten zustande, beispielsweise durch wesentliche Belastungen, bedingt durch erwartete Umweltschutzauflagen, die mangels ausreichender Konkretisierung noch nicht zur Bildung von Rückstellungen geführt haben. Ein erwarteter Investitionsbedarf wegen veralteter Anlagen oder ein Umsatzrückgang aus konjunkturellen oder branchenbedingten Gründen können gleicherweise Gründe für einen Preisabschlag vom Erwerbspreis sein, der dann zu einem negativen Unterschiedsbetrag führt. Das Gleiche gilt für geplante Sanierungsmaßnahmen.

b) Der passive Unterschiedsbetrag beruht darauf, dass durch besonderes Verhandlungsgeschick ein niedrigerer Anschaffungspreis für die Beteiligung erzielt werden konnte (lucky buy).

c) Ein passiver Unterschiedsbetrag ist nach dem Erwerb eines Unternehmens als Folge einer Gewinnthesaurierungspolitik entstanden und die Konsolidierung erfolgt erst zu einem späteren Zeitpunkt. Dieser Fall ist im Vorfeld durch Gewinnausschüttung der Tochter an die Mutter zu lösen.

Ein passiver Unterschiedsbetrag ist zunächst auf der Passivseite der Konzernbilanz auszuweisen, wobei dieser Posten bei wirtschaftlicher Betrachtungsweise Fremd- (Fall a) oder Eigenkapitalcharakter (Fall b) haben kann. Wegen seines unterschiedlichen Charakters sollte er unmittelbar nach dem Eigenkapital gereiht werden.

Den Vorschlag *Fröhlichs* (*Fröhlich*[3], S 251) Unterschiedsbeträge mit dem Charakter einer Rückstellung für drohende Verluste auch als solche auszuweisen, folgen die Verfasser nicht, da ja noch keine Rückstellung vorliegt.

Der passive Unterschiedsbetrag mit Fremdkapitalcharakter kann bei Eintritt der erwarteten ungünstigen Entwicklung bzw bei Aufwandsanfall ergebniswirksam aufgelöst werden. Das Gleiche gilt, sobald sich zweifelsfrei herausstellt, dass die erwarteten negativen Ereignisse nicht mehr eintreten werden. Die Auflösung ist jedoch gesetzlich nicht zwingend, wird aber vom Großteil der Literatur mehr oder weniger so gesehen.

Der passive Unterschiedsbetrag mit Eigenkapitalcharakter kann aufgelöst werden, wenn am Abschlussstichtag feststeht, dass er einem verwirklichten Gewinn entspricht. Der DRSC (DRS 23, Tz 140) steht auf dem Standpunkt, dass die Auflösung planmäßig über die gewichtete durchschnittliche Restnutzungsdauer der erworbenen abnutzbaren Vermögensgegenstände zu erfolgen habe. Besteht das erworbene Vermögen zu einem wesentlichen Teil aus nicht abnutzbaren Vermögensgegenständen, habe sich die Auflösung nach deren Verbrauch oder Abgang zu richten.

Eine direkte Einstellung in die Rücklagen ist gesetzlich nicht mehr möglich.

Beispiele zum Unterschiedsbetrag:

Beispiel 15

Analyse und Behandlung eines aktiven Unterschiedsbetrages

Fall 1

Bei Gegenüberstellung des Eigenkapitals der Tochtergesellschaft und des Anschaffungswertes der Anteile bei der Muttergesellschaft ergibt sich ein buchmäßiger Unterschiedsbetrag von 1.000.

Die stillen Reserven in den Vermögensgegenständen betragen a) 500 b) 1.000 c) 1.500. Die Rückstellungen sind in der erforderlichen Höhe gebildet, bei den Verbindlichkeiten werden keine stillen Reserven (zB durch Kursrückgang bei Fremdwährungsschulden) festgestellt.

zu a) Die Vermögensgegenstände sind um 500 aufzuwerten, der verbleibende Unterschiedsbetrag von 500 ist gem § 254 Abs 3 als Geschäfts(Firmen)wert zu behandeln.

zu b) Die stillen Reserven entsprechen dem aktiven Unterschiedsbetrag. Es verbleibt daher kein Unterschiedsbetrag, der als Geschäftswert auszuweisen wäre.

zu c) Auch für die Aufstellung des Konzernabschlusses gilt das Anschaffungskostenprinzip, sodass keine höheren stillen Reserven zugeschrieben werden dürfen, als im Kaufpreis abgegolten wurden. Es sind daher wie im Fall b) den Vermögensgegenständen die stillen Reserven nur bis zum Betrag von 1.000 zuzuschreiben.

Fall 2

Bei der Gegenüberstellung des Eigenkapitals der Tochtergesellschaft und der Anschaffungskosten der Anteile bei der Muttergesellschaft ergibt sich ein aktiver Unterschiedsbetrag von 1.000, die stillen Reserven in den Vermögensgegenständen betragen a) 500 b) 1.000 c) 1.400 d) 1.500.

Außerdem besteht bei der Pensionsrückstellung in allen Fällen ein Fehlbetrag von 400.

Lösung

	a)	b)	c)	d)	d)
Buchmäßiger Unterschieds-betrag	*1.000*	*1.000*	*1.000*	*1.000*	*1.000*
Stille Reserven	*500*	*1.000*	*1.400*	*1.500*	*1.500*
Fehlbetrag Pensionsrück-stellung	*–400*	*–400*	*–400*	*–400*	*–400*
Verbleibender Unter-schiedsbetrag	*900*	*400*	*0*	*–100*	*–100*
verwendet für				*Alternative*	
				1	*2*
Auflösung Fehlbetrag Pensionsrückstellung	*–400*	*–400*	*–400*	*–400*	*–364*
Auflösung stille Reserven	*500*	*1.000*	*1.400*	*1.400*	*1.364*
Firmenwert	*900*	*400*	*0*	*0*	*0*

Grundsätzlich erhöhen stille Lasten den Unterschiedsbetrag.

Soweit der Saldo aus stillen Reserven und stillen Lasten den Unterschiedsbetrag übersteigt, bieten sich zwei Lösungen an:

1. Volle Auflösung der stillen Lasten und Auflösung der verbleibenden Reserven

2. Anteilsmäßige Auflösung der stillen Reserven und stillen Lasten

Zuschreibung der stillen Reserven	*1.364*
Kürzung der Pensionsrückstellungen	*–364*
gesamter Unterschiedsbetrag	*1.000*

Wie schon dargelegt, erscheint es zweckmäßiger, die Unterschiedsbeträge auf der Passivseite in voller Höhe zu berücksichtigen; dies entspricht eher dem Vorsichtsgrundsatz, da Unterdeckungen auf der Passivseite voll berücksichtigt werden.

Beispiel 16
Behandlung verschiedener passiver Unterschiedsbeträge
Annahmen: Der gesamte passive Unterschiedsbetrag beträgt 1.000;
die Unterdeckung einer Pensionsrückstellung beträgt a) 500 b) 1.000 c) 1.500,
die stillen Reserven betragen 1) 400, 2) 500, 3) 800.

zu a)	Vom gesamten passiven Unterschiedsbetrag ist ein Teilbetrag von 500 für die Aufstockung der Pensionsrückstellung zu verwenden. Die stillen Reserven dürfen nicht berücksichtigt werden, da ihr Ansatz zur Überschreitung des Anschaffungswertes für die Anteile führen würde, dh ein verbleibender passiver Unterschiedsbetrag darf durch stille Reserven nicht erhöht werden.
zu b)	Der gesamte passive Unterschiedsbetrag ist für die Erhöhung der Pensionsrückstellung zu verwenden. Für die stillen Reserven gilt das Gleiche wie in Punkt a).
zu c)1)	Durch die Aufstockung der Pensionsrückstellung um 1.500 entsteht nunmehr ein aktiver Unterschiedsbetrag von 500, der mit 400 den vorhandenen stillen Reserven und mit 100 dem Firmenwert zuzuordnen ist.
zu c)2)	Durch die Erhöhung der Pensionsrückstellung entsteht ein aktiver Unterschiedsbetrag von 500, der den vorhandenen stillen Reserven entspricht.
zu c)3)	Durch die Erhöhung der Pensionsrückstellung entsteht ein aktiver Unterschiedsbetrag von 500, sodass von den vorhandenen stillen Reserven von 800 ein Teilbetrag von 500 zu aktivieren ist; durch die restlichen stillen Reserven darf kein passiver Unterschiedsbetrag entstehen (siehe auch a).

Beispiel 17
Behandlung verschieden hoher Unterschiedsbeträge

Stille Reserven bei der Tochtergesellschaft in den Sachanlagen	2.000
Buchmäßiges Eigenkapital (Stammkapital und Gewinnrücklage) der Tochtergesellschaft	14.000

Die Anschaffungskosten der Beteiligung betragen: a) 16.000, b) 18.000, c) 15.000,
d) 13.000

Analyse des Unterschiedsbetrages

Eigenkapital der Tochtergesellschaft zu Buchwerten	14.000
stille Reserven gem § 254 Abs 1	2.000
UB II = neu bewertetes Eigenkapital	16.000

	a)	b)	c)	d)
Buchwert des Eigenkapitals der Tochtergesellschaft = UB I	*14.000*	*14.000*	*14.000*	*14.000*
Auflösung stille Reserven (maximal bis zur Höhe der Anschaffungskosten der Beteiligung	*2.000*	*2.000*	*1.000*	*0*
neu bewertetes Eigenkapital der Tochter = UB II	*16.000*	*16.000*	*15.000*	*14.000*
Anschaffungskosten der Beteiligung	*16.000*	*18.000*	*15.000*	*13.000*
a) Unterschiedsbetrag	*0*			
b) Aktiver Unterschiedsbetrag *Da die stillen Reserven bereits in der UB II der Tochtergesellschaft aufgelöst wurden, ist der aktive Unterschiedsbetrag ident mit dem Firmenwert.*		*2.000*		
c) Unterschiedsbetrag *Da die Aufwertung des Eigenkapitals der Tochter nicht über die Anschaffungskosten der Beteiligung hinausgehen darf, dürfen von den stillen Reserven nur 1.000 aufgelöst werden; das heißt das neu bewertete Eigenkapital der Tochter darf nur mit 15.000 angesetzt werden.* *Buchungssatz:* *Anlagevermögen 1.000* *an Eigenkapital 1.000*			*0*	
d) Passiver Unterschiedsbetrag *Da die Anschaffungskosten unter dem Buchwert des Eigenkapitals der Tochtergesellschaft liegen, dürfen keine stillen Reserven aufgelöst werden. Es entsteht ein passiver Unterschiedsbetrag, dessen weitere Behandlung von der Ursache der niedrigen Anschaffungskosten abhängt.*				*−1.000*

4.233 Die Verrechnung aktiver und passiver Unterschiedsbeträge

Weist ein Mutterunternehmen mit mehreren Tochterunternehmen aktive und passive Unterschiedsbeträge aus, können diese gem § 254 Abs 3 in der Konzernbilanz saldiert ausgewiesen werden.

Gem § 254 Abs 3, dritter Satz, ist es zulässig, Unterschiedsbeträge der Aktivseite mit solchen der Passivseite zu verrechnen. Die verrechneten Beträge sind dabei im Anhang anzugeben. Bei dieser Vorschrift handelt es sich um eine reine Gliederungsvorschrift; § 261 regelt dagegen, wie die einzelnen Unterschiedsbeträge sowohl der Aktivseite als auch der Passivseite zu behandeln sind. Dies bedeutet also, dass Geschäftswerte bzw sonstige verbleibende aktive Unterschiedsbeträge nach § 261 Abs 1 fortzuschreiben und dass die in dem Saldoposten enthaltenen passiven Unterschiedsbeträge jeweils gem § 261 Abs 2 zu behandeln sind. Die fortgeschriebenen Werte können dann jedes Jahr saldiert in der Bilanz ausgewiesen werden. Das Vorzeichen des Saldos könnte sich dadurch ohne weiteres von einem auf das andere Jahr verändern, zB dadurch, dass die Abschreibung von aktiven Unterschiedsbeträgen dazu führt, dass diese nun mehr niedriger sind als die weiterzuführenden passiven Unterschiedsbeträge, bzw dass durch die Auflösung von passiven Unterschiedsbeträgen zB nach § 261 Abs 2 Z 1 aus einem Passivsaldo nunmehr ein Aktivsaldo entsteht.

Die **Abschreibungsbeträge** bzw Auflösungsbeträge innerhalb dieses Saldopostens sind in der Konzern-Gewinn- und Verlustrechnung an entsprechender Stelle getrennt auszuweisen. Bei der Darstellung im Anlagenspiegel kann es dadurch zB zu Schwierigkeiten kommen, dass einerseits in der Bilanz ein passiver Unterschiedsbetrag ausgewiesen wird, andererseits aber von den in diesem passiven Unterschiedsbetrag saldierten Geschäftswerten Abschreibungen vorgenommen wurden, die bei der Aufgliederung der Abschreibungen entweder im Anlagenspiegel oder an sonstiger Stelle gesondert angegeben werden müssen.

Beispiel 18
Saldierung aktiver und passiver Unterschiedsbeträge in der Konzernbilanz

	Beginn des Konzerngeschäfts-jahres	*Abschreibung Geschäftswert*	*Ende des Konzern-geschäftsjahres*
Geschäftswerte	*50 Mio*	*10 Mio*	*40 Mio*
passive Unter-schiedsbeträge	*45 Mio*	*Annahme: keine Veränderung*	*45 Mio*
Saldo Geschäftswert	*5 Mio*	*10 Mio*	*–*
Saldo passiver Unterschiedsbetrag	*–*	*–*	*5 Mio*

Es erscheint zweifelhaft, ob infolge des völlig verschiedenen Charakters, den zB passive Unterschiedsbeträge haben können, eine solche Zusammenfassung **tatsächlich der Generalnorm entspricht**. Auf eine entsprechende Darstellung im **Anhang** muss daher besonderer Wert gelegt werden, dh die Vorschrift in § 254 Abs 3, dass die verrechneten Beträge im Anhang anzugeben sind, sollte so ausgelegt werden, dass im Anhang sowohl die Entwicklung der aktiven Unterschiedsbeträge als auch diejenige der passiven Unterschiedsbeträge gesondert dargestellt wird (vgl *Deutsch/ Platzer*, in *Straube*[2], Rz 38 zu § 254).

Insbesondere bei der Einordnung eines passiven Unterschiedsbetrages in der Bilanzgliederung können sich Zuordnungsschwierigkeiten ergeben.

4.3 Erstkonsolidierung und Folgekonsolidierung

Eine „**Erstkonsolidierung**" findet sowohl bei einem Neuerwerb (Neugründung) einer Tochtergesellschaft statt als auch dann, wenn sich die Beteiligungsverhältnisse zur Tochtergesellschaft verändert haben. Die Begriffe Erstkonsolidierung und Folgekonsolidierung beziehen sich immer auf das **Verhältnis einer bestimmten Tochtergesellschaft zum Mutterunternehmen.**

4.31 Erstkonsolidierung

Von einer Erstkonsolidierung spricht man bei einer erstmaligen Kapitalkonsolidierung eines Tochterunternehmens aus verschiedenen Anlässen.

Fälle der Erstkonsolidierung

- Die Unternehmensgruppe stellt zum ersten Mal eine Konzernbilanz auf, weil die größenabhängigen Schwellen des § 246 überschritten wurden.
- Eine Tochtergesellschaft wird neu gegründet und in den Konzernabschluss aufgenommen.
- Eine bisher wegen Unwesentlichkeit nicht in den Konzernabschluss einbezogene Tochtergesellschaft wird erstmals in den Konzernabschluss einbezogen.
- Eine Tochtergesellschaft wird neu erworben oder aufgestockt.
- Ein bereits unter Beteiligungen geführtes Unternehmen wird durch Zukäufe oder durch Erlangung der Beherrschung auf anderen Wegen zur Tochtergesellschaft.

Die Erstkonsolidierung hat besondere Bedeutung im Zusammenhang mit der **Aufrechnung der Beteiligung mit dem Eigenkapital** der Tochtergesellschaft (Kapitalkonsolidierung). In der Regel werden bei erworbenen Gesellschaftsanteilen deren Anschaffungskosten nicht mit dem Buchwert des Eigenkapitals der erworbenen Gesellschaft übereinstimmen. Wie schon dargelegt, kann der Unterschiedsbetrag zwischen Beteiligung und (anteiligem) Eigenkapital verschiedene Ursachen haben. So kann ein positiver Unterschiedsbetrag auf die Bezahlung eines Geschäfts- oder Firmenwertes oder auf die Abgeltung stiller Reserven im Vermögen oder den Schulden der erworbenen Gesellschaft zurückzuführen sein. Ein negativer Unterschiedsbetrag kann auf stille Lasten, auf eine schlechte Ertragslage oder einfach auf einen günstigen Preis schließen lassen.

Beispiele zur Erstkonsolidierung

Zur Gedächtnisauffrischung:

Die Konsolidierung läuft grundsätzlich in zwei Stufen ab:

1. Stufe: Die Herstellung der Konsolidierungsreife der UGB-Bilanz des Tochterunternehmens (von der UB I zur UB II)
2. Stufe: Sämtliche Konsolidierungsmaßnahmen zur Vereinigung aller Bilanzen zur Konzernbilanz

Beispiel 19

Vergleich der Buchwertmethode mit der Neubewertungsmethode bei der Erstkonsolidierung

Das Mutterunternehmen erwirbt 80 % des Tochterunternehmens zu einem Preis von 960.

Die Schlussbilanzen der beiden Gesellschaften zeigen nach Erwerb des Anteils folgendes Bild:

	Mutter- unternehmen	*Tochter- unternehmen*
Beteiligung	*960*	
Sonstiges Vermögen	*5.200*	*2.100*
Summe Aktiva	***6.160***	***2.100***
Eingefordertes Nennkapital	*2.900*	*500*
Gewinnrücklagen	*800*	*200*
Rückstellungen und Verbindlichkeiten	*2.460*	*1.400*
Summe Passiva	***6.160***	***2.100***

Anlässlich der Konzernkonsolidierung wird festgestellt, dass es bei dem Tochterunternehmen folgende Anpassungserfordernisse gibt:

Gem § 260 Abs 2 müssen bei der Tochter Anpassungen bei einer Bewertungsmethode und einem Wahlrecht bei der Vermögensbewertung vorgenommen werden, wodurch sich eine Wertsteigerung bei der Übernahme von 100 ergibt.

In den Grundstücken der Tochtergesellschaft befinden sich stille Reserven in Höhe von 200, die gem § 254 Abs 1 aufgelöst werden müssen (Zeitwertberichtigung).

Buchwertmethode

Wie schon dargelegt, werden bei der Buchwertmethode alle Anpassungen gem § 260 Abs 2 zu 100 % vorgenommen (geschieht also in der Überleitung von der

UB I der Tochter in die UB II), während die Zeitwertanpassung nur für die Muttergesellschaft gilt (geschieht also in der Konsolidierungsrechnung).

Der Minderheitenanteil wird grundsätzlich in der Überleitung zur UB II ermittelt.

Überleitung von der UB I in die UB II der Tochter

	UB I		Überleitung in UB II				UB II
Sonstiges Vermögen	2.100	1	100				2.200
Summe Aktiva	**2.100**						**2.200**
Eingefordertes Nennkapital	500	2	100				400
Gewinnrücklagen	200	2	60	1	100		240
Nicht beherrschende Anteile					2	160	160
Rückstellung und Verbindlichkeiten	1.400						1.400
Summe Passiva	**2.100**						**2.200**

Nicht beherrschende Anteile

Eingefordertes Nennkapital	500	
Gewinnrücklagen (200+100)	300	
Gesamtes Eigenkapital	800	davon 20 %	160

In der zweiten Stufe erfolgen die Kapitalkonsolidierung und alle übrigen Konsolidierungsmaßnahmen

Kapitalkonsolidierung

Beteiligungsansatz	960
Anteil des Mutterunternehmens am Eigenkapital der Tochtergesellschaft laut UB II (80 % des Gesamtkapitals von 800)	640
Unterschiedsbetrag	320
davon stille Reserven gem § 254 Abs 1 80 % von 200	160
Firmenwert	160

Konsolidierung

	JA Mutter	UB II Tochter	Gesamt-bilanz	Kapital-konsolidierung				Konzern-bilanz
					Soll		Haben	
Firmenwert				3	160			160
Beteiligung	960		960			1	960	
Sonstiges Vermögen	5.200	2.200	7.400	2	160			7.560
Unterschiedsbetrag				1	960	2	160	
						3	800	
Summe Aktiva	**6.160**		**8.360**		**1.280**		**1.920**	**7.720**

	JA Mutter	UB II Tochter	Gesamt-bilanz	Kapital-konsolidierung		Konzern-bilanz
				Soll	Haben	
Eingefordertes Nennkapital	2.900	400	3.300	3 400		2.900
Gewinnrückl/ Bilanzgew	800	240	1.040	3 240		800
Nicht beherrschende Anteile		160	160			160
Rückstellungen u Verbindl	2.460	1.400	3.860			3.860
Summe Passiva	**6.160**	**2.200**	**8.360**	**640**		**7.720**

Neubewertungsmethode

Im Unterschied zur Buchwertmethode wird die Minderheit an den gem § 254 Abs 1 aufzulösenden stillen Zeitwertreserven beteiligt. Bei der Muttergesellschaft ändert sich nichts.

Überleitung von der UB I in die UB II der Tochtergesellschaft

	UB I		Überleitung in UB II			UB II
Sonstiges Vermögen	2.100	1	100			2.400
		2	200			
Summe Aktiva	**2.100**					**2.400**
Eingefordertes Nennkapital	500	3	100			400
Gewinnrücklagen	200	3	100	1	100	400
				2	200	
Nicht beherrschende Anteile				3	200	200
Rückstellung und Verbindlich-keiten	1.400					1.400
Summe Passiva	**2.100**					**2.400**

Die nicht beherrschenden Anteile betragen 20 % des aufgewerteten Gesamtkapitals

Eingefordertes Nennkapital   500
Gewinnrücklagen (200+100+200)   500
Gesamtes Eigenkapital   1.000   davon 20 % = 200

Buchungssätze Überleitung UB I in UB II

Nr.	Text	Soll	Haben
1	Sonstiges Vermögen an Gewinnrücklagen Anpassung gem § 260 Abs 2	100	100

Nr.	Text	Soll	Haben
2	Sonstiges Vermögen an Gewinnrücklagen Zeitwertaufwertung gem § 254 Abs 1	200	200
3	Eingefordertes Nennkapital Gewinnrücklagen an nicht beherrschende Anteile Anteile Minderheiten 20 %	100 100	200

In der zweiten Stufe erfolgen die Kapitalkonsolidierung und alle übrigen Konsolidierungsmaßnahmen

Kapitalkonsolidierung

Beteiligungsansatz   *960*

Anteil des Mutterunternehmens am Eigenkapital der Tochtergesellschaft
laut UB II (80 % des Gesamtkapitals von 1000)   *800*

Unterschiedsbetrag = Firmenwert   *160*

	JA Mutter	UB II Tochter	Gesamt- bilanz	Kapital- konsolidierung Soll		Haben	Konzern- bilanz
Firmenwert				3	160		160
Beteiligung	960		960			1 960	
Sonstiges Vermögen	5.200	2.400	7.600				7.600
Unterschiedsbetrag				1	960	2 800 3 160	
Summe Aktiva	**6.160**		**8.560**		**1.120**	**1.920**	**7.760**
Eingefordertes Nennka-pital	2.900	400	3.300	2	400		2.900
Gewinnrückl/ Bilanzgew	800	400	1.200	2	400		800
Nicht beherrschende An-teile		200	200				200
Rückstellungen u Ver-bindl	2.460	1.400	3.860				3.860
Summe Passiva	**6.160**	**2.400**	**8.560**		**800**		**7.760**

Während bei dem Neubewertungsverfahren die Minderheitenanteile mit 200 (= 20 % von 1000) ausgewiesen werden, werden sie beim Buchwertverfahren nur mit 160 (= 20 % von von 800) ausgewiesen. Die Differenz ist genau der 20%ige Anteil der Zeitwertaufwertung (200).

Diese Differenz führt beim Buchwertverfahren dazu, dass die Zeitwertanpassung, die nur die Anteile des Mutterunternehmens betrifft, im Rahmen der Konsolidie-

rungsüberleitung und nicht in der Überleitung von der UB I in die UB II stattfindet.

*Mit der ab dem RÄG 2014 **alleinigen Anwendung der Neubewertungsmethode** (mit Ausnahme der Übergangsvorschriften) wird die Auflösung der stillen Reserven und Lasten zur Gänze in der Überleitung von der UB 1 in die UB 2 enthalten sein.*

Bei dieser Gelegenheit ist zu wiederholen, dass sich aus dem Ausweis des Minderheitenanteils kein Rechtsanspruch der Minderheitsgesellschafter ableiten lässt, weil die Konzernbilanz lediglich eine Informationsaufgabe hat und keine Rechtsansprüche abbildet.

Gemäß § 259 Abs 1 sind die Anteile anderer Gesellschafter (als das Mutterunternehmen) in der Bilanz unter dem Posten „nicht beherrschende Anteile" innerhalb des Eigenkapitals gesondert auszuweisen

Beispiel 20

Übungsbeispiel zur Erstkonsolidierung

Die Bilanzen des Mutterunternehmens und des Tochterunternehmens zeigen zum Stichtag der Erstkonsolidierung (Zeitpunkt des Erwerbs der Anteile) folgendes Bild (in 1.000 Euro)

	Bilanz Mutter	*Bilanz Tochter = UB 1*
Aktiva		
Unbebaute Grundstücke		*3.000*
Techn. Anlagen und Maschinen	*14.000*	*9.000*
Sonstige Sachanlagen	*11.000*	*8.000*
Beteiligung TU	*15.000*	
Umlaufvermögen	*30.000*	*25.000*
Summe	**70.000**	**45.000**
Passiva		
Stammkapital	*18.000*	*10.000*
Kapitalrücklagen	*5.000*	*600*
Gewinnrücklagen	*7.000*	*3.600*
Rückstellungen/Verbindlichkeiten	*40.000*	*30.800*
Summe	**70.000**	**45.000**

Das Mutterunternehmen hat 75 % des Tochterunternehmens um 15.000 erworben.

Das Stammkapital der Tochter beträgt 10.000, die Kapitalrücklagen betragen 600, die Gewinnrücklagen 3.600.

Stille Reserven sind in den unbebauten Grundstücken 1.000, in den Maschinen 3.000 enthalten.

Durchführung der Erstkonsolidierung nach der Neubewertungsmethode

75 % Beteiligung			*15.000*
Buchmäßiges Eigenkapital des Tochterunternehmens			
Stammkapital	*10.000*		
Kapitalrücklagen	*600*		
Gewinnrücklagen	*3.600*	*14.200*	
Stille Reserven gem § 254 Abs 1			
Unbebaute Grundstücke	*1.000*		
Technische Anlagen und Maschinen	*3.000*	*4.000*	
Eigenkapital auf Basis Zeitwerte		*18.200*	
davon nicht beherrschende Anteile 25%		*4.550*	
davon Konzernanteil 75%		*13.650*	*13.650*
Unterschiedsbetrag = Firmenwert			*1.350*

Überleitung von der UB I in die UB II des Tochterunternehmens

	Tochter UB I		Überleitung			Tochter UB II
Aktiva						
Firmenwert						
Unbebaute Grundstücke	*3.000*	*1*	*1.000*			*4.000*
Technische Anlagen und Maschinen	*9.000*	*2*	*3.000*			*12.000*
Sonstige Sachanlagen	*8.000*					*8.000*
Beteiligungen						
Umlaufvermögen	*25.000*					*25.000*
Summe	**45.000**		**4.000**			**49.000**
Passiva						
Stammkapital	*10.000*	*3*	*2.500*			*7.500*
Kapitalrücklagen	*600*	*3*	*150*			*450*
Gewinnrücklagen	*3.600*	*3*	*1.900*	*1*	*1.000*	*5.700*
				2	*3.000*	
Minderheitenanteil				*3*	*4.550*	*4.550*
Rückstellungen/Verbindlichkeiten	*30.800*					*30.800*
Summe	**45.000**		**4.550**		**8.550**	**49.000**

Buchungssätze

Überleitung UB I in UB II	1	Unbebaute Grundstücke an Gewinnrücklage	1.000	1.000

Buchungssätze

Überleitung   *1*   *Unbebaute Grundstücke*   *1.000*
UB I in UB II   *an Gewinnrücklage*   *1.000*

           2   *Technische Anlagen und Maschinen*   *3.000*
                 an Gewinnrücklage   *3.000*

           3   *Stammkapital 25 % von 10.000*   *2.500*
                 Kapitalrücklage 25 % von 600   *150*
                 Gewinnrücklage 25 % von 7.600   *1.900*
                 an nicht beherrschende Anteile   *4.550*

Konsolidierung 1   *Stammkapital 75 % von 10.000*   *7.500*
                 Kapitalrücklage 75 % von 600   *450*
                 Gewinnrücklage 75 % von 7.600   *5.700*
                 Unterschiedsbetrag = Firmenwert (15.000   *1.350*
                 – 13.650)
                 an Beteiligungen   *15.000*

	Mutter	*UB II Tochter*	*Kapitalkonsolidierung*				*Konzernbilanz*
Aktiva							
Firmenwert			*1*	*1.350*			*1.350*
Unbebaute Grundstücke		*4.000*					*4.000*
Technische Anlagen und Maschinen	*14.000*	*12.000*					*26.000*
Sonstige Sachanlagen	*11.000*	*8.000*					*19.000*
Beteiligungen	*15.000*				*1*	*15.000*	
Umlaufvermögen	*30.000*	*25.000*					*55.000*
Summe	*70.000*	*49.000*		*1.350*		*15.000*	*105.350*
Passiva							
Stammkapital	*18.000*	*7.500*	*1*	*7.500*			*18.000*
Kapitalrücklagen	*5.000*	*450*	*1*	*450*			*5.000*
Gewinnrücklagen	*7.000*	*5.700*	*1*	*5.700*			*7.000*
Nicht beherrschende Anteile							*4.550*
Rückstellungen/Verbindlichkeiten	*40.000*	*30.800*					*70.800*
Summe	*70.000*	*49.000*		*13.650*		*0*	*105.350*

Beispiel 21

Teilaufwertung stiller Reserven

Siehe zu diesem Beispiel auch die Ausführungen im Abschnitt 3.8.

Die Muttergesellschaft hat Ende 2016 einen 75%igen Anteil um 450 erworben.

Im Sachanlagevermögen des Tochterunternehmens befinden sich Maschinen, für die bei der Tochter eine Nutzungsdauer von 5 Jahren und im Konzern eine Nutzungsdauer von 8 Jahren angenommen wird. Die nachfolgende Darstellung zeigt folgende Entwicklung:

	Tochter-unternehmen		Konzern		Differenz	
Anschaffungskosten 800, Anschaffung anfangs 2014, ND bei der Tochter 5 Jahre, bei der Mutter 8 Jahre						
	Abschr	Restwert	Abschr	Restwert	Abschr	Restwert
Anschaffung Jänner 2015		800				
31.12.2015	160	640				
31.12.2016 Erstkonsolidierung	**160**	**480**		**600**		**120**
2017	160	320	100	500	–60	180
2018	160	160	100	400	–60	240
2019	160	0	100	300	–60	300
2020			100	200	100	200
2021			100	100	100	100
2022			100	0	100	0

Die stillen Lasten aus einer bei der Tochter nicht eingebuchten Umweltrückstellung auf Grund einer erwarteten Gesetzesänderung betragen 50.

Das Gesetz wird 2017 erlassen, die erwarteten Kosten ändern sich nicht. Die nunmehrige Tochter hatte eine selbst entwickelte Software, die derzeit in der Produktion verwendet wird, nicht aktiviert. Die Herstellungskosten betrugen 400, die Software wurde erst in Betrieb genommen.

Die UGB-Schlussbilanzen von Mutter und Tochter zeigen am 31.12.2016 folgendes Bild:

	Mutter-gesellschaft	Tochter-gesellschaft
Aktiva		
Sachanlagevermögen	1.200	480
Beteiligungen	450	
Sonstiges Finanzanlagevermögen	300	250
Umlaufvermögen	700	300

	Mutter-gesellschaft	Tochter-gesellschaft
Summe Aktiva	**2.650**	**1.030**
Eingefordertes Nennkapital	500	300
Gewinnrücklagen	400	150
Fremdkapital	1.750	580
Summe Passiva	**2.650**	**1.030**

Feststellung des Ausmaßes der möglichen Aktivierung der stillen Reserven:

Erwerbspreis hochgerechnet auf 100 %   450/0,75   600

Buchwert des Eigenkapitals der Tochter vor Maßnahmen
gem § 260 Abs 2 (300 + 150)   450
Anpassung gem § 260 Abs 2 (Restwert Maschinen)   120
korrigierter Buchwert Tochtergesellschaft   570   570
Aufwertungsmöglichkeit (Saldo aus stillen Reserven und stillen   30
Lasten)

Zeitwertreserven
Herstellungskosten immaterielle Vermögensgegenstände   400   80
Stille Lasten   −50   −50
Saldo Aufwertung   30

Da die immateriellen Vermögensgegenstände der Tochtergesellschaft aus der Zeit vor dem Erwerb stammen, sind sie für den Konzern aktivierungspflichtig.

Bei beschränkter Aufwertungsmöglichkeit wird in der Regel die volle stille Last angesetzt und der verbleibende Betrag für die Zeitwertaufwertung herangezogen.

Probe:

Überleitung in die UB II
Beteiligung   450
Eigenkapital Tochter
Angepasster Buchwert   570
Auflösung stiller Lasten   −50
Zeitwertaufwertung   80
Gesamtwert Eigenkapital   600   75%   450

Überleitung UB I in UB II

	Tochter UB I		Überleitung UB I in UB II			Tochter UB II
Aktiva						
Immaterielle Vermögensgegenstände		2	80			80
Sachanlagevermögen	480	1	120			600
Finanzanlagevermögen	250					250
Umlaufvermögen	300					300
Summe Aktiva	**1.030**		**200**			**1.230**
Passiva						
Nennkapital	300	3	75			225
Gewinnrücklagen	150	3	75	1	120	225
				2	30	
Nicht beherrschende Anteile				3	150	150
Fremdkapital	580			2	50	630
Summe Passiva	**1.030**		**150**		**350**	**1.230**

Buchungssätze

Nr	Text	Soll	Haben
1	Sachanlagevermögen	120	
	an Gewinnrücklagen		120
	Anpassung Maschinen gem § 260 Abs 2		
2	Immaterielle Vermögensgegenstände	80	
	an Fremdkapital (Rückstellungen)		30
	Gewinnrücklagen		50
	Zeitwertanpassung		
3	Eingefordertes Nennkapital	75	
	Gewinnrücklage	75	
	an nicht beherrschende Anteile		150
	25 % Minderheitenanteil		

Erstkonsolidierung

	Mutter	Tochter UB II	Konsolidierungs-buchungen			Kon-zernbi-lanz
Aktiva				Soll		Haben	
Beteiligung	450				1	450	
Immaterielle Vermö-gensgegenstände		80					80
Sachanlagevermögen	1.200	600					1.800
Finanzanlagevermögen	300	250					550
Umlaufvermögen	700	300					1.000
Summe Aktiva	**2.650**	**1.230**				450	**3.430**
Passiva							
Nennkapital	500	225	1	225			500
Gewinnrücklagen	400	225	1	225			400
Nicht beherrschende An-teile		150					150
Fremdkapital	1.750	630					2.380
Summe Passiva	**2.650**	**1.230**		450			**3.430**

Beispiel 22

Teilaufwertung stiller Reserven (Angabe)

Buchmäßiges Eigenkapital der Tochter		500
Anpassung gem § 260 Abs 2	+100	600[1]
Stille Reserven gem § 254 Abs 1	200	
Stille Lasten gem § 254 Abs 1	−50	+150
Eigenkapital zu Zeitwerten	750	

1) *Korrigierter Buchwert*

Die Muttergesellschaft hat ihren 70%igen Anteil um 462 erworben.

Ermittlung jenes Zeitwertes des Eigenkapitals des Tochterunternehmens, welcher die Anschaffungskosten der Beteiligung nicht übersteigen darf.

Kaufpreis für den Anteil der Mutter von 70 %	462
hochgerechnet auf 100% = 462/ 0,70	660
Buchwert des Eigenkapitals inkl Anpassung gem § 260 Abs 2 der Tochter (500 + 100)	600
Aufwertungsmöglichkeit für Zeitwertbewertung	60

	Gesamt	mögliche Aufwertung	
stille Reserven	*200*	*110*	
stille Lasten	*−50*	*−50*	*60*

Das gesamte Eigenkapital der Tochter beträgt nunmehr 500 + 100 + 60 = 660

davon Anteil Mutter 70 %	*462*
davon Anteil Minderheit 30 %	*198*

Anmerkungen:

Unabhängig vom Erwerbspreis des Anteils wird die Anpassung des Eigenkapitals der Tochter gem § 262 Abs 2 stets zu 100 % durchgeführt, da diese keine Neube-wertung, sondern lediglich eine Anpassung an die Bewertungsmethoden des Kon-zerns (der Mutter) darstellt. Der angepasste Betrag gilt als Buchwert. Durch die Anpassung gemäß § 260 Abs 2 kann es zu einem negativen Unterschiedsbetrag kommen.

Die Zeitwertaufwertung ist im vorliegenden Fall zu maximal 60 möglich. Diese kann proportional erfolgen. Es entspricht aber eher der kaufmännischen Vor-sicht, zunächst die gesamten stillen Lasten aufzulösen und anschließend die stil-len Reserven.

Es gibt keinen Firmenwert, solange nicht die stillen Reserven vollständig aufge-löst sind.

Buchungssätze

Überleitung UB I in UB II

	Soll	Haben
Sachanlagen	*100*	
an Eigenkapital Tochter		*100*
Anpassung gemäß § 260 gemäß Abs 2		
Sachanlagen	*110*	
an Rückstellungen		*50*
Eigenkapital Tochter		*60*
Zeitwertaufwertung		
Eigenkapital	*198*	
an nicht beherrschende Anteile		*198*
Minderheitenanteil 30%		

Kapitalkonsolidierung

Eigenkapital	*462*	
an Beteiligung		*462*

4.311 Der Zeitpunkt, auf den die Eigenkapitalverrechnung (Verrechnung der Beteiligung mit dem Eigenkapital der Tochtergesellschaft) erfolgt (§ 254 Abs 2)

Hierzu bietet § 254 Abs 2 folgende Wahlmöglichkeiten:

> *Die Verrechnung gemäß Abs. 1 wird auf der Grundlage der Wertansätze zum Zeitpunkt des Erwerbs der Anteile oder der erstmaligen Einbeziehung des Tochterunternehmens in den Konzernabschluß oder, beim Erwerb der Anteile zu verschiedenen Zeitpunkten, zu dem Zeitpunkt, zu dem das Unternehmen Tochterunternehmen geworden ist, durchgeführt. Der gewählte Zeitpunkt ist im Konzernanhang anzugeben.*

§ 254 Abs 2 sieht somit für die **Eigenkapitalverrechnung der Tochtergesellschaft** mit dem **Beteiligungsansatz** bei der Muttergesellschaft nach Bedarf drei unterschiedliche Zeitpunkte vor und verlangt lediglich die Angabe des gewählten Zeitpunktes im Konzernanhang.

4.311.1 Verrechnung des Eigenkapitals der Tochtergesellschaft auf der Grundlage der Wertansätze zum Zeitpunkt des Erwerbes der Anteile

Es kommt eher selten vor, dass der Stichtag des Erwerbs des Anteils und damit die Eigenkapitalverrechnung des Tochterunternehmens mit dem Beteiligungsansatz des Mutterunternehmens mit dem jeweiligen Konzernabschlussstichtag, das heißt dem Tag des Einbeziehens des Tochterunternehmens in den Konzernabschluss, zusammenfallen. Auf Grund der Tatsache, dass der Zeitpunkt des Anteilserwerbes grundsätzlich auch der Stichtag der Kapitalkonsolidierung ist, der Einbezug in die Konzernbilanz jedoch erst am nächsten Konzernbilanzstichtag erfolgt, ist der Bilanzierende gezwungen, für den Stichtag der Kapitalkonsolidierung eine Zwischenbilanz aufzustellen.

Zur Vermeidung der in diesem Fall zu leistenden Mehrarbeit werden häufig die unterschiedlichen Stichtage vernachlässigt und die Eigenkapitalverrechnung zum Stichtag des Konzernabschlusses durchgeführt. Die Folge ist, dass alle Ergebnisse des Tochterunternehmens in der Zeit zwischen Erwerb einerseits und der Einbeziehung in den Konzernabschluss andererseits im Unterschiedsbetrag enthalten sind und das Tochterunternehmen rechnungsmäßig erst zum Stichtag des Konzernabschlusses Konzernmitglied geworden ist.

Für den Bilanzierenden ist diese Art der Konsolidierung mit der geringsten Mehrarbeit verbunden, bringt aber den Nachteil mit sich, dass das während der Zugehörigkeit der Tochter zum Konzern erzielte Ergebnis nicht im Konzernergebnis, sondern im Unterschiedsbetrag enthalten ist. Damit kommt es zu einer Verzerrung des Konzernergebnisses im Jahr der Aufnahme der Tochter in den Konzern und in den Folgejahren zu einer Erhöhung oder Senkung der Abschreibung aufgedeckter stiller Reserven bzw des Firmenwertes. Sie darf daher nur angewendet werden, wenn sich dadurch keine wesentliche Beeinflussung des möglichst getreuen Bildes des Konzernabschlusses ergibt.

Falls durch die Zusammenlegung eine wesentliche Beeinträchtigung des möglichst getreuen Bildes im Konzernabschluss eintritt, wird der Bilanzierende die Kapitalkonsolidierung mit Hilfe der Erstellung einer Zwischenbilanz zum Stichtag des Anteilserwerbes durchführen müssen. Bei dieser Vorgangsweise wird das Ergebnis der Zeit vor der Eigenkapitalverrechnung in das Eigenkapital der Tochter und damit in den Unterschiedsbetrag einbezogen. Die anteilige Gewinn- und Verlustrechnung für die Zeit zwischen Eigenkapitalverrechnung und Konzernabschluss wird mit der Konzerngewinn- und Verlustrechnung konsolidiert, womit das Ergebnis dieser Zeit in das Konzernergebnis eingeht.

Alternativ ist bei Fehlen eines Zwischenabschlusses des Tochterunternehmens die gesamte Gewinn- und Verlustrechnung des laufenden Geschäftsjahres zeitanteilig (schätzungsweise) auf die Zeit vor und nach der Kapitalverrechnung aufzuteilen. Das geschätzte Ergebnis vor der Kapitalverrechnung findet im Unterschiedsbetrag und nach der Kapitalverrechnung im Konzernergebnis seinen Niederschlag. In den Konzernabschluss wird die geschätzte anteilige Gewinn- und Verlustrechnung für die Zeit nach der Eigenkapitalverrechnung in den Konzernabschluss einbezogen.

DRS 23, Tz 13 aus 2015 verlangt allerdings bei Nichtaufstellung eines Zwischenabschlusses zumindest die Erstellung eines Inventars, in das alle Vermögensgegenstände, Schulden und sonstige Posten zum Zeitpunkt der erstmaligen Einbeziehung aufzunehmen sind. Die Abgrenzung des Ergebnisses kann vereinfachend durch statistische Rückrechnung aus dem Jahresabschluss des Tochterunternehmens ermittelt werden.

4.311.2 Anteilserwerb, verteilt über mehrere Jahre

Der Anteilserwerb erfolgt verteilt über mehrere Jahre in verschiedenen Tranchen.

Die Eigenkapitalverrechnung erfolgt bei Erwerb der Anteile zu verschiedenen Zeitpunkten, zu dem das Unternehmen Tochterunternehmen geworden ist. Dies ist dann der Fall, wenn beispielsweise jeweils 20 % eines Unternehmens erworben werden und die Einbeziehung erst nach dem dritten Erwerb erfolgt.

4.311.3 Erstmaliger Einbezug des Tochterunternehmens in den Konzernabschluss

Der Konzern erreicht erst ein oder mehrere Jahr(-e) nach dem Erwerb der Tochtergesellschaft die Größenmerkmale für die Erstellung eines Konzernabschlusses. Wird die Kapitalaufrechnung in diesem Fall auf den Erwerbsstichtag zurückverlegt, hat der Bilanzierende alle Ergebnisse, die sich aus der Fortschreibung der mit der Kapitalaufbereitung aufgelösten stillen Reserven und Lasten sowie aus der Abschreibung des bei der Kapitalaufbereitung aufgedeckten Firmenwertes ergeben, erfolgsneutral bis zum Zeitpunkt der Konsolidierungspflicht nachzutragen.

Beispiel 23

Unterschiedlicher Kapitalaufrechnungszeitpunkt und Einbeziehungszeitpunkt

Das Mutterunternehmen erwirbt am 31. Juli 2016 des laufenden Geschäftsjahres 60 % der Anteile eines Unternehmens um 2.200.

Das Tochterunternehmen hat das gleiche Geschäftsjahr wie die Mutter vom 1.1.– 31.12. Das Eigenkapital der Tochter zu Beginn des Geschäftsjahres betrug 2.600, das Geschäftsjahresergebnis 800. Es sind weder stille Reserven vorhanden noch gibt es Abweichungen hinsichtlich der Zeitwerte. Ein bei der Kapitalaufrechnung ermittelter Firmenwert wird über 10 Jahre abgeschrieben

Anlässlich des Erwerbes der Anteile wurde eine Zwischenbilanz der Tochtergesellschaft mit folgendem Ergebnis aufgestellt:

Zwischenbilanz der Tochtergesellschaft zum 31. Juli 2016	
Aktiva	
Sonstiges Vermögen	*6.300*
Summe Aktiva	***6.300***
Eingefordertes Nennkapital	*2.600*
Bilanzergebnis 1. Jänner bis 31. Juli 2016	*466*
Fremdkapital	*3.234*
Summe Passiva	***6.300***

Zwischenergebnisrechnung 1.1.–31.7 der Tochtergesellschaft

Erträge	*3.733*
Aufwendungen	*3.267*
Zwischenergebnis	*466*

*Die **Jahresgewinn- und Verlustrechnung 2016 (verkürzt) des Tochterunternehmens** zeigt folgendes Bild:*

1.1.–31.12.2016	Aufwendungen	Erträge
Erträge		*6.400*
Aufwendungen	*5.600*	
Gewinn	*800*	

Schlussbilanz der Tochter zum 31.12.2016

	Aktiva	Passiva
Vermögen	6.600	
Stammkapital		2.600
Gewinnrücklagen		800
Verbindlichkeiten		3.200
	6.600	6.600

Die Mutter erstellt ihren Jahresabschluss und den Konzernabschluss per 31.12.2016.

Jahresabschluss der Mutter zum 31.12.2016
Schlussbilanz

	Aktiva	Passiva
Beteiligung	2.200	
Sonstiges Vermögen	11.400	
Stammkapital		5.200
Gewinnrücklagen		2.100
Bilanzgewinn		1.500
Verbindlichkeiten		4.800
	13.600	13.600

Gewinn- und Verlustrechnung der Mutter vom 1.1.–31.12.2016

	Aufwen-dungen	Erträge
Erträge		16.400
Aufwendungen	14.900	
Gewinn	1.500	
	16.400	16.400

Es ist die Erstkonsolidierung per 31.12.2016 durchzuführen.

a) Die Eigenkapitalverrechnung erfolgt zum Stichtag des Konzernabschlusses

b) Die Kapitalaufrechnung erfolgt zum Erwerbsstichtag, der Einbezug des Tochterunternehmens in den Konzernabschluss am 31.12.2016

Lösung

a) Die Eigenkapitalverrechnung zum Stichtag des Konzernabschlusses
Feststellung des Unterschiedsbetrages

Beteiligung		2.200
Eigenkapital der Tochter 1.1.(Buchwert = Zeitwert)	2.600	
Jahresergebnis	800	
Eigenkapital der Tochter 31. 12.	3.400	
Minderheitenanteil 40%	1.360	
Konzernanteil 60%		2.040
Unterschiedsbetrag = Firmenwert		160

Die Gewinn- und Verlustrechnung wird nicht konsolidiert, das heißt, dass der gesamte Jahresgewinn des Tochterunternehmens diesem zugerechnet wurde und damit den Unterschiedsbetrag verkleinert hat.

Konzernbilanz 31.12.

	M	T	Summe		Überleitung			Konzern
Aktiva								
Firmenwert				3	160			160
Beteiligung	2.200		2.200			2	2.040	
						3	160	
Sonstiges Vermögen	11.400	6.600	18.000					18.000
Summe	**13.600**	**6.600**	**20.200**		**160**		**2.200**	**18.160**
Passiva								
Stammkapital	5.200	2.600	7.800	1	1.040			5.200
				2	1.560			
Gewinnrücklage	2.100		2.100					2.100
Bilanzgewinn	1.500	800	2.300	1	320			1.500
				2	480			
Nicht beherrschende Anteile						1	1.360	1.360
Verbindlichkeiten	4.800	3.200	8.000					8.000
Summe	**13.600**	**6.600**	**20.200**		**3.400**		**1.360**	**18.160**

b) Die Kapitalaufrechnung erfolgt zum Erwerbsstichtag der Anteile, der Einbezug des Tochterunternehmens in den Konzernabschluss am 31.12.2016

Ermittlung des anteiligen Ergebnisses der Tochter für die Zeit vom 1.8.–31.12.2016 auf Grundlage der Zwischenbilanz zum 31.7.

	1.1.–31.12.	*1.1.–31.7.*	*1.8.–31.12.*
Erträge	*6.400*	*3.733*	*2.667*
Aufwendungen	*5.600*	*3.267*	*2.333*
Gewinn	*800*	*466*	*334*

Eigenkapitalverrechnung zum 31.7.2016 (es sind keine Anpassungen gem § 260 Abs 2 und 254 Abs 1 vorhanden)

Beteiligung		*2.200*
Eigenkapital der Tochter 1.1.	*2.600*	
Ergebnis 1.1.–31.7. (7/12)	*466*	
Eigenkapital der Tochter 31.7.	*3.066*	
Nicht beherrschende Anteile 40%	*1.226*	
Konzernanteile 60%		*1.840*
Unterschiedsbetrag = Firmenwert		*360*

Gäbe es Anpassungen gem § 260 Abs 2 oder stille Reserven gem § 254 Abs 2, würden diese Änderungen im Rahmen der Neubewertungsmethode vor der Ermittlung der nicht beherrschenden Anteile dem Eigenkapital der Tochter zugeschlagen.

Abschreibung Firmenwert 1.8.–31.12.

Jahresabschreibung 36   *anteilige Abschreibung 5/12 = 15*

Wendet das Unternehmen bezüglich der Abschreibung auch unternehmensrechtlich die Halbjahresregel des Steuerrechtes an, müsste dies auch beim Firmenwert geschehen. Der Abschreibungsbetrag wäre in diesem Fall 18.

Anmerkungen:

Der Unterschied der Kapitalverrechnung auf den Stichtag der Einbeziehung am 31.12. und der Kapitalverrechnung auf den Stichtag des Erwerbes am 31.7. liegt in der Zurechnung des Ergebnisses. Erfolgt die Kapitalaufrechnung auf den Stichtag des Erwerbes, wird das Ergebnis zwischen dem Erwerb (31.7.) und der Einbeziehung (31.12.) bereits dem Konzern zugerechnet.

Kapitalaufrechnung zum 31.7.

Beteiligung		*2.200*
Abzüglich Eigenkapital Tochterunternehmen		
Nennkapital	*2.600*	
Gewinn 1.1. – 31.7.	*466*	
Eigenkapital Tochtergesellschaft	*3.066* davon 60 %	*1.840*
Unterschiedsbetrag = Firmenwert		*360*
Minderheitenanteil 40 % von 3.066		*1.226*

Ermittlung UB II am 31.12.2016

Im vorliegenden Fall unterscheidet sich die UB II nur durch den Ausweis des Minderheitenanteiles gegenüber der UB I. Damit erübrigt sich eine gesonderte Aufstellung einer UB II am 31.12.2016.

Erstkonsolidierung am 31. 12. 2016

	UGB-Bilanz zum 31.12.2016			Konzernüberleitung				Konzern-JA
	M	*T*	*M + T*	*Soll*		*Haben*		
Aktiva				*1*	*360*	*4*	*15*	*345*
Firmenwert								
Beteiligung	*2.200*		*2.200*			*1*	*2.200*	
Sonstiges Vermögen	*11.400*	*6.600*	*18.000*					*18.000*
Summe	**13.600**	**6.600**	**20.200**		**360**		**2.215**	**18.345**
Eingefordertes Nennkapital	*5.200*	*2.600*	*7.800*	*1*	*1.560*			*5.200*
				2	*1.040*			
Gewinnrücklage[1)]	*2.100*	*466*	*2.100*	*1*	*280*			*2.100*
				2	*186*			
Bilanzgewinn	*1.500*	*334*	*2.300*	*3*	*134*			*1.685*
				E	*15*			
Nicht beherrschende Anteile						*2*	*1.226*	*1.360*
						3	*134*	
Fremdkapital	*4.800*	*3.200*	*8.000*					*8.000*
Summe	**13.600**	**6.600**	**20.200**		**3.215**		**1.360**	**18.345**

1) *Die Gewinnrücklage der Tochter enthält den Vorkonsolidierungsgewinn, der in der Kapitalaufrechnung vom 31.7. enthalten ist. Der Bilanzgewinn in Höhe von 334 ist bereits ein zwischen der Muttergesellschaft und der Minderheit aufzuteilender laufender Gewinn (60:40); die Firmenwertabschreibung betrifft ausschließlich die Mutter.*

Die im Konzern verbleibende Gewinnrücklage setzt sich zusammen aus:

Muttergesellschaft	*3.600*
Tochter 5 Monate: 200 (334 –134) – 15 (Firmenwertabschreibung)	*185*
	3.785

Konzernerfolgsrechnungsüberleitung

(Soweit die Tochter betreffend wird für die Überleitung der G&V nur der Zeitraum 1.8.–31.12.herangezogen, da das Ergebnis 1.1.–31.7. im Unterschiedsbetrag enthalten ist)

	M 1.1.–31.12.	T (UB II) 1.8.–31.12.	Summe	Überleitung		Konzern
Erträge	16.400	2.667	19.067			19.067
Abschreibung Firmenwert				4	15	15
Sonstige Aufwendungen	14.900	2.333	17.233			17.233
Gewinn	1.500	334	1834	E	−15	1.819

Der Gewinn der Tochter von 334 wird zu 40 % der Minderheit zugerechnet (= 134). Der Rest von 200 wird um die Abschreibung des Firmenwertes gekürzt und dem Konzern zugerechnet (= 185).

Anmerkung: *Die Konzernminderheit ist nicht an der Abschreibung des Firmenwertes beteiligt, da dieser ausschließlich der Muttergesellschaft zugeschrieben wurde.*

Buchungssätze

		Soll	Haben
1	Firmenwert	360	
	Eingefordertes Nennkapital	1.560	
	Gewinnrücklage	280	
	an Beteiligung		2.200
	Wiederholung Kapitalkonsolidierung		
2	Eingefordertes Nennkapital	1.040	
	Gewinnrücklage	186	
	an nicht beherrschende Anteile		1.226
	Minderheitsanteile aus Erstkapitalkonsolidierung		
3	Bilanzgewinn	134	
	an nicht beherrschende Anteile		134
	40 % Gewinnanteil Minderheit von August–Dezember 2016		
4	Abschreibung Firmenwert	15	
	an Firmenwert		15
	Firmenwertabschreibung für 5 Monate		

Die Problematik einer nicht durchgeführten Zusammenlegung der beiden unterschiedlichen Stichtage aus Erwerb und Konzernabschluss liegt nicht nur in der falschen Zurechnung des in der Zwischenzeit erzielten Ergebnisses auf die Tochter, sondern auch in der fehlenden Abschreibung der aufzudeckenden stillen Reserven.

Beispiel 24

Eigenkapitalverrechnung auf Grundlage der Wertansätze zum Erwerbsstichtag (vier Jahre vor dem Einbezug in die Konzernbilanz)

Die Muttergesellschaft hat zum 30.6.2012 eine Tochtergesellschaft erworben. Mangels entsprechender Größenmerkmale ist die Konzernrechnungslegungsverpflichtung erst mit 1.1.2016 entstanden.

Die Eigenkapitalverrechnung erfolgt am 1.1.2016 mit dem Erwerbsstichtag zum 30.6.2012.

Der Erwerbspreis beträgt 250.000, das buchmäßige Eigenkapital der Tochtergesellschaft, bestehend aus dem Nennkapital von 190.000 und den Gewinnrücklagen von 20.000 betrug zu diesem Zeitpunkt 210.000.

An stillen Reserven gemäß § 254 Abs 1 waren 10.000 in den Grundstücken und 8.000 in den Maschinen vorhanden. Die Restnutzungsdauer der Maschinen wurde mit 4 Jahren geschätzt. Ein eventueller Firmenwert ist auf 10 Jahre zu verteilen.

*Es wird die **Neubewertungsmethode** angewendet.*

Feststellung des Unterschiedsbetrages zum 30.6.2012:

Erwerbspreis			*250.000*
Eigenkapital der Tochtergesellschaft zum Erwerbsstichtag			
Nennkapital		*190.000*	
Gewinnrücklagen inkl Bilanzgewinn		*20.000*	
Buchmäßiges Eigenkapital		*210.000*	
Stille Reserven	*Grundstücke*	*10.000*	
	Maschinen	*8.000*	*228.000*
Firmenwert			*22.000*

Buchungssätze

1	*Unbebaute Grundstücke*	*10.000*	
	Maschinen	*8.000*	
	an Gewinnrücklagen		*18.000*
2	*Nennkapital*	*190.000*	
	Gewinnrücklagen	*38.000*	
	Unterschiedsbetrag	*22.000*	
	an Beteiligungen		*250.000*
	Ermittlung Unterschiedsbetrag		

3	Firmenwert	22.000	
	an Unterschiedsbetrag		22.000
	Aufteilung Unterschiedsbetrag		

Die Gewinnrücklagen im Buchungssatz 2 in Höhe von 38.000 ergeben sich folgendermaßen:

Buchmäßige Gewinnrücklagen	*20.000*
Stille Reserven (10.000 + 8.000)	*18.000*
	38.000

Im Jahre 2016 wird die erste konsolidierte Bilanz per 31.12.2016 erstellt.

*Die **Fortschreibungstabelle für die stillen Reserven und den Firmenwert** zeigt folgendes Bild:*

	Firmenwert	Unbebaute Grundstücke	Maschinen
Stand 30.6.2012	*22.000[1])*	*10.000*	*8.000*
Abschreibung 2012 1/2 Jahr	*−1.100*		*−1.000*
2013	*−2.200*		*−2.000*
2014	*−2.200*		*−2.000*
2015	*−2.200*		*−2.000*
Restwert 31.12.2015 = 1.1.2016	***14.300***	***10.000***	***1.000***
2016	*−2.200*		*−1.000*
Restwert 31.12.2016	*12.100*	*10.000*	*0*

1) Da die Mutter 100 % Eigentümer ist, wird der Firmenwert ebenfalls zu 100 % angesetzt.

Die Aufnahme der stillen Reserven in die Konzernbilanz erfolgt zu Restwerten am Beginn des Geschäftsjahres 2016, vermindert um die erfolgswirksame Fortschreibung des Geschäftsjahres.

Der Restwert zu Beginn des Jahres kann entweder direkt (netto) oder brutto angesetzt werden, wobei die bisherigen Fortschreibungsbeträge unmittelbar über das Eigenkapital abgezogen werden.

***Brutto** bedeutet mit dem Wert zum Zeitpunkt der Kapitalaufrechnung. Somit ist brutto immer mit der Nachholung der Fortschreibung vom Zeitpunkt der Kapitalaufrechnung bis zum Konsolidierungszeitpunkt verbunden. Die Nachholung der Abschreibung erfolgt grundsätzlich über das Eigenkapital. Die Fortschreibung in jenem Jahr, in dem der Einbezug erfolgt, geschieht bereits ergebnismäßig über die Gewinn- und Verlustrechnung des Konzerns.*

ZB Firmenwert:

Buchungssatz bei direktem Ansatz	*Firmenwert an Eigenkapital*	*14.300*
	Abschreibungen an Firmenwert	*2.200*
Buchungssatz bei einem Brutto-	*Firmenwert an Eigenkapital*	*22.000*
ansatz	*Eigenkapital an Firmenwert*	*7.700*
	Abschreibungen an Firmenwert	*2.200*

Buchungssätze

4	*Gewinnrücklagen*	*14.700*	
	an Firmenwert (1.100 + 3 × 2.200)		*7.700*
	Maschinen (1.000 + 3 × 2.000)		*7.000*
	Fortschreibung Stille Reserven und Firmenwert		
	von 1.7. 2012 bis 31.12.2015		
5	*Abschreibung Firmenwert*	*2.200*	
	an Firmenwert		*2.200*
	Jahresabschreibung Firmenwert 2016		
6	*Abschreibung Maschinen*	*1.000*	
	an Maschinen		*1.000*
	Jahresabschreibung stille Reserven Maschine 2016		

	Mutter	*Tochter*	*Summe*		*Konsolidierung*			*Konzern-bilanz*
Firmenwert				*3*	*22.000*	*4*	*7.700*	*12.100*
						5	*2.200*	
Grundstücke		*80.000*	*80.000*	*1*	*10.000*			*90.000*
Technische Anlagen		*90.000*	*90.000*	*1*	*8.000*	*4*	*7.000*	*90.000*
						6	*1.000*	
Sonst Sachanl	*150.000*	*70.000*	*220.000*					*220.000*
Beteiligungen	*250.000*		*250.000*			*2*	*250.000*	*0*
Umlaufvermögen	*120.000*	*120.000*	*240.000*					*240.000*
Unterschiedsbetrag				*2*	*22.000*	*3*	*22.000*	*0*
Summe Aktiva	***520.000***	***360.000***	***880.000***		***62.000***		***289.900***	***652.100***
Nennkapital	*400.000*	*190.000*	*590.000*	*2*	*190.000*			*400.000*
Gewinnrücklagen inkl. Bilanzgewinn	*40.000*	*66.000*	*106.000*	*2*	*38.000*	*1*	*18.000*	*68.100*
				4	*14.700*			
				E	*3.200*			
Fremdkapital	*80.000*	*104.000*	*184.000*					*184.000*
Summe Passiva	***520.000***	***360.000***	***880.000***		***245.900***		***18.000***	***652.100***

	Mutter	Tochter	Summe	Konsolidierung		Konzern-bilanz
Konzern- Gewinn- und Verlustrechnung 2016						
Erlöse und sonstige Erträge	960.000	400.000	1.360.000			1.360.000
Abschreibungen SA	–30.000	–46.000	–76.000	6	1.000	–77.000
Abschreibungen FW				5	2.200	–2.200
Sonst Aufwand	–905.000	–334.000	–1.239.000			–1.239.000
Jahresüberschuss	25.000	20.000	45.000	E	3.200	41.800

E = Ergebnisänderung

Beispiel 25

Eigenkapitalverrechnung auf den Stichtag der ersten Einbeziehung

Mit Erreichen der Größenmerkmale wird das Mutterunternehmen mit dem Jahr 2016 konzernabschlusspflichtig.

Erwerb von 90 % der Anteile der Tochtergesellschaft zum 30.6.2012. Die erstmalige Einbeziehung erfolgt mit 31.12.2016. Die Eigenkapitalverrechnung erfolgt mit dem Tag der erstmaligen Einbeziehung.

Der Erwerbspreis beträgt 250.000, das Nennkapital der Tochtergesellschaft 190.000.

Die Restlebensdauer der Maschine beträgt drei Jahre, der Wert der Maschine beträgt 6.000 bei einem Buchwert von 1.500. Die stillen Reserven bei den unbebauten Grundstücken betragen 9.500. Auf Grund nicht entnommener Gewinne ist die Gewinnrücklage bei der Tochter bis zum 31.12.2016 auf 46.000 angewachsen.

Der Firmenwert wird auf 10 Jahre abgeschrieben.

Die Kapitalaufrechnung erfolgt zum 1.01.2016:

Beteiligungsansatz		250.000
Eigenkapital der Tochtergesellschaft		
Nennkapital	190.000	
Gewinnrücklagen	46.000	
Stille Reserven Maschine	4.500	
Stille Reserven Grundstücke	9.500	
	250.000	
davon 90%		225.000
Firmenwert		25.000

Abschreibungstabelle

	Firmenwert	*Unbebaute Grundstücke*	*Maschinen*
Stand 31.12.2015 = 1.1.2016	*15.000*	*9.500*	*4.500*
Abschreibung 2016	*3.000*		*1.500*
Stand 31.12.2016	*12.000*	*9.500*	*3.000*

Buchungen per 1.1.2016
Von der UB I in die UB II

		Soll	*Haben*
1	*Unbebaute Grundstücke*	*9.500*	
	Maschinen	*4.500*	
	an Gewinnrücklagen		*14.000*
	Auflösung stille Reserven 1.1.2016		
2	*Nennkapital*	*19.000*	
	Gewinnrücklagen	*6.000*	
	an nicht beherrschende Anteile		*25.000*
	Minderheitenanteil		
Konsolidierungsmaßnahmen			
3	*Nennkapital*	*171.000*	
	Gewinnrücklagen	*54.000*	
	Unterschiedsbetrag	*25.000*	
	an Beteiligung		*250.000*
4	*Firmenwert*	*25.000*	
	an Unterschiedsbetrag		*25.000*
	Firmenwertansatz		
5	*Abschreibung Firmenwert*	*2.500*	
	an Firmenwert		*2.500*
	Abschreibung Firmenwert 2016		
6	*Abschreibung Maschinen*	*1.500*	
	an Maschinen		*1.500*
	Abschreibung Maschinen 2016		
7	*Nicht beherrschende Anteile*	*150*	
	an Gewinnrücklage		*150*
	Anteil Minderheit an der Maschinenabschreibung		

4.312 Kapitalkonsolidierung im mehrstufigen Konzern

Die Regelungen des § 254 sind auf die Verhältnisse in einem einstufigen Konzern, dh auf das Verhältnis zwischen Mutter- und Tochterunternehmen abgestellt. Konsolidierungsfragen bei mehrstufigen Konzernen werden dagegen nicht behandelt.

Die Kapitalkonsolidierung bei mehreren hintereinander gelagerten Konzernstufen kann entweder in Form der **Kettenkonsolidierung** oder in Form der **Simultankonsolidierung** durchgeführt werden.

Bei der **Kettenkonsolidierung** wird von der untersten Stufe ausgehend jeweils von der anschließenden Stufe ein **Teilkonzernabschluss** erstellt, der wiederum als Grundlage für die Kapitalkonsolidierung der nächsthöheren Stufe herangezogen wird, und zwar so lange, bis die oberste Konzernstufe erreicht ist.

Bei der **Simultankonsolidierung** werden zur Erfassung der Konzernverhältnisse Gleichungssysteme aufgestellt, aufgrund derer die Kapitalkonsolidierung in einem einzigen Schritt vorgenommen wird. Bezüglich der rechnerischen Durchführung der Simultankonsolidierung siehe auch *Fröhlich*[3], S 457 ff.

Die Simultankonsolidierung bietet gegenüber der Kettenkonsolidierung den Vorteil, dass alle Konsolidierungsmaßnahmen (Schuldenkonsolidierung, Zwischenergebniseliminierung, Aufwands- Ertragskonsolidierung) in einem Konsolidierungsschritt gemacht werden können. Dies ist besonders bei enger geschäftlicher Verflechtung aller in den Konzern einbezogener Unternehmen von Bedeutung.

4.312.1 Mehrstufige Konsolidierung bei 100%iger Beteiligung

Keine Schwierigkeiten ergeben sich, wenn durchgehend eine **Beteiligung von 100%** vorliegt. In diesem Fall ist keine Kettenkonsolidierung erforderlich; es werden die Vermögensgegenstände und Verbindlichkeiten ohne den jeweiligen Beteiligungsansatz der untergeordneten Konzernunternehmungen addiert, daraus das Eigenkapital ermittelt und der Betrag des Eigenkapitals dem Wertansatz der Beteiligung beim Mutterunternehmen gegenübergestellt.

Beispiel 26
Kettenkonsolidierung bei 100%iger Beteiligung
Das Mutterunternehmen (MU) hat zum 31. 12. 2016 100% der Anteile an einer Kapitalgesellschaft (Tochterunternehmen = TU) erworben. Das TU ist zu 100% an einer weiteren Kapitalgesellschaft (Enkelgesellschaft = TE) beteiligt. Die jeweiligen Unterschiedsbeträge stellen den Goodwill dar.

Die Bilanzen der Unternehmen zeigen folgendes Bild:

MU

Beteiligung TU	*12.500*	*Eigenkapital*	*12.000*
sonstiges Vermögen	*5.000*	*Rückstellungen, Verbindlich-keiten*	*5.500*
	17.500		*17.500*

TU

Beteiligung E	*12.000*	*Eigenkapital*	*5.000*
sonstiges Vermögen	*3.000*	*Rückstellungen, Verbindlich-keiten*	*10.000*
	15.000		*15.000*

TE

sonstiges Vermögen	*14.000*	*Eigenkapital*	*10.000*
		Rückstellungen, Verbindlich-keiten	*4.000*
	14.000		*14.000*

Konsolidierung TU + TE:

Beteiligung TU an TE	*12.000*
Eigenkapital TE	*10.000*
Unterschiedsbetrag	**2.000**

Teilkonzern TU + TE

Firmenwert	*2.000*	*Eigenkapital*	*5.000*
sonstiges Vermögen	*17.000*	*Rückstellungen, Verbindlich-keiten*	*14.000*
	19.000		*19.000*

Beteiligung MU an TU	*12.500*
Eigenkapital Teilkonzern TU	*5.000*
Unterschiedsbetrag	*7.500*

Konnzernbilanz MU

Goodwill	*9.500*	*Eigenkapital*	*12.000*
Sonstiges Vermögen	*22.000*	*Rückstellungen*	
		Verbindlichkeiten	*19.500*
	31.500		*31.500*

oder direkte Zusammenfassung MU/TU/TE = Simultankonsolidierung

Beteiligung in der Bilanz des Mutterunternehmens	*12.500*
abz sonstiges Vermögen TU und TE	*−17.000*
zuz Rückstellungen, Verbindlichkeiten	*14.000*
Unterschiedsbetrag = Goodwill	*9.500*

4.312.2 Kettenkonsolidierung bei Beteiligungen von weniger als 100 % (Buchwertmethode)

Die Problematik der Kapitalkonsolidierung im mehrstufigen Konzern ist dann gegeben, wenn zwei oder mehrere in den Konsolidierungskreis einbezogene Unternehmen nicht zu 100 % im Eigentum der jeweiligen Mutterunternehmen stehen, da in diesem Fall die Kapitalkonsolidierung mit den Töchtern prozentuell auf das oberste Mutterunternehmen abzustellen ist.

Beispiel 27

Das oberste Mutterunternehmen A ist an B zu 70 % und dieses an C zu 90 % und dieses an D zu 60 % beteiligt.

Wie sieht der Gesamtkonzernabschluss aus?

Kapitalkonsolidierung A und B: Anschaffungskosten der Beteiligung im Verhältnis zu 70 % des Kapitals B

Kapitalkonsolidierung B und C: 70 % der Anschaffungskosten der Beteiligung B zu 63 % des Kapitals C (0,7 × 0,9)

Kapitalkonsolidierung C und D: 63 % der Anschaffungskosten der Beteiligung C zu 37,8 % des Kapitals D (0,7 × 0,9 × 0,6)

Kein Problem bietet die Durchrechnung, wenn in einem dreistufigen Konzern die erste Stufe zu 100 % an der zweiten Stufe beteiligt ist und die zweite Stufe an der dritten Stufe zu weniger als 100 %. In diesem Fall wird der Minderheitenanteil nach dem Beteiligungsprozentsatz der zweiten Stufe ermittelt und gesondert ausgewiesen.

Die Schwierigkeit der weiteren Durchrechnung auf die oberste Mutter ergibt sich, wie schon dargelegt dann, wenn auch deren Beteiligung weniger als 100 % beträgt.

Beispiel 28

Kettenkonsolidierung mit der Buchwertmethode bei einer Beteiligung von jeweils weniger als

100%

Das MU hat zum 31.12. 2012 80 % der Anteile an der TU erworben; TU ist zu 75 % an EU beteiligt. Die Bilanzen der Unternehmen zeigen folgendes Bild:

MU

Beteiligung TU	10.000	Eigenkapital	12.000
sonstiges Vermögen	5.000	Rückstellungen, Verbindlichkeiten	3.000
	15.000		15.000

TU

Beteiligung EU	12.000	Eigenkapital	5.000
sonstiges Vermögen	3.000	Rückstellungen, Verbindlichkeiten	10.000
	15.000		15.000

EU

sonstiges Vermögen	14.000	Eigenkapital	10.000
		Rückstellungen, Verbindlichkeiten	4.000
	14.000		14.000

stille Reserven im Vermögen EU 1.200

stille Reserven im Vermögen TU 5.000

Teilkonzernabschluss TU mit EU

Wegen der auf mehreren Stufen bestehenden Minderheitsanteile ist die Konsolidierung auf den Anteilsprozentsatz des Mutterunternehmens auszurichten.

Das Mutterunternehmen ist an dem TU zu 80 % und das TU an dem EU zu 75 % beteiligt. Dies gibt einen durchgerechneten Anteilsprozentsatz des MU an EU von 60 (0,75*0,8).

Kapitalkonsolidierung TU mit EU

Konzernanteilige Beteiligung TU an EU 12.000*0,8 =	9.600
Konzernanteiliges Eigenkapital EU 10.000*0,6 =	6.000
Unterschiedsbetrag	3.600

Zerlegung Unterschiedsbetrag

Unterschiedsbetrag gesamt	3.600
davon auf die Mutter entfallende stille Reserven 60 % von 1.200	720
davon Firmenwert	2.880

Der Unterschiedsbetrag ergibt sich aus der Kapitalkonsolidierung der TU mit der EU.

Da die Tochter das EU erworben hat, sind von den eingesetzten 12.000 (Beteiligungsansatz) nur 80 % dem Hauptgesellschafter zuzurechnen. 20 % sind der Minderheit zuzurechnen.

Der nachfolgende Teilkonzernanschluss ist wegen seiner Ausrichtung auf das oberste Mutterunternehmen nicht zur Veröffentlichung geeignet.

	TU	EU	Summe		Konsolidierung			Konzernabschluss
					Soll		Haben	
Firmenwert				2	2.880			2.880
Beteiligung EU	12.000		12.000			1 3	9.600 2.400	
Sonst Verm	3.000	14.000	17.000	2	720			17.720
Unterschiedsbetrag				1	3.600	2 2	720 2.880	
Aktiva	**15.000**	**14.000**	**29.000**		**7.200**		**15.600**	**20.600**
Eigenkapital	5.000	10.000	15.000	1 3	6.000 4.000			5.000
Nicht beherrschende Anteile						3	1.600	1.600
Fremdkapital	10.000	4.000	14.000					14.000
Passiva	**15.000**	**14.000**	**29.000**		**10.000**		**1.600**	**20.600**

Erläuterung der Buchungssätze

BS	Text	Soll	Haben
1	Unterschiedsbetrag Eigenkapital an Beteiligung	3.600 6.000	9.600
2	Sonstiges Vermögen Firmenwert an Unterschiedsbetrag *Bei Anwendung der Buchwertmethode werden die stillen Reserven anteilig aufgelöst (60 % von 1.200) und der Rest des Unterschiedsbetrages dem Firmenwert zugeschrieben*	720 2.880	3.600

BS	Text	Soll	Haben
3	Eigenkapital	4.000	
	an Beteiligung		2.400
	nicht beherrschende Anteile		1.600
	Das Eigenkapital des EU in Höhe von 4.000, wird zunächst mit dem den Minderheitengesellschaftern zuzurechnenden Beteiligungsansatz von 2.400 saldiert und darüber hinaus mit 1.600 gesondert ausgewiesen		

Exkurs

Konzernbilanz für den Fall, dass die TU oberste Mutter wäre oder für den Fall, dass der Teilkonzernabschluss veröffentlicht werden würde. Für den Gesamtkonzernabschluss gilt jedenfalls der obige Zwischenabschluss.

Beteiligung	*12.000*
abz Eigenkapital EU 75 % von 10.000	*−7.500*
Unterschiedsbetrag	*4.500*
davon: *stille Reserven (75 % von 1.200) =*	*900*
Firmenwert	*3.600*

Buchungssatz

Eigenkapital	*7.500*	
Unterschiedsbetrag	*4.500*	
an Beteiligung		*12.000*

Zu veröffentlichender Teilkonzernabschluß TU/EU

	TU	EU	Summe	Konsolidierung				Konzern-abschluss
					Soll		Haben	
Firmenwert				2	3.600			3.600
Beteiligung EU	12.000		12.000			1	12.000	
Sonst Verm	3.000	14.000	17.000	3	900			17.900
Unterschieds-betrag				1	4.500	2	3.600	
						3	900	
Aktiva	**15.000**	**14.000**	**29.000**		**9.000**		**16.500**	**21.500**
Eigenkapital	5.000	10.000	15.000	1	7.500			5.000
				4	2.500			
Nicht beherr-schende Ant						4	2.500	2.500
Fremdkapital	10.000	4.000	14.000					14.000
Passiva	**15.000**	**14.000**	**29.000**		**10.000**		**2.500**	**21.500**

Fortsetzung Kettenkonsolidierung (MU mit dem Teilkonzernabschluss TU)
Kapitalkonsolidierung

Beteiligung MU an TU 80%		*10.000*
Anteiliges Eigenkapital TU 5.000*0,8		*4.000*
Unterschiedsbetrag		*6.000*
davon stille Reserven 5.000*0,8		*4.000*
Firmenwert		*2.000*

	MU	*Teil-konzern TU*	*Summe*	Konsolidierung II				*Kon-zernab-schluss*
					Soll		*Haben*	
Firmenwert		2.880	2.880	2	2.000			4.880
Beteiligung TU	10.000		10.000			1	10.000	
Sonst Verm	5.000	17.720	22.720	2	4.000			26.720
Unterschieds-betrag				1	6.000	2	6.000	
Aktiva	**15.000**	**20.600**	**35.600**		**12.000**		**16.000**	**31.600**
Eigenkapital	12.000	5.000	17.000	1 3	4.000 1.000			12.000
Nicht beherr-schende Ant		1.600	1.600			3	1.000	2.600
Fremdkapital	3.000	14.000	17.000					17.000
Passiva	**15.000**	**20.600**	**35.600**		**5.000**		**1.000**	**31.600**

4.312.3   *Simultankonsolidierung nach der Buchwertmethode*

Beispiel 29
Angabe wie vorhergendes Beispiel
Kapitalkonsolidierung

Beteiligung		*10.000*
+ Eigenkapital TU negativ, daher	*−7.000*0,8*	*5.600*
− Eigenkapital EU	*10.000*0,6*	*−6.000*
Unterschiedsbetrag		*9.600*

Die Durchrechnung der prozentuellen Beteiligung des MU ergibt für EU 60 %
(0,8*0,75) und für TU 80% (Buchungssatz 1).

Die bei TU ausgewiesene Beteiligung in Höhe von 12.000 ist mit dem Eigenkapital zu saldieren (Buchungssatz 2+3).

Die stillen Reserven sind, soweit sie auf das Mutterunternehmen entfallen, gegen den Unterschiedsbetrag aufzulösen.

Grundstücke TU 5000, davon 80 %		*4.000*
Sonst Vermögen EU 1.200, davon 60 %		*720*
		4.720

Analyse des Unterschiedsbetrags: Unterschiedsbetrag gesamt		*9.600*
davon stille Reserven		*4.720*
Firmenwert		*4.880*

Nichtbeherrschende Anteile:

TU 20 % von	*−7.000*	*−1.400*
EU 40 % von	*10.000*	*4.000*
		2.600

	MU	TU	EU	S		Überleitung			Kon-zern
						Soll		*Haben*	
Firmenwert				*5*	*4.880*				*4.880*
Beteiligung TU	*10.000*	*12.000*		*22.000*			*1* *2* *3*	*10.000* *9.600* *2.400*	
Sonst Verm	*5.000*	*3.000*	*14.000*	*22.000*	*4* *4*	*4.000* *720*			*26.720*
Unterschieds-betrag					*1*	*9.600*	*4* *5*	*4.720* *4.880*	*600*
Aktiva	*15.000*	*15.000*	*14.000*	*44.000*		*19.200*		*31.600*	*31.600*
Eigenkapital	*12.000*	*5.000*	*10.000*	*27.000*	*1* *2* *3* *6*	*6.000* *9.600* *2.400* *2.600*	*1*	*5.600*	*12.000*
Nicht beherr-schende Ant							*6*	*2.600*	*2.600*
Fremdkapital	*3.000*	*10.000*	*4.000*	*17.000*					*17.000*
Passiva	*15.000*	*15.000*	*14.000*	*44.000*		*20.600*		*8.200*	*31.600*

BS	Text	Soll	Haben
	Erläuterung der Buchungssätze		
1	*Unterschiedsbetrag*	*9.600*	
	Eigenkapital	*6.000*	
	an Eigenkapital		*5.600*
	an Beteiligung		*10.000*
	Ermittlung Unterschiedsbetrag; der Eigenkapitalstand von TU ist negativ, daher kommt die Buchung auf Haben		
2	*Eigenkapital*	*9.600*	
	an Beteiligung		*9.600*
	Saldierung des Beteiligungsansatzes bei TU, soweit dem Mutterunternehmen zurechenbar mit dem Eigenkapital		
3	*Eigenkapital*	*2.400*	
	an Beteiligung		*2.400*
	Saldierung des Beteiligungsansatzes bei TU, soweit der Minderheit zurechenbar mit dem Eigenkapital		
4	*Sonstiges Vermögen*	*4.000*	
	Vermögen	*720*	
	an Unterschiedsbetrag		*4.720*
	Auflösung stille Reserven		
5	*Firmenwert*	*4.880*	
	an Unterschiedsbetrag		*4.880*
	Einstellung Firmenwert		
6	*Eigenkapital*	*2.600*	
	an nicht beherrschende Anteile		*2.600*
	gesonderter Ausweis der Minderheitenanteile		

4.312.4 Kettenkonsolidierung nach der Neubewertungsmethode

Beispiel 30

Kettenkonsolidierung nach der Neubewertungsmethode

Angaben wie vorne

1. Aufstellung des Teilkonzerns TU mit EU (nicht zur Veröffentlichung bestimmt)

Kapitalkonsolidierung

Beteiligung TU an EU 80 % von 12.000		*9.600*
Eigenkapital EU	*10.000*	
Stille Reserven	*1.200*	
Eigenkapital gesamt	*11.200*	
davon 60 % (bezogen auf MU)		*6.720*
Firmenwert		*2.880*

	TU	EU	Summe		Konsolidierung			Teilkon-zern-abschluss
					Soll		Haben	
Firmenwert				3	2.880			2.880
Beteiligung EU	12.000		12.000			2	9.600	
						4	2.400	
Sonst Verm	3.000	14.000	17.000	1	1.200			18.200
Unterschieds-betrag				2	2.880	3	2.880	
Aktiva	**15.000**	**14.000**	**29.000**		**6.960**		**14.880**	**21.080**
Eigenkapital	5.000	10.000	15.000	2	6.720	1	1.200	5.000
				4	4.480			
Nicht beherr-schende Ant						4	2.080	2.080
Fremdkapital	10.000	4.000	14.000					14.000
Passiva	**15.000**	**14.000**	**29.000**		**11.200**		**3.280**	**21.080**

Bei Anwendung der Neubewertungsmethode werden die stillen Reserven und stillen Lasten (mit 100 %) vor der Kapitalkonsolidierung aufgelöst. Üblicherweise geschieht dies in einer gesonderten Überleitung von der UB I (UGB-Abschluss) in die UB II (konzernreifer Abschluss)...

Erläuterung der Buchungssätze

BS	Text	Soll	Haben
1	Sonstiges Vermögen	1.200	
	an Eigenkapital		1.200
	Auflösung der stillen Reserven des EU zu 100 %		
2	Unterschiedsbetrag	2.880	
	Eigenkapital	6.720	
	an Anteile an Beteiligung EU		9.600
	Siehe Berechnung oben		
	Wegen der auf mehreren Stufen bestehenden unter-schiedlich hohen Minderheitsanteile ist die Konsolidie-rung auf den Anteilsprozentsatz des Mutterunterneh-mens auszurichten.		
	Das Mutterunternehmen ist an dem TU zu 80 % und das TU an dem EU zu 75 % beteiligt. Dies gibt einen durchgerech-neten Anteilsprozentsatz des MU an EU von 60 (0,75*0,8).		

BS	Text	Soll	Haben
3	*Firmenwert*	*2.880*	
	an Unterschiedsbetrag		*2.880*
4	*Eigenkapital*	*4.480*	
	an Beteiligung		*2.400*
	nicht beherrschende Anteile		*2.080*

2. Fortsetzung Kettenkonsolidierung (MU mit Teilkonzern TU)

Kapitalkonsolidierung

Beteiligung			*10.000*
Eigenkapital Tu Teilkonzern	*5.000*		
Stille Reserven	*5.000*		
Eigenkapital gesamt	*10.000*	*80 %*	*8.000*
Firmenwert			*2.000*

	MU	Teilkon-zern TU	Summe	Konsolidierung II				Kon-zernab-schluss
					Soll		Haben	
Firmenwert			*2.880*					
Beteiligung TU	*10.000*	*2.880*	*10.000*	3	*2.000*	2	*10.000*	*4.880*
Sonst Verm	*5.000*	*18.200*	*23.200*	1	*5.000*			*28.200*
Unterschieds-betrag				2	*2.000*	3	*2.000*	
Aktiva	**15.000**	**21.080**	**36.080**		**9.000**		**12.000**	**33.080**
Eigenkapital	*12.000*	*5.000*	*17.000*	2	*8.000*	1	*5.000*	*12.000*
				4	*2.000*			
Nicht beherr-schende Ant		*2.080*	*2.080*			4	*2.000*	*4.080*
Fremdkapital	*3.000*	*14.000*	*17.000*					*17.000*
Passiva	**15.000**	**21.080**	**36.080**		**10.000**		**7.000**	**33.080**

4.312.5   Simultankonsolidierung bei Beteiligungen von weniger als 100 % nach der Neubewertungsmethode

Bei der Simultankonsolidierung werden im ersten Schritt die Bilanzen (UB II) aller im Konsolidierungskreis befindlichen Unternehmen zunächst zu einer Summenbilanz vereinigt. Bei Anwendung der (vorgeschriebenen) Neubewertungsmethode befinden sich in diesen Bilanzen neben den Anpassungsmaßnahmen gem § 260 Abs 2 auch alle gem § 254 Abs 1 durchgeführten Zeitwertaufwertungen.

Im zweiten Schritt sind die prozentuellen Anteilsprozentsätze des Mutterunternehmens zum jeweiligen Tochterunternehmen festzustellen und in den Tochterunternehmen befindliche Beteiligungsposten mit dem festgestellten Prozentsatz für das jeweilige Tochterunternehmen mit dem Eigenkapital zu saldieren.

Im dritten Schritt sind die mit dem jeweiligen Anteilsprozentsatz multiplizierten Eigenkapitalanteile insgesamt dem Beteiligungsansatz des Mutterunternehmens gegenüberzustellen. Der sich ergebende Saldo ist der Firmenwert. Die verbleibenden Eigenkapitalsalden sind, vermindert um die verbliebenen Salden der Beteiligungsposten, als „nicht beherrschende Anteile" in der Konzernbilanz auszuweisen.

Die Simultankonsolidierung bietet gegenüber der Kettenkonsolidierung den Vorteil, dass alle Konsolidierungsmaßnahmen in einer Ebene vor sich gehen. Dies ist besonders bei enger geschäftlicher Verflechtung der in den Konsolidierungskreis einbezogenen Unternehmen von Bedeutung. Allerdings ist ein eigener Konzernabschluss einer Tochter nicht möglich.

Beispiel 31

Simultankonsolidierung nach der Neubewertungsmethode

Angabe wie vorhergehendes Beispiel

Kapitalkonsolidierung

Beteiligung		*10.000*
+ Eigenkapital TU inkl stiller Reserven negativ,	*–2.000*0,8*	*1.600*
– Eigenkapital EU inkl stiller Reserven	*11.200*0,6*	*–6.720*
Unterschiedsbetrag = Firmenwert		*4.880*

Die Durchrechnung der prozentuellen Beteiligung des MU ergibt für EU 60 % (0,8*0,75) und für TU 80 % (Buchungssatz 1).

Die bei TU ausgewiesene Beteiligung in Höhe von 12.000 ist mit dem Eigenkapital zu saldieren (Buchungssatz 2).

Die stillen Reserven sind mit 100 % gegen den Unterschiedsbetrag aufzulösen:

Grundstücke TU	*5.000*
Sonst Vermögen EU	*1.200*
	6.200

Nicht beherrschende Anteile

TU 20 % von –2.000	*–400*
EU 40 % von 11.200	*4.480*
	4.080

	MU	TU	EU	S		Überleitung		Konzern
						Soll	Haben	
Firmenwert					4	4.880		4.880
Beteiligung TU	10.000	12.000		22.000	2		10.000	
					3		12.000	
Sonst Verm	5.000	3.000	14000	22.000	1	5.000		28.200
					1	1.200		
Unterschiedsbe-trag					2	4.880	4	4.880
							5	
Aktiva	**15.000**	**15.000**	**14000**	**44.000**		15.960	26.880	**33.080**
Eigenkapital	12.000	5.000	10000	27.000	2	5.120	1	6.200	12.000
					3	12.000		0	
					5	4.080			
Nicht beherr-schende Ant							5	4.080	4.080
Fremdkapital	3.000	10.000	4000	17.000				17.000
Passiva	**15.000**	**15.000**	**14000**	**44.000**				**33.080**

Buchungssätze

1	Sonstiges Vermögen	6.200	
	Eigenkapital		6.200
	Die stillen Reserven aller Konzernunternehmen werden (bei der Neubewertungsmethode) zu 100 % aufgelöst		
2	Unterschiedsbetrag	4.880	
	Eigenkapital	5.120	
	an Beteiligung		10.000
	Unterschiedsbetrag der Beteiligung Mutter mit dem anteiligem Eigenkapital der Töchter		
3	Eigenkapital (in der Bilanz TU)	12.000	
	an Beteiligung		12.000
	Sämtliche Beteiligungsansätze der Töchter werden gegen Eigenkapital aufgelöst		
4	Firmenwert	4.880	
	an Unterschiedsbetrag		4.880
	Bei der Neubewertungsmethode ist der Unterschiedsbetrag mit dem Firmenwert identisch		
5	Eigenkapital	4.080	
	an nicht beherrschende Anteile		4.080
	lt Anteilsberechnung bezogen auf MU = verbliebener Saldo auf den Eigenkapitalkonten		

Beispiel 32

Feststellung des der Simultankonsolidierung zugrunde zu legenden Anteilspro-
zentsatzes

Das Mutterunternehmen M ist an B mit 100 %, C mit 80 % und D mit 55 % betei-
ligt.

B ist an E mit 70 % und E an F mit 30 % beteiligt.

C ist an F ebenfalls mit 30 % und an G mit 60 % beteiligt. G hat zu 70 % eine
Tochter H, welche ihrerseits mit 10 % an F beteiligt ist.

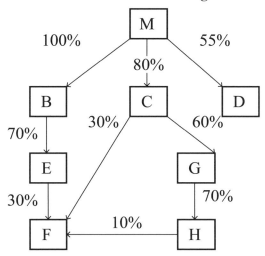

Die Tochtergesellschaften werden mit folgenden Prozentsätzen in die Kapitalver-
rechnung einbezogen:

B	*1 = 100%*
C	*0,8 = 80%*
D	*0,55 = 55%*
E	*1*0,7 = 70%*
F	*1*0,7*0,3 + 0,8*0,3 + 0,8*0,6*0,7*0,1 = 48,4%*
G	*0,8*0,6 = 48%*
H	*0,8*0,6*0,7 = 33,6%*

4.4 Folgekonsolidierung – Buchmäßige Ausschaltung aller geschäftlichen Beziehungen zwischen den in den Konzernabschluss einbezogenen Unternehmen

Unter Folgekonsolidierung versteht man die jährlich neu durchzuführende Zusammenfassung der verbundenen Unternehmen, wobei die Folgekonsolidierung in gleicher Weise wie die Erstkonsolidierung immer von der einzelnen Tochtergesellschaft aus gesehen werden muss.

Die Folgekonsolidierung ergibt sich aus der Besonderheit der Konzernrechnungslegung. Während des laufenden Geschäftsjahres werden alle Konzernunternehmen buchmäßig wie Einzelgesellschaften behandelt. Für jedes in den Konsolidierungskreis einbezogene Unternehmen wird ein eigener Jahresabschluss erstellt (UB I). Der Konzernabschluss wird jedes Geschäftsjahr von Neuem aus dem Zusammenschluss der in den Konsolidierungskreis einbezogenen einzelnen Unternehmen abgeleitet. Um aber die Konzernbilanzkontinuität aufrechtzuerhalten, müssen bei jeder Folgekonsolidierung zunächst alle jene Posten, die in den zusammengefassten Schlussbilanzen des vorhergehenden Geschäftsjahres entweder gar nicht oder mit einem anderen Wert als in der Konzernbilanz erfasst sind, mit **ihrem Wert vom Beginn des Geschäftsjahres** wieder eingebucht werden.

4.41   Besonderheit der Erstellung des Konzernabschlusses

Die Besonderheit des Konzernabschlusses ergibt sich daraus, dass er nicht einer geschlossenen Konzernbuchführung entspringt. Grundlage für den Konzernabschluss sind neben dem Jahresabschluss des Mutterunternehmens die nach den Vorschriften des UGB aufgestellten Jahresabschlüsse der Tochtergesellschaften. Diese müssen zunächst für den Konzernabschluss bereitgemacht und im Anschluss daran zum Konzernabschluss konsolidiert werden.

Die Problematik dieser Vorgangsweise liegt darin, dass am Beginn des folgenden Geschäftsjahres jedes einzelne Konzernunternehmen mit der eigenen Eröffnungsbilanz beginnt, die auf dem jeweiligen UGB-Abschluss des Vorjahres aufbaut. Eine Konzerneröffnungsbilanz als Beginn der Buchführung des nachfolgenden Geschäftsjahres gibt es nicht.

Als Folge dieser Vorgangsweise muss für die Konzerneröffnungsbilanz des Folgejahres die Bilanzidentität mit dem Vorjahreskonzernabschluss durch Wiedereinbuchung aller im Vorjahr gegenüber den Einzelabschlüssen vorgenommenen Änderungen hergestellt werden. Erst dann können die für den Konzern notwendigen ergänzenden Abschlussarbeiten durchgeführt werden.

Folgende Schritte ergeben sich:

4.411   *Überleitung von der UB I in die UB II*

1. Übernahme des UGB-Jahresabschlusses (Bilanz und Gewinn- und Verlustrechnung) des einzelnen einbezogenen Unternehmens (UB I).

Der Jahresabschluss des einzelnen einbezogenen Unternehmens enthält die Eröffnungsbilanz desselben und die Verbuchung aller weiteren Geschäftsvorfälle des Jahres inkl der Abschlussbuchungen.

2. Einbuchung aller jener Posten der UB II des Vorjahres, die nicht in die Eröffnungsbilanz der einzelnen Unternehmen und damit auch nicht in die Buchführung des laufenden Jahres übernommen wurden (Wiederherstellung der Bilanzidentität).

3. Einbuchung aller Veränderungen bzw Fortschreibungen des laufenden Jahres, die nur die Konzernbilanz aber nicht die Einzelbilanz betreffen (zB die laufende Abschreibung der bei der Erstkonsolidierung aufgedeckten stillen Reserven) und sonstiger, nicht die Einzelbilanz betreffender Vorgänge (zB interne Gewinneliminierungen).

4. Nach Einbuchung aller nur den Konzern betreffenden Jahresabschlussbuchungen und damit Erstellung eines konzernreifen Abschlusses des einzelnen Unternehmens (UB II) wird in der Regel der Anteil bestehender Minderheiten auf ein eigenes Konto „nicht beherrschende Anteile" umgebucht.

Dieser Vorgang wiederholt sich jedes Jahr.

Zur ordnungsgemäßen Wiedereinbuchung anlässlich der Folgekonsolidierung ist es erforderlich, für die Evidenzhaltung der Ergänzungsposten außerbücherliche Aufzeichnungen über deren Stand und Entwicklung zu führen. Zu diesen Veränderungen gehören zB Abschreibungen, Veräußerungen, Zuschreibungen und Steuerabgrenzungen sowie Minderheitenanteile.

Für die Wiedereinbuchung der fortzuschreibenden Ergänzungsposten, wie Firmenwert oder aufgelöste stille Reserven, gibt es die Bruttomethode und die Nettomethode.

Bei der Bruttomethode werden die bei der erstmaligen Einbuchung eingegebenen Werte immer wieder eingebucht und anschließend wird die bisherige Abschreibung bis zu Beginn des laufenden Geschäftsjahres über die Gewinnrücklage ausgebucht. Die Abschreibung des laufenden Jahres erfolgt über die Gewinn- und Verlustrechnung.

Bei der Nettomethode werden die Werte zu Beginn des Geschäftsjahres eingebucht und die Abschreibung des laufenden Jahres wird über die Gewinn- und Verlustrechnung durchgeführt.

Beide Methoden führen zum selben Ergebnis.

Im Anschluss an die Herstellung der UB II, die nur Bestandteile des einzelnen in den Konsolidierungskreis einbezogenen Unternehmens enthält, erfolgt die eigentliche Konsolidierung, der Zusammenschluss der einzelnen Bilanzen zur Konzernbilanz.

4.412 Konsolidierung – Zusammenfassung der Bilanz- und G&V-Posten

Im Anschluss an die Überleitung der UB I auf die UB II, die grundsätzlich für jede einzelne Bilanz gesondert erfolgt, geschehen die eigentlichen Konsolidierungsbuchungen, der Zusammenschluss der Bilanzposten und G&V-Posten.

a) **Kapitalkonsolidierung:** Im Gegensatz zur Erstkonsolidierung handelt es sich bei der Folgekonsolidierung um die Fortsetzung der Erstkonsolidierung zur Ausschaltung der kapitalmäßigen Verflechtung.

Es ist darauf zu achten, dass die Buchung aus der Erstkonsolidierung „Anteiliges Eigenkapital der Tochter an Beteiligung der Mutter" so lange unverändert bleibt, als nicht Maßnahmen der Kapitalerhöhung bzw -herabsetzung ergriffen werden oder sich die Beteiligungsverhältnisse ändern.

Die Bestandteile des Unterschiedsbetrages aus der Erstkonsolidierung, in der Regel der Firmenwert, werden abgeschrieben bzw fortgeschrieben.

b) **Schuldenkonsolidierung:** Aufrechnung von Forderungen und Verbindlichkeiten, der aktiven und passiven Rechnungsabgrenzungen, der Forderungen und Rückstellungen, soweit sie zusammengehören.

c) Bei der **Aufwands-/Ertragskonsolidierung** werden die Erträge des einen Konzernunternehmens mit den entsprechenden Aufwendungen des anderen Konzernunternehmens saldiert.

d) **Zwischenergebniseliminierung:** Zwischenergebnisse, die aus Lieferungen und sonstigen Leistungen zwischen den Konzernunternehmen entstanden sind, werden eliminiert.

Die angeführten Konsolidierungsmaßnahmen können in manchen Fällen auch bei der Erstkonsolidierung auftreten.

Beispiel 33 (Folgekonsolidierung)

Das Tochterunternehmen zeigt zum Stichtag der Erstkonsolidierung (Zeitpunkt des Erwerbs der Anteile: 31. 12. 2016) folgendes Bild der Überleitung von der UB I in die UB II:

Das Mutterunternehmen hat 75 % des Tochterunternehmens um 15.000 erworben.

Das Stammkapital der Tochter beträgt 10.000, die Kapitalrücklagen betragen 600, die Gewinnrücklagen 3.600.

Stille Reserven sind in den unbebauten Grundstücken 1.000, in den Maschinen 3.000 enthalten.

Bilanz zum 31. 12. 2016	Tochter UB I		Überleitung		Tochter UB II
Aktiva					
Firmenwert					
Unbebaute Grundstücke	*3.000*	*1*	*1.000*		*4.000*
Technische Anlagen und Maschinen	*9.000*	*2*	*3.000*		*12.000*
Sonstige Sachanlagen	*8.000*				*8.000*
Umlaufvermögen	*25.000*				*25.000*
Summe	***45.000***		***4.000***		***49.000***

Bilanz zum 31. 12. 2016	Tochter UB I		Überleitung			Tochter UB II
Passiva						
Stammkapital	10.000	3	2.500			7.500
Kapitalrücklagen	600	3	150			450
Gewinnrücklagen	3.600	3	1.900	1	1.000	5.700
				2	3.000	
Minderheitenanteil				3	4.550	4.550
Rückstellungen/Verbindlichkeiten	30.800					30.800
Summe	**45.000**		**4.550**		**8550**	**49.000**

Basis für die Konsolidierung des Mutterunternehmens mit den Tochterunternehmen zur Konzernbilanz ist die Summe der UB II aller Töchter und des Jahresabschlusses der Mutter:

	Mutter	UB II Tochter	Kapitalkonsolidierung zum 31. 12. 2016				Konzernbilanz
Aktiva							
Firmenwert			1	1.350			1.350
Unbebaute Grundstücke		4.000					4.000
Technische Anlagen und Maschinen	14.000	12.000					26.000
Sonstige Sachanlagen	11.000	8.000					19.000
Beteiligungen	15.000				1	15.000	
Umlaufvermögen	30.000	25.000					55.000
Summe	**70.000**	**49.000**		**1.350**		**15.000**	**105.350**
Passiva							
Stammkapital	18.000	7.500	1	7.500			18.000
Kapitalrücklagen	5.000	450	1	450			5.000
Gewinnrücklagen	7.000	5.700	1	5.700			7.000
Nicht beherrschende Anteile		4.550					4550
Rückstellungen/Verbindlichk	40.000	30.800					70.800
Summe	**70.000**	**49.000**		**13.650**		**0**	**105.350**

Mutter und Tochter zeigen am Ende des ersten Geschäftsjahres nach der erstmaligen Einbeziehung des Tochterunternehmens in die Konzernbilanz folgende Jahresabschlüsse nach UGB:

Bilanz zum 31.12.2017

	Bilanz Mutter	Bilanz Tochter = UB 1
Aktiva		
Unbebaute Grundstücke		*3.000*
Techn Anlagen und Maschinen	*18.000*	*12.000*
Sonstige Sachanlagen	*11.000*	*7.300*
Beteiligung TU	*15.000*	
Umlaufvermögen	*27.300*	*24.000*
Summe	***7.300***	***46.300***
Passiva		
Stammkapital	*18.000*	*10.000*
Kapitalrücklagen	*5.000*	*600*
Gewinnrücklagen/Bilanzgewinn	*9.300*	*6.400*
Rückstellungen/Verbindlichkeiten	*39.000*	*29.300*
Summe	***7.300***	***46.300***

Gewinn- und Verlustrechnung für das Jahr 2017

	Mutter	Tochter
Umsatzerlöse	*125.000*	*90.000*
Abschreibungen Sachanlagen	*8.000*	*3.200*
Sonstige Aufwendungen	*114.700*	*84.000*
Jahresüberschuss	*2.300*	*2.800*

Angaben für 2017, den Konzern betreffend:

Die stillen Reserven in den Grundstücken unterliegen keiner planmäßigen Abschreibung.

Die stillen Reserven in den Maschinen ergaben sich aus einer Spezialmaschine, die bereits voll abgeschrieben war und noch drei Jahre hindurch genützt werden kann.

Aus den gegenseitigen Geschäften ergaben sich zum Jahresschluss folgende Bereinigungen:

Die Tochter vermietet an die Mutter einen Lagerplatz: Jahreserlöse 1.200, die bei der Mutter unter sonstigem Aufwand und bei der Tochter unter Umsatzerlöse ausgewiesen sind. Aus den Erlösen sind noch Forderungen in Höhe von 400 offen.

Der sich aus der Kapitalkonsolidierung ergebende Firmenwert wird über 10 Jahre verteilt abgeschrieben.

Erstellung des Konzernabschlusses im Jahre 2017

Überleitung von der UB I des Jahresabschlusses 2017 in die UB II

Buchungssätze der Wiedereinbuchung der Ergänzungsposten mit dem Stand 1. 1. 2017 und der Fortschreibung der Ergänzungsposten:

Überleitung UB I in UB II

1	Unbebaute Grundstücke	1.000	
	an Gewinnrücklage		1.000
2	Technische Anlagen und Maschinen	3.000	
	an Gewinnrücklage		3.000
3	Abschreibungen	1.000	
	an Technische Anlagen und Maschinen		1.000
	Jahresabschreibung 2017		
4	Stammkapital 25 % von 10.000	2.500	
	Kapitalrücklage 25 % von 600	150	
	Gewinnrücklage 25 % von 9.400	2.350	
	an nicht beherrschende Anteile		5.000

Im Rahmen der Neubewertungsmethode ist die Minderheit an den stillen Reserven und deren Fortschreibung beteiligt.

Exkurs: Man könnte mit dem Minderheitenanteil auch folgendermaßen vorgehen:

Wiederein-buchung Stand 1.1.	4a	Stammkapital 25 % von 10.000	2.500	
		Kapitalrücklage 25 % von 600	150	
		Gewinnrücklage 25 % von 7.600[1]	1.900	
		an nicht beherrschende Anteile		4.550
Gewinnanteil 2017	4b	Gewinnrücklage 25 % von 1.800	450	
		an nicht beherrschende Anteile		450

---

[1] Stand vom Jahresbeginn

31. 12. 2017	Tochter UB I	Überleitung				Tochter UB II
Aktiva						
Firmenwert						
Unbebaute Grundstücke	3.000	1	1.000			4.000
Technische Anlagen und Maschinen	12.000	2	3.000	3	1000	14.000
Sonstige Sachanlagen	7.300					7.300
Beteiligungen						
Umlaufvermögen	24.000					24.000
Summe	**46.300**		**4.000**		**1.000**	**49.300**
Passiva						
Stammkapital	10.000	4	2.500			7.500
Kapitalrücklagen	600	4	150			450
Gewinnrücklagen	6.400	E	1.000	1	1.000	7.050
		4	2.350	2	3.000	
Minderheitenanteil				4	5.000	5.000
Rückstellungen/Verbindlichkeiten	29.300					29.300
Summe	**46.300**		**6.000**		**9.000**	**49.300**
Umsatzerlöse	90.000					90.000
Abschreibungen Sachanlagen	3.200	3	1.000			4.200
Sonstige Aufwendungen	84.000					84.000
Jahresüberschuss	2.800	E	1.000			1.800

E = Ertragsänderung

Konsolidierung zur Erstellung der Konzernschlussbilanz 2017

Buchungssätze

Kapitalkonsolidierung

1	Stammkapital 75 % von 10.000	7.500	
	Kapitalrücklage 75 % von 600	450	
	Gewinnrücklage 75 % von 7.600	5.700	
	Firmenwert	1.350	
	an Beteiligungen		15.000
	Wiedereinbuchung Erstkonsolidierung		

2	Abschreibung Firmenwert	135	
	an Firmenwert		135
	10 % Abschreibung Firmenwert		
3	Sonstiger Aufwand	1.200	
	an Umsatzerlöse		1.200
	Ertrags-Aufwandskonsolidierung		
4	Verbindlichkeiten	400	
	an Forderungen		400
	Schuldenkonsolidierung		

31. 12. 2017	Mutter	UB II Tochter	Summe	Folgekonsolidierung				Konzern- bilanz
Aktiva					Soll		Haben	
Firmenwert				1	1.350	2	135	1.215
Unbebaute Grundstücke		4.000	4.000					4.000
Technische Anlagen und Maschinen	18.000	14.000	32.000					32.000
Sonstige Sach- anlagen	11.000	7.300	18.300					18.300
Beteiligungen	15.000		15.000			1	15.000	0
Umlaufvermö- gen	27.300	24.000	51.300			4	400	50.900
Summe	**71.300**	**49.300**	**120.600**		**1.350**		**15.535**	**106.415**
Passiva								
Stammkapital	18.000	7.500	25.500	1	7.500			18.000
Kapitalrück- lagen	5.000	450	5.450	1	450			5.000
Gewinnrück- lagen	9.300	7.050	16.350	1 E	5.700 135			10.515
Nicht beherr- schende Anteile		5.000	5.000					5.000
Rückstellungen/ Verbindlich- keiten	39.000	29.300	68.300	4	400			67.900
Summe	**71.300**	**49.300**	**120.600**		**14.185**		**0**	**106.415**

Gewinn- und Verlustrechnung 2017								
Umsatzerlöse	*125.000*	*90.000*	*215.000*	*3*	*1200*			*213.800*
Abschreibung Firmenwert				*2*	*135*			*−135*
Abschreibungen Sachanlagen	*8.000*	*4.200*	*12.200*					*−12.200*
Sonstige Aufwendungen	*114.700*	*84.000*	*198.700*			*3*	*1200*	*−197.500*
Jahresüberschuss	**2.300**	**1.800**	**4.100**	**E**	**135**			**3.965**

Probe:

lt Bilanz Bestand Gewinnrücklage

	10.515
davon Mutter	*9.300*
Gewinnthesaurierung Tochter seit der Erstkonsolidierung	*1.215* (1800 – 450 – 135)
Gewinn lt G&V 1.800 – 135	*1.665*
Anteil Minderheitsgesellschafter 25 % von 1800[1]	*450*
Verbleiben	*1.215*

[1] Die Minderheitsgesellschafter sind nicht am Firmenwert beteiligt, daher auch nicht an dessen Abschreibung in Höhe von 135

Entwicklung des Postens nicht beherrschende Anteile

Stand 31.12.2016	*4.550*
Gewinnanteil	*450*
Stand 31.12.2017	*5.000*

Kapitalentwicklung Konzern

	Summe	Stamm-kapital	Kapital-rücklagen	Gewinn-rücklagen	Nicht beherrschende Anteile
Stand 1.1.2016	*34.550*	*18.000*	*5.000*	*7.000*	*4.550*
Gewinn 2017	*3.965*			*3.515*	*450*
Stand 31.12.2017	*38.515*	*18.000*	*5.000*	*10.515*	*5.000*

Konzernbilanz zum 31.12.2017

Firmenwert	*1.215*	*Stammkapital*	*18.000*
Grundstücke	*4.000*	*Kapitalrücklagen*	*5.000*
Technische Anlagen und Maschien	*32.000*	*Gewinnrücklagen*	*10.515*
Sonstige Sachanlagen	*18.300*	*Nicht beherrschende Anteile*	*5.000*
Umlaufvermögen	*50.900*	*Fremdkapital*	*67.900*
	106.415		*106.415*

4.413 Die Kapitalkonsolidierung in der Folgekonsolidierung

Die Kapitalkonsolidierung in der Folgekonsolidierung ist eine Fortführung der erstmaligen Kapitalkonsolidierung. Ihre Aufgabe ist es, den bei der erstmaligen Kapitalaufrechnung festgestellten Unterschiedsbetrag zwischen Beteiligungsansatz bei der Mutter und dem anteiligen Eigenkapital bei der Tochter entsprechend dessen Charakter fortzuschreiben.

Der bei der Erstkonsolidierung aufgerechnete Beteiligungsansatz und das aufgerechnete Eigenkapital sind hingegen grundsätzlich **historische Fixgrößen**. Einseitige Änderungen sind im Hinblick auf die Konsolidierung nicht möglich, das heißt, jede Änderung im Beteiligungsansatz des Mutterunternehmens muss auch zur gleichzeitigen Änderung des aufgerechneten Eigenkapitals bei der Tochtergesellschaft und umgekehrt führen. In der Zeit nach der erstmaligen Kapitalkonsolidierung eingetretene Veränderungen am Kapital des Tochterunternehmens, wie beispielsweise Gewinne, Verluste, Entnahmen, dürfen, ebenso wie ein durch Verluste herabgesetzter Beteiligungsansatz, somit das aufgerechnete Kapital nicht berühren.

Fröhlich unterscheidet in diesem Zusammenhang zwischen dem (aufgerechneten) historischem Eigenkapital und dem gewachsenen Eigenkapital (*Fröhlich*[3], S 187).

Das gewachsene Eigenkapital entsteht durch Änderungen, die zeitlich nach der Erstkonsolidierung durch entstandene Gewinne oder Verluste bzw Gewinnentnahmen (auch aus früheren Gewinnen) auftreten. Diese Teile des Eigenkapitals werden nicht gegen die Beteiligung aufgerechnet, da sie voll den Konzern betreffen.

Wird der Beteiligungsansatz bei dem Mutterunternehmen wegen Verluste des Tochterunternehmens abgeschrieben, hat vor der nächsten Folgekonsolidierung der Abschreibungsbetrag in der Überleitung wieder zugeschrieben zu werden, da sich der entstandene Verlust im Konzern ansonsten zweifach auswirken würde. Die Rücknahme der Abschreibung erfolgt über die Gewinnrücklage bzw den Gewinn-/Verlustvortrag.

Dies gilt allerdings nicht für Abschreibungen vor der Erstkonsolidierung, weil in diesem Fall der abgeschriebene Beteiligungsansatz für die Kapitalaufrechnung maßgeblich ist.

Gewinnausschüttungen an die Muttergesellschaft verändern das Eigenkapital im Konzern nicht, da der Verminderung bei der Tochter die Erhöhung bei der Mutter gegenübersteht. In einem solchen Fall müssen daher die im Einzelabschluss ausgewiesenen Beteiligungserträge durch die Buchung „Beteiligungserträge an Gewinnrücklage" rückgängig gemacht werden.

Beispiel 34

Die Kapitalkonsolidierung in der Folgekonsolidierung

Die Muttergesellschaft hat per 1.1.2017 80 % der Tochtergesellschaft um 1.000 erworben.

An stillen Reserven gem § 254 Abs 1 wurden im sonstigen Vermögen 200 aufgedeckt. Die Nutzungsdauer beträgt 5 Jahre.

Ein eventueller Firmenwert wird über 10 Jahre abgeschrieben

Erstkonsolidierung am 1.1.2017

Überleitung von der UB I in die UB II

1.1.2017	UB I Tochter		Überleitung Tochter in die UB II			UB II Tochter
	1.1.17		Soll		Haben	1.1.17
Sonstiges Vermögen	1.200	1	200			1.400
Summe Aktiva	**1.200**		**200**			**1.400**
Nennkapital	600	3	120			480
Gewinnrücklage/Bilanzgewinn	100	3	60	1	200	240
Nicht beherrschende Anteile				3	180	180
Fremdkapital	500					500
Summe Passiva	**1.200**		**180**		**380**	**1.400**

Kapitalkonsolidierung

Beteiligungsansatz für 80 % der Anteile			1.000
Eigenkapital Tochter			
Nennkapital	600		
Gewinnrücklagen	100		
Buchmäßiges Eigenkapital	700		
Stille Reserven	200		
Gesamtes Eigenkapital	900	80 %	720
Firmenwert			**280**

Konsolidierung

1.1.2017	UGB-Bilanz 31.12.16		UB II	M+T	Konzernüberleitung		Konzern-schluss-bilanz
	Mutter	Tochter	Summe		Soll	Haben	
	1.1.17	1.1.17	1.1.17				
Firmenwert				1	280		280
Beteiligung	1.000		1.000			1	1.000	
Sonstiges Vermögen	2.000	1.400	3.400				3.400
Summe Aktiva	**3.000**	**1.400**	**4.400**		**280**	**1.000**	**3.680**
Nennkapital	1.400	480	1.880	1	480		1.400
Gewinnrücklage/Bilanzgewinn	600	240		1	240		600
Nicht beherrschende Anteile		180	180				180
Fremdkapital	1.000	500	1.500				1.500
Summe Passiva	**3.000**	**1.400**	**4.400**		**720**	**0**	**3.680**

Folgekonsolidierung am 31. 12. 2017

Der Firmenwert wird über 10 Jahre, die aufgelösten stillen Reserven werden mit 20 % abgeschrieben.

Überleitung von der UB I in die UB II

31.12.17	Tochter		Überleitung Tochter in die UB II			UB II Tochter
	31.12.17		Soll		Haben	31.12.17
Sonstiges Vermögen	1.500	1	200	2	40	1.660
Summe Aktiva	**1.500**		**200**		**40**	**1.660**
Nennkapital	600	3	120			480
Gewinnrücklage/Bilanzgewinn	400	E	40	1	200	448
		3	112			
Nicht beherrschende Anteile				3	232	232
Fremdkapital	500					500
Summe Passiva	**1.500**		**272**		**432**	**1.660**
Gewinn- und Verlustrechnung						
Erlöse	2.100					2.100
Abschreibungen	-180	2	−40			−220
Sonstige Aufwendungen	−1.620					−1.620
Jahresüberschuss/-fehlbetrag	**300**	E	**−40**			**260**

Konsolidierung

31.12.2017	UGB-Bilanz 01	UB II	M+T	Konzernüberleitung Konsolidierung		Konzern-schlussbilanz
	Mutter	Tochter	Summe			
	31.12.	31.12.	31.12.	Soll	Haben	
Firmenwert				1	280	2	28	252
Beteiligung	1.000		1.000		1	1.000	
Sonstiges Vermögen	2.150	1.660	3.810			3.810
Summe Aktiva	**3.150**	**1.660**	**4.810**	**280**	**1.028**	**4.062**
Nennkapital	1.400	480	1.880	1	480		1.400
Gewinnrücklage/Bilanzgewinn	750	448	1.198	1 E	240 28		930
Nicht beherrschende Anteile		232	232			232
Fremdkapital	1.000	500	1.500			1.500
Summe Passiva	**3.150**	**1.660**	**4.810**	**748**	**0**	**4.062**
Gewinn- und Verlustrechnung						
Erlöse	3.000	2.100	5.100			5.100
Abschreibungen	−220	−220	−440	2	−28		−468
Sonstige Aufwendungen	−2.630	−1.620	−4.250			−4.250
Jahresüberschuss/-fehlbetrag	**150**	**260**	**410**	E	−28		**382**

Buchungssätze zum Konzernabschluss 31.12.2017

	Überleitung von der UB I in die UB II		Soll	Haben
1	Auflösung stille Reserven	1	200	
	an Gewinnrücklage	1		200
	Wiedereinbuchung			
2	Abschreibung stille Reserven	2	40	
	an Sonstiges Vermögen	2		40
	Jahresabschr Stille Reserven Maschinen			
3	Stammkapital	3	120	
	Gewinnrücklagen	3	112	
	an nicht beherrschende Anteile	3		232
	20 % Minderheitenanteil			

	Kapitalkonsolidierung			
3	*Firmenwert*	*1*	*280*	
	Stammkapital	*1*	*480*	
	Gewinnrücklage	*1*	*240*	
	an Beteiligung	*1*		*1.000*
	Wiedereinbuchung Kapitalkonsolidierung			
4	*Abschreibung Firmenwert*	*2*	*28*	
	an Firmenwert	*2*		*28*
	Jahresabschreibung Firmenwert			

Erläuterungen im Einzelnen

1. Überleitung in UB II	
Offenlegung der stillen Reserven am 1.1.	*200*
Jahresabschreibung	*–40*
Restwert 31.12.	*160*
2. Minderheit	
Stand 1.1.	*180*
Gewinnbeteiligung 20 % von 260 (UB II)	*52*
Stand 31.12.	*232*

Die Minderheitsgesellschafter der Tochter sind nur am Gewinn der Tochter beteiligt.

Sie haben weder Anteil am Gewinn der Mutter noch werden sie von der Abschreibung des Firmenwertes, der nur die Mutter betrifft, berührt.

Probe

20 % des Nennkapitals von 600	*120*
20 % der Gewinnrückl inkl stille Reserven 31.12. von 560	*112*
	232

Die Gewinnrücklage von 560 ergibt sich folgendermaßen:

Buchmäßiger Stand 1.1.2017	*100*
Auflösung stiller Reserven	*200*
Gewinn 2017, lt G&V	*300*
Abschreibung aufgelöste stille Reserven	*–40*
Stand Gewinnrücklagen 31.12.2017	*560*
Anteil Minderheit an der Gewinnrücklage 20 %	***112***

Probe

Stand Gewinnrücklage lt Konzernbilanz inkl Minderheit 300, davon   60
20 %

Gewinnanteil im Jahre 2017: 300–40, davon 20 %   52

Anteil Minderheit an der Gewinnrücklage   **112**

3.Entwicklung Firmenwert	
Stand 1.1.2017	*280*
Abschreibung 01	*–28*
Stand 31.12.2017	*252*
4. Kapitalaufrechnung	
720 werden unverändert eliminiert	

Entwicklung des Eigenkapitals des Konzerns im Jahre 2017

	Summe	*Nenn-kapital*	*Rück-lagen*	*nicht beherr-schende*
Stand 1.1.	*2.180*	*1.400*	*600*	*180*
Jahresüberschuss	*382*		*330*	*52*
Stand 31.12.	*2.562*	*1.400*	*930*	*232*

Folgekonsolidierung im Jahre 2018

Die in der Überleitung zur UB II sowie bei den Konsolidierungsbuchungen durchgeführten Maßnahmen werden mangels Konzernbuchführung buchmäßig nicht fortgeführt und müssen daher bei Abschluss des Jahres 2018 zur Einhaltung der Bilanzidentität wieder eingebucht werden.

Im Jahre 2018 sind im Jahresüberschuss der Mutter 320 Erträge aus der Ausschüttung der Tochter enthalten.

Die Tochter schüttet insgesamt 400 aus ihrer Gewinnrücklage aus, wovon 80 auf die Minderheitsgesellschafter entfallen.

Die Mutter schüttet ihrerseits 250 an ihre Gesellschafter aus.

Überleitung von der UB I in die UB II

31.12.2018	*UB I*	*Überleitung Tochter*			*UB II*
	Tochter	*in die UB II*			*Tochter*
	31.12.		*Soll*	*Haben*	*31.12.*
Sonstiges Vermögen	*1.300*	*1*	*160*	*2* *40*	*1.420*
Summe Aktiva	*1.300*		*160*	*40*	*1.420*
Nennkapital	*600*	*3*	*120*		*480*

Gewinnrücklage/Bilanzgewinn	180	E 3	40 60	1	160	240
Nicht beherrschende Anteile				3	180	180
Fremdkapital	520					520
Summe Passiva	**1.300**		**220**		**340**	**1.420**
Gewinn- und Verlustrechnung						
Erlöse	2.000					2.000
Abschreibungen	−175	2	40			−215
Sonstige Aufwendungen	−1.645					−1.645
Jahresüberschuss/-fehlbetrag	**180**	**E**	**−40**			**140**

Konsolidierung zum 31.12.2018

31.12.2018		UB II	M+T	Konzernüberleitung			Konzern- schlussbilanz
	Mutter	Tochter	Summe				31.12.18
	31.12.	31.12.	31.12.		Soll		Haben	
Firmenwert				1	280	2	56	224
Beteiligung	1.000		1.000			1	1.000	0
Sonstiges Vermögen	2.270	1.420	3.690					3.690
Summe Aktiva	**3.270**	**1.420**	**4.690**		**280**		**1.056**	**3.914**
Nennkapital	1.400	480	1.880	1	480			1.400
Gewinnrücklage/Bilanz- gewinn	1.020	240	1.260	1 2 E	240 28 348	3	320	964
Nicht beherrschende Anteile		180	180					180
Fremdkapital	850	520	1.370					1.370
Summe Passiva	**3.270**	**1.420**	**4.690**		**1.096**		**320**	**3.914**
Gewinn- und Verlustrech- nung								
Erlöse	3.200	2.000	5.200					5.200
Abschreibungen	−230	−215	−445	2	28			−473
Sonstige Aufwendungen	−2.770	−1.645	−4.415					−4.415
Erträge aus Beteiligungen	320		320	3	320			0
Jahresüberschuss/-fehl- betrag	**520**	**140**	**660**	**E**	**348**			**312**

Zusammensetzung der Gewinnrücklage zum 31.12.2018

Stand Gewinnrücklage 1.1.2018		930
Jahresüberschuss	312	
davon an nicht beherrschende Gesellschafter	−28	
Auschüttungen: Mutter an Gesellschafter	−250	
Stand 31.12.2018		964

Die Gewinnausschüttung der Tochter an die nicht beherrschenden Gesellschafter wird vom Minderheitenanteil abgezogen.

Buchungssätze

			Soll	Haben
1	Auflösung stille Reserven	1	160	
	an Gewinnrücklage	1		160
	Wiedereinbuchung			
2	Abschreibung stille Reserven	2	40	
	an Sonstiges Vermögen	2		40
	Jahresabschr Stille Reserven Maschinen			
3	Stammkapital	3	120	
	Gewinnrücklagen	3	60	
	an nicht beherrschende Anteile	3		180
	20 % Minderheitenanteil			
	Kapitalkonsolidierung			
1	Firmenwert	1	280	
	Stammkapital	1	480	
	Gewinnrücklage	1	240	
	an Beteiligung	1		1.000
	Wiedereinbuchung Kapitalkonsolidierung			4
2	Abschreibung Firmenwert	2	28	
	Eigenkapital	2	28	
	an Firmenwert	2		56
3	Beteiligungserträge	3	320	
	an Gewinnrücklage	3		320
	Rückgängigmachung des Ertrages aus interner Gewinnausschüttung			

Der Firmenwert verringert sich jährlich um die Abschreibung von 28. Da jedoch die Wiedereinbuchung bei der Kapitalkonsolidierung zu Anfangswerten erfolgt, ist die Abschreibung des Jahres 2017 über das Eigenkapitalkonto wieder nachzutragen. Es wäre durchaus möglich, den Firmenwert gleich mit dem verminderten Betrag des Jahresbeginns einzubuchen und die vergangene Abschreibung sofort vom Eigenkapital abzubuchen.

Konzernkapitalentwicklung im Jahre 2018

	Summe	*Nenn-kapital*	*Rück-lagen*	*Nicht beherr-schende*
Stand 1.1.02	*2.562*	*1.400*	*930*	*232*
Ausschüttungen	−330		−250	−80
Jahresüberschuss	312		284	28
	2.544	**1.400**	**964**	**180**

Ausschüttungen

Konzernmäßig gelten nur die an Außenstehende geleisteten Auszahlungen:

Tochter an	
Minderheiten	*80*
Mutter an Gesellschafter	*250*
Gesamt	*330*

4.413.1 Kapitalkonsolidierung bei Veränderung des Beteiligungsumfanges

In folgender Tabelle sind die **möglichen Kombinationen der Veränderung der Beteiligungsverhältnisse im Rahmen der Konzernbeziehungen** zusammengefasst:

				kein Beteiligungsverhältnis	„einfache" Beteiligung	Equity-Bewertung	Quotenkonsolidierung	Vollkonsolidierung
1	0			←	→			
2			Eq	←		→		
3		Q		←			→	
4		V		←				→
5			Eq		←	→		
6		Q			←		→	
7		V			←			→
8			Eq			←	→	
9			Eq			←		→
10		Q					←	→
11	0				←→			
12			Eq			←→		
13		Q					←→	
14		V						←→

Erläuterungen zur Tabelle:

Symbole:

V: die entsprechende Veränderung wird im folgenden Abschnitt behandelt;

Q: die hier beschriebene Veränderung wird im Abschnitt über die Quotenkonsolidierung besprochen;

Eq: diese Veränderung wird im Abschnitt über die Equity-Bewertung behandelt;

0:     gehört nicht zu den spezifischen Fragen der Konzernrechnungslegung.

Bedeutung der Pfeile:

Zeile 1   das Mutterunternehmen erwirbt eine „einfache" Beteiligung, dh eine Beteiligung, die nach den allgemeinen Vorschriften zu behandeln ist und nicht nach Sondervorschriften im Rahmen der Konzernrechnungslegung;

Zeile 2   das Mutterunternehmen erwirbt eine Beteiligung, die im Konzernabschluss nach dem Equity-Verfahren behandelt wird;

Zeile 3   das Mutterunternehmen erwirbt eine Beteiligung, die zur Quotenkonsolidierung führt;

Zeile 4   das Mutterunternehmen erwirbt eine Beteiligung, die zur Vollkonsolidierung führt;

Zeile 5	das Mutterunternehmen hat bereits eine einfache Beteiligung; der Erwerb zusätzlicher Anteile an diesem Unternehmen führt zur Equity-Bewertung;
Zeile 6	das Mutterunternehmen besitzt bereits eine einfache Beteiligung; durch den Erwerb zusätzlicher Anteile kommt es zu einer Quotenkonsolidierung;
Zeile 7	das Mutterunternehmen hat bereits eine einfache Beteiligung; durch den Erwerb zusätzlicher Anteile entsteht ein vollkonsolidierungspflichtiges Tochterunternehmen;
Zeile 8	das Mutterunternehmen hat bereits eine equitybewertete Beteiligung; durch den Erwerb zusätzlicher Anteile kommt es zur Quotenkonsolidierung;
Zeile 9	das Mutterunternehmen hat bereits eine equitybewertete Beteiligung; durch den Erwerb zusätzlicher Anteile entsteht eine vollkonsolidierungspflichtige Tochtergesellschaft;
Zeile 10	das Mutternehmen hat bereits eine quotenkonsolidierte Beteiligung (Gemeinschaftsunternehmen); durch den Erwerb zusätzlicher Anteile entsteht ein vollkonsolidierungspflichtiges Tochterunternehmen;
Zeile 11	auch nach dem Erwerb zusätzlicher Anteile an einem Unternehmen besteht nach wie vor eine einfache Beteiligung;
Zeile 12	das Mutterunternehmen erwirbt zusätzliche Anteile; trotz des zusätzlichen Beteiligungserwerbes kann nach wie vor eine Equity-Bewertung durchgeführt werden;
Zeile 13	das Mutterunternehmen erwirbt zusätzliche Anteile an einem Gemeinschaftsunternehmen, ohne dass sich der Charakter dieses Beteiligungsunternehmens als Gemeinschaftsunternehmen verändert;
Zeile 14	das Mutterunternehmen erwirbt zusätzliche Anteile an einem bereits vollkonsolidierungspflichtigen Tochterunternehmen.

4.413.2 *Veränderung der Beteiligungsverhältnisse innerhalb der Vollkonsolidierung*

Diese führen bei gleichbleibendem prozentualem Beteiligungsverhältnis grundsätzlich zu keiner Änderung bei der Kapitalkonsolidierung.

4.413.21 Kapitalerhöhung bei einer Tochtergesellschaft

Bei Barleistungen anlässlich einer Kapitalerhöhung stehen einander die Erhöhung des Buchwertes der Beteiligung und die Erhöhung des Eigenkapitals des Tochterunternehmens in gleichem Ausmaß gegenüber.

Bei Sacheinlagen können sich jedoch durch die unterschiedliche Bewertung beim einbringenden Unternehmen und beim empfangenden Unternehmen Unterschiede ergeben. Hier liegt ein Fall der Zwischenergebniseliminierung vor, sodass auf Grund dieser Vorschrift bei der Aufstellung des Konzernabschlusses die Bewertung auf den gleichen Betrag zurückgeführt werden muss, das heißt, dass die Differenz mit dem Buchwert des eingebrachten Vermögens zu verrechnen ist (Eigenkapital an Vermögen).

Eventuelle Anschaffungsnebenkosten sind aufwandswirksam zu erfassen.

Erhöht sich bei einer Kapitalerhöhung die Beteiligungsquote des Mutterunternehmens, ist dieser Vorgang wie ein Anteilserwerb zu behandeln.

4.413.22 Erwerb zusätzlicher Anteile von den anderen Gesellschaftern

Die Art der Behandlung des Erwerbes zusätzlicher Anteile im Rahmen eines bereits bestehenden Mutter-Tochterverhältnisses ist gesetzlich nicht geregelt und wird auch in der Literatur und Praxis nicht einhellig gesehen.

Aus diesem Grunde erscheint die Ansicht des deutschen DRSC im DRS 23, Tz 166–172 auch für österreichische Verhältnisse anwendbar zu sein, da die gesetzlichen Grundlagen in beiden Ländern weitgehend übereinstimmen.

Sowohl § 301 Abs 1 dHGB als auch § 254 Abs 1 UGB verlangen bei der Kapitalkonsolidierung den Ansatz des Eigenkapitals mit dem Betrag, der dem beizulegenden Zeitwert der in den Konzernabschluss aufzunehmenden Vermögensgegenständen, Rückstellungen, Verbindlichkeiten, Rechnungsabgrenzungen (und Sonderposten) entspricht, der diesen an dem für die Verrechnung nach Abs 2 gewählten (maßgeblichen) Zeitpunkt beizulegen ist.

Der wesentliche Unterschied liegt darin, dass der österreichische Gesetzgeber den Zeitwertansatz nach oben mit den Anschaffungskosten des Mutterunternehmens für die Anteile an dem einbezogenen Tochterunternehmen begrenzt.

Gemäß DRS 23 Tz 166 kann der Erwerb innerhalb eines bereits bestehenden Mutter-Tochterverhältnisses entweder als „Erwerbsvorgang" oder als „Kapitalvorgang" unter der Bedingung des Beibehaltens einer sachlich und zeitlich anzuwendenden Stetigkeit abgebildet werden.

Bei einer **Interpretation als Erwerbsvorgang** sind die Vermögensgegenstände und Schulden anteilig in Höhe des Zuerwerbs neu zu bewerten. Der sich ergebende Unterschiedsbetrag aus der Kapitalverrechnung der neuen Anteile mit dem auf diese Anteile entfallenden neubewerteten Eigenkapital ist gem § 254 Abs 3 in Verbindung mit § 261 zu behandeln.

Bei einer Interpretation als Kapitalvorgang findet keine Neubewertung statt. Vielmehr sind die Anschaffungskosten der weiteren Anteile mit dem hierauf entfallenden Anteil anderer Gesellschafter am Eigenkapital zum Zeitpunkt des Erwerbs dieser Anteile zu verrechnen. Sofern sich nach dieser Verrechnung ein Unterschiedsbetrag ergibt, ist dieser erfolgsneutral mit dem Konzerneigenkapital zu verrechnen.

Beide Methoden sind in Österreich zulässig.

Beispiel 35

Anteilserwerb innerhalb des beherrschenden Einflusses

Das Mutterunternehmen hat bereits 70 % der Anteile an dem Tochterunternehmen erworben und erwirbt nunmehr weitere 10 % um 90.

Erfassen Sie den Anteilserwerb im Konzernabschluss unter folgenden Voraussetzungen:

Die UB II des Tochterunternehmens zeigt ein gesamtes Eigenkapital von 600; der nicht beherrschende Anteil beträgt 30 %, das sind 180.

Welche Buchungen sind vorzunehmen?

Buchung im Einzelabschluss der Mutter (= unabhängig von der Art der Behandlung des Zukaufes im Konzernabschluss)

Beteiligung an Verbindlichkeit 90

Buchung im Konzernabschluss:

a) Interpretation als Erwerbsvorgang

Kapitalkonsolidierung

Anteilzukauf von 10 %		*90*
Eigenkapital lt UB II	*600*	
davon 10 %		*60*
Firmenwert		*30*

Buchungen

		Soll	Haben
1	*Firmenwert*	*30*	
	Eigenkapital	*60*	
	an Beteiligung		*90*
	Kapitalkonsolidierung Neuerwerb		
2	*Eigenkapital (20 % von 600)*	*120*	
	an nicht beherrschende Anteile		*120*
	Fremdanteile 20%		

Der Firmenwert wird in der Folge planmäßig abgeschrieben.

Eigenkapital und Beteiligung werden zusätzlich zur bereits bestehenden Aufrechnung in der Folgekonsolidierung unverändert weitergeführt.

Erfassen Sie den Anteilserwerb im Konzernabschluss unter der geänderten Bedingung, dass sich im Vermögen der Tochtergesellschaft zusätzlich 100 an stillen Reserven befinden (Anwendung wie oben: Neubewertungsmethode).

Kapitalkonsolidierung

Anteilzukauf 10 %			*90*
Eigenkapital	*600*		
Zeitwertanhebung	*100*		
Eigenkapital gesamt	*700*	*davon 10 %*	*70*
Unterschiedsbetrag = Firmenwert			*20*

Buchungen

		Soll	Haben
1	*Vermögen*	*10*	
	an Eigenkapital (Neubewertungsrücklage)		*10*
	Neubewertung anteiliges Vermögen 10 %		
2	*Firmenwert*	*20*	
	Eigenkapital (Neubewertungsrücklage)	*10*	
	Eigenkapital	*60*	
	an Beteiligung		*90*
3	*Eigenkapital*	*120*	
	an nicht beherrschende Anteile		*120*
	Fremdanteile 20%		

Der wesentliche Unterschied zu einer Erstkonsolidierung liegt darin, dass die Zeitwertaufwertung nicht auf das gesamte Vermögen, sondern nur anteilsmäßig vorgenommen wird, somit die gleiche Behandlung erfährt wie der Firmenwert. Eine Aufwertung des bereits im Anteilsbesitz der Mutter liegenden Vermögens würde gegen die Grundsätze des UGB verstoßen.

b) Interpretation als Kapitalvorgang

Es findet keine Neubewertung des Vermögens statt. Der sich ergebende Unterschiedsbetrag von 30 wird gegen das Konzerneigenkapital verrechnet.

		Soll	Haben
1	*Unterschiedsbetrag*	*30*	
	Eigenkapital	*60*	
	an Beteiligung		*90*
	Unterschiedsbetrag Anteilsaufstockung		
2	*Eigenkapital*	*30*	
	an Unterschiedsbetrag		*30*
	Verrechnung Unterschiedsbetrag		
2	*Eigenkapital*	*120*	
	an nicht beherrschende Anteile		*120*
	Fremdanteile 20%		

Wenn im Laufe des Geschäftsjahres zu mehreren Zeitpunkten von anderen Gesellschaftern Anteile erworben wurden, kann für den Zeitpunkt der Verrechnung sinngemäß der § 254 Abs 2 angewandt werden, das heißt, es können sämtliche in diesem Jahr erworbenen Anteile auf einen Stichtag der erstmaligen Einbeziehung zusammengefasst werden.

4.413.23 Anteilsveräußerung ohne Aufgabe der beherrschenden Stellung

Im Gegensatz zur Meinung des DRS 20 sollte die Anteilsveräußerung grundsätzlich als Veräußerungsvorgang und nicht als Kapitalvorgang gesehen werden.

Sieht man die Anteilsveräußerung als Veräußerungsvorgang an, ist die Differenz zwischen dem Verkaufspreis der Anteile und dem hierauf entfallenden Anteil des Eigenkapitals zum Zeitpunkt der Veräußerung dieser Anteile erfolgswirksam in die Konzerngewinn- und -verlustrechnung einzustellen.

Bezogen auf den Konzernabschluss ergibt sich der Verkaufserfolg aus dem Verkaufserlös abzüglich dem Buchwert des anteiligen Eigenkapitals gemäß der UB II inkl der darin enthaltenen stillen Reserven und inkl des aufzulösenden Anteils am Firmenwert.

Der auf die verkauften Anteile entfallende Anteil des Eigenkapitals ist als „nicht beherrschende Anteile" auszuweisen. Zusammen mit den bereits bestehenden Teilen ergibt sich daraus der neue Stand der nicht beherrschenden Anteile.

Solange das Tochterunternehmen im Konsolidierungskreis bleibt, bleiben bei Anwendung der Neubewertungsmethode sämtliche aufgelösten stillen Reserven erhalten, während der nur auf die Anteile des Mutterunternehmens bezogene Firmenwert anteilsmäßig gekürzt wird.

Durch den Verkauf der Anteile und der damit verbundenen Erhöhung der nicht beherrschenden Anteile kommt es zu einem insgesamt höheren Eigenkapitalausweis im Konzernabschluss, weil der bisher mit der Beteiligung verrechnete Anteil nunmehr unter den nicht beherrschenden Anteilen ausgewiesen wird.

Der Forderung des DRS 23 in Tz 168, die in den verkauften Anteilen enthaltenen Firmenwertanteile ebenfalls unter den nicht beherrschenden Anteilen auszuweisen, wird hier nicht gefolgt, da dies nach Meinung der Verfasser nicht dem Gesetz entspräche.

Die Interpretation als Kapitalvorgang würde dazu führen , dass die Differenz zwischen dem Verkaufspreis der Anteile und dem hierauf entfallenden Anteil des Eigenkapitals erfolgsneutral in das Konzerneigenkapital einzustellen ist. Der auf die verkauften Anteile entfallende Anteil des Eigenkapitals wäre als „nicht beherrschende Anteile" auszuweisen. Das UGB lässt nach Meinung der Verfasser die Interpretation der Anteilsveräußerung als Kapitalvorgang nicht zu.

Beispiel 36 (Fortsetzung des Beispiels 34)

Anteilsveräußerung ohne Aufgabe der beherrschenden Stellung

*Das Mutterunternehmen welches 80 % am Tochterunternehmen besitzt, veräu-
ßert Ende des Geschäftsjahres 2018 10 % der Unternehmensanteile.*

*Der letzte Einzel- und Konzernabschluss des Jahres 2018 ist vor dem Verkauf des
Anteils dargestellt.*

Alternative zum Beispiel 34:

*Im Jahre 2018 werden 10 % der Unternehmensanteile des nachfolgend darge-
stellten Tochterunternehmens, von dem das Mutterunternehmen 80 % besitzt, zu
einem Preis von 140 verkauft.*

*Nachstehend wird zunächst das Jahr 2018 ohne den Verkauf dargestellt. In der
nächsten Tabelle werden dann die notwendigen Buchungen, die durch den Verkauf von 10 % der Anteile erforderlich werden, durchgeführt.*

Darstellung des Jahresabschlusses 02 ohne den Verkauf

Darstellung des Jahreskonzernabschlusses 2018 vor dem Verkauf

Konsolidierung zum 31.12.2018

31.12.2018		UB II	M+T	Konzernüberleitung				Konzern-schluss-bilanz
	Mutter	Tochter	Summe					31.12.18
	31.12.	31.12.	31.12.		Soll		Haben	
Firmenwert				1	280	2	56	224
Beteiligung	1.000		1.000			1	1.000	0
Sonstiges Vermögen	2.270	1.420	3.690					3.690
Summe Aktiva	**3.270**	**1.420**	**4.690**		**280**		**1.056**	**3.914**
Nennkapital	1.400	480	1.880	1	480			1.400
Gewinnrücklage/ Bilanzgewinn	1.020	240	1.260	1 2 E	240 28 348	3	320	964
Nicht beherr-schende Anteile		180	180					180
Fremdkapital	850	520	1.370					1.370
Summe Passiva	**3.270**	**1.420**	**4.690**		**1.096**		**320**	**3.914**

31.12.2018			UB II	M+T	Konzernüberleitung			Konzern-schluss-bilanz
	Mutter	Tochter	Summe					31.12.18
Gewinn- und Verlustrechnung								
Erlöse	3.200	2.000	5.200					5.200
Abschreibungen	–230	–215	–445	2	28			–473
Sonstige Aufwen-dungen	–2.770	–1.645	–4.415					–4.415
Erträge aus Betei-ligungen	320			320	3	320		0
Jahresüberschuss/-fehlbetrag	**520**	**140**	**660**	E	348			**312**

Mit dem Verkauf verbundene Buchungen

Buchungen im Einzelabschluss des Mutterunternehmens

Verkaufserlös für 10 % der Anteile = 12,5 % der Beteiligung	140
Buchwert der verkauften Anteile 12,5 % von 1.000	125
Veräußerungsgewinn	15

Buchungssätze

1	Forderungen aus Beteiligungsverkauf	140	
	an Beteiligungserlöse		140
2	Beteiligungserlöse	140	
	an Beteiligungen		125
	Erträge aus der Veräußerung von Beteiligungen	15	

Buchungen des Verkaufes im Konzern

Konzernmäßig stellt der Verkauf nicht den Verkauf einer Beteiligung, sondern einen Anlagenverkauf (asset deal) dar, weil die Tochtergesellschaft eine Betriebsstätte ist.

Ermittlung des Veräußerungsergebnisses

Verlaufserlös für 10 % der Betriebsstätte			140
Buchwert der verkauften Anlagen			
Gesamter Buchwert der Tochter	Nennkapital	480	
	Gewinnrücklagen	240	
	Fremdanteile	180	
	Gesamt		**900**
davon 10 % (= anteiliger Buchwert des verkauften Anteils)			90

Da der Firmenwert ausschließlich die Tochtergesellschaft betrifft, ist dieser anteilsmäßig in den Wert des verkauften Anteils einzurechnen:

Firmenwert für 80 %	*280*	
Abschreibung für 2 Jahre	*–56*	
Restwert für 80 % vor Verkauf	*224*	
Verkaufter Anteil 10 % der Tochter betrifft 12,5 % des Firmenwertes 224/	*–28*	*28*
Buchwert der verkauften Anlagen		**118**
Veräußerungsergebnis (140–118)		*22*
Buchwert des Firmenwertes nach der Veräußerung von 10 % der Anlagen	*196*	

Darstellung des Jahresabschlusses 2018 nach dem Verkauf

Überleitung von der UB I in die UB II

Hier ändert sich durch den Verkauf nur die Umbuchung 3, da nunmehr 30 % nicht beherrschende Anteile vorhanden sind:

	Tochter 31.12.		Überleitung Tochter in die UB II			UB II Tochter 31.12.
			Soll		Haben	
Firmenwert						
Beteiligung						
Sonstiges Vermögen	*1.300*	*1*	*160*	*2*	*40*	*1.420*
Summe Aktiva	**1.300**		**160**		**40**	**1.420**
Nennkapital	*600*	*3*	*180*			*420*
Gewinnrücklage/Bilanzgewinn	*180*	*E 3*	*40 90*	*1*	*160*	*210*
Nicht beherrschende Anteile				*3*	*270*	*270*
Fremdkapital	*520*					*520*
Summe Passiva	**1.300**		**310**		**430**	**1.420**
Gewinn- und Verlustrechnung						
Erlöse	*2.000*					*2.000*
Erträge aus Anlagenveräußerung						
Abschreibungen	*–175*	*2*	*–40*			*–215*
Sonstige Aufwendungen	*–1.645*					*–1.645*
Jahresüberschuss	**180**		**–40**			**140**

Buchungssätze

In der Überleitung wird lediglich die Buchung 3, nämlich der Anteil der nicht beherrschenden Anteile, von 20 % auf 30 % geändert. Da sich die Höhe des Buchwertes nicht geändert hat, beträgt der Fremdanteil nunmehr 30 % von 900 = 270. Der Verkauf spielt sich im Konzern ab.

1	Sonstiges Vermögen	160	
	an Gewinnrücklage		160
2	Abschreibungen	40	
	an sonstiges Vermögen		40
3a	Nennkapital (20 %)	120	
	Gewinnrücklage (20 %)	60	
	an nicht beherrschende Anteile		180
	Wiedereinbuchung Fremdanteile		
3b	Nennkapital (10 %)	60	
	Gewinnrücklage (10 %)	30	
	an nicht beherrschende Anteile		90
	Zugang nicht beherrschender Anteile		

Konsolidierung

	UB II			M+T	Konzernüberleitung				Konzern-schlussbilanz
	Mutter	Tochter	Summe						
	31.12.	31.12.	31.12.			Soll		Haben	
Firmenwert				4		280	5 8	56 28	196
Beteiligung	875		875	7		125	4	1.000	0
Sonstiges Vermögen	2.410	1.420	3.830						3.830
Summe Aktiva	**3.285**	**1.420**	**4.705**			**405**		**1.084**	**4.026**
Nennkapital	1.400	420	1.820	4		480	8	60	1.400
Gewinnrücklage/Bilanzgewinn	1.035	210	1.245	4 5 E		240 28 341	6 8	320 30	986
Nicht beherrschende Anteile		270	270						270
Fremdkapital	850	520	1.370						1.370
Summe Passiva	**3.285**	**1.420**	**4.705**			**1.089**		**410**	**4.026**

		UB II		M+T	Konzernüberleitung				Konzern-schlussbilanz
		Mutter	Tochter	Summe					
		31.12.	31.12.	31.12.		Soll		Haben	
Gewinn- und Verlustrechnung									
Erlöse		3.200	2.000	5.200					5.200
Erträge aus Anlagenveräuße-rung					8	118	7	140	22
Abschreibungen		−230	−215	−445	5	28			−473
Sonstige Aufwendungen		−2.770	−1.645	−4.415					−4.415
Erträge aus Beteiligungen		320		320	6	320			
Erträge aus Anteilsveräuße-rung		15		15	7	15			
Jahresüberschuss		**535**	**140**	**675**	E	**341**			**334**

Buchungssätze im Rahmen der Konzernkonsolidierung

Neuausrichtung der Kapitalkonsolidierung auf 30 % Fremdanteil, wobei der Beteiligungsansatz und das Eigenkapital unabhängig vom erzielten Verkaufspreis prozentuell angepasst wird:

Beteiligungsansatz für 80 % der Anteile		1.000
Beteiligungsansatz für 70 % der Anteile (= 1000–125)		875
Buchwert Tochter		900
Anteil des Mutterunternehmens	70 % von 900	630
Firmenwert für 70 % der Anlagen		
bisherige Abschreibung 2/10		49
Restwert Firmenwert nach Veräußerung von 10 % der Anlagen		196

Die Buchungen 4 und 5 dienen der Herstellung der Bilanzidentität zu Beginn des Geschäftsjahres:

4	Firmenwert	280	
	Nennkapital	480	
	Gewinnrücklagen	240	
	an Beteiligungen		1.000
	Wiederholung Kapitalkonsolidierung, Herstellung Bilanzidentität (zusammen mit Buchung 5)		

5	Abschreibungen Gewinnrücklage an Firmenwert Abschreibung Firmenwert für 2 Jahre, davon das Vor- jahr gegen die Gewinnrücklage, da bereit erfolgsmäßig erfasst Herstellung Bilanzidentität	28 28	 56
6	Erträge aus Beteiligungen an Gewinnrücklage Rückbuchung, da die Gewinnausschüttung der Tochter an die Mutter konzernmäßig keine Gewinnausschüttung darstellt	320	 320
7	Beteiligung Erträge aus Anteilsveräußerung an Erträge aus Anlagenveräußerung Umbuchung Beteiligungsveräußerung, da diese im Kon- zern eine Veräußerung von Anlagen darstellt	125 15	 140
8	Erträge aus Anlagenveräußerung (10 % der ausgeschie- denen Buchwerte) an Nennkapital Gewinnrücklage Firmenwert Buchwert der verkauften Anlagen	118	 60 30 28

Darstellung des Konzernabschlusses zum 31.12.2018

Konzernschlussbilanz 31.12.2018	2018	2017
Firmenwert	196	252
Sonst Vermögen	3.830	3.810
Summe Aktiva	**4.026**	**4.062**
Nennkapital	1.400	1.400
Gewinnrückl/Bilanzgewinn	986	930
Nicht beherrschende Anteile	270	232
Fremdkapital	1.370	1.500
Summe Passiva	**4.026**	**4.062**

Gewinn- und Verlustrechnung 2018

Erlöse	5.200	5.100
Erträge aus Anlagenveräußerung	22	
Abschreibungen	−473	−468
Sonstige Aufwendungen	−4.415	−4.250
Jahresüberschuss/-fehlbetrag	334	382

Entwicklung des Konzerneigenkapitals

Konzern	Summe	Nenn-kapital	Rücklage	nicht beherr-schende Anteile
Stand 1.1.2017	2.180	1.400	600	180
Gewinn 2017	382		330	52
Stand 31.12.2017	2.562	1.400	930	232
Gewinn 2018	334		306	28
Gewinnausschüttung	−330		-250	-80
Zugang Minderheit	90			90
Stand 31.12.2018	**2.656**	**1.400**	**986**	**270**

Konzerneröffnungsbilanz am 1.1.2019 im Hinblick auf das Eigenkapital und den Firmenwert

1. Überleitung von UB I in die UB II

Eigenkapital	270	
an nicht beherrschende Anteile		270

2. Überleitung in der Konsolidierung

Nennkapital	420	
Gewinnrücklagen	210	
Firmenwert	245	
an Beteiligung		875
Eigenkapital	49	
an Firmenwert		49
Vorjahresabschreibung Firmenwert		

4.413.3 Entkonsolidierung – Anteilsveräußerung mit Aufgabe der beherrschenden Stellung

Jede Anteilsveräußerung, die zu einem Verlust der beherrschenden Stellung des Mutterunternehmens führt, ist mit einer Entkonsolidierung des jeweiligen Tochterunternehmens verbunden. Entkonsolidierung bedeutet, dass infolge der Veräußerung von Anteilen an einem vollkonsolidierten Tochterunternehmen durch das Mutterunternehmen das Tochterunternehmen aus dem Konsolidierungskreis ausscheidet. Die Behandlung des ehemaligen Tochterunternehmens als assoziiertes Unternehmen ist jedoch bei Vorliegen der entsprechenden Voraussetzungen durchaus möglich.

Das **Veräußerungsergebnis im Einzelabschluss des Mutterunternehmens** wird bei Veräußerung des gesamten Anteils durch Gegenüberstellung des Veräußerungs-erlöses und des Buchwertes der Beteiligung laut Einzelabschluss des Mutterunter-nehmens (= Anschaffungskosten bzw Anschaffungskosten abzüglich einer zwischenzeitig durchgeführten außerplanmäßigen Abschreibung) ermittelt.

Aus dieser Gegenüberstellung ergibt sich entweder ein Veräußerungsgewinn oder -verlust; der Ausweis erfolgt in der Gewinn- und Verlustrechnung des Mutter-unternehmens unter § 231 Abs 2 Z 13 „Erträge aus dem Abgang von … Finanzanla-gen" bzw unter Z 14 „Aufwendungen aus Finanzanlagen …, b) Aufwendungen aus verbundenen Unternehmen".

Das in der Konzern-Gewinn- und Verlustrechnung auszuweisende Ergebnis ist dagegen unter Z 4a und 8 auszuweisen und wie folgt zu ermitteln:

1. Veräußerungserlös für die Beteiligung am Tochterunternehmen;
2. abzüglich Eigenkapital des Tochterunternehmens zum Zeitpunkt der Veräußerung, ermittelt nach den Grundsätzen für die Aufstellung des Konzernabschlusses (dh Eigenkapital des Tochterunternehmens, wie es sich aus der UB II ergibt);
3. abzüglich noch nicht verrechneter aktiver Unterschiedsbeträge (Firmenwert),
4. zuzüglich noch nicht verrechneter passiver Unterschiedsbeträge;

Beispiel 37
Entkonsolidierung

Anteilsverkauf bei einer Tochtergesellschaft mit Mehrheitsverlust

Das Mutterunternehmen hat im Jahr X1 100% der Anteile am Tochterunternehmen um einen Betrag von 70 Mio erworben	*70 Mio*
Der Buchwert des Eigenkapitals des Tochterunternehmens zum Erwerbs-stichtag nach den Grundsätzen für die Aufstellung der UB II betrug	*50 Mio*
Vom aktiven Unterschiedsbetrag (Firmenwert) in der Höhe von	*20 Mio*
wurden bis zum Stichtag der Veräußerung in den Konzernabschlüssen	*10 Mio*
erfolgswirksam verrechnet;	
noch nicht verrechneter Rest	*10 Mio*
Die Beteiligung wurde vom Mutterunternehmen im Jahr 5 um einen Betrag von	*100 Mio*
veräußert; der Buchwert der Beteiligung entspricht den Anschaf-fungskosten von	*70 Mio*
Ertrag aus der Veräußerung der Beteiligung in der Gewinn- und Verlustrechnung des Mutterunternehmens daher	*30 Mio*

Das Eigenkapital des Tochterunternehmens hat sich ab dem Er-
werbsstichtag wie folgt entwickelt:

Eigenkapital zum Erwerbsstichtag	*50 Mio*
Gewinne für den Zeitraum der Konzernzugehörigkeit, ermittelt nach den Grundsätzen für die UB II	*40 Mio*
Gewinnausschüttungen an das Mutterunternehmen	*–15 Mio*
= Eigenkapital des Tochterunternehmens lt UB II zum Stichtag der Veräußerung	*75 Mio*

(Es besteht weder ein offener Saldo aus eliminierten Zwischenergebnissen noch ein Saldo von Erfolgsdifferenzen aus der Schuldenkonsolidierung bzw aus der Währungsumrechnung.)

Das Veräußerungsergebnis für die Konzern-Gewinn- und -Verlustrechnung ergibt sich wie folgt:

Veräußerungserlös	*100 Mio*
abzüglich Eigenkapital des Tochterunternehmens lt UB II	*75 Mio*
abzüglich noch nicht verrechneter aktiver Unterschiedsbeträge	*10 Mio*
Veräußerungsgewinn	*15 Mio*

Das Gesamtergebnis aus der laufenden Geschäftigkeit und der Veräußerung des Tochterunternehmens stellt sich im Einzelabschluss des Mutterunternehmens und im Konzernabschluss wie folgt dar:

Einzelabschlüsse des Mutterunternehmens

vom Tochterunternehmen erhaltene Gewinnausschüttungen	*15 Mio*
Veräußerungsgewinn	*30 Mio*
	45 Mio

Konzernabschlüsse

Gewinne des Tochterunternehmens für den Zeitraum der Konzernzugehörigkeit	*40 Mio*
abzüglich bisher nicht verrechneter aktiver Unterschiedsbeträge	*10 Mio*
	30 Mio
zuzüglich Veräußerungsergebnis lt Konzern-Gewinn- und -Verlustrechnung	*15 Mio*
	45 Mio

Die Anlagegegenstände des veräußerten Tochterunternehmens sind im **Anlagenspiegel** (zweckmäßigerweise in einer eigenen Spalte „Abgänge aus der Veränderung des Konsolidierungskreises") als Abgang auszuweisen.

Da eine **Zuordnung des Veräußerungserlöses** auf die einzelnen ausgeschiedenen Vermögensgegenstände mit entsprechendem Einzelausweis in der Konzern-Gewinn- und Verlustrechnung nicht praktikabel ist, außerdem die Zuordnung zu zahlreichen Zweifelsfragen Anlass gibt, kann es als zulässig betrachtet werden, den sich ergebenden Saldo in einem einzigen Betrag auszuweisen. *ADS* (Rechnungslegung und Prüfung der Unternehmen[6]) schlagen in Rz 267 zu § 301 den Ausweis dieses Saldos unter den **„sonstigen betrieblichen Erträgen"** oder **„sonstigen betrieblichen Aufwendungen"** vor (vgl *Bergmann/Schörghofer*, in *Straube*[3], Rz 129 zu § 254).

Die Bedenken von *Busse von Colbe/Ordelheide/Gebhardt/Pellens* (Konzernabschlüsse[8], Wiesbaden 2006, S 274), dass in der Saldierung der Aufwendungen aus dem Abgang der einzelnen Vermögensgegenstände und der Erträge aus dem Abgang der Schulden des Tochterunternehmens eine Verletzung des Verrechnungsverbotes gesehen werden könnte, werden von den Verfassern nicht geteilt. Folgen sollte man dagegen dem an gleicher Stelle gebrachten Vorschlag, den Veräußerungsgewinn oder -verlust aus dem Abgang von Tochterunternehmen gesondert auszuweisen oder im Anhang anzugeben und zu erläutern.

Wenn die Veräußerung der Beteiligung am Tochterunternehmen nicht zum Ende oder Beginn eines Konzerngeschäftsjahres erfolgt und kein Zwischenabschluss zum Zeitpunkt der Veräußerung aufgestellt wird, ergibt sich die Frage der **Behandlung der anteiligen Erträge und Aufwendungen des ausscheidenden Tochterunternehmens**.

In der **Stellungnahme HFA 3/1995 des IDW: „Konzernrechnungslegung bei Änderung des Konsolidierungskreises"**, Kapitel II, „Umfang der in den Konzernabschluss aufzunehmenden Aufwendungen und Erträge bei unterjährigen Änderungen des Konsolidierungskreises" (Die Wirtschaftsprüfung 1995, S 697 f), heißt es dazu:

„Grundsätzlich ist davon auszugehen, dass mangels einer gesonderten Regelung eine **Aufteilung der Aufwendungen und Erträge erforderlich** *ist; die Erträge und Aufwendungen für den Zeitraum der Konzernzugehörigkeit sind daher in die Konzern-Gewinn- und Verlustrechnung aufzunehmen. Mangels Vorliegens eines Zwischenabschlusses könnten die Aufwendungen und Erträge* **ersatzweise statistisch ermittelt** *werden, wobei die Abgrenzung zeitanteilig vorgenommen werden kann, wenn der Geschäftsverlauf nicht saisonal bestimmt ist. Diese Aufteilung bestimmt grundsätzlich auch das anteilige Konzernergebnis.*

Wenn jedoch den Aufwendungen und Erträgen erstmals konsolidierter Unternehmen im Vergleich zu den Gesamtaufwendungen und Erträgen des Konzerns keine wesentliche Bedeutung zukomme, **könne von einer Aufteilung und anteiligen Einbeziehung vereinfachend abgesehen werden**. *Man könne daher, je nach dem Zeitraum der Konzernzugehörigkeit, die Aufwendungen und Erträge für das gesamte Konzerngeschäftsjahr in die Konsolidierung einbeziehen bzw auf deren Einbeziehung* *ganz verzichten. Entsprechendes gilt grundsätzlich auch für Unternehmen, deren Konzernzugehörigkeit im Laufe des Geschäftsjahres weggefallen ist und deren anteilige Aufwendungen und Erträge letztmals zu konsolidieren sind. Wenn die erforderlichen Informationen nicht zur Verfügung stehen, ist – auch in Fällen von Bedeutung – von einer Einbeziehung abzusehen. In Fällen von Bedeutung ist im Konzernanhang auf diese Tatsache hinzuweisen."*

Je nach dem Umfang der Beteiligungsveräußerung bzw der nachfolgenden Stellung der bisherigen Tochtergesellschaft verbleibt diese nach der Anteilsveräußerung entweder als assoziiertes Unternehmen, als gewöhnliche Beteiligung oder wird zur Gänze veräußert.

Für die Entkonsolidierung ist es wesentlich festzustellen, ob das Tochterunternehmen durch den Verkauf der Anteile zu einem assoziierten Unternehmen wird oder als gewöhnliche Beteiligung verbleibt bzw ausscheidet

Verbleibt die bisherige Tochtergesellschaft als assoziiertes Unternehmen bestehen, wird die Beteiligung in der Folge im Konzernabschluss mit dem bisherigen Konzernbuchwert inkl den stillen Reserven und dem anteiligen Firmenwert ausgewiesen (DRS 23, Tz 186). Bezüglich der weiteren Behandlung siehe das Kapitel 5 (Equity-Bilanzierung).

Für den Fall, dass die bisherige Tochtergesellschaft als gewöhnliche Beteiligung verbleibt, sind gem DRS 23 Tz 190 die Konzernbuchwerte zum Zeitpunkt des Abganges im Konzern als Anschaffungskosten weiterzuführen. Bezüglich eines noch nicht abgeschriebenen Firmenwertes vertritt *Fröhlich* die Meinung, dass dieser nur weitergeführt werden könne, wenn er im Tochterunternehmen realisiert und nicht ein vom Konzern geschaffener Firmenwert ist (*Fröhlich*[3], S 775).

Beispiel 38

Anteilsveräußerung mit Aufgabe der beherrschenden Stellung und anschließendem Status eines assoziierten Unternehmens

Alternative zum Beispiel 36

Das Mutterunternehmen, welches 80 % am Tochterunternehmen besitzt, veräußert Ende des Geschäftsjahres 2018 50 % ihres Anteils, das sind 40 % des Anteils an der bisherigen Tochtergesellschaft, die dadurch zum assoziierten Unternehmen wird.

Der Verkaufspreis des Anteils beträgt 660, der Buchwert des veräußerten Anteils bei dem Mutterunternehmen 500.

Nachstehend wird zunächst das Jahr 2018 ohne den Verkauf dargestellt. In der nächsten Tabelle werden dann

die notwendigen Buchungen, die durch den Verkauf von 50 % der Anteile erforderlich werden, durchgeführt.

Konzernjahresabschluss zum 31.12.18 vor dem Verkauf des 40 %igen Anteils
(die Tabelle entspricht dem Beispiel 36)

31.12.2018		UB II	M+T	Konzernüberleitung				Konzern-schlussbilanz
	Mutter	Tochter	Summe					31.12.18
	31.12.	31.12.	31.12.		Soll		Haben	
Firmenwert				1	280	2	56	224
Beteiligung	1.000		1.000			1	1.000	0
Sonstiges Vermögen	2.270	1.420	3.690					3.690
Summe Aktiva	**3.270**	**1.420**	**4.690**		**280**		**1.056**	**3.914**
Nennkapital	1.400	480	1.880	1	480			1.400
Gewinnrücklage/Bilanzgewinn	1.020	240	1.260	1 / 2 / E	240 / 28 / 348	3	320	964
Nicht beherrschende Anteile		180	180					180
Fremdkapital	850	520	1.370					1.370
Summe Passiva	**3.270**	**1.420**	**4.690**		**1.096**		**320**	**3.914**
Gewinn- und Verlustrechnung								
Erlöse	3.200	2.000	5.200					5.200
Abschreibungen	–230	–215	–445	2	28			–473
Sonstige Aufwendungen	–2.770	–1.645	–4.415					–4.415
Erträge aus Beteiligungen	320		320	3	320			0
Jahresüberschuss/-fehlbetrag	**520**	**140**	**660**	E	**348**			**312**

Darstellung des Konzernabschlusses nach dem Verkauf von 50 % der Beteiligung, wodurch diese von einer Tochtergesellschaft zu einem assoziierten Unternehmen wird

Bei diesem Beispiel wird davon ausgegangen, dass das Mutterunternehmen trotz Wegfalls des dargestellten Tochterunternehmens noch ein Konzernunternehmen bleibt. Im vorliegenden Fall besteht der einzige Unterschied zur Bilanz der Muttergesellschaft in der Bewertung der assoziierten Beteiligung, die in der Einzelbilanz um 28 höher bewertet wird.

Verkaufsbuchungen

Darstellung im Einzelabschluss des Mutterunternehmens

Verkaufserlös für 50 % der Anteile = 40 % der Beteiligung	*660*
Buchwert der verkauften Anteile 50% von 1.000	*500*
Veräußerungsgewinn	*160*

Buchungssätze

1	Forderungen aus Beteiligungsverkauf	660	
	an Beteiligungserlöse		660
2	Beteiligungserlöse	660	
	an Beteiligungen		500
	Erträge aus der Veräußerung von Beteiligungen		160

Die verbleibenden Anteile in Höhe von 500 werden in dieser Höhe in der Bilanz des Mutterunternehmens weitergeführt, unabhängig davon, ob es sich um eine assoziierte Beteiligung oder um eine normale Beteiligung handelt.

Für die Einzelbilanzen der im Konsolidierungskreis befindlichen Unternehmen gelten unverändert von der Konzernbewertung die Bestimmungen des UGB.

*Die Bewertung der verbleibenden Anteile erfolgt in der **Einzelbilanz des Mutterunternehmens** unabhängig von der Behandlung in der Konzernbilanz zu Anschaffungskosten abzüglich eventueller außerplanmäßiger Abschreibungen.*

Darstellung des Verkaufes im Konzern und Bewertung des verbleibenden Anteils in der Konzernbilanz

Konzernmäßig stellt der Verkauf nicht den Verkauf einer Beteiligung, sondern einen Anlagenverkauf (asset deal) dar, weil die Tochtergesellschaft eine Betriebsstätte ist. Da aber im vorliegenden Fall nach dem Verkauf aus dem Tochterunternehmen ein assoziiertes Unternehmen geworden ist, scheidet es aus dem Konsolidierungskreis aus und wird als assoziiertes Unternehmen in der Konzernbilanz ausgewiesen. Die Bewertung des assoziierten Unternehmens in der Konzernbilanz erfolgt nach Abzug des Buchwertes des verkauften Anteils mit dem Saldo aus den bisher in der UB II ausgewiesenen Aktiven und Passiven des ausscheidenden Tochterunternehmens.

Ein aus der Kapitalkonsolidierung noch vorhandener Firmenwert wird der assoziierten Beteiligung zugerechnet, nicht aber einer einfachen Beteiligung. In diesem Fall wird nochmals auf Fröhlich verwiesen, der die Meinung vertritt, dass ein Firmenwert bei einer verbleibenden einfachen Beteiligung dann weitergeführt werden könne, wenn er im Tochterunternehmen realisiert und nicht ein vom Konzern geschaffener Firmenwert ist (Fröhlich[3], S 775).

Verkaufserlös für 40 % der Betriebsstätte		660
Buchwert der Verkauften Anlagen		
Gesamter Buchwert lt UB II wie schon im vorigen Beispiel dargestellt	900	
davon 40 %		−360
Veräußerungsertrag vor Berücksichtigung des anteiligen Firmenwertes		300
abzüglich anteiliger auf die Beteiligung bezogener Firmenwert 224/2		−112
Verbleibender Veräußerungsgewinn		188

	JA Mutter 31.12.	UB II Tochter 31.12.	M+T Summe 31.12.	Konsolidierung Überleitung Soll		Konsolidierung Überleitung Haben		Konzern-Jahresabschluss 31.12.18
Firmenwert				4	280	5 7 9	56 112 112	0
Beteiligung	500		500	7	500	4	1.000	0
Assoziierte Beteiligung				9	472			472
Sonstiges Vermögen	2.930	1.420	4.350			8 9 10	568 568 284	2.930
Summe Aktiva	**3.430**	**1.420**	**4.850**		**1.252**		**2.700**	**3.402**
Nennkapital	1.400	480	1.880	4	480			1.400
Gewinnrücklage/Bilanzgewinn	1.180	240	1.420	4 5 E	240 28 320	6	320	1.152
Nicht beherrschende Anteile		180	180	10	180			0
= Fremdkapital	850	520	1.370	8 9 10	208 208 104			850
Summe Passiva	**3.430**	**1.420**	**4.850**		**1.768**		**320**	**3.402**
Gewinn- und Verlustrechnung								
Erlöse	3.200	2.000	5.200					5.200
Erträge aus Anlagenveräußerung				8	472	7	660	188
Abschreibungen	−230	−215	−445	5	28			−473
Sonstige Aufwendungen	−2.770	−1.645	−4.415					−4.415
Erträge aus Beteiligungen	320		320	6	320			0
Erträge aus Anteilsveräußerung	160		160	7	160			0
Jahresüberschuss	**680**	**140**	**820**	E	**−320**			**500**

1. In der Überleitung von der UB I in die UB II erfolgt zunächst keine Änderung

1	Sonstiges Vermögen	160	
	an Gewinnrücklage		160
2	Abschreibungen	40	
	an sonstiges Vermögen		40
3	Nennkapital (20 %)	120	
	Gewinnrücklage (20 %)	60	
	an nicht beherrschende Anteile		180
	Wiedereinbuchung		

2. Buchungen im Rahmen der Konsolidierung

4	Firmenwert	280	
	Nennkapital	480	
	Gewinnrücklagen	240	
	an Beteiligungen		1.000
	Wiederholung Kapitalkonsolidierung, Herstellung Bilanzidentität (zusammen mit Buchung 5)		
5	Abschreibungen	28	
	Gewinnrücklage	28	
	an Firmenwert		56
	Abschreibung Firmenwert für 2 Jahre, davon das Vorjahr gegen die Gewinnrücklage, da bereit erfolgsmäßig erfasst		
	Herstellung Bilanzidentität		
6	Erträge aus Beteiligungen	320	
	an Gewinnrücklage		320
	Rückbuchung, da die Gewinnausschüttung der Tochter an die Mutter konzernmäßig keine Gewinnausschüttung darstellt		
7	Beteiligung	500	
	Erträge aus Anteilsveräußerung	160	
	an Erträge aus Anlagenveräußerung		660
	Umbuchung Beteiligungsveräußerung, da diese im Konzern eine Veräußerung von Anlagen darstellt		
8	Erträge aus Anlagenveräußerung	472	
	Fremdkapital Tochter (40 % von 520)	208	
	an sonstiges Vermögen Tochter (40 % von 1420)		568
	Firmenwert (224/2)		112
	Buchwert der verkauften Anlagen		

Der Veräußerungsgewinn beträgt insgesamt 188

Dieser ergibt sich aus:	*Veräußerungsgewinn aus der Buchwertdifferenz (660–360)*	*300*
	abzüglich Firmenwerteinsatz	*–112*
	Veräußerungsgewinn gesamt	*188*

9	*Assoziierte Beteiligung*	*472*	
	Fremdkapital Tochter (40 % von 520)	*208*	
	an Sonstiges Vermögen Tochter (40 % von 1.420)		*568*
	Firmenwert (40 %)		*112*
	Wertansatz assoziierte Beteiligung		
10	*Nicht beherrschende Anteile*	*180*	
	Fremdkapital Tochter (20 %)	*104*	
	an Vermögen Tochter (20 %)		*284*
	Auflösung Fremdanteil		

Bewertung der assoziierten Beteiligung

Konzernbuchwert 40 % von 900 (Eigenkapital)	*360*
Anteiliger Firmenwert 224/2	*112*
	472

Der Firmenwert trifft ausschließlich den Anteil des Mutterunternehmens und nicht die „nicht beherrschenden Anteile". Diese nehmen weder am Firmenwert noch an dessen Abschreibung teil.

Probe:

Firmenwert bei 80 % Anteil (Kapitalerstkonsolidierung) zum Zeitpunkt 1.1.2017	*280*
Bisherige Abschreibung 2*28	*–56*
Restwert 31.12.02	*224*
Verkauf von 50 % der Anteile Firmenwerteinsatz	*112*
Übertrag auf assoziierte Beteiligung	*112*

Für den Firmenwert ergeben sich somit bei Verkauf von Anteilen an Tochterunternehmen folgende Vorgangsweisen:

Falls die Beherrschung an den Anteilen aufrecht bleibt, wird ein proportionaler Anteil des Firmenwertes als Verkaufskosten ausgebucht. Geht die Beherrschung verloren, verbleibt aber der Status des assoziierten Unternehmens, wird der Firmenwert im Verhältnis der verkauften Anteile zu den verbleibenden Anteilen aufgeteilt.

Für den Fall, dass nach der Anteilsveräußerung entweder eine normale Beteiligung verbleibt oder das Tochterunternehmen zur Gänze veräußert wird, wird der Firmenwert zur Gänze erfolgswirksam aufgelöst.

Entwicklung des Konzerneigenkapitals

Konzern	Summe	Nenn-kapital	Rücklage	Minderheit
Stand 1.1.2017	2180	1400	600	180
Gewinn 2017	382		330	52
Stand 31.12.2017	2562	1400	930	232
Gewinn 2018	500		472	28
Gewinnausschüttung	–330		–250	–80
Änderung des Konsolidierungskreises	–180			–180
Stand 31.12.	**2.552**	**1.400**	**1.152**	**0**

4.414 Die sonstigen Konsolidierungsmaßnahmen – Ausschaltung aller geschäftlichen Beziehungen zwischen den in den Konzernabschluss einbezogenen Unternehmen

Es müssen die sich aus den geschäftlichen Beziehungen der verbundenen Unternehmen ergebenden gegenseitigen Verpflichtungen, Aufwendungen und Erträge, Gewinne und Verluste, die auf Grund der Einheitstheorie rein interne Vorgänge darstellen, eliminiert werden. Es handelt sich dabei um

- die gegenseitige Aufrechnung von Forderungen und Verbindlichkeiten und sonstigen Vermögens- und Schuldenbeziehungen,
- die gegenseitige Aufrechnung von Erträgen und Aufwendungen sowie die Eliminierung intern geschaffener Gewinne, die in den Außenbeziehungen noch nicht realisiert wurden.

Im Gegensatz zur Kapitalkonsolidierung sind diese Konsolidierungsvorgänge immer wieder auf Basis tatsächlicher Bestände von Neuem durchzuführen. Für diese Konsolidierungsvorgänge ist der **Umfang der Beteiligung belanglos**; sie sind grundsätzlich zu 100% durchzuführen.

4.414.1 Zusammenfassung von Forderungen und Verbindlichkeiten (Schuldenkonsolidierung) gemäß § 255

(1) Ausleihungen und andere Forderungen, Rückstellungen und Verbindlichkeiten aus Beziehungen zwischen den in den Konzernabschluß einbezogenen Unternehmen sowie entsprechende Rechnungsabgrenzungsposten sind wegzulassen.

(2) Abs. 1 braucht nicht angewendet zu werden, soweit die wegzulassenden Beträge nicht wesentlich sind.

Aus der **Einheitstheorie** ist unmittelbar abzuleiten, dass im Konzernabschluss Schuldverhältnisse zwischen den in den Konzernabschluss einbezogenen Unternehmen keinen Platz haben. Die Regelung des § 255 stellt somit nur eine Ausführungsbestimmung zu selbstverständlichen Konsequenzen der Einheitstheorie dar.

Die Verrechnung von Forderungen und Verbindlichkeiten zwischen den einbezogenen Unternehmen bezieht sich zB auf folgende Bilanzposten:

Auf der Aktivseite:

- im Anlagevermögen ausgewiesene geleistete Anzahlungen
- Ausleihungen
- Wertpapiere des Anlagevermögens (von verbundenen Unternehmen emittierte Schuldverschreibungen unter der Voraussetzung, dass sie nicht mehr in Umlauf gebracht werden sollen)
- geleistete Anzahlungen auf Vorräte
- Forderungen gegen verbundene Unternehmen
- Schecks
- Bankguthaben

Auf der Passivseite:

- Anleihen
- erhaltene Anzahlungen auf Bestellungen
- Verbindlichkeiten aus der Annahme bezogener Wechsel und der Ausstellung eigener Wechsel (soweit diese Wechsel sich noch bei den begünstigten verbundenen Unternehmen befinden und noch nicht zwecks Diskontierung an nicht verbundene Unternehmen weitergegeben wurden)
- Verbindlichkeiten gegenüber verbundenen Unternehmen

Soweit Forderungen und Verbindlichkeiten gegenüber verbundenen Unternehmen in anderen Posten ausgewiesen sind, muss dies aus dem vorgeschriebenen Mitzugehörigkeitsvermerk (§ 225 Abs 2) ersichtlich sein.

Vor der Verrechnung müssen **unechte Aufrechnungsdifferenzen**, wie zB zeitliche Buchungsdifferenzen, Banküberweisungen vor dem Abschlussstichtag, die erst nach dem Bilanzstichtag gutgeschrieben werden, und Ähnliches, entsprechend korrigiert werden.

Es können aber auch **echte Aufrechnungsdifferenzen** durch verschieden hohe Bewertung in den Einzelabschlüssen entstehen, so zB im Zusammenhang mit Fremdwährungsforderungen und Verbindlichkeiten und aus sonstigen Anwendungen des Niederstwertprinzips (abgewertete Forderungen gegenüber verbundenen Unternehmen).

4.414.11 Aufrechnung aktiver und passiver Rechnungsabgrenzungsposten

Soweit es sich um Rechnungsabgrenzungsposten zwischen inländischen verbundenen Unternehmen handelt, kann es zu keinen Aufrechnungsdifferenzen kommen; im

Zusammenhang mit dem Disagio ist die Verrechnung in die Konsolidierung des jeweiligen Schuldverhältnisses einzubeziehen.

4.414.12 Rückstellungen

Werden Rückstellungen für mögliche Verpflichtungen gegenüber verbundenen Unternehmen gebildet (zB Rückstellungen für Verluste aus drohenden Geschäften oder für Gewährleistungsverpflichtungen), steht der Rückstellung kein Aktivposten, aber in der Regel auch kein Erfolgsposten bei einem anderen verbundenen Unternehmen gegenüber, sodass hier stets eine erfolgswirksame Schuldenkonsolidierung gegeben ist. Allerdings muss bei solchen Rückstellungen untersucht werden, ob nicht über das verbundene Unternehmen eine Verpflichtung gegen außenstehende Dritte besteht.

Rückstellungen für Verluste aus Haftungsverhältnissen für verbundene Unternehmen Dritten gegenüber (zB drohende Inanspruchnahme aus Bürgschaften, Rückstellungen für das Wechselobligo) sind in den Konzernabschluss nicht aufzunehmen und ergebniswirksam zu eliminieren.

4.414.13 Haftungsverhältnisse

Aufgrund der Einheitstheorie sind auch die Haftungsverhältnisse im Sinne des § 199 Bestandteil der Schuldenkonsolidierung; wenn ein einbezogenes verbundenes Unternehmen eine Haftung für Verbindlichkeiten eines anderen einbezogenen Unternehmens übernommen hat, ist die dem Haftungsverhältnis zugrunde liegende Verbindlichkeit ohnedies im Konzernabschluss ausgewiesen, sodass der entsprechende Haftungsposten in den Konzernabschluss nicht mehr aufzunehmen ist.

4.414.14 Drittschuldverhältnisse

Zur Schuldenkonsolidierung im weiteren Sinn gehört auch die Behandlung so genannter Drittschuldverhältnisse: Wenn innerhalb des Konsolidierungskreises gegenüber einem außenstehenden Dritten sowohl Forderungen als auch Verbindlichkeiten bestehen, kann eine Aufrechnung unter den gleichen Voraussetzungen erfolgen, wie sie im Einzelabschluss unter Beachtung der Vorschriften des § 196 Abs 2 möglich wäre. Allerdings erfordert die Berücksichtigung solcher Drittschuldverhältnisse zusätzliche arbeitsaufwendige organisatorische Vorkehrungen, sodass von dieser Möglichkeit eher selten Gebrauch gemacht wird.

4.414.15 Verzicht auf die Schuldenkonsolidierung

Auf die **Schuldenkonsolidierung** kann gem § 255 Abs 2 verzichtet werden,

> *soweit die wegzulassenden Beträge nicht wesentlich sind.*

Für die Inanspruchnahme dieses Wahlrechtes können folgende allgemeine Grundsätze aufgestellt werden (vgl *Sutter/Zehetner*, in *Straube*[3], Rz 45 ff zu § 255):

- Das Wahlrecht kann auch teilweise genutzt werden (dh es muss nicht einheitlich für den gesamten Konsolidierungskreis ausgeübt werden).
- Bei der Beurteilung der Zulässigkeit ist nicht von einzelnen Forderungen und Verbindlichkeiten auszugehen, sondern vom Gesamtbetrag des Konsolidierungsvolumens. Insbesondere spielt das Verhältnis der grundsätzlich zusammenzufassenden Posten zur Bilanzsumme eine Rolle.
- Bei Verzicht auf **erfolgswirksame Konsolidierungsmaßnahmen** ist auch das Verhältnis zum Konzernerfolg zu berücksichtigen.
- Weiters ist zu beachten, dass auch die Schuldenkonsolidierung unter das Stetigkeitsgebot für die Konsolidierungsmethoden (§ 250 Abs 3) fällt.

4.414.2 Behandlung von Zwischenergebnissen (§ 256) und Aufwands- und Ertragskonsolidierung (§ 257)

Gesetzliche Vorschriften

§ 256:

> *(1) In den Konzernabschluß zu übernehmende Vermögensgegenstände, die ganz oder teilweise auf Lieferungen oder Leistungen zwischen in den Konzernabschluß einbezogenen Unternehmen beruhen, sind in der Konzernbilanz mit dem Betrag anzusetzen, zu dem sie in der auf den Stichtag des Konzernabschlusses aufgestellten Bilanz dieses Unternehmens anzusetzen wären, wenn die in den Konzernabschluß einbezogenen Unternehmen auch rechtlich ein einziges Unternehmen bildeten.*
>
> *(2) Abs. 1 braucht nicht angewendet zu werden, soweit die Behandlung der Zwischenergebnisse nicht wesentlich (§ 189a Z 10) ist.*

§ 257:

> *(1) In der Konzern-Gewinn- und Verlustrechnung sind*
>
> *1. bei den Umsatzerlösen die Erlöse aus Lieferungen und Leistungen zwischen den in den Konzernabschluß einbezogenen Unternehmen mit den auf sie entfallenden Aufwendungen zu verrechnen, soweit sie nicht als Erhöhung des Bestands an fertigen und unfertigen Erzeugnissen oder als andere aktivierte Eigenleistungen auszuweisen sind,*
>
> *2. andere Erträge aus Lieferungen und Leistungen zwischen den in den Konzernabschluß einbezogenen Unternehmen mit den auf sie entfallenden Aufwendungen zu verrechnen, soweit sie nicht als andere aktivierte Eigenleistungen auszuweisen sind.*
>
> *(2) Aufwendungen und Erträge brauchen gemäß Abs. 1 nicht weggelassen werden, soweit die wegzulassenden Beträge nicht wesentlich sind.*

Auch diese Vorschriften des UGB können unmittelbar aus der Einheitstheorie abgeleitet werden:

Leistungsbeziehungen zwischen verbundenen Unternehmen sind bei einer Behandlung des Gesamtkomplexes als einheitliches Unternehmen zu eliminieren.

Bei der Behandlung des Konzerns als einheitliches Unternehmen erhält der **Realisationsgrundsatz** eine andere Bedeutung: Gewinnrealisation liegt erst vor, wenn ein Vermögensgegenstand (zB Anlagevermögen, Vorräte) den Konsolidierungskreis verlassen hat. Eine Lieferung an ein verbundenes Unternehmen mit einer Bestandsbildung beim verbundenen Unternehmen kann zu keiner Gewinnrealisierung führen. Allerdings gilt auch im Rahmen des Konzerns die Verpflichtung zum Ausweis nicht realisierter Verluste, sodass nicht alle Zwischenverluste eliminiert werden können, sondern nur so weit, als sie nicht auch in dem fiktiven Einzelabschluss des Konzerns auszuweisen wären (Anwendung des Niederstwertprinzips auf den Konzernabschluss).

Da die Vorschrift über die Verrechnung der Umsatzerlöse und der anderen Erträge aus Lieferungen und Leistungen mit den auf sie entfallenden Aufwendungen in der Regel untrennbar mit der Behandlung von Zwischenergebnissen verbunden ist, werden diese beiden Vorschriften zusammen betrachtet.

4.414.21 Anwendungsbereich der §§ 256 und 257

Diese Vorschriften sind anzuwenden auf:

Leistungsbeziehungen zwischen den verbundenen Unternehmen

Diese sind in der Regel dadurch charakterisiert, dass bestimmten Ertragsposten eines verbundenen Unternehmens bestimmte Aufwandsposten eines anderen verbundenen Unternehmens gegenüberstehen, wie zB:

- Mieterträge – Mietaufwendungen
- Lizenzerlöse – Lizenzaufwendungen
- Zinserträge – Zinsaufwendungen
- Provisionserträge – Provisionsaufwendungen
- sonstige Erlöse aus Dienstleistungen – sonstige betriebliche Aufwendungen aus Dienstleistungen (zB Konzernumlagen, weiterverrechnete Personalkosten, Verrechnung von Instandhaltung und Transportaufwand)

In diesen Fällen kommt es zu einer einfachen Saldierung zwischen Ertrags- und Aufwandsposten ohne Auswirkung auf den Konzernerfolg (mögliche Ausnahme infolge der Währungsumrechnung bei Einbezug ausländischer Tochterunternehmen). Die richtige und vollständige Erfassung dieser Posten bildet allerdings ein organisatorisches Problem bei der Aufstellung des Konzernabschlusses.

Verrechnungen im Rahmen der Beteiligungsverhältnisse

Bei Bestehen einer **Gewinngemeinschaft (Gruppenbesteuerung)** zwischen Mutterunternehmen und Tochterunternehmen steht dem Beteiligungsertrag beim Mutterunternehmen der Posten „Gewinnabführung" (§ 232 Abs 3) beim Tochterunternehmen gegenüber. Da diese Beträge synchron in den Einzel-Gewinn- und Verlustrechnungen aufscheinen, kommt es auch hier nur zu einer einfachen Saldierung.

Wenn Tochterunternehmen im nächsten Geschäftsjahr **Gewinnausschüttungen an das Mutterunternehmen** durchführen, ist zu beachten, dass der Beteiligungsertrag schon im vorhergehenden Jahr Bestandteil des Konzernbilanzgewinnes war. Ein Ausweis dieser Beteiligungserträge im nächstjährigen Konzernabschluss würde zu einer Doppelverrechnung führen; es ist daher dieser Beteiligungsertrag gegen den Konzernbilanzgewinn bzw Gewinnvortrag rückzuverrechnen.

Die Muttergesellschaft hat eine **außerplanmäßige Abschreibung auf die Beteiligung an der Tochtergesellschaft** durchgeführt (Ausweis im Einzelabschluss unter „Aufwand aus Finanzanlagen"). Aufgrund der Einheitstheorie ist diese Beteiligungsabschreibung zu stornieren und wirkt sich im Konzernergebnis vorerst nicht aus. Es ist allerdings zu untersuchen, wie weit diese Beteiligungsabschreibung Ausdruck der Wertminderung von Vermögensgegenständen des Tochterunternehmens ist. Sollte dies der Fall sein, ist bei Aufstellung des Konzernabschlusses gegebenenfalls eine Abschreibung auf einzelne Vermögensgegenstände des Tochterunternehmens durchzuführen, wobei insbesondere zu untersuchen ist, ob eine außerplanmäßige Abschreibung auf einen im Rahmen der Erstkonsolidierung ausgewiesenen Geschäftswert bzw auf andere anlässlich der Erstkonsolidierung aufgedeckte stille Reserven durchzuführen ist. Wenn die **Beteiligungsabschreibung** dagegen Ausdruck der schlechten Ertragslage des Tochterunternehmens ist, wird jedenfalls eine Abschreibung eines aus der Konsolidierung entstandenen Geschäftswertes erforderlich sein. Im Übrigen wird die ungünstige Ertragslage des Tochterunternehmens bereits durch die Zusammenfassung der Gewinn- und Verlustrechnungen im Rahmen des Konzernabschlusses zum Ausdruck gebracht.

Zuschreibungen auf Beteiligungen an Tochtergesellschaften; auch diese sind bei der Aufstellung der Konzern-Gewinn- und Verlustrechnung zu eliminieren.

4.414.22 Zwischenergebnisse auf Grund von Lieferbeziehungen zwischen verbundenen Unternehmen

Wenn ein verbundenes Unternehmen an ein anderes Handelswaren oder Erzeugnisse liefert und diese vom empfangenden verbundenen Unternehmen in der gleichen Periode zur Gänze weiterveräußert werden, kommt es zu keiner Bestandsbildung aus konzerninternen Lieferungen. In diesem Fall stehen die Erlöse beim liefernden Unternehmen dem Materialaufwand beim empfangenden Unternehmen in gleicher Höhe gegenüber, es kommt hier nur zu einer einfachen Saldierung zwischen Erlös und Materialaufwand (bzw Wareneinsatz).

Die Frage der **Zwischenergebnisse** stellt sich hier nicht, da von der Prämisse ausgegangen wurde, dass die gelieferten Gegenstände den Konzernbereich bereits verlassen haben und dadurch auch vom Standpunkt des Konzerns als Einheit die Realisierung des Erfolges eingetreten ist. Hier liegt der Fall des § 257 Abs 1 Z 1 vor, dass *„bei den Umsatzerlösen die Erlöse aus Lieferungen ... zwischen den in den Konzernabschluß einbezogenen Unternehmen, mit den auf sie entfallenden Aufwendungen zu verrechnen ... sind".*

Wenn es jedoch aus dem Lieferungsverkehr zwischen verbundenen Unternehmen zur **Bildung von Beständen** kommt, ergibt sich die Frage der Bewertung dieser Bestände und damit der **Zwischenergebnisrealisierung**. Eine Bestandsbildung beim empfangenden verbundenen Unternehmen kann sowohl durch **Lieferung von Vorräten** als auch durch **Lieferung von Gegenständen des Anlagevermögens** entstehen.

4.414.23 Bewertung von konzerninternen Beständen

Die Bewertung wird in § 256 Abs 1 geregelt:

> *(1) In den Konzernabschluß zu übernehmende Vermögensgegenstände, die ganz oder teilweise auf Lieferungen oder Leistungen zwischen in den Konzernabschluß einbezogenen Unternehmen beruhen, sind in der Konzernbilanz mit dem Betrag anzusetzen, zu dem sie in der auf den Stichtag des Konzernabschlusses aufgestellten Bilanz dieses Unternehmens anzusetzen wären, wenn die in den Konzernabschluß einbezogenen Unternehmen auch rechtlich ein einziges Unternehmen bildeten.*

Da gem § 251 Abs 1 für die Aufstellung des Konzernabschlusses die Bewertungsvorschriften der §§ 201 bis 211 heranzuziehen sind, hat die Bewertung zu Anschaffungskosten (bzw Konzernanschaffungskosten), Herstellungskosten (bzw Konzernherstellungskosten) oder zum niedrigeren beizulegenden Wert zu erfolgen. Dabei ist zu beachten, dass zu den Konzernanschaffungskosten auch die anlässlich der Erstkonsolidierung zugeordneten stillen Reserven gehören.

Bei der Bestimmung der Konzernanschaffungs- bzw Konzernherstellungskosten sind daher die allgemeinen Vorschriften heranzuziehen, wobei sich allerdings aus der Einheitstheorie folgende Besonderheiten ergeben:

Konzernanschaffungskosten

Aufwendungen, die im Einzelabschluss des liefernden Unternehmens Vertriebskosten darstellen, können aus Konzernsicht zu den Anschaffungsnebenkosten gehören (zB Transportkosten für die Lieferung von Vermögensgegenständen, die beim empfangenden Unternehmen als Anlagevermögen genutzt werden).

Konzernherstellungskosten

Hier kann es insoweit zu **Herstellungskostenmehrungen** kommen, als *„Kosten, die aus der Sicht des liefernden Konzernunternehmens im Rahmen seiner (einzelabschlussbezogenen) Herstellungskosten nicht aktivierungsfähig sind, wohl aber aus der Sicht des Konzerns"* anfallen (*Sutter/Zehetner*, in *Straube*[3], Rz 27 zu § 256). Als

Beispiele werden hier konzerninterne Transportkosten (einschl Verpackungsmaterial, Versicherungskosten, Ausfuhrzöllen uÄ) angeführt. Zusätzliche Abschreibungen aus zugeordneten stillen Reserven können vom Konzernstandpunkt ebenfalls zu Erhöhungen der Herstellungskosten gegenüber dem Einzelabschluss führen.

Wenn von verbundenen Unternehmen sonstige Leistungen verrechnet werden, die in die Herstellungskosten des empfangenden Unternehmens eingehen, ist zu untersuchen, ob im verrechneten Betrag Gewinnbestandteile enthalten sind. Diese müssten als **Herstellungskostenminderung** ausgeschieden werden (zB Mehrbetrag von verrechneten Mieten gegenüber den damit in Zusammenhang stehenden Aufwendungen des leistenden Unternehmens).

Aus der allgemeinen Formulierung in § 256 *„Behandlung der Zwischenergebnisse"* ist abzuleiten, dass auch **Zwischenverluste eliminiert** werden müssen. Bei der Beurteilung der Höhe der auszuscheidenden Beträge sind allerdings die allgemeinen Bewertungsvorschriften zu beachten, dh soweit vom Standpunkt des liefernden Unternehmens auch dann eine Abwertung vorzunehmen gewesen wäre; wäre die Ware nicht geliefert worden, dürfen die Zwischenverluste nicht eliminiert werden.

4.414.231 Ausnahmebestimmungen von der Verpflichtung zur Zwischenergebniseliminierung

Gem § 256 Abs 2 braucht eine Zwischenergebniseliminierung nicht vorgenommen zu werden, soweit die Behandlung der Zwischenergebnisse nicht wesentlich ist.

Bei der Ermittlung des **unverhältnismäßig hohen Aufwandes** ist das Verhältnis zwischen der Informationsverbesserung durch die Zwischenergebniseliminierung und den dadurch verursachten Kosten zu beurteilen. Nach herrschender Meinung sind an die Beurteilung eines unverhältnismäßig hohen Aufwands strenge Maßstäbe anzulegen, wobei sämtliche Möglichkeiten der Vereinfachung sowie der Anwendung von Näherungsverfahren in Betracht zu ziehen sind, bevor auf eine Eliminierung verzichtet werden darf (vgl *Sutter/Zehetner*, in *Straube*[3], Rz 58 zu § 256).

Im Zusammenhang mit **Zwischenergebnissen, deren Behandlung nicht wesentlich** ist für die Beurteilung der Gesamtbetrag der gegebenenfalls nicht eliminierten Zwischenergebnisse heranzuziehen, wobei bei der Beurteilung des Betrages eine Zusammenfassung von Zwischengewinnen mit Zwischenverlusten zulässig erscheint.

4.414.232 Zwischenergebniseliminierung für Leistungen vor der Erstkonsolidierung

§ 256 spricht von Lieferungen und Leistungen **zwischen den in den Konzernabschluss einbezogenen Unternehmen**.

Dieser Aussage folgend kann davon ausgegangen werden, dass die Vorschriften über die Zwischenergebniseliminierung erst auf jene Vermögensgegenstände anzuwenden sind, die in der Zeit der Zugehörigkeit eines Unternehmens zum Konsolidierungskreis geliefert werden. Damit findet eine Zwischenergebniseliminierung für Lieferungen und Leistungen vor dem Zeitpunkt der Erstkonsolidierung nicht statt.

Infolge der Auswirkung auf die erste Konzern-Gewinn- und Verlustrechnung erscheint es erforderlich, die Vorgangsweise im Anhang anzugeben.

Auch *Sutter/Zehetner* (in *Straube*[3], Rz 17 zu § 256) verweisen unter Bezug auf *ADS*[6], Rz 120 ff zu § 304 und *Klein*, in Beck HdR C 430, Rz 14 darauf, dass Erfolge, die vor Einbeziehung erzielt wurden, gegenüber einem Konzernfremden erzielt wurden. *„Eine Eliminierungspflicht besteht deshalb nur für die seit dem Stichtag der Erstkonsolidierung gelieferten Vermögensgegenstände."*

Beispiele zur Zwischengewinneliminierung

Beispiel 39
Zwischenergebniseliminierung

*Bei Lieferbeziehungen zwischen **verbundenen Unternehmen (V1 und V2)** können sich ua folgende Konstellationen ergeben:*

Standpunkt des liefernden Unternehmens V1	Standpunkt des empfangenden Unternehmens V2
1) Handelsware	a) Handelsware
	b) Roh-, Hilfs-, Betriebsstoffe
2) fertige Erzeugnisse	a) Handelsware
	b) Roh-, Hilfs-, Betriebsstoffe
3) Handelsware	Sachanlagevermögen
4) fertige Erzeugnisse	Sachanlagevermögen
5) Sachanlagevermögen (gebraucht)	Sachanlagevermögen
6) noch nicht abrechenbare Leistungen	in Bau befindliche Anlagen

Fall 1a: Bewertung des Endbestandes

V1 liefert an V2 1.000 Einheiten Handelswaren zum Preis von 10 = 10.000, die Anschaffungskosten für V1 betragen pro Einheit 7,5.

V2 verkauft davon an Konzernfremde 800 Einheiten zum Preis von 11 = 8.800. Endbestand bei V2 = 200 Einheiten.

Die Konten bei V1 und bei V2 zeigen folgendes Bild:

V1		V2	
Erlös		Warenvorrat	
	10.000	10.000	8.000
Wareneinsatz		Wareneinsatz	
7.500		8.000	

	Erlös
	8.800

Daraus ergibt sich für den Konzern, bestehend aus V1 und V2, folgende Konzern-Gewinn- und Verlustrechnung:

	V1	*V2*	*Summe*	*Um-buchung*	*konsolidiert, zwischener-gebnisbereinigt*
Umsatzerlös	10.000	8.800	18.800	– 10.000	8.800
Materialaufwand	7.500	8.000	15.500	– 9.500	6.000
Ergebnis (unversteuert)	2.500	800	3.300	– 500	2.800

Die Spalte der Gewinn- und Verlustrechnung „Summe" entsteht aus der Zusammenfassung der obigen Konten der Unternehmen V1 und V2; nach Durchführung der Konsolidierungsbuchungen ergeben sich die konsolidierten und zwischenergebnisbereinigten Zahlen der Spalte 3 wie folgt:

*Umsatzerlöse: Die Lieferungen von V1 an V2 im Betrag von 10.000 sind als Innenumsatz auszuscheiden; es verbleiben die Verkäufe des Unternehmens V2 an Abnehmer außerhalb des Konzerns (800*11).*

Materialaufwand: Dieser ergibt sich aus der Multiplikation der Anschaffungskosten V1 im Betrag von 7,5 mit der Verkaufsmenge bei V2 von 800 = 6.000. Der Unterschiedsbetrag (15.500 – 6.000) ist aus dem addierten Materialaufwand zu eliminieren.

Ergebnis: Das Ergebnis ist um den Zwischenerfolg zu hoch ausgewiesen; dieser ermittelt sich wie folgt:

Bewertung des Endbestandes bei V2	*200 Einheiten × 10 =*	2.000
Bewertung zu Konzernanschaffungskosten	*200 Einheiten zu 7,5 =*	1.500
zu eliminierender Zwischenerfolg		500

Konsolidierungsbuchungen

1	Umsatzerlöse	10.000	
	an Materialaufwand		10.000
	Eliminierung interne Warenlieferungen		
2	Materialaufwand	500	
	an Handelswaren		500
	Eliminierung Zwischengewinne		

Fall 1b: Die gelieferte Handelsware wird beim empfangenden Unternehmen als Rohstoff verwendet.

Hier ist zu beachten, dass bei der Berechnung der Konzernherstellungskosten im Materialaufwand des Einzelabschlusses des empfangenden Unternehmens Konzernzwischengewinne enthalten sind; soweit Erzeugnisse, zu deren Herstellung diese Materialien verwendet wurden, am Abschlussstichtag noch vorhanden sind, ergibt sich für die Konzernbewertung eine Herstellungskostenminderung gegenüber dem Herstellungskostenansatz aus dem Einzelabschluss.

Bei der Gliederung entsteht die Problematik, dass die gleichen Materialien bei V1 im Einzelabschluss als Handelswaren und bei V2 als Roh-, Hilfs- und Betriebsstoffe ausgewiesen sind. Hier liegt ein typischer Fall für die Anwendung der Erleichterungsvorschrift des § 251 Abs 2 vor, wonach in der Gliederung der Konzernbilanz die Vorräte in einem Posten zusammengefasst werden können, wenn die Aufgliederung nicht wesentlich ist.

Fall 2a

V1 erzeugt im Geschäftsjahr 1.100 Einheiten eines Produktes (kein Anfangsbestand) zu Herstellungskosten von 7,5 pro Einheit.

V1 liefert davon an V2 1.000 Einheiten zum Verkaufspreis von 10 = 10.000.

V2 verkauft davon als Handelswaren 800 Einheiten zum Preis von 11 = 8.800.

Daraus ergibt sich folgende Darstellung in der Buchhaltung von V1 und V2:

V1		V2	
Erlös		*Warenvorrat*	
	10.000	10.000	8.000
Aufwendungen gem § 231 Abs 2, 5–8		*Wareneinsatz*	
8.250		8.000	
Bestandsveränderung		*Erlös*	
	750		8.800
Fertige Erzeugnisse			
750			

Aus diesen Zahlen kann die Konzern-Gewinn- und -Verlustrechnung wie folgt abgeleitet werden:

	V1	*V2*	*addiert*	*Konsoli-dierung*	*konsolidiert, zwischenergeb-nisbereinigt*
Umsatzerlös	*10.000*	*8.800*	*18800*	*– 10.000*	*8.800*
Bestandsveränderung	*750*	*2.000*	*2.750*	*–500*	*2.250*
Aufwendungen § 231 Abs 2 Z 5–8	*–8.250*	*–8.000*	*–16.250*	*–8.000*	*–8.250*
Ergebnis (unversteuert)	*2.500*	*2.300*	*4.800*	*– 500*	*2.800*

Endbestand

V1, Wert EU: 100*7,5   750, *Wert Konzern:*   750

V2, Wert EU: 200*10   2.000, *Wert Konzern:*   1.500 *(Zwischengewinn-eliminierung 200*2,5 –500)*

Konzern-Umsatzergeb-nis   ***800* 3,5 2.800**

Erläuterungen:

Wie im Fall 1 sind die Lieferungen von V1 an V2 als Innenumsätze zu eliminieren. Der Bestand bei V2 (200 Einheiten) ist mit den Konzernherstellungskosten von 7,5 zu bewerten, dh 200 Einheiten × 7,5 = 1.500. Daraus resultiert die Erhöhung der Bestandsveränderung um 1.500. Die Herstellungskosten der erzeugten Produkte finden sich in den Aufwendungen gem § 231, Abs 2, 5–8.

Der Bestand bei V2 ist kein Bestand an Handelswaren, sondern vom Konzernstandpunkt ein Erzeugnisbestand.

Konsolidierungsbuchungen

1	*Umsatzerlöse*	*10.000*	
	an Wareneinsatz		*10.000*
2	*Wareneinsatz*	*2.000*	
	an Warenvorrat		*500*
	Bestandsveränderungen		*1.500*
3	*Fertigerzeugnisse*	*1.500*	
	an Warenvorrat		*1.500*

Fall 2b

Die von V1 an V2 gelieferten Erzeugnisse werden bei V2 als Roh-, Hilfs- und Betriebsstoffe verwendet. Für diesen Fall gelten sinngemäß die Erläuterungen zu 1b).

Fall 3

V1 liefert einen Gegenstand im Rahmen seines Handelswarengeschäftes an V2; dieses erwirbt den Gegenstand zur Nutzung als Sachanlagevermögen und legt im Rahmen der Konzernabschreibungsrichtlinien die planmäßige Abschreibung mit 10% fest. Der Preis für die Lieferung dieses Gegenstandes beträgt 50.000, die Anschaffungskosten bei V1 betragen 40.000.

Im Rechnungswesen von V1 und V2 sind diese Geschäftsfälle wie folgt ausgewiesen:

V1 Erlös	V2 Sachanlagen
50.000	50.000

Handelswareneinsatz	kumulierte Abschreibungen
40.000	5.000

Warenvorrat	Jahresabschreibung
40.000	5.000

Bei der Ableitung der Konzern-Gewinn- und Verlustrechnung aus der Zusammenfassung der Erfolgskonten von V1 und V2 ergibt sich folgendes Bild:

	V1	V2	Summe	Konsolidie-rungsbuchung	konsolidiert, zwischenergeb-nisbereinigt
Umsatzerlös	50.000		50.000	– 50.000	–
Wareneinsatz	–40.000		–40.000	40.000	–
Abschreibung		–5.000	–5.000	1.000	– 4.000
Erfolgs-auswirkung	10.000	–5.000	5.000	– 9.000	– 4.000

Erläuterungen:

Vom Standpunkt des Konzerns liegt keine Anschaffung eines Anlagegegenstandes vor; es sind daher sowohl der Umsatzerlös als auch der Wareneinsatz zu eliminieren. Die Konzernanschaffungskosten des Gegenstandes betragen 40.000 (= Anschaffungskosten bei V1), sodass auch die Abschreibung von 5.000 auf 4.000 zu korrigieren ist. Die Ergebnisauswirkung von – 9.000 setzt sich wie folgt zusammen:

Verminderung des Bruttogewinnes um	*10.000*
Verminderung der Abschreibung um	*1.000*
Gesamtveränderung	*– 9.000*

Konsolidierungsbuchung

1	Umsatzlöse	50.000	
	an Wareneinsatz		40.000
	an Sachanlagen		10.000

| 2 | kumulierte Abschreibungen | 1.000 | |
| | an Abschreibungen | | 1.000 |

Fall 4

Wie Fall 3, nur ist der von V1 an V2 gelieferte und dort als Sachanlagevermögen verwendete Vermögensgegenstand Bestandteil des laufenden Erzeugungsprogramms von V1.

Gegenüber Fall 3 liegt der Unterschied darin, dass in der Konzern-Gewinn- und Verlustrechnung eine aktivierte Eigenleistung in Höhe der Konzernherstellungskosten auszuweisen ist.

V1	V2
Erlös	Sachanlagen

	50.000	50.000	

Aufwendung § 231 Abs 2, 5–8	kumulierte Abschreibung

40.000			5.000

Aktivierte Eigenleistungen	Jahresabschreibung

		5.000	

Gewinn- und Verlustrechnung

	V1	V2	Summe	Konsolidierungsbuchungen	konsolidiert, zwischenergebnisbereinigt
Umsatzerlöse	50.000		50.000	–50.000	0
aktivierte Eigenleistungen				40.000	40.000
Aufwendungen § 231 Abs 2, 5–8	–40.000	–5.000	–45.000	1.000	–44.000
Erfolgsauswirkung	10.000	–5.000	5.000	– 9.000	– 4.000

Konsolidierungsbuchungen

1	Umsatzerlöse	50.000	
	an aktivierte Eigenleistungen		40.000
	Sachanlagen		10.000

2	kumulierte Abschreibungen	1.000	
	an Abschreibungen		1.000

Fall 5

V1 veräußert eine gebrauchte Maschine (Anschaffungswert 100.000, kumulierte Abschreibung 60.000, planmäßige Abschreibung 10% pa) um einen Betrag von 70.000 an V2. Bei V2 wird der Gegenstand ebenfalls als Anlagevermögen verwendet und die planmäßige Abschreibung mit 20% pa festgelegt. Im Rechnungswesen V1 und V2 zeigt sich folgende Darstellung dieses Geschäftsfalles:

V1		V2	
Ertrag aus Anlagenabgang		*Sachanlagen*	
40.000	70.000	70.000	

V1		V2	
Sachanlagen		*kumulierte Abschreibung*	
	40.000		14.000

		Jahresabschreibung	
		14.000	

Gewinn- und Verlustrechnung

	V1	V2	Summe	Umbuchung	konsolidiert, zwischenergebnisbereinigt
Ertrag aus Anlagenabgang	30.000		30.000	– 30.000	–
Abschreibung		–14.000	–14.000	4.000	– 10.000
Erfolgsauswirkung	30.000	–14.000	16.000	– 26.000	– 10.000

Nach der Einheitstheorie bedeutet die Veräußerung eines Anlagegegenstandes innerhalb des Konsolidierungskreises bei gleichbleibender Verwendung nur eine Veränderung des Einsatzortes. Es ist also sowohl der Ertrag aus dem Anlagenabgang rückgängig zu machen als auch die Abschreibung auf das bisherige Ausmaß (10% von 100.000) zu reduzieren.

Auch bei der Darstellung im Anlagenspiegel liegt weder ein Anlagenzugang noch ein Anlagenabgang vor. Die Übernahme zum höheren Lieferwert von 70.000 würde vom Konzernstandpunkt aus betrachtet einer Zuschreibung gleichkommen und wäre nur zulässig, wenn in einem Einzelabschluss die Voraussetzungen für eine Zuschreibung gegeben wären.

Konsolidierungsbuchungen

1	Ertrag aus Anlagenabgang	30.000	
	an Sachanlagen		30.000
2	kumulierte Abschreibungen	4.000	
	an Abschreibungen		4.000

Fall 6

Ein verbundenes Unternehmen errichtet im Auftrag eines anderen verbundenen Unternehmens für dieses eine Produktionsanlage; der Auftrag ist zum Jahresende noch nicht fertig gestellt. Im Einzelabschluss wird dieser Auftrag als **„noch nicht abrechenbare Leistungen"** *ausgewiesen; die Bewertung erfolgt zu Herstellungskosten.*

Vom Konzernstandpunkt handelt es sich bei diesem Posten nicht um Umlaufvermögen, sondern um Anlagevermögen **(in Bau befindliche Anlagen)***. In der Konzernbilanz ist daher eine Umgliederung vom Umlaufvermögen ins Anlagevermögen durchzuführen.*

Fall 7

In der Einzelbilanz des verbundenen Unternehmens A befindet sich der Posten „Waren" im Betrag von 1 Mio €. Für die Zwecke der Konsolidierung ist der Gesamtbestand nach internen Warenbezügen (Fertigerzeugnisse eines verbundenen Unternehmens) und extern bezogenen Waren zu trennen und die in diesen Waren enthaltene Bruttogewinnspanne herauszurechnen. Nach Abzug der Spanne, die bei den konzerneigenen Produkten 200.000 beträgt, kann der konzernrelevante Bestand festgestellt werden:

Hierzu ist zu bemerken, dass grundsätzlich alle konzerninternen Waren- und sonstigen Bezüge auf eigenen Bestands- und Erfolgskonten verbucht werden sollten.

	Waren	*Davon intern bezogene Fertigerzeugnisse*	*Davon Waren*
Bestand lt Einzelbilanz	*1.000.000*	*800.000*	*200.000*
abzüglich Spanne in den konzernintern erzeugten Produkte	*–200.000*	*–200.000*	
Bestand lt Konzernbilanz	**800.000**	**600.000**	**200.000**

Konzernrelevanter Bestand

Fertige und unfertige Erzeugnisse	*600.000*
Waren	*200.000*
Eliminierter Zwischengewinn	*200.000*

Nach Aufgliederung aller Bestände des Konzerns kann eine Trennung in Bestandsveränderung und Aufwendungen für Material und sonstige bezogene Herstellungsleistungen vorgenommen werden.

4.5 Latente Steuern im Konzernabschluss

§ 198. (9) Bestehen zwischen den unternehmensrechtlichen und den steuerrechtlichen Wertansätzen von Vermögensgegenständen, Rückstellungen, Verbindlichkeiten und Rechnungsabgrenzungsposten Differenzen, die sich in späteren Geschäftsjahren voraussichtlich abbauen, so ist bei einer sich daraus insgesamt ergebenden Steuerbelastung diese als Rückstellung für passive latente Steuern in der Bilanz anzusetzen. Sollte sich eine Steuerentlastung ergeben, so haben mittelgroße und große Gesellschaften im Sinn des § 189 Abs. 1 Z 1 und 2 lit. a diese als aktive latente Steuern (§ 224 Abs. 2 D) in der Bilanz anzusetzen; kleine Gesellschaften im Sinn des § 189 Abs. 1 Z 1 und 2 dürfen dies nur tun, soweit sie die unverrechneten Be- und Entlastungen im Anhang aufschlüsseln. Für künftige steuerliche Ansprüche aus steuerlichen Verlustvorträgen können aktive latente Steuern in dem Ausmaß angesetzt werden, in dem ausreichende passive latente Steuern vorhanden sind oder soweit überzeugende substantielle Hinweise vorliegen, dass ein ausreichendes zu versteuerndes Ergebnis in Zukunft zur Verfügung stehen wird; diesfalls sind in die Angabe nach § 238 Abs. 1 Z 3 auch die substantiellen Hinweise, die den Ansatz rechtfertigen, aufzunehmen.

(10) Die Bewertung der Differenzen nach Abs. 9 ergibt sich aus der Höhe der voraussichtlichen Steuerbe- und -entlastung nachfolgender Geschäftsjahre; der Betrag ist nicht abzuzinsen. Eine Saldierung aktiver latenter Steuern mit passiven latenten Steuern ist nicht vorzunehmen, soweit eine Aufrechnung der tatsächlichen Steuererstattungsansprüche mit den tatsächlichen Steuerschulden rechtlich nicht möglich ist. Latente Steuern sind nicht zu berücksichtigen, soweit sie entstehen

1. aus dem erstmaligen Ansatz eines Geschäfts(Firmen)werts; oder

2. aus dem erstmaligen Ansatz eines Vermögenswerts oder einer Schuld bei einem Geschäftsvorfall, der

> *a) keine Umgründung im Sinn des § 202 Abs. 2 oder Übernahme im Sinn des § 203 Abs. 5 ist, und*

> *b) zum Zeitpunkt des Geschäftsvorfalls weder das bilanzielle Ergebnis vor Steuern noch das zu versteuernde Ergebnis (den steuerlichen Verlust) beeinflusst;*

> 3. in Verbindung mit Anteilen an Tochterunternehmen, assoziierten Unternehmen oder Gemeinschaftsunternehmen im Sinn des § 262 Abs. 1, wenn das Mutterunternehmen in der Lage ist, den zeitlichen Verlauf der Auflösung der temporären Differenzen zu steuern, und es wahrscheinlich ist, dass sich die temporäre Differenz in absehbarer Zeit nicht auflösen wird.

> Die ausgewiesenen Posten sind aufzulösen, soweit die Steuerbe- oder -entlastung eintritt oder mit ihr nicht mehr zu rechnen ist. Der Aufwand oder Ertrag aus der Veränderung bilanzierter latenter Steuern ist in der Gewinn- und Verlustrechnung gesondert unter dem Posten „Steuern vom Einkommen und vom Ertrag" auszuweisen.
>
> § 258. Führen Maßnahmen, die nach den Vorschriften des dritten Abschnitts durchgeführt worden sind, zu Differenzen zwischen den unternehmensrechtlichen und den steuerrechtlichen Wertansätzen der Vermögensgegenstände, Schulden oder Rechnungsabgrenzungsposten und bauen sich diese Differenzen in späteren Geschäftsjahren voraussichtlich wieder ab, so ist eine sich insgesamt ergebende Steuerbelastung als Rückstellung für passive latente Steuern und eine sich insgesamt ergebende Steuerentlastung als aktive latente Steuern in der Konzernbilanz anzusetzen. Differenzen aus dem erstmaligen Ansatz eines nach § 254 Abs. 3 verbleibenden Unterschiedsbetrages bleiben unberücksichtigt. Unberücksichtigt bleiben auch Differenzen, die sich zwischen dem steuerrechtlichen Wertansatz einer Beteiligung an einem Tochterunternehmen, einem assoziierten Unternehmen oder einem Gemeinschaftsunternehmen im Sinn des § 262 Abs. 1 und dem unternehmensrechtlichen Wertansatz des im Konzernabschluss angesetzten Nettovermögens ergeben, wenn das Mutterunternehmen in der Lage ist, den zeitlichen Verlauf der Auflösung der temporären Differenzen zu steuern, und es wahrscheinlich ist, dass sich die temporäre Differenz in absehbarer Zeit nicht auflösen wird. Eine Saldierung ist nicht vorzunehmen, soweit eine Aufrechnung der tatsächlichen Steuererstattungsansprüche mit den tatsächlichen Steuerschulden rechtlich nicht möglich ist. § 198 Abs. 10 ist entsprechend anzuwenden. Die Posten dürfen mit den Posten nach § 198 Abs. 9 zusammengefasst werden. Die Steuerabgrenzung braucht nicht vorgenommen zu werden, soweit sie nicht wesentlich ist.

Dem Temporary-Prinzip entsprechend sind die latenten Steuern grundsätzlich aus der Differenz des unternehmensrechtlichen und steuerrechtlichen Ansatzes der Bilanzposten (Vermögen und Schulden) zu ermitteln, wobei es notwendig ist, permanente Differenzen und Differenzen, die den Ausnahmebestimmungen des § 198 Abs 10 Z 1–3 unterliegen, von der Steuerberechnung auszuschließen.

In der Frage der permanenten Differenzen ist das Temporary-Prinzip insoweit offen, als auch die sogenannten quasi-permanenten Differenzen, wie etwa stille Reserven auf Grundstücke, die erst mit der Veräußerung steuerpflichtig werden, der Berechnung der Steuerlatenz zu unterziehen sind.

4.51 Die drei Stufen der Steuerabgrenzung

Grottel/Larenz (in Beck'scher Bilanzkommentar, 10. Auflage, § 306 Rz 3) unterteilen die Ermittlung der latenten Steuern im Konzern in einen dreistufigen Prozess, dem die Verfasser folgen:

Auf der ersten Stufe werden die auf Grund nationaler Rechnungslegungsvorschriften ermittelten latenten Steuern zunächst übernommen (UB I). Diese Abgrenzung erfolgt in der Einzelbilanz unabhängig von der Konzernbilanzierung.

Auf der zweiten Stufe wird der nationale Jahresabschluss (einschließlich der darin enthaltenen Steuern) in eine UB II übergeleitet, wobei nun zusätzliche aus der Überleitung resultierende latente Steuern berücksichtigt werden.

Zur dritten Stufe gehören alle in den Bereich der Konsolidierungsmaßnahmen fallenden latenten Steuern.

4.511 *Latente Steuern in der UB I (1)*

Das sind jene latenten Steuern, die gem § 198 Abs 9 und 10 unabhängig vom Konzernabschluss bereits im Einzelabschluss der einbezogenen Unternehmen erfasst werden müssen. Diese werden vom Konzernbilanzierenden mit der UB I übernommen. Im Einzelabschluss bestehende Ausnahmen gem § 198 Abs 10 Z 1 und 2 bleiben auch im Konzernabschluss aufrecht. Das gilt vor allem für Bewertungsdifferenzen aus der Z 2b. Als Beispiel kann hier die Nutzungsdaueranpassung bei einem PKW mit Anschaffungskosten von mehr als 40.000 Euro, soweit diese Anpassung die 40.000 übersteigenden Anschaffungskosten betrifft, genannt werden.

Bezüglich der Grundlagen der latenten Steuerabgrenzung siehe *Egger/Samer/Bertl*, Der Jahresabschluss nach dem Unternehmensgesetzbuch, Band I[15], Kapitel 3.6, S 105 ff.

4.512 *Latente Steuern anlässlich der Überleitung von der UB I in die UB II (2)*

In der Überleitung von der UB I in die UB II erfolgen die Umwertung auf den beizulegenden Zeitwert aller Vermögens- und Schuldposten (gem § 254 Abs 1) und alle erforderlichen Anpassungsmaßnahmen gem § 260 Abs 2 im Zusammenhang mit der Herstellung der Bewertungseinheit in der Konzernbilanzierung.

Von allen bei den bei diesen Maßnahmen entstehenden zusätzlichen nicht permanenten Differenzen zwischen den gleichbleibenden Steuerwerten und den angepassten Konzernwerten werden die Steuerlatenzen berechnet und verbucht. In dieser Phase fallen die meisten latenten Steuern an.

In gleicher Weise, wie die stillen Reserven und stillen Lasten bei der Erstkonsolidierung erfolgsneutral erfasst werden, wird auch die auf die gesamte Aufwertung entfallende Steuerabgrenzung erfolgsneutral über das Eigenkapital erfasst. Alle in der Folge entstehenden Veränderungen der latenten Steuern erfolgen erfolgswirksam über das Körperschaftsteuerkonto.

Hierzu nimmt der DRSC bei gleicher Gesetzeslage wie in Österreich im DRS 18 folgendermaßen Stellung:

> *Tz 51. Bei aufgrund der ergebnisneutralen Erfassung von zB Sacheinlagen, Verschmelzungen oder Unternehmenserwerben entstandenen temporären Differenzen ist es sachgerecht, auch latente Steuern ergebnisneutral gegen das Eigenkaptal bzw den Geschäfts- oder Firmenwert zu erfassen.*
>
> *Tz 52. Werden beispielweise im Rahmen der (ergebnisneutralen) Erstkonsolidierung stille Reserven des erworbenen abnutzbaren Anlagevermögens aufgedeckt, so sind auf die entstehenden temporären Differenzen latente Steuern zu passivieren und ergebnisneutral zu erfassen. Bauen sich im Rahmen der (ergebniswirksamen) Folgekonsolidierung die zugrundeliegenden temporären Differenzen aufgrund der Abschreibung der stillen Reserven ergebniswirksam ab, so sind die passiven latenten Steuern ebenfalls ergebniswirksam aufzulösen. Bei Entkonsolidierung sind noch verbliebene Steuerabgrenzungen aus der Erstkonsolidierung bei der Ermittlung des Abgangsergebnisses zu berücksichtigen und damit ebenfalls ergebniswirksam auszubuchen.*

Wie bei den aufgedeckten stillen Reserven sind auch die bei den Anpassungsmaßnahmen gem § 260 Abs 2 entstehenden Ansatz- und Bewertungsdifferenzen mit den entsprechenden latenten Steuern zu belasten oder zu erkennen.

Veränderungen der im Rahmen der erstmaligen Konsolidierung aufgedeckten stillen Reserven und Lasten sowie Bewertungsdifferenzen sind ebenso wie die anteiligen latenten Steuern in der Folge erfolgsmäßig zu erfassen.

Die erfolgsmäßige Erfassung der latenten Steuer erfolgt grundsätzlich über das Körperschaftsteuerkonto.

4.513 Latente Steuern im Zuge der Konsolidierung (3)

Darunter fallen alle sonstigen Konsolidierungsmaßnahmen aus der Stufe 2 der Konsolidierung, wie beispielsweise die Bereinigung unterschiedliche bewerteter Warenbestände.

4.513.1 Latente Steuern aus der Eliminierung von Differenzen aus der Schuldenkonsolidierung

Derartige Differenzen liegen dann vor, wenn Aktivposten und ihnen gegenüberstehende Passivposten in den Bilanzen der einbezogenen Unternehmen mit unterschiedlichen Beträgen angesetzt sind, wenn beispielsweise einer Forderung von 90 eine Verbindlichkeit von 100 gegenübersteht, weil der Forderungsinhaber diese aus verschiedenen Gründen auf 90 abgewertet hat.

Man unterscheidet in diesem Zusammenhang zwischen echten und unechten Aufrechnungsdifferenzen.

Unechte Differenzen, die sich aus zeitlichen Buchungsunterschieden, aus Abstimmungsproblemen oder Fehlbuchungen ergeben, rechtfertigen keine latente Steuern. Derartige Differenzen sind aufzuklären. Ist dies aus zeitlichen Gründen nicht möglich, schlagen *Grottel/Larenz* (in Beck'scher Bilanzkommentar, 10. Auflage, § 306 Rz 21) vor, diese Differenzen in die Ermittlung der latenten Steuern einzubeziehen und sie nach Klärung im Folgejahr aufzulösen.

Echte Differenzen ergeben sich, wenn ein einbezogenes Unternehmen bestehende Forderungen abschreibt oder abzinst, das andere einbezogene Unternehmen die relevante Verbindlichkeit aber in voller Höhe ausweist. Eine weitere Ursache für echte Differenzen bilden konzerninterne Rückstellungen, denen noch keine entsprechende Forderung gegenübersteht. In diesen Fällen ist der Ausweis latenter Steuern relevant.

4.513.2 Latente Steuern aus der Eliminierung von Zwischenergebnissen

Durch die Eliminierung der Zwischenergebnisse wird der Konzernerfolg um die aus Konzernsicht nicht realisierten Erfolgsbeiträge korrigiert. Durch die Eliminierung kommt es zu Differenzen zwischen dem steuerlichen Ansatz der Vermögensgegenstände in der Einzelbilanz und dem Ansatz in der Konzernbilanz, für die eine aktive latente Steuer zu bilden ist.

4.52 Die Ausnahmen von der Bildung eines latenten Steuerbilanzpostens gem § 198 Abs 10 Z 1–3

Z 1 Geschäfts- oder Firmenwert

Gem § 198 Abs 10 Z 1 sind latente Steuern aus dem erstmaligen Ansatz eines Geschäfts- oder Firmenwertes nicht zu berücksichtigen. Dies gilt gem § 258 auch für den nach § 254 Abs 3 verbleibenden aktiven Unterschiedsbetrag.

Die Problematik dieser Bestimmung haben die Autoren bereits im Band 1[15] des „Jahresabschluss nach dem Unternehmensgesetzbuch" ausgiebig besprochen.

Im Rahmen der Kapitalkonsolidierung betrifft diese Bestimmung alle jene Fälle, in denen ein Tochterunternehmen mit einem Kaufpreis, der über dem anteiligen Zeitwert desselben liegt, erworben wurde. Zur Kapitalkonsolidierung gehört die Feststellung des Unterschiedsbetrages und in der Folge die Weiterführung der daraus abgeleiteten Bilanzposten. Diese Bilanzposten sind im Rahmen der Buchwertmethode die aufgewerteten anteiligen stillen Reserven und der Firmenwert und bei der Neubewertungsmethode lediglich der Firmenwert, weil die stillen Reserven in diesem Fall bereits im Zuge der Überleitung von der UB I in die UB II festgestellt werden.

Während die aufgelösten stillen Reserven der Steuerlatenz unterliegen, ist der Firmenwert gem § 198 Abs 10 Z 1 davon befreit.

Beispiel 40

*§ 198 Abs 10 Z 1: **Firmenwert und latente Steuern bei der Konsolidierung***

Erwerb von 80 % eines Unternehmens um 1000. Der Buchwert des Eigenkapitals (Nennkapital und Rücklagen) beträgt insgesamt 900, die im Vermögen enthaltenen stillen Reserven insgesamt 150. Die Konsolidierung erfolgt nach der Neubewertungsmethode

Bestimmung des Unterschiedsbetrages und des Firmenwertes aus der Konsolidierung

Feststellung des Substanzwertes:

Buchwerte des Eigenkapitals	900	
Stille Reserven	150	
Eigenkapital des zu 80 % erworbenen Unternehmens		1.050
80%iger Anteil	840	
Erwerbspreis	1.000	
Goodwill/Firmenwert		160

Der Unterschiedsbetrag von 160 ist ein Goodwill und darf daher keiner latenten Steuer unterzogen werden.

Für das aufgewertete Sachvermögen ist gem § 258 eine Rückstellung für latente Steuern in Höhe von 25 % von 150, das sind 37,5 zu bilden. Da das Sachvermögen über das Eigenkapital aufgewertet wurde, sind auch die latenten Steuern erfolgsneutral zu bilden.

Z 2

Für Differenzen, die bei dem erstmaligen Ansatz eines Vermögenswertes oder einer Schuld bei einem Geschäftsvorfall, der keine Umgründung oder Übernahme ist und im Zeitpunkt des Geschäftsvorfalles weder das bilanzielle Ergebnis noch das zu versteuernde Ergebnis beeinflusst, sind keine latenten Steuern zu berücksichtigen. Rechnet man die Maßnahmen der Herstellung der Konzernreife der Unternehmensbilanzen sowie die Konsolidierungsbuchungen nicht als Geschäftsvorfälle, fallen keine Wertdifferenzen, die bei der Überleitung in den Konzernabschluss entstehen, unter diese Ausnahmebestimmung.

Hinzu kommt, dass Steuerentlastungen und -belastungen aus Differenzen zwischen den unternehmensrechtlichen und den steuerrechtlichen Wertansätzen der Vermögengegenstände, Schulden oder Rechnungsabgrenzungen, die aus Maßnahmen, die nach den Vorschriften des dritten Abschnittes durchgeführt worden sind, entstehen und sich später wieder abbauen, gem § 258 jedenfalls steuerlatenzmäßig zu erfassen sind.

Z 3: Outside Basis Differences

Von der Berechnung latenter Steuern ausgenommen sind gem § 258 iVm mit § 198 Abs 10 Z 3 Differenzen, die zwischen dem steuerrechtlichen Wertansatz von Beteiligungen an Tochterunternehmen, assoziierten Unternehmen oder einem Gemeinschaftsunternehmen und dem Wertansatz der im Konzernabschluss angesetzten Beteiligung bzw des Wertansatzes des im Konzernabschluss angesetzten Nettovermögens entstehen, wenn „das Mutterunternehmen in der Lage ist, den zeitlichen Verlauf der Auflösung der temporären Differenzen zu steuern, und es wahrscheinlich ist, dass sich die temporäre Differenz in absehbarer Zeit nicht auflösen wird".

Während der DRSC im DRS 18, Tz 28 im Sinne des dHGB die aus der oben angeführten Konstellation entstehenden temporären Differenzen von vornherein von der Ermittlung latenter Steuern ausschließt, gilt dies nach dem UGB nur dann, wenn „das Mutterunternehmen in der Lage ist, den zeitlichen Verlauf der Auflösung der temporären Differenzen zu steuern, und es wahrscheinlich ist, dass sich die temporäre Differenz in absehbarer Zeit nicht auflösen wird" .

Hier ergibt sich die Frage, wer die Auflösung der temporären Differenz bestimmt? Es ist mit Sicherheit derjenige, der auch deren Auflösung steuert, also die Muttergesellschaft selbst.

Das heißt, dass die Auflösung der temporären Differenz ebenfalls vom Willen des Mutterunternehmens abhängig ist, es der Mutter also zusteht, festzustellen wann sich die temporäre Differenz auflösen wird.

Damit steht es auch dem konzernrechnungspflichtigen Unternehmen bei entsprechender Auslegung der Z 3 frei, die eine oder andere Variante zu wählen.

4.53   Steuersatz

„*Der relevante Steuersatz ist aus den aktuell gültigen Sätzen abzuleiten, wobei jedoch für die Zukunft feststehende Steuersatzänderungen zu berücksichtigen sind. Bei internationalen Konzernabschlüssen wäre an sich von jenem Steuersatz auszugehen, der in dem betreffenden Land für die Gesellschaft gilt, die die erfolgswirksame Konsolidierung ausgelöst hat. Aus Praktikabilitätsgründen wird es jedoch als zulässig angesehen, einen durchschnittlichen Steuersatz des Konzerns für die Ermittlung des Abgrenzungsbetrages heranzuziehen*" (*Platzer*, Kommentar zum Handelsgesetzbuch, Wien 1992, Rz 17 zu § 258).

Da weder für aktive Steuerabgrenzungen noch für Rückstellungen für latente Steuern eine Abzinsung vorgesehen ist, ist beim Ansatz der Steuerabgrenzung vom **Nominalbetrag** auszugehen.

4.54   Ausweis latenter Steuern im Konzernabschluss

Bezüglich des Ausweises latenter Steuern sind sinngemäß die Vorschriften zur Steuerabgrenzung im Einzelabschluss anzuwenden. Auf die Erläuterungen in Band 1[15] Abschnitt 3.664 wird verwiesen.

In der Bilanz ist nach den Rechnungsabgrenzungen ein eigener Posten für die Darstellung der aktiven latenten Steuern vorgesehen: D Aktive Latente Steuern.

Passive latente Steuern sind unter den Rückstellungen erfasst, ohne gesondert ausgewiesen werden zu müssen.

Eine Saldierung aktiver und passiver Steuerabgrenzungen ist nur dann erlaubt, wenn diese auch rechtlich aufgerechnet werden dürfen.

In der Gewinn- und Verlustrechnung werden die latenten Steuern im Posten „Steuern vom Einkommen und vom Ertrag" erfasst. Ein gesonderter Ausweis ist nicht erforderlich, obwohl in Fällen, in denen die latenten Steuern im Vergleich zu den laufenden Steuern wesentlich sind, ein gesonderter Ausweis wünschenswert wäre.

Allerdings ist im Anhang gem § 238 Abs 1 Z 3 anzugeben, auf welchen Differenzen oder steuerlichen Verlustvorträgen die latenten Steuern beruhen und mit welchen Steuersätzen die Bewertung erfolgt ist; weiters sind die im Lauf des Geschäftsjahres erfolgten Bewegungen der latenten Steuersalden anzugeben.

Bei der Änderung von Steuersätzen ist der Steuerabgrenzungsposten entsprechend anzupassen und der sich daraus ergebende Mehr- oder Minderbetrag beim Posten „Steuern vom Einkommen und vom Ertrag" zu verrechnen; dabei ist zu untersuchen, ob die Vorschriften des § 234 2. Satz über den gesonderten Ausweis von Erträgen aus Steuergutschriften und aus der Auflösung nicht bestimmungsgemäß verwendeten Steuerrückstellungen, soweit sie wesentlich sind, eingehalten wurden.

Beispiele zur Berechnung latenter Steuern im Zuge der Konzernbilanzierung

Die praktische Vorgangsweise zur Feststellung der latenten Steuer besteht darin,

1. *bei den einzelnen Bilanzposten den Ansatz der Konzernbilanz mit dem Steuerwert zu vergleichen,*

2. *festzustellen, ob eine Ausnahmebestimmung (zB Firmenwert) vorliegt und*

3. *die aktive oder passive Steuerlatenz zu ermitteln und zu verbuchen.*

Der Steuerwert eines Konzernbilanzposten ist in der Regel mit dem Bilanzwert dieses Postens in der Schlussbilanz des einzelnen einbezogenen Unternehmens identisch. Liegt ein solcher nicht vor, ist der Steuerwert in der Regel null und der Konzernbilanzposten damit zu vergleichen.

Beispiel 41

Latente Steuern anlässlich der Überleitung von der UB I in die UB II

Im Zuge der Erstkonsolidierung eines neu erworbenen Tochterunternehmens wird die Abschreibung einer Großmaschine mit Anschaffungskosten von 1 Mio Euro zur Anpassung der Bewertungsmethoden auf die Konzernbilanzierung von 5 Jahre auf 10 Jahre umgestellt. Die Anlage ist bei der erstmaligen Einbeziehung des Tochterunternehmens am 31.12.2016 drei Jahre im Betrieb.

Der Körperschaftsteuersatz beträgt 25 %.

Abschreibungstabelle und Restwertfeststellung für die Anlage (in 1.000 €)

Jahr	Tochter-unternehmen		Konzern		Differenz			
	Ab-schreibung	Restwert 31. 12.	Ab-schreibung	Restwert 31. 12.	Wert-zurech-nung	Rest-wert 31. 12.	Ab-schreibung	Steuerla-tenz bilanz-orientiert
	1	2	3	4	5	6	7	8
2013		1000						
2014	200	800						
2015	200	600						
2016	**200**	**400**		**700**	**300**	**300**		**−75**
2017	200	200	100	600	100	400	−100	−100
2018	200	0	100	500	100	500	−100	−125
2019			100	400	−100	400	+100	−100
2020			100	300	−100	300	+100	−75
2021			100	200	−100	200	+100	−50
2022			100	100	−100	100	+100	−25
2023			100	0	−100	0	+100	0

Die Kapitalaufrechnung erfolgt am 31.12.2016.

Die Wertanpassung auf eine einheitliche Bewertung und einheitliche Bewertungsmethoden erfolgt bei dem Tochterunternehmen im Rahmen der Überleitung von der UB I in die UB II.

Auszug aus der Überleitung UB I zur UB II

	UB I zum 31.12.2016		Überleitung		UB II zum 31.12.2016	
	Soll	Haben	Soll	Haben	Soll	Haben
Jahresabschluss 2016 Erstkonsolidierung						
Anlage	400		1) 300		700	
Eigenkapital		400	2) 75	1) 300		625
Rückstellung Latente Steuern				2) 75		75

Buchungssätze
2016 Erstkonsolidierung

1	Anlage an Eigenkapital Einbuchung Buchwertdifferenz aus unterschied- licher ND	300	300
2	Eigenkapital an Rückstellung für latente Steuern Dotierung latente Steuern von 300	75	75

Zu 1) und 2) Durch die längere Nutzungsdauer im Konzernabschluss beträgt der Konzernrestwert zum 31.12.2016 700 gegenüber 400 in der Einzelbilanz der Tochter. Da der Steuerwert in der Einzelbilanz 400 ist, ergibt sich aus der Aufwertung eine latente Steuerschuld von 75.

Jahresabschluss 2017 Folgekonsolidierung

	UB I zum 31.12.2017		Überleitung				UB II zum 31.12.2017	
	Soll	Haben		Soll		Haben	Soll	Haben
Anlage	200		1 3	300 100			600	
Eigenkapital		400	2	75	1	300		625
Ergebnis	**200**						**125**	
Rückstellung latente Steuern					2 4	75 25		100
G&V								
Abschreibungen	200				3	100	100	
Körperschaftsteuer			4	25			25	
Ergebnis	**200**						**−125**	

Buchungssätze
2017 Folgekonsolidierung

1	Anlage an Eigenkapital Wiederholung Erstkonsolidierung	300	300
2	Eigenkapital an Rückstellung für latente Steuern Wiedereinbuchung latente Steuern	75	75

3	Anlage an Abschreibungen Rückführung zu hoher Abschreibung	100	100
4	Körperschaftsteuer an Rückstellung für latente Steuern Erhöhung der Rückstellung für latente Steuern	25	25

Zu 1) und 2) Die in den Büchern des Tochterunternehmens nicht übernommenen Werte des Konzernabschlusses müssen nunmehr wieder eingebucht werden.

Zu 3) Da die Jahresabschreibung im Konzern nur 100 beträgt, im Einzelabschluss jedoch 200, werden anlässlich der Überleitung in die UB II Abschreibungen in Höhe von 100 zurückgeführt.

Zu 4) Die Steuerlatenz beträgt 25 % der Bewertungsdifferenz der Anlage zwischen Steuerwert und Konzernwert und ist daher anzupassen.

Jahresabschluss 2018 Folgekonsolidierung

	UB I zum 31.12.2018		Überleitung				UB II zum 31.12.2018	
	Soll	Haben		Soll		Haben	Soll	Haben
Anlage	0		1 3	300 200			500	
Eigenkapital		200	2	100	1 3	300 100		500
Ergebnis	**200**				E	75	125	
Rückstellung latente Steuern					2 4	100 25		125
G&V								
Abschreibungen	200				3	100	100	
Körperschaftsteuer			4	25			25	
Ergebnis	**200**				E	75	**−125**	

Buchungssätze

2018 Folgekonsolidierung

1	Anlage an Eigenkapital Wiederholung Erstkonsolidierung	300	300
2	Eigenkapital an latente Steuer Einbuchung der latenten Steuer	100	100

2	Anlage	200	
	an Eigenkapital		100
	an Abschreibungen		100
	Rückführung zu hoher Abschreibung		
5	Körperschaftsteuer	25	
	an Rückstellung für latente Steuern		25
	Erhöhung der Rückstellung für latente Steuern		

Zu 1) Wiedereinbuchung der Wertdifferenz der Anlage aus der Erstkonsolidierung.

Zu 2) Wiedereinbuchung der Steuerlatenz der Vorperiode.

Zu 3) Wiedereinbuchung der in den beiden letzten Jahren um jeweils 100 zu hoher Abschreibung der Anlage, wobei 100 aus dem Vorjahr stammen und daher über das Eigenkapital eingebucht werden und 100 sich in der laufenden Abschreibung befinden, welche nunmehr korrigiert werden muss.

Zu 4) Anpassung der latenten Steuerrückstellung.

Jahresabschluss 2019 Folgekonsolidierung

	UB I zum 31.12.2019		Überleitung				UB II zum 31.12.2019	
	Soll	Haben	Soll		Haben		Soll	Haben
Anlage	0		1 3	300 200	4	100	400	
Eigenkapital			2	125	1 3	300 200		375
Ergebnis							75	
Rückstellung latente Steuern			5	25	2	125		100
G&V								
Abschreibungen	0		4	100			100	
Körperschaftsteuer					5	25		25
Ergebnis	0						−75	

Buchungssätze
2019 Folgekonsolidierung

1	Anlage	300	
	an Eigenkapital		300
	Wiederholung Erstkonsolidierung		

2	Eigenkapital	125	
	an latente Steuer		125
	Wiedereinbuchung latente Steuer		
3	Anlage	200	
	an Eigenkapital		200
	Rückführung zu hoher Abschreibung der Vorjahre		
2	Abschreibung Anlage	100	
	an Anlage		100
	Abschreibung Anlage		
3	Rückstellung latente	25	
	an Körperschaftsteuer		25
	Herabsetzung Rückstellung latente Steuern		

Erläuterungen:

1) und 2) Wiederholung Erstkonsolidierung und Einbuchung der latenten Steuer des Vorjahres.

3) Rückführung der zu hohen Abschreibung der beiden Vorjahre. Diese Buchung wird das durch die überhöhte Abschreibung herabgesetzte Eigenkapital und den herabgesetzten Buchwert dieser Anlage wiederherstellen.

4) Es handelt sich um die laufende Jahresabschreibung, die wegen der bereits voll abgeschriebenen Anlage in der Einzelbilanz nunmehr im Konzern durchzuführen ist.

5) Anpassung der latenten Steuer.

Beispiel 42

Rückstellung für latente Steuern von den anlässlich der Erstkonsolidierung aufgedeckten stillen Reserven und Behandlung des Firmenwertes aus dem Einzelabschluss

Das Mutterunternehmen hat mit Wirkung vom 31.12.2016 80 % des Tochterunternehmens zu einem Preis von 2.716 erworben. Die Übernahmebilanz ist nachfolgend dargestellt.

In der Einzelbilanz der Tochtergesellschaft befindet sich ein Firmenwert aus dem Erwerb eines Einzelunternehmens, der steuerlich über 15 Jahre und unternehmensrechtlich über 10 Jahre abgeschrieben wird.

Übernahmebilanz der Tochter GmbH

Firmenwert aus Erwerb	420
Unbebaute Grundstücke	950
Abnutzbares AV	800
Sonstiges Vermögen	1.010
Aktive latente Steuer	15
Aktiva	**3.195**

Grundkapital/Stammkapital	1.000
Gewinnrücklage	800
Fremdkapital	1.395
Passiva	**3.195**

Die **Abschreibungstabelle** für den Firmenwert zeigt folgendes Bild:

Jahr	AK	Unternehmensrecht		Steuerrecht		Differenz	Latente Steuer	
		Abschr	RW 31.12.	AfA	RW 31.12.		Aktive	Passive
2013	600		600		600			
2014		60	540	40	560	−20	5	
2015		60	480	40	520	−40	10	
2016		**60**	**420**	**40**	**480**	**−60**	**15**	
2017		60	360	40	440	−80	20	
2018		60	600	40	400	−100	25	
2019		60	240	40	360	−120	30	
2020		60	180	40	320	−140	35	
2021		60	120	40	280	−160	40	
2022		60	60	40	240	−180	45	
2023		60	0	40	200	−200	50	
2024		0	0	40	160	−160	40	
2025		0	0	40	120	−120	30	
2026		0	0	40	80	−80	20	
2027		0	0	40	40	−40	10	
2028		0	0	40	0	0	0	

Der Firmenwert aus dem Erwerb des Einzelunternehmens im Dezember 2013 ist sowohl unternehmensrechtlich als auch steuerrechtlich absetzbar. Durch die verschiedene Nutzungsdauer ergeben sich Differenzen zwischen den unternehmens- und steuerrechtlichen Ansätzen, die im Laufe der Zeit immer kleiner werden. Da die steuerrechtlichen Ansätze bis zuletzt über den unternehmensrechtlichen Ansätzen liegen, kommt es ausschließlich zu aktiven Steuerlatenzen. Ist die steuerliche Nutzungsdauer geringer, ergeben sich nur passive Steuerlatenzen.

Der steuerliche Wert des erworbenen Firmenwertes beträgt zum 31.12.2016 480, woraus sich eine aktive latente Steuer von 25 % von (480 − 420) = 15, ergibt.

Firmenwerte, die aus Aufwertungen im Zusammenhang mit Umgründungen und Kapitalkonsolidierungen entstehen, sind steuerlich nicht wirksam, so dass den unternehmensrechtlichen Ansätzen grundsätzlich steuerrechtliche Werte von null *gegenüberstehen, somit eine passive Steuerlatenz eingebucht werden müsste, wenn dies nicht durch § 198 Abs 10 Z 1 ausgeschlossen wäre.*

Bezüglich der Belastung des Firmenwertes mit latenten Steuern bestimmt § 198 Abs 10 Z 1, „dass aus dem erstmaligen Ansatz eines Firmenwertes keine latenten Steuern zu berücksichtigen sind". Liegt beispielsweise der Anfangswert des steuerlichen Firmenwertes bei 1.000 und des unternehmensrechtlichen Firmenwertes bei 1.100, dann ist der über den steuerlichen Firmenwert hinausgehende Betrag von 100 steuerlich nicht absetzbar. Dies kann beispielsweise passieren, wenn die in den Passiven des Unternehmens enthaltenen Verbindlichkeiten unternehmensrechtlich um 100 höher bewertet werden als steuerrechtlich.

Weitere Angaben

Latente Steuern aus der Überleitung von der UB I in die UB II

Im nichtabnutzbaren Anlagevermögen befinden sich stille Reserven in Höhe von 360; im abnutzbaren Anlagevermögen sind stille Reserven im Ausmaß von 200 enthalten, deren Abschreibung ab der Erstkonsolidierung über 5 Jahre erfolgt.

Aufteilung der stillen Reserven im abnutzbaren Anlagevermögen

	Abschrei-bung	*Rest-wert*	*Latente Steuer-rückstellung*
Anschaffungszeitpunkt = Erstkonsolidierung		*200*	*50*
Jahr 2017	*40*	*160*	*40*
Jahr 2018	*40*	*120*	*30*
Jahr 2019	*40*	*80*	*20*
Jahr 2020	*40*	*40*	*10*
Jahr 2021	*40*	*0*	*0*

Überleitung von der UB I in die UB II anlässlich der Erstkonsolidierung

Es werden nur jene Konten angelegt, die unmittelbar benötigt werden.

Text	*UB I*	*Überleitung*		*UB II*
Firmenwert	*420*			*420*
Unbebaute Grundstücke	*950*	*1*	*360*	*1.310*
Abnutzbares AV	*800*	*2*	*200*	*1.000*
Sonstiges Vermögen	*1.010*			*1.010*
Aktive Latente Steuer	*15*			*15*
Aktiva	***3.195***		***560***	***3.755***

Stammkapital	*1.000*	*4*	*200*			*800*
Gewinnrücklage	*800*	*4*	*160*			*640*
Aufwertungsrücklage[*)]		*3*	*140*	*1*	*360*	*336*
		4	*84*	*2*	*200*	
Nicht beherrschende Anteile				*4*	*444*	*444*
Rückstellungen latente Steuern				*3*	*140*	*140*
Fremdkapital	*1.395*					*1.395*
Passiva	**3.195**		**584**		**1.144**	**3.755**

[1)] Bei der Aufwertung von Vermögen anlässlich der Überleitung von der UB I in die UB II wird diese häufig auf eine eigene Aufwertungsrücklage statt auf die Gewinnrücklage verbucht. Der Vorteil dieser Vorgangsweise ist, dass man laufend verfolgen kann, wie viel von der Aufwertung noch abzuschreiben ist.

Erläuterungen:

Firmenwert im Einzelabschluss

Der steuerliche Wert des erworbenen Firmenwertes beträgt zum 31.12.2016 480, woraus sich eine aktive latente Steuer von 25 % von (480 – 420) ergibt (siehe Abschreibungstabelle oben).

Latente Steuern

In den aufgedeckten stillen Reserven von 560 sind 25 % latente Steuern im Betrag von 140 enthalten.

Da sich in den aufgedeckten stillen Reserven 360 befinden, die unbebaute Grundstücke betreffen, eine Realisierung daher erst mit dem Verkauf der Grundstücke oder des gesamten Unternehmens stattfindet, handelt es sich hier um eine quasi permanente stille Reserve, die jedoch im Temporary-Konzept einer Steuerlatenz unterzogen wird.

Die aktiven und passiven latenten Steuern werden normalerweise saldiert, weil für beide das gleiche Finanzamt zuständig ist. Im vorliegenden Beispiel werden sie aus Demonstrationsgründen getrennt ausgewiesen.

Aufwertung

Die Aufwertung und Abwertung der stillen Reserven und stillen Lasten erfolgt normalerweise über die Gewinnrücklage, da die Umwertungsbeträge Bestandteile des Eigenkapitals sind. Wie schon dargestellt, dürfen die Aufwertungsbeträge nicht über den Beteiligungsansatz (hochgerechnet auf 100 %) hinausgehen, da sonst das Anschaffungsprinzip verletzt werden würde.

Minderheitenanteile

Bei der Neubewertungsmethode wird der Prozentsatz der Minderheitenanteile nicht vom Nominalwert der Eigenkapitalposten, sondern von dem um die aufge-

deckten stillen Reserven und stillen Lasten verändertem Eigenkapital berechnet.

Dies ergibt:	*Stammkapital*	1.000	
	Gewinnrücklage	800	
	Aufwertung	560	
	Latente Steuern	−140	
	Anteil Minderheit 20 % von	2.220	= 444

Konsolidierungsmaßnahmen

Während die Überleitung von der UB I in die UB II die Anpassung des Einzelabschlusses an die Erfordernisse des Konzernabschlusses zum Ziel hat, gehören zu den Konsolidierungsmaßnahmen neben der Kapitalkonsolidierung alle Maßnahmen, die der Bereinigung gleichartiger Posten in den zusammenzuschließenden Bilanzen und Gewinn- und Verlustrechnungen dienen. Dazu gehören vor allem die Schuldenkonsolidierung und die Eliminierung interner Ergebnisse.

Kapitalkonsolidierung

Beteiligung		2.716
abz Eigenkapital Tochter		
Stammkapital	800	
Gewinnrücklage	640	
Aufwertung	336	1.776
Unterschiedsbetrag = Firmenwert		940

10 Jahre Nutzungsdauer = Abschreibung pro Jahr 94

Ein Ansatz latenter Steuern ist gem § 198 Abs 10 Z 1 nicht zulässig.

Konsolidierungsmaßnahmen

Text	M	T UB II		Konsolidierung				Konzern-bilanz 2016
Firmenwert aus Er-werb[1)]		420	420					420
Firmenwert[1)]				1	940			940
Unbebaute Grundstücke		1.310	1.310					1.310
Abnutzbares AV	2.600	1.000	3.600					3.600
Beteiligung	2.716		2.716			1	2.716	
Sonstiges Vermögen	2.005	1.010	3.015					3.015
Aktive latente Steuer		15	15					15
Aktiva	7.321	3.755	11.076		940		2.716	9.300

Grundkapital/Stammkapital	*2.800*	*800*	*3.600*	*1*	*800*		*2.800*
Gewinnrücklage	*900*	*640*	*1.540*	*1*	*640*		*900*
Kapitalrücklage	*400*		*400*				*400*
Aufwertungsrücklage		*336*	*336*	*1*	*336*		
Nicht beherrschende Anteile		*444*	*444*				*444*
Rückstellungen latente Steuern		*140*	*140*				*140*
Fremdkapital	*3.221*	*1.395*	*4.616*				*4.616*
Passiva	**7.321**	**3.755**	**11.076**		**1.776**		**9.300**

[1] Der Firmenwert wird üblicherweise in einem Posten dargestellt. Wegen der Unterschiedlichkeit seines Entstehens und der dadurch bedingten unterschiedlichen steuerlichen Behandlung wird dieser in der obigen Konzernbilanz in zwei Posten dargestellt.

Folgekonsolidierung 31.12.2017

Mutter und Tochter zeigen für das Jahr 2017 folgenden Jahresabschluss:

Text	M	T
Firmenwert aus Erwerb		*360*
Firmenwert		
Unbebaute Grundstücke		*950*
Abnutzbares AV	*2.700*	*700*
Beteiligung	*2.716*	
Sonstiges Vermögen	*1.075*	*900*
Aktive latente Steuer		*20*
	6.491	***2.930***
Grundkapital/Stammkapital	*2.800*	*1.000*
Kapitalrücklage	*400*	
Gewinnrücklage	*2.150*	*1.230*
Nicht beherrschende Anteile		
Rückstellungen lat. Steuern		
Fremdkapital	*1.141*	*700*
	6.491	***2.930***
Erlöse und Erträge	*14.000*	*6.800*
Abschreibungen Firmenwert		*60*
Sonstige Abschreibungen	*5.00*	*160*
Sonstige Aufwendungen	*11.800*	*5.980*
Ergebnis vor Steuern	*1.700*	*600*
Körperschaftsteuer	*450*	*170*
Jahresüberschuss	***1.250***	***430***

Der Firmenwert aus dem Erwerb des Einzelunternehmens wurde entsprechend der obigen Tabelle abgeschrieben.

Im nichtabnutzbaren Anlagevermögen befinden sich stille Reserven in Höhe von 360; im abnutzbaren Anlagevermögen sind stille Reserven im Ausmaß von 200 enthalten, deren Abschreibung ab der Erstkonsolidierung über 5 Jahre erfolgt (siehe Tabelle vorne).

Erläuterung zu den latenten Steuern im Einzelabschluss:

Der steuerliche Wert des erworbenen Firmenwertes beträgt zum 31.12.2017 440, woraus sich eine aktive latente Steuer von 25 % von (440 – 360) = 20 ergibt (siehe Abschreibungstabelle oben).

Zu den latenten Steuern der aufgedeckten stillen Reserven: diese betragen 25 % von 520 (360 + 160) = 130.

Eine Saldierung zwischen aktiven und passiven latenten Steuern ist dann üblich, wenn für beide das gleiche Finanzamt zuständig ist.

Überleitung von der UB I in die UB II 2017

Text	T UB I	Überleitung				T UB II
Firmenwert aus Erwerb	360					360
Firmenwert						
Unbebaute Grundstücke	950	1	360			1.310
Abnutzbares AV	700	2	200	4	40	860
Beteiligung						
Sonstiges Vermögen	900					900
Aktive latente Steuer	20					20
Aktiva	**2.930**		**560**		**40**	**3.450**
Grundkapital/Stammkapital	1.000	6	200			800
Aufwertungsrücklage						
Gewinnrücklage	1.230	E 6	30 240			960
Aufwertung		3 6	140 84	1 2	360 200	336
Nicht beherrschende Anteile				6	524	524
Rückstellungen latente Steuern		5	10	3	140	130
Fremdkapital	700					700
Passiva	**2.930**		**704**		**1.224**	**3.450**

Gewinn- und Verlustrechnung

Erlöse und Erträge	6.800					6.800
Abschreibungen Firmenwert	120					120
Sonstige Abschreibungen	160	4	40			200
Sonstige Aufwendungen	5.920					5.920
Ergebnis vor Steuern	600					560
Körperschaftsteuer	170			5	10	160
Jahresüberschuss	430	E	30			400

Kapitalkonsolidierung (siehe vorne)

Konsolidierungsmaßnahmen 2017

Text	M	T UB II	Summe	Konsolidierung				Konzernbilanz 2017	Konzernbilanz 2016
Firmenwert aus Erwerb1)		360	360					360	420
Firmenwert1)				1	940	2	94	846	940
Unbebaute Grundstücke		1.310	1.310					1.310	1.310
Abnutzbares AV	2.700	860	3.560					3.560	3.600
Beteiligung	2.716		2.716			1	2.716		
Sonstiges Vermögen	1.075	900	1.975					1.975	3.015
Aktive latente Steuer		20	20					20	15
Aktiva	**6.491**	**3.450**	**9.941**		**940**		**2.810**	**8.071**	**9.300**
Grundkapital/ Stammkapital	2.800	800	3.600	1	800			2.800	2.800
Kapitalrücklage	400		400					400	400
Gewinnrücklage	2.150	960	3.110	E 1	94 640			2.376	900
Aufwertung		336	336	1	336				
Nicht beherrschende Anteile		524	524					524	444
Rückstellungen latente Steuern		130	130					130	140
Fremdkapital	1.141	700	1.841					1.841	4.616
Passiva	**6.491**	**3.450**	**9.941**		**1.776**			**8.071**	**9.300**

Text	M	T UB II	Summe	Konsolidierung			Konzernbilanz 2017	Konzernbilanz 2016
Erlöse und Erträge	14.000	6.800	20.800				20.800	
Abschreibungen Firmenwert		120	120	2	94		114	
Sonstige Abschreibungen	500	200	700				700	
Sonstige Aufwendungen	11.800	5.920	17.720				17.720	
Ergebnis vor Steuern	1.700	560	2.260		94		2.166	
Körperschaftsteuer	450	160	610				610	
Jahresüberschuss	***1.250***	***400***	***1.650***	E	94		***1.556***	

Entwicklung Gewinnrücklage:

Gewinnrücklage Mutterges 1.1.	*900*
Gewinn Mutter	*1.250*
Gewinn Tochter	*400*
abz 20 % Minderheitsg	*−80*
abz Abschreibung Firmenwert	*−94*
	2.376

Beispiel 43

Aktive Steuerlatenz

Die Tochtergesellschaft hat Ware mit Herstellungskosten von 1.000 um 1.500 an die Muttergesellschaft geliefert, die zum Stichtag des Konzernabschlusses noch auf Lager liegt.

Im Zuge der Konsolidierung ist in der Konzernbilanz die bei der Mutter liegende Ware auf die Herstellungskosten abzuwerten. Da die Ware in der Steuerbilanz des Mutterunternehmens nach wie vor mit 1.500 enthalten ist, ist für 500 eine aktive Steuerabgrenzung zu bilden

Buchungen bei der Konsolidierung

*Die Ergebniseliminierung wird in der Regel **nicht in der Überleitung von der UB I in die UB II**, sondern erst in der **Konsolidierungsphase** durchgeführt.*

*Der Grund liegt darin, weil von der Gewinneliminierung üblicherweise zwei einbezogene Unternehmen betroffen sind: Das **liefernde Unternehmen** kennt die zu aktivierenden Herstellungskosten bzw den Einstandspreis der gelieferten Ware und das belieferte Unternehmen den Warenendbestand.*

Ein zweiter Grund liegt darin, weil beim Neubewertungsverfahren der Anteil der Minderheitsbeteiligten vom Eigenkapital der UB II berechnet wird, die Gewinneliminierung jedoch ausschließlich zu Lasten des Mutterunternehmens geht.

1. Konzernerlöse an Bestandsveränderung   *1.500*
2. Bestandsveränderung an Warenbestand   *500*
3. Aktive Steuerabgrenzung an Körperschaftsteuer   *125*

Die aktive Steuerabgrenzung errechnet sich aus der Gewinneliminierung multipliziert mit dem Steuersatz.

Beispiel 44

Erstkonsolidierung mit anschließender Folgekonsolidierung – Neubewertungsmethode, latente Steuern (Gesamtbeispiel)

1. Erstkonsolidierung

Die Muttergesellschaft (M) hat Ende 2016 einen 60%igen Anteil an der Tochtergesellschaft (T) um 500 erworben. Anlässlich der Erstkonsolidierung am 31.12.2016 werden folgende Maßnahmen gesetzt, um die Bewertung und die Bewertungsmethoden von T an jene des Konzerns anzugleichen:

Maßnahmen gem § 260 Abs 2:

T weist ihre Spezialanlage auf Basis einer Nutzungsdauer von 5 Jahren im Jahresabschluss aus. Im Konzern beträgt die übliche Abschreibungsdauer vier Jahre. Auf Grund dieser Tatsache stehen die Geräte mit Anschaffungskosten von insgesamt 520 am Ende des Jahres 2016 bei T mit 416 zu Buche. Im Konzern würde sich ein Restwert von 390 ergeben. Die Jahresabschreibung beträgt bei der Tochtergesellschaft 104.

Das Betriebsgebäude wird bei T mit 4 % abgeschrieben, die Nutzungsdauer im Konzern wird mit 40 Jahren angenommen. Das Gebäude wird seit 23 Jahren genutzt. Die Anschaffungskosten des Gebäudes betragen 600; der Restwert in den Büchern von T beträgt 48, im Konzern ergäben sich 255.

Die fertigen und unfertigen Erzeugnisse werden bei der Tochtergesellschaft im Gegensatz zur Konzernbewertung ohne Einrechnung der Aufwendungen für Sozialeinrichtungen des Betriebes, für freiwillige Sozialleistungen, für betriebliche Altersversorgung und Abfertigungen bewertet. Diese Aufwendungen betragen 5 % der sonstigen aktivierten Herstellungskosten.

Die latente Steuer ist in Höhe von 25 % zu bilden.

Anpassungen gem § 254 Abs 1:

Der beizulegende Zeitwert der Grundstücke beträgt zum Zeitpunkt der Erstkonsolidierung 150.

Nach eingehender Prüfung der Rückstellungen wurde festgestellt, dass eine voraussichtlich im Jahre 2017 fällige Rückstellung der Tochter mangels ausreichender Konkretisierung mit 30 unterdotiert ist. Diese Rückstellung soll aber konzernmäßig voll eingestellt werden.

Aufgabe

Durchführung der Erstkonsolidierung zum 31.12.2016

Überleitung der UB I in die UB II

Konsolidierung

Ein eventueller Firmenwert wird über 5 Jahre abgeschrieben.

Die Schlussbilanz des Ende Dezember 2016 erworbenen Tochterunternehmens zeigt folgendes Bild:

Bilanz zum 31. 12. 2016

Aktiva	
Bebaute Grundstücke	100
Gebäude	48
Spezialanlage	416
Sonstige Anlagen	190
Roh-, Hilfs- und Betriebsstoffe	12
Fertige und unfertige Erzeugnisse	200
Sonstiges Umlaufvermögen	238
Summe	**1.204**
Passiva	
Stammkapital	300
Gewinnrücklagen	130
Schulden und Rückstellungen	774
Summe	**1.204**

Unterlagen zur Überleitung von der UB I zur UB II anlässlich der Erstkonsolidierung am 31.12.2016

Angleichung gem § 260 Abs 2 an die Bewertungsmethoden im Konzern

1. Abschreibungstabelle für die Spezialanlage

31.12.	Jahres-abschluss UB I		Konzernab-schluss UB II		Wert-differenz		Bemerkung
	Jahres-abschr	Rest-wert	Jahres-abschr	Rest-wert	Jahres-abschr	Rest-wert	
Anschaffungsdatum 15.1.2016, Anschaffungswert 520, ND 5 (4) Jahre Erstkonsolidierung 31.12.2016							
Jahr	5 Jahre	31.12.	4 Jahre	31.12.	Diffe-renz		
2016	**104**	**416**	**130**	**390**	**26**	**−26**	**Erstkonso-lidierung**
2017	104	312	130	260	26	−52	Folgekon-solidierung
2018	104	208	130	130	26	−78	
2019	104	104	130	0	26	−104	
2020	104	0					

Da das Tochterunternehmen erst Ende des Jahres 2016 erworben wurde, ist die Abschreibung kein Teil des Ergebnisses des Konzerns.

2. Abschreibungstabelle für das Gebäude

31.12.	Jahres-abschluss UB I		Konzern-abschluss UB II		Wert-differenz		Bemerkung
	Jahres-abschr	Rest-wert	Jahres-abschr	Rest-wert	Jahres-abschr	Rest-wert	
Anschaffungsdatum Mai 1994, Anschaffungswert 600 ND 25 (40) Jahre Erstkonsolidierung 31.12.2016							
Jahr	25 Jahre	31.12.	40 Jahre	31.12.			
2016	**24**	**48**	**15**	**255**	**9**	**207**	**Erstkonso-lidierung**
2017	24	24	15	240	9	216	Folgekon-solidierung
2018	24	0	15	225	15	225	
2019			15	210	15	210	
2020				195	15	195	

3. Fertige und unfertige Erzeugnisse

Herstellungskosten Einzelabschluss am 31.12.2016	*200*
Konzernbewertung +5 %	*210*
Differenz	*10*

4. Rückstellung   *30*

Auflösung stille Reserven gem § 254 Abs 1

Buchwert Grundstücke	*100*
Zeitwert	*150*
Differenz	*50*

Latente Steuern

Aufgedeckte stille Reserven Lasten zum 31.12.2016 (Saldo auf ganze Zahlen gerundet)

Text	Unter-nehmensr Wert	Steuerrechtl Wert	Differenz	Aktive latente Steuer	Passive latente Steuer
Grundstücke	*150*	*100*	*50*		*12,5*
Gebäude	*255*	*48*	*207*		*51,8*
Spezialanlage	*390*	*416*	*−26*	*6,5*	
Fertigerzeugnisse	*210*	*200*	*10*		*2,5*
Rückstellungen	*−30*	*0*	*−30*	*7,5*	
Summe	**975**	**764**	**211**	**14**	**67**
Saldo					**53**

Überleitung von der UB I in die UB II zum 31. 12. 2016

	Jahres-abschluss 31.12.16 UB I		Überleitung UB I auf UB II		UB II 31.12.16
			Soll	Haben	
Aktiva					
Grundstücke	*100*	*4*	*50*		*150*
Gebäude	*48*	*2*	*207*		*255*
Spezialanlage	*416*			*1* *26*	*390*
Sonstiges Anlagevermögen	*190*				*190*
Roh-, Hilfs- und Betriebsstoffe	*12*				*12*
Fertige und unfertige Erzeugnisse	*200*	*3*	*10*		*210*
Sonstiges Umlaufvermögen	*238*				*238*
Summe Aktiva	**1.204**		**267**	**26**	**1.445**

	Jahres-abschluss 31.12.16 UB I	Überleitung UB I auf UB II		UB II 31.12.16
		Soll	Haben	
Passiva				
Stammkapital	300 7	120		180
Bilanzgewinn				
Gewinnrücklagen	130 1	26 2	207	173
	6	53 3	10	
	7	115 4	50	
	5	30		
Nicht beherrschende Anteile 40 % von 588		7	235	235
Rückstellung für latente Steuern		6	53	53
Sonst. Rückstellungen und Verbindlichkeiten	774	5	30	804
Summe Passiva	**1.204**	**344**	**584**	**1.445**

Buchungssätze zum 31.12.2016

1	Gewinnrücklagen	26	
	an Spezialanlage		26
	Verkürzung Nutzungsdauer Spezialanlage		
2	Gebäude	207	
	an Gewinnrücklagen		207
	Verlängerung ND auf 40 Jahre		
3	Fertige und unfertige Erzeugnisse	10	
	an Gewinnrücklagen		10
	Bewertungsanpassung		
4	Grundstücke	50	
	an Gewinnrücklagen		50
	Zeitwertaufwertung Grundstück		
5	Gewinnrücklage	30	
	an Rückstellungen		30
	Erhöhung Rückstellung		
6	Gewinnrücklagen	53	
	an Rückstellung für latente Steuern		53
	lt Berechnung		

7	Stammkapital (40 % von 300)		120	
	Gewinnrücklagen (40 % von [130 + 207 + 10 –		115	
	26 + 50 – 53 – 30])			
	an nicht beherrschende Anteile			235

Kapitalkonsolidierung und Überleitung in die Konzernbilanz zum 31.12.2016

In einfachen Fällen werden alle Anpassungsmaßnahmen und die Kapitalkonsolidierung in einer Überleitung durchgeführt

Beteiligung				500	
Eigenkapital Tochterunternehmen					
Stammkapital		300			
Gewinnrücklage		288	588	60%	–353
Firmenwert					147

	JA Mutter 31.12.16	UB II Tochter 31.12.16	Summe	Konsolidierung		Konzern-bilanz 31.12.16
				Soll	Haben	
Firmenwert			3	147		147
Bebaute Grund-stücke (Grundw)		150	150			150
Gebäude		255	255			255
Spezialanlage		390	390			390
Sonstiges Anlage-vermögen	1.500	190	1.690			1.690
Beteiligungen	500		500	1	500	
Roh-, Hilfs- und Betriebsstoffe	88	12	100			100
Fertige und unfer-tige Erzeugnisse	700	210	910			910
Unterschiedsbe-trag			1	2 / 3	353 / 147	
Sonstiges Umlauf-vermögen	1.112	238	1.350	500		1.350
Summe Aktiva	**3.900**	**1.445**	**5.345**	**647**	**1000**	**4.992**

	JA Mutter 31.12.16	UB II Tochter 31.12.16	Summe	Konsolidierung			Konzern-bilanz 31.12.16
					Soll	Haben	
Passiva							
Stammkapital	1.000	180	1.180	2	180		1.000
Bilanzgewinn	245		245				245
Gewinnrück-lagen	355	173	528	2	173		355
Nicht beherr-schende Anteile		235	235				235
Latente Steuern		53	53				53
Rückstellungen und Verbindlich-keiten	2.300	804	3.104				3.104
Summe Passiva	**3.900**	**1.445**	**5.345**		**353**		**4.992**

Buchungssätze zum 31.12.16

1	Unterschiedsbetrag		500	
	an Beteiligung			500
2	Stammkapital		180	
	Gewinnrücklage		173	
	an Unterschiedsbetrag			353
3	Firmenwert		147	
	an Unterschiedsbetrag			147

Es gibt gem § 198 Abs 10 Z 1 keine latenten Steuern auf den Firmenwert.

Folgekonsolidierung am 31.12 2017

Ergänzende Angaben:

Die außerbücherlich geführten Ergänzungsaufzeichnungen gem § 260 Abs 2 zei-gen folgendes Bild:

1. Abschreibungstabelle für die Spezialanlage

31.12.16	Jahresabschluss UB I		Konzernabschluss UB II		Wertdifferenz		Bemerkung
	Jahres-abschr	Rest-wert	Jahres-abschr	Rest-wert	Jahres-abschr	Rest-wert	
Anschaffungsdatum 15.1.2016, Anschaffungswert 520, ND 5 (4) Jahre Erstkonsolidierung 31.12.2016							
Jahr	5 Jahre	31.12.	4 Jahre	31.12.			
2016	**104**	**416**	**130**	**390**	**26**	**−26**	**Erstkonsolidierung**
2017	104	312	130	260	26	−52	Folgekonsolidierung
2018	104	208	130	130	26	−78	
2019	104	104	130	0	26	−104	
2020	104	0					

2. Gebäude

31.12.16	Jahresabschluss UB I		Konzernabschluss UB II		Wertdifferenz		Bemerkung
	Jahres-abschr	Rest-wert	Jahres-abschr	Rest-wert	Jahres-abschr	Rest-wert	
Anschaffungsdatum Mai 1994, Anschaffungswert 600 ND 25 (40) Jahre Erstkonsolidierung 31.12.2016							
Jahr	25 Jahre	31.12.	40 Jahre	31.12.			
2016	**24**	**48**	**15**	**255**	**−9**	**207**	**Erstkonsolidierung**
2017	24	24	15	240	−9	216	Folgekonsolidierung
2018	24	0	15	225	−9	225	
2019			15	210	15	210	
2020				195	15	195	

Das Tochterunternehmen bewertet seine fertigen und unfertigen Erzeugnisse nach wie vor zu Herstellungskosten ohne Einbezug der Sozialkosten. Der Aufschlag für den Einbezug der Sozialkosten beträgt 5 %.

Die Tochtergesellschaft hat im Jahre 2017 eine Halle an das Mutterunternehmen vermietet. Die im Jahre 2017 angefallenen Mieterlöse (enthalten unter den Umsatzerlösen des Tochterunternehmens) betragen 150. Die Mietaufwendungen des Mutterunternehmens sind unter den sonstigen Aufwendungen verbucht. Am Jahresende sind die Mietzahlungen für Dezember in Höhe von 20 noch nicht bezahlt.

Die in den Rückstellungen bestehende und in der Konzernbilanz anlässlich der Erstkonsolidierung berücksichtigte Unterdotierung von 30 wurde 2017 tatsächlich schlagend. Dieser Betrag ist 2017 im Jahresabschluss der Tochter unter den sonstigen Aufwendungen enthalten.

Der Bestand an unfertigen und fertigen Erzeugnissen ist in der Bilanz der Tochtergesellschaft mit 220 ausgewiesen.

Die Mutter hat von ihrem Bilanzgewinn des Jahres 2016 im Jahre 2017 200 ausgeschüttet.

Nachstehend sind die Bilanz und die Gewinn- und Verlustrechnung des Mutter- und Tochterunternehmens für 2017 dargestellt.

Soweit der Jahresüberschuss nicht ausgeschüttet wird, wird er jährlich vom Bilanzgewinn auf die Gewinnrücklage übertragen.

Jahresabschlüsse der beiden Unternehmen 2017

Mutter	Jahresabschluss		Tochter	Jahresabschluss	
	31.12. 2017	1.1. 2017		31.12. 2017	1.1. 2017
Grundstücke unbeb			Grundstücke unbeb	100	100
Gebäude			Gebäude	24	48
Spezialanlage			Spezialanlage	312	416
Sonstiges Anlagevermögen	1.650	1.500	Sonstiges Anlagevermögen	170	190
Beteiligungen	500	500	Beteiligungen		
Roh-, Hilfs- und Betriebsstoffe	90	88	Roh-, Hilfs- und Betriebsstoffe	10	12
Fertige und unfertige Erzeugnisse	480	700	Fertige und unfertige Erzeugnisse	212	200
			Forderungen gegen verbundene Unternehmen	20	0
Sonstiges Umlaufvermögen	1.210	1.112	Sonstiges Umlaufvermögen	400	238
Summe Aktiva	**3.930**	**3.900**	**Summe Aktiva**	**1.248**	**1.204**
Stammkapital	1.000	1.000	Stammkapital	300	300
Bilanzgewinn	380	245	Bilanzgewinn	50	
Gewinnrücklagen	400	355	Gewinnrücklagen	130	130
Verbindlichkeiten gegen verbundene Unternehmen	20				
Rückstellungen und Verbindlichkeiten	2.130	2.300	Rückstellungen und Verbindlichkeiten	768	774
Summe Passiva	**3.930**	**3.900**	**Summe Passiva**	**1.248**	**1.204**

	2017	2016		2017
Erträge	*6.600*	*5.800*	*Erträge*	*1.928*
Bestandsveränderungen	*−220*	*20*	*Bestandsveränderungen*	*12*
Materialaufwendungen	*2.400*	*2.100*	*Materialaufwendungen*	*600*
Personalaufwendungen	*1.800*	*1.700*	*Personalaufwendungen*	*700*
Abschreibungen	*150*	*150*	*Abschreibungen*	*148*
Sonstige Aufwendungen	*1.300*	*1.350*	*Sonstige Aufwendungen*	*402*
Zwischensumme 1–6	*730*	*520*	*Zwischensumme 1–6*	*90*
Finanzaufwendungen	*220*	*190*	*Finanzaufwendungen*	*25*
Ergebnis vor Steuern	*510*	*330*	*Ergebnis vor Steuern*	*65*
Steuern	*130*	*85*	*Steuern*	*15*
Ergebnis nach Steuern	***380***	***245***	***Ergebnis nach Steuern***	***50***

Vorgehensweise bei der Folgekonsolidierung

1. *Wiederherstellung der Konzerneröffnungsbilanz durch Wiedereinbuchung der in den Einzelbilanzen nicht geführten Posten.*
2. *Um- und Nachbuchungen der speziellen Konzernkonten (das sind jene Buchungen, die in der laufenden Buchführung der einzelnen Unternehmen nicht vorgenommen werden).*

Abschluss des Tochterunternehmens zum 31.12.2017, Überleitung von der UB I in die UB II

	Jahresab-schluss UB I 31.12.2017	Überleitung UB I auf UB II — Soll		Haben		UB II 31.12.2017
Grundstücke	*100*	*4*	*50*			*150*
Gebäude	*24*	*2 8*	*207 9*			*240*
Spezialanlage	*312*			*1 7*	*26 26*	*260*
Sonstiges Anlagevermögen	*170*					*170*
Roh-, Hilfs- und Betriebsstoffe	*10*					*10*
Fertige und unfertige Erzeugnisse	*212*	*3 9*	*10 1*			
Forderungen gegen verbundene Unternehmen	*20*					*20*
Sonstiges Umlaufvermögen	*400*					*400*
Summe Aktiva	***1.248***		***277***		***52***	***1.473***

	Jahresab-schluss UB I 31.12.2017	Überleitung UB I auf UB II				UB II 31.12.2017
			Soll		Haben	
Stammkapital	300	11	120			180
Bilanzgewinn	50	11	15	E	10	45
Gewinnrücklagen	130	1	26	2	207	173
		11	115	3	10	
		6	53	4	50	
		5	30			
Nicht beherrschende Anteile				11	250	250
Latente Steuern		10	4	6	53	57
Rückstellungen und Ver-bindlichkeiten	768	12	30	5	30	768
Summe Passiva	**1.248**		**375**		**600**	**1.473**

Der Gewinnanteil der Minderheitsgesellschafter beträgt 40 % des Jahresüber-schusses.

	Jahresab-schluss UB I 31.12.2017	Überleitung UB I auf UB II				UB II 31.12.2017
			Soll		Haben	
Erträge	1.928					1.928
Bestandsveränderungen	12			9	1	13
Materialaufwendungen	600					600
Personalaufwendungen	700					700
Abschreibungen	148	7	26	8	9	165
Sonstige Aufwendungen	402			12	30	372
Zwischensumme 1–6	90					104
Finanzaufwendungen	25					25
Ergebnis vor Steuern	65					79
Steuern	15	13	4			19
Ergebnis nach Steuern	50			E	10	60
Davon nicht beherrschende Anteile						15

Latente Steuern 31.12.2017

Text	Konzern-wert	Steuerrechtl Wert[1]	Diffe-renz	Aktive latente Steuer	Passive latente Steuer
Grundstücke	150	100	50		13
Gebäude	240	24	216		54
Spezialanlage	260	312	−52	13	
Fertigerzeug-nisse	223	212	11		3
Summe	**873**	**648**	**225**	**13**	**70**
Saldo					57

1) entspricht den Buchwerten der Einzelbilanz der Tochter

Buchungssätze

Die Buchungssätze 1–6 dienen der Wiederherstellung der Konzerneröffnungsbilanz:

1	Gewinnrücklagen	26	
	an Spezialanlage		26
	Wert in Konzernbilanz 1.1. lt Sonderaufzeichnungen		
2	Gebäude	207	
	an Gewinnrücklagen		207
	Wert in Konzernbilanz 1.1. lt Sonderaufzeichnungen		
3	Fertige und unfertige Erzeugnisse	10	
	an Gewinnrücklagen		10
	Wert in Konzernbilanz 1.1. lt Sonderaufzeichnungen		
4	Grundstücke	50	
	an Gewinnrücklagen		50
	Wert in Konzernbilanz 1.1. lt Sonderaufzeichnungen		
5	Gewinnrücklagen	30	
	an Rückstellung		30
	Wert in Konzernbilanz 1.1. lt Sonderaufzeichnungen		
6	Gewinnrücklage	53	
	an latente Steuern		53
	Wert in Konzernbilanz 1.1. lt Sonderaufzeichnungen		
7	Abschreibungen Spezialanlage	26	
	an Spezialanlage		26
	Abschreibung Spezialanlage in Konzernabschluss		

8	Gebäude an Abschreibungen Gebäude Abschreibungskorrektur Gebäudeabschreibung	9	9
9	Fertige und unfertige Erzeugnisse an Bestandsveränderungen Wertkorrektur fertige und unfertige Erzeugnisse in Konzernabschluss	1	1
10	Körperschaftsteuer an latente Steuern Veränderung latente Steuer	4	4
11	Stammkapital (40 % von 300) Bilanzgewinn (40 % von 68) Gewinnrücklagen (40 % von 288) an nicht beherrschende Anteile Wert in Konzernbilanz 1.1.lt Sonderaufzeichnungen	120 27 115	262
12	Rückstellungen an sonstiger Aufwand Auflösung Rückstellung wegen Verwendung	30	30

Erläuterungen zu den Buchungssätzen

Buchungssätze 1 – 6

Da die Buchhaltung grundsätzlich auf den Werten der Eröffnungsbilanz aufbaut, müssen diese, soweit sie im normalen Rechnungswesen der einzelnen verbundenen Unternehmen nicht enthalten sind, anlässlich der Erstellung des Konzernabschlusses nachgeholt werden.

Buchungssatz 1

Die Spezialmaschine wird konzernmäßig über einen kürzeren Zeitraum abgeschrieben als im Unternehmen. Daraus ergab sich im Vorjahresabschluss (Erstkonsolidierung) in der UB I ein Wert von 416 und im Konzernabschluss ein solcher von 390 (siehe auch die Abschreibungstabelle am Anfang dieses Beispiels).

Die bis dahin im Einzelabschluss vorgenommene zu hohe Abschreibung muss über die Gewinnrücklagen wieder storniert werden; über die Gewinnrücklagen deswegen, weil diese durch die Abschreibung der Vorjahre verkürzt wurden (Buchungssatz 1).

Die Abschreibung des laufenden Jahres der Spezialmaschine beträgt laut Abschreibungstabelle 130, davon sind im Unternehmensabschluss bereits 104 enthalten, sodass noch 26 abgeschrieben werden müssen (Buchungssatz 7).

Buchungssatz 2

Bei dem Gebäude beträgt die Nutzungsdauer im Einzelabschluss 25 Jahre und im Konzernabschluss 40 Jahre, woraus sich zum Vorjahresabschluss 2016 im Einzelabschluss ein Restwert von 48 und im Konzernabschluss ein solcher von 255 ergeben hat. Die Differenz von 216 ist daher wieder über die Gewinnrücklage zuzubuchen (Buchungssatz 2). Die Jahresabschreibung beträgt im Konzern 15 und im Einzelabschluss 24, wobei Letztere bereits verbucht sind. Es muss daher für den Konzernabschluss ein Betrag von 9 über das Abschreibungskonto storniert werden (Buchungssatz 8).

Buchungssatz 3

Der Wertansatz bei den fertigen und unfertigen Erzeugnissen liegt im Konzernabschluss um 5 % über jenem im Einzelabschluss. Der Stand im Vorjahr betrug im Einzelabschluss 200 und im Konzernabschluss 210. Im laufenden Jahr ergeben sich 212 im Einzelabschluss. Durch Hinzurechnung von 5 % Sozialkosten ergeben sich im Konzernabschluss 223. Für die Durchführung im Jahresabschlusses ist zunächst die Differenz des Vorjahres von 10 (210–200) über die Gewinnrücklage wieder hinzuzurechnen (Buchungssatz 3). Ebenso ist die sich ergebende Bestandserhöhung von 13 (23–10) hinzuzurechnen. Da erst 12 verbucht sind, ergibt sich eine Nachbuchung für Bestandsveränderung von 1 (Buchungssatz 10).

Buchungssatz 4

Wiedereinbuchung der Zeitwertaufwertung.

Buchungssätze 7–9

Siehe die Erläuterungen zu den Buchungssätzen 1– 3.

Kapitalkonsolidierung und Überleitung in die Konzernbilanz zum 31.12.2017

	JA Mutter 31.12.17	UB II Tochter	Summe	Konsolidierung				Konzern-bilanz 31.12.17
				Soll		Haben		
Firmenwert				2	147	3	29	118
Bebaute Grundstücke (Grundw)		150	150					150
Gebäude		240	240					240
Spezialanlage		260	260					260
Sonstiges Anlagevermögen	1.650	170	1.820					1.820
Beteiligungen	500		500			1	500	

	JA Mutter 31.12.17	UB II Tochter	Summe	Konsolidierung				Konzern-bilanz 31.12.17
					Soll		Haben	
Roh-, Hilfs- und Betriebsstoffe	90	10	100					100
Fertige und un-fertige Erzeug-nisse	480	223	703					703
Forderungen verb Unterneh-men		20	20			4	20	0
Sonstiges Um-laufvermögen	1.210	400	1.610					1.610
Unterschiedsbe-trag				1	500	2	500	
Summe Aktiva	**3.930**	**1.473**	**5.403**		**647**		**1.049**	**5.001**
Stammkapital	1.000	180	1.180	2	180			1.000
Bilanzgewinn	380	45	425	E	29			396
Gewinnrückla-gen	400	173	573	2	173			400
Nicht beherr-schende Anteile		250	250					250
Verbindlichkei-ten gegen ver-bundene Unter-nehmen	20		20	4	20			0
Latente Steuern		57						57
Rückstellungen und Verbind-lichkeiten	2.130	768	2.898					2.898
Summe Passiva	**3.930**	**1.473**	**5.403**		**402**			**5.001**

Erträge	6.600	1.928	8.528	5	150			8.378
Bestandsverän-derungen	–220	13	207					–207
Materialauf-wendungen	2.400	600	3.000					3.000
Personalauf-wendungen	1.800	700	2.500					2.500
Abschreibun-gen Firmenwert				3	29			29
Abschreibungen	150	165	315					315
Sonstige Auf-wendungen	1.300	372	1.672			5	150	1.522
Zwischen-summe 1–6	730	104	834		179		150	805
Finanzaufwen-dungen	220	25	245					245
Ergebnis vor Steuern	510	79	589					560
Steuern	130	19	149					141
Ergebnis nach Steuern	**380**	**60**	**440**	**E**	**29**			**411**
Nichtbeherr-schende Anteile Konzernanteil		–15						–15 396

Buchungssätze bei Kapitalkonsolidierung

1	Unterschiedsbetrag		500
	an Beteiligung		
	Wiederholung Kapitalkonsolidierung 1.1.		500
2	Stammkapital		180
	Gewinnrücklagen		173
	Firmenwert		147
	an Unterschiedsbetrag		
	Wiederholung Kapitalkonsolidierung		500
3	Abschreibung Firmenwert		29
	an Firmenwert		
	Abschreibung Firmenwert		29

4	Verbindlichkeiten gegenüber verbundene Unternehmen	20	
	an Forderungen gegenüber verbundene Unternehmen		20
	Eliminierung Forderungen–Verbindlichkeiten		
5	Erträge	150	
	an sonstige Aufwendungen		150
	Eliminierung Mietaufwendungen–Mieterträge		

Buchungssatz 1 und 2 können bei der Wiederholung der Kapitalkonsolidierung zusammengelegt werden. Die Wiederholung hat lediglich den Sinn, den Stand der Konzernbilanz vom 1.1. herzustellen. Diese Buchung hat mit Ausnahme des Firmenwertes jedes Jahres unverändert zu erfolgen um den Kapitalstand zum Stichtag der Erstkonsolidierung wieder herzustellen. Die sich aus der Abschreibung des Firmenwertes ergebende Differenz im Unterschiedsbetrag wird gegen die Gewinnrücklage aufgerechnet

Entwicklung des Konzerneigenkapitals 2017

	Stamm-kapital	Gewinn-rück-lagen	Bilanz-gewinn	Summe	nicht be-herrschen-de Anteile	Gesamt Eigen-kapital
Eigenkapital 1.1 2017	1.000	355	245	1.600	235	1.835
Gewinnausschüttung			−200	−200		−200
Übertrag Bilanzgewinn		45	−45			
Jahresüberschuss			396	396	15	411
Eigenkapital 31.12.2017	1.000	400	396	1.796	250	2.046

Bezüglich der Errechnung des Gewinnanteiles der Minderheitsgesellschafter siehe die Überleitung des Tochterunternehmens von der UB I in die UB II.

Folgekonsolidierung 2018

Die Jahresabschlüsse des Mutterunternehmens und des Tochterunternehmens für das Jahr 2018 zeigen folgendes Bild:

Mutter	Jahresabschluss		Tochter	Jahresabschluss	
	31.12.18	1.1.18		31.12.18	1.1.18
Grundstücke			Grundstücke	100	100
Gebäude			Gebäude		24
Spezialanlage			Spezialanlage	208	312
Sonstiges Anlage-vermögen	1.800	1.650	Sonstiges Anlage-vermögen	150	170

Mutter	Jahresabschluss		Tochter	Jahresabschluss	
	31.12.18	1.1.18		31.12.18	1.1.18
Beteiligungen	500	500	Beteiligungen		
Roh-, Hilfs- und Betriebsstoffe	90	90	Roh-, Hilfs- und Betriebsstoffe	20	14
Fertige und unfertige Erzeugnisse	820	480	Fertige und unfertige Erzeugnisse	190	212
			Waren	120	
Forderungen gegen verbundene Unternehmen			Forderungen gegen verbundene Unternehmen	22	20
Sonstiges Umlaufvermögen	1.245	1.210	Sonstiges Umlaufvermögen	546	396
Summe Aktiva	**4.455**	**3.930**	**Summe Aktiva**	**1.356**	**1.248**
Passiva			Passiva		
Stammkapital	1.000	1.000	Stammkapital	300	300
Bilanzgewinn	569	380	Bilanzgewinn	68	50
Gewinnrücklagen	480	400	Gewinnrücklagen	180	130
Verbindlichkeiten gegen verbundene Unternehmen	22	20	Verbindlichkeiten gegen verbundene Unternehmen		
Rückstellungen und Verbindlichkeiten	2.384	2.130	Rückstellungen und Verbindlichkeiten	808	768
Summe Passiva	**4.455**	**3.930**	**Summe Passiva**	**1.356**	**1.248**
Erträge	8.160	6.600	Erträge	1.961	1.928
Bestandsveränderungen	340	−220	Bestandsveränderungen	−22	12
Materialaufwendungen	3.170	2.400	Materialaufwendungen	590	600
Personalaufwendungen	2.505	1.800	Personalaufwendungen	690	700
Abschreibungen	165	150	Abschreibungen	148	148
Sonstige Aufwendungen	1.640	1.300	Sonstige Aufwendungen	391	402
Zwischensumme 1–6	1.020	730	Zwischensumme 1–6	120	90
Finanzerträge	24				

Finanzaufwendungen	270	220	Finanzaufwendungen	27	25
Ergebnis vor Steuern	764	510	Ergebnis vor Steuern	93	65
Steuern	205	130	Steuern	25	15
Ergebnis nach Steuern	569	380	Ergebnis nach Steuern	68	50

1. Abschreibungstabelle für die Spezialanlage

31.12.16	Jahresabschluss UB I		Konzernabschluss UB II		Wertdifferenz		Bemerkung
	Jahres-abschr	Rest-wert	Jahres-abschr	Rest-wert	Jahres-abschr	Rest-wert	
Anschaffungsdatum 15.1.2016, Anschaffungswert 520, ND 5 (4) Jahre							
Erstkonsolidierung 31.12.2016							
Jahr	5 Jahre	31.12.	4 Jahre	31.12.			
2016	104	416	130	390	26	−26	Erstkonsolidierung
2017	104	312	130	260	26	−52	Folgekonsolidierung
2018	104	208	130	130	26	−78	
2019	104	104	130	0	26	−104	
2020	104	0					

2. Gebäude

31.12.16	Jahresabschluss UB I		Konzernabschluss UB II		Wertdifferenz		Bemerkung
	Jahres-abschr	Rest-wert	Jahres-abschr	Rest-wert	Jahres-abschr	Rest-wert	
Anschaffungsdatum Mai 1994, Anschaffungswert 600 ND 25 (40) Jahre Erstkonsolidierung 31.12.2016							
Jahr	25 Jahre	31.12.	40 Jahre	31.12.			
2016	24	48	15	255	9	207	Erstkonsolidierung
2017	24	24	15	240	9	216	Folgekonsolidierung
2018	24	0	15	225	15	225	
2019			15	210	15	210	
2020				195	15	195	

Das Tochterunternehmen bewertet seine fertigen und unfertigen Erzeugnisse nach wie vor zu Herstellungskosten ohne Einbezug der Sozialkosten. Der Aufschlag für den Einbezug beträgt nach wie vor 5 %.

Sonstige Ergänzungsangaben

Die Mieteinnahmen des laufenden Jahres der Tochtergesellschaft für die an das Mutterunternehmen vermietete Halle betrug 260 und ist bei dem Tochterunternehmen unter den Erträgen, bei dem Mutterunternehmen im sonstigen Aufwand verbucht. Die Miete Dezember in Höhe von 20 ist bereits verrechnet, aber noch nicht bezahlt.

Das Mutterunternehmen erzeugt unter anderem Metallboxen, die auch an das Tochterunternehmen zum Vertrieb geliefert werden. Die Herstellungskosten je Box betragen 10. Der Anfangsbestand war 0; es wurden 200.000 Stück erzeugt, wovon 160.000 um 15 verkauft wurden. Davon gingen 40.000 Stück an das Tochterunternehmen zu einem Preis von 12. Das Tochterunternehmen veräußerte 30.000 zu einem Preis von 15 an Drittunternehmen.

Die Muttergesellschaft schüttet 2018 300 an ihre Gesellschafter aus. Seitens der Tochter findet keine Ausschüttung statt.

Die Gebäudeabschreibung beträgt im Konzern 15 und im Einzelabschluss 24. Letztere ist bereits verbucht.

Im laufenden Jahr ergaben sich 190 Herstellungskosten im Einzelabschluss. Durch Hinzurechnung von 5 % Sozialkosten ergaben sich im Konzernabschluss 199.

Überleitung der Zahlen 2018 des Tochterunternehmens von der UB I in die UB II

*(in die Überleitung von der UB I in die UB II kommen **keine Konsolidierungsbuchungen***

In die Überleitung von der UB I in die UB 2 kommen keine Konsolidierungsbuchungen.

	UB I *31.12.18*	*Überleitung*		*UB II* *31.1.18*
		Soll	*Haben*	
Aktiva					
Grundstücke	*100*	*4* *50*		*150*
Gebäude	*0*	*2* *207*		*225*
		2a *9*		
		7 *9*		
Spezialanlage	*208*		*1* *26*	*130*
			1a *26*	
			6 *26*	

Sonstiges Anlagevermögen	150					150
Roh-, Hilfs- und Betriebsstoffe	20					20
Fertige und unfertige Erzeugnisse	190	3	10	8	1	199
Waren	120					120
Forderungen gegen verbundene Unternehmen	22					22
Sonstiges Umlaufvermögen	546					546
Summe Aktiva	**1.356**		**285**		**79**	**1.562**
Passiva						
Stammkapital	300	10	120			180
Bilanzgewinn	68	E	13			33
		10	22			
Gewinnrücklagen	180	1	52	2	216	218
		10	129	3	10	
		5	57	4	50	
Rückstellung für latente Steuern		9	5	5	57	52
Nicht beherrschende Anteile 40 % von				10	271	271
Rückstellungen und Verbindlich-keiten	808					808
Summe Passiva	**1.356**		**398**		**604**	**1.562**

Erträge	1.961					1.961
Bestandsveränderungen	−22	8	−1			−23
Materialaufwendungen	−590					−590
Personalaufwendungen	−690					−690
Abschreibungen	−148	6	−26	7	9	−165
Sonstige Aufwendungen	−391					−391
Zwischensumme 1-6	120		−27		9	102
Finanzaufwendungen	−27					−27
Ergebnis vor Steuern	93		−27		9	75
Steuern	−25			9	5	−20
Ergebnis nach Steuern	**68**	**E**	**−13**			**55**

Latente Steuern von den aufgedeckten stillen Reserven zum 31.12.18

Text	Wert im Konzern	Steuer-rechtl Wert	Diffe-renz	Aktive latente Steuer	Passive latente Steuer
Grundstücke	150	100	50		13
Gebäude	225	0	225		56
Spezialanlage	130	208	−78	19	
Fertigerzeug-nisse	199	190	9		2
Summe	**704**	**498**	**206**	**19**	**71**
Saldo					52

Buchungssätze
Buchungssätze zum 31.12. 18

1	Gewinnrücklage	52	
	an Spezialanlage		52
	Herstellung des Buchwertes		
	des Ergänzungspostens zum 1.1.		
2	Gebäude	216	
	an Gewinnrücklagen		216
	Wert in Konzernbilanz 1.1. lt Sonderaufzeichnungen		
3	Fertige und unfertige Erzeugnisse	10	
	an Gewinnrücklagen		10
	Wertdifferenz 1.1. lt Sonderaufzeichnungen		
4	Grundstücke	50	
	an Gewinnrücklage		50
	Wert in Konzernbilanz 1.1. lt Sonderaufzeichnungen		
5	Gewinnrücklage	57	
	an Rückstellung für latente Steuern		57
	Wiedereinbuchung lat Steuern		
	1.1. lt Aufzeichnung		
6	Abschreibungen Spezialanlage	26	
	an Spezialanlage		26
	Abschreibung Spezialanlage in Konzernabschluss		
7	Gebäude	9	
	an Abschreibungen Gebäude		9
	Abschreibungskorrektur Gebäudeabschreibung		

8	*Bestandsveränderungen*	*1*	
	an fertige und unfertige Erzeugnisse		*1*
	Wertkorrektur fertige und unfertige Erzeugnisse in Konzernabschluss		
9	*Rückstellung für latente Steuern*	*5*	
	an Steuern vom Ertrag		*5*
	Veränderung latente Steuern		
10	*Stammkapital*	*120*	
	Bilanzgewinn	*22*	
	Gewinnrücklagen	*129*	
	an nicht beherrschende Anteile		*271*
	Wert in Konzernbilanz 31.12. lt Sonderaufzeichnungen		

Konsolidierungsmaßnahmen
Wiederholung Kapitalkonsolidierung
Kapitalkonsolidierung

Beteiligung		*500*
Stammkapital	*180*	
Gewinnrücklage	*173*	*353*
Firmenwert		*147*
Abschr Firmenwert		
2016	*−29*	
2017	*−29*	*−58*
		89

31.12.2018	*JA Mutter*	*UB II Tochter*	*Summe*	*Soll*		*Haben*		*Konzernbilanz*
Firmenwert				*2*	*147*	*3*	*29*	*89*
						3	*29*	
Bebaute Grundstücke (Grundw)		*150*	*150*					*150*
Gebäude		*225*	*225*					*225*
Spezialanlage		*130*	*130*					*130*
Sonstiges Anlagevermögen	*1.800*	*150*	*1.950*					*1.950*
Beteiligungen	*500*		*500*			*1*	*500*	*0*
Roh-, Hilfs- und Betriebsstoffe	*90*	*20*	*110*					*110*

31.12.2018	JA Mutter	UB II Tochter	Summe	Soll		Haben		Konzern- bilanz
Fertige und un- fertige Erzeug- nisse	820	199	1.019	7	100			1.119
Waren		120	120			6	120	0
Forderungen verb Untern		22	22			4	22	0
Sonstiges Um- laufvermögen	1.245	546	1.791					1.791
Unterschiedsbe- trag				1	500	2	500	
Summe Aktiva	**4.455**	**1.562**	**6.017**		247		700	**5.564**
Stammkapital	1.000	180	1.180	2	180			1.000
Bilanzgewinn	569	33	602	E	44			558
Gewinnrückla- gen	480	218	698	2 3	173 29			496
Latente Steuern		52	52	8	5			47
Nicht beherr- schende Anteile		271	271					271
Verbindlichkei- ten verbundene Untern	22		22	4	22			0
Rückstellungen und Verbindlich- keiten	2.384	808	3.192					3.192
Summe Passiva	**4.455**	**1.562**	**6.017**		953		500	**5.564**
Erträge	8.160	1.961	10.121	5 6	260 480			9.381
Bestandsverän- derungen	340	−23	317			7	100	417
Materialaufwen- dungen	3.170	590	3.760			6	360	−3.400
Personalauf- wendungen	2.505	690	3.195					−3.195
Abschreibungen Firmenwert				3	29			−29

31.12.2018	JA Mutter	UB II Tochter	Summe	Soll		Haben		Konzern-bilanz
Abschreibungen	165	165	330					−330
Sonstige Auf-wendungen	1.640	391	2.031			5	260	1.771
Zwischensumme 1–6	**1.020**	**102**	1.122		**769**		**720**	1.073
Finanzerträge	24		24					24
Finanzaufwen-dungen	270	27	297					−297
Ergebnis vor Steuern	**774**	**75**	849		**769**		**720**	800
Steuern	205	20	225			8	5	220
Ergebnis nach Steuern	569	55	624	E	44			580
Anteil Minder-heiten								−22
Anteil der Mut-tergesellschaft								558

1	Unterschiedsbetrag	500	
	an Beteiligung		500
	Wiederholung Kapitalkonsolidierung 1.1.		
2	Stammkapital	180	
	Gewinnrücklagen	173	
	Firmenwert	147	
	an Unterschiedsbetrag		500
	Wiederholung Kapitalkonsolidierung		
3	Abschreibung Firmenwert	29	
	Gewinnrücklage	29	
	an Firmenwert		58
	Abschreibung Firmenwert		
4	Verbindlichkeiten gegenüber verbundene Unter-nehmen	22	
	an Forderungen gegenüber verbundene Unter-nehmen		22
	Eliminierung Forderungen-Verbindlichkeiten, Verr Dez		

5	Erträge	260	
	an sonstige Aufwendungen		260
	Eliminierung Mietaufwendungen–Mieterträge		

Von der Mutter erzeugte Boxen

Anfangsbestand	0				
Zugang	200.000				
Verkauf an Dritte	120.000	á 15	1.800		
Verkauf an Tochter	40.000	á 12		480	
Tochter verkauft	–30.000	á 15		–450	
Endbestand Mutter	40.000	á 10	400		
Endbestand Tochter Einstpreis	10.000	á 12		120	
Zwischengewinneliminierung	10.000	á 2		– 20	
Endbestand Herstellungskosten	10.000	á 10		100	

6	Erlöse	480	
	an Materialaufwendungen		360
	Waren		120
	Eliminierung interner Umsatz		
	40.000 Stück à 12 = 480.000,		
	davon 10.000 Stück auf Lager		
7	Fertigerzeugnisse	100	
	Bestandsveränderungen		100
	10.000 à 10 auf Lager		
	Fertigware		
8	Latente Steuern	5	
	KöSt		5
	Der Steuerwert der lagernden		
	Fertigware, die als Ware dort lagert,		
	Beträgt 120		

Eigenkapitalentwicklung 2017 und 2018

	Stamm-kapital	Gewinnrück-lagen	Bilanz-gewinn	Summe	Nicht beherr-schende Anteile	Gesamt Eigen-Kapital
Eigenkapital 1.1.2017	1.000	355	245	1.600	235	1.835
Gewinnausschüt-tung			–200	–200		–200
Übertrag Bilanzge-winn		45	–45			
Jahresüberschuss			396	396	15	411
Eigenkapital 31.12.2017	1.000	400	396	1.796	250	2.046
Gewinnausschüt-tung			–300	–300		–300
Übertrag						
Bilanzgewinn		96	–96			
Jahresüberschuss			558	558	22	580
Eigenkapital 31.12.2018	1.000	496	558	2.054	271	2.325

4.6 Die Umrechnung von Fremdwährungsabschlüssen ausländischer Tochterunternehmen

4.61 Grundlagen der Währungsumrechnung im Konzern

Die gesetzlichen Grundlagen für die Währungsumrechnung im Konzern sind äußerst dürftig.

Gem § 251 Abs 1 ist auf den Konzernabschluss unter anderem § 193 Abs 4, 2. Halbsatz anzuwenden, wonach dieser in Euro (....) aufzustellen ist. Gem § 265 Abs 1 Z 2 sind im Anhang die Grundlagen für die Umrechnung in Euro anzugeben, sofern der Konzernabschluss Posten enthält, denen Beträge zugrunde liegen, die auf fremde Währung lauten oder ursprünglich auf fremde Währung lauteten.

Wegen der fehlenden gesetzlichen Regelung über die Methoden der Fremdwährungsumrechnung war es naheliegend, dass hierzu die bereits bestehenden Regelungen des IAS 21 „Auswirkungen von Wechselkursänderungen) herangezogen wurden. In Deutschland wurde im Jahre 1998 vom IDW der Entwurf einer Stellungnahme: **„Zur Währungsumrechnung im Konzernabschluss"** veröffentlicht, der sich eng an den IAS 21 anlehnte und der in der Regel für alle Konzernabschlüsse in Deutschland, aber auch in Österreich, soweit diese nicht ohnehin nach den Bestimmungen des IASB erstellt werden mussten, als Grundlage diente.

Grundsätzlich kamen zwei Verfahren zur Anwendung. Es waren dies das **Zeitbezugsverfahren** und das **Stichtagskursverfahren**.

Beim Zeitbezugsverfahren kommt für die Währungsumrechnung grundsätzlich der Tag des Geschäftsvorfalles zum Ansatz. Alle Differenzen, die sich aus der Umrechnung in den Konzernabschluss ergeben, sind erfolgswirtschaftlich als Kursgewinne oder Kursverluste zu erfassen.

Da bei dem Zeitbezugsverfahren die Währungsumrechnung als Bewertungsvorgang angesehen wird, sind im Rahmen der Umrechnung das Anschaffungskostenprinzip, das Niederstwertprinzip und das Wertaufholungsgebot zu beachten.

Beim Stichtagskursverfahren werden alle Posten des Jahresabschlusses grundsätzlich zum Kurs am Abschlussstichtag umgerechnet. Alle Differenzen, die sich aus der Umrechnung in den Konzernabschluss ergeben, werden erfolgsneutral im Rahmen des Eigenkapitals (Eigenkapitaldifferenz aus Währungsumrechnung) erfasst. Bei Ausscheiden der Tochtergesellschaft aus dem Konsolidierungskreis wird dieses Konto erfolgswirksam aufgelöst.

Dieses Verfahren bietet allerdings insoweit Probleme, als bei Auftreten von Währungsschwankungen das Eigenkapital und der Beteiligungsansatz einen unterschiedlichen Verlauf nehmen, womit bei Wiederholung der Kapitalkonsolidierung nicht mehr die Deckung des ursprünglichen Kapitals mit der Beteiligung gegeben ist und somit die Kapitaleliminierung aus der Erstkonsolidierung nicht mehr deckungsgenau vor sich geht.

Dieses Problem führte schließlich zur Anwendung des modifizierten Stichtagskursverfahrens, bei dem die Eigenkapitalposten und die Beteiligung zu historischen Kursen und die sonstigen Bilanzposten zu aktuellen Tageskursen am Abschlussstichtag umgerechnet werden. Alle Posten der Erfolgsrechnung werden zu Jahresdurchschnittskursen umgerechnet, wobei kürzere Perioden, etwa das Quartal, durchaus empfehlenswert sind.

Kursumrechnungsdifferenzen werden erfolgsneutral im Eigenkapital unter dem Posten „Eigenkapitaldifferenz aus Währungsumrechnung" erfasst und bei teilweisem oder gänzlichem Ausscheiden der Tochtergesellschaft erfolgswirksam aufgelöst.

Diese Methode wurde in das BilMoG aufgenommen und wird daher auch von allen deutschen Konzernen, die nicht nach IFRS bilanzieren, angewendet.

Österreichische Unternehmen, die nicht nach den Bestimmungen der IFRS bilanzieren, haben mangels gesetzlicher Vorschrift derzeit noch die Möglichkeit, die eine oder die andere Methode anzuwenden, wobei auch wegen der einfacheren Anwendung und auf Grund einer Empfehlung des AFRAC dem **modifizierten Stichtagskursverfahren** gemäß dem dHGB der Vorzug gegeben wird.

Manche Anwender erweitern das modifizierte Stichtagskursverfahren dahingehend, dass alle langfristig gebundenen Vermögensgegenstände und Schulden nach dem historischen Kurs umgerechnet werden.

4.62 Das modifizierte Stichtagskursverfahren

Bilanzmodernisierungsgesetz (BilMoG)

Die in Deutschland sehr eingehende Diskussion über die Umrechnung von in fremder Währung erstellten Jahresabschlüssen wurde 2009 mit der gesetzlichen Regelung der Währungsumrechnung im **BilMoG** abgeschlossen und im Bilanzrichtlinie-Umsetzungsgesetz 2015 unverändert belassen.

§ 308a dHGB

> *Die Aktiv- und Passivposten einer auf fremde Währung lautenden Bilanz sind, mit Ausnahme des Eigenkapitals, das zum historischen Kurs in Euro umzurechnen ist, zum Devisenkassamittelkurs am Abschlussstichtag in Euro umzurechnen. Die Posten der Gewinn- und Verlustrechnung sind zum Durchschnittskurs in Euro umzurechnen. Eine sich ergebende Umrechnungsdifferenz ist innerhalb des Konzerneigenkapitals nach den Rücklagen unter dem Posten „Eigenkapitaldifferenz aus Währungsumrechnung" auszuweisen. Bei teilweisem oder vollständigem Ausscheiden des Tochterunternehmens ist der Posten in entsprechender Höhe erfolgswirksam aufzulösen.*

Der deutsche Gesetzgeber hat mit dieser Bestimmung eine einfache Regelung über die Bildung und Auflösung des Postens „Eigenkapitaldifferenz aus Währungsumrechnung" geschaffen, die sich eng an den IAS 21 anlehnt.

Da im **UGB** weiterhin eine gesetzliche Regelung zur **Währungsumrechnung** im Konzern fehlt, hat sich die **österreichische Konzernbilanzierungspraxis** an diese Regelung angepasst, umso mehr, als eine ähnliche Vorgangsweise bei den IFRS-Konzernabschlüssen ohnehin zwingend vorgeschrieben ist.

Auch das AFRAC hat in seinem Vorschlag zur Modernisierung der Rechnungslegung (Endbericht „Modernisierung und Vereinheitlichung der Rechnungslegung", November 2008) eine Empfehlung zur Anwendung der modifizierten Stichtagskursmethode herausgegeben:

„Die Umrechnung von auf ausländischer Währung lautenden aktiven und passiven Bilanzposten ist durchgängig zum Devisenkassakurs am Konzernabschlussstichtag vorzunehmen. Das Eigenkapital ist mit den historischen Kursen umzurechnen. Eine Eigenkapitaldifferenz aus Währungsumrechnung ist gesondert auszuweisen."

Das AFRAC hat nicht zur Umrechnung der Posten der Gewinn- und Verlustrechnung Stellung genommen. Es ist allerdings anzunehmen, dass für diese die gleichen Regelungen gelten sollen, wie sie auch das dHGB vorschreibt.

Beispiel 45

Modifiziertes Stichtagskursverfahren

Zum 27.6. 2016 wird von einer österreichischen AG eine ausländische Tochter-gesellschaft gegründet. Das festgelegte Eigenkapital in lokaler Fremdwährung (Landeswährung) in Höhe von 15.000 wird zum Kurs von 1,65 am selben Tag überwiesen.

Die **Eröffnungsbilanz** *der Tochtergesellschaft zeigt folgendes Bild in Landeswährung:*

Bankguthaben	*14.500*	
Aktive Rechnungsabgrenzung	*500*	
Stammkapital		*15.000*
	15.000	***15.000***

Am 31. Dezember erfolgt die Erstkonsolidierung auf den Stichtag 30. Juni. Die Fremdwährungskurse am 31.12.betragen 1,55, der Durchschnittskurs 1,60.

Der Jahresabschluss des Tochterunternehmens zum 31.12. zeigt in Landeswährung folgendes Bild:

Bilanz zum 31.12.2016

	Landes-währung
Anlagevermögen	
Sachanlagen	*1.350*
Umlaufvermögen	
Vorräte	*10.000*
Forderungen	*12.650*
Aktiva	***24.000***
Eigenkapital	
Stammkapital	*15.000*
Jahresüberschuss = Bilanzgewinn	*3.000*
Bilanzgewinn	*3.000*
Fremdkapital	*6.000*
Passiva	***24.000***

Gewinn- und Verlustrechnung des Tochterunternehmens 30.6.–31.12.2016 in Landeswährung

Umsatzerlöse	60.000
Materialaufwand	48.000
Abschreibungen	150
Übrige Aufwendungen	8.850
Jahresüberschuss (Bilanzgewinn)	**3.000**

Der Jahresabschluss des Mutterunternehmens zeigt in €:

Sonstiges Anlagevermögen	450.000
Beteiligungen	24.750
Umlaufvermögen	520.250
Summe Aktiva	**995.000**
Grundkapital	250.000
Bilanzgewinn	100.000
Gewinnrücklagen	400.000
Fremdkapital	245.000
Summe Passiva	**995.000**

Umsatzerlöse	900.000
Materialaufwand	520.000
Abschreibungen	50.000
Übrige Aufwendungen	230.000
Jahresüberschuss (Bilanzgewinn)	**100.000**

Kapitalaufrechnung zum 30.6.2016

Stichtagskurs am 30.6.2016: 1,65

	Fremd-währung	Kurs	Konzern-währung
Bankguthaben	14.500	1,65	23.925
Aktive Rechnungsabgrenzung	500	1,65	825
Aktiva	**15.000**	**1,65**	**24.750**
Stammkapital	15.000	1,65	24.750
Passiva	**15.000**	**1,65**	**24.750**

Erstmaliger Einbezug des Tochterunternehmens in den Konsolidierungskreis am 31.12.2016

Die Umrechnung der Jahresabschlüsse in fremder Währung auf die Konzernwährung erfolgt in der Regel in der UB II der umzurechnenden Abschlüsse.

Die zu wiederholende Kapitalkonsolidierung erfolgt in der zweiten Stufe im Rahmen der Konsolidierung der Jahresabschlüsse.

Anzuwendende Kurse:

Eigenkapital: Historische Kurse = 1,65

Sonstige Bilanzposten: Tageskurse = 1,55

Gewinn- und Verlustrechnung: Durchschnittskurse. Die Durchschnittskurse können auf Teile eines Jahres (auf ein Monat, auf Quartale, auf 6 Monate) oder auf ein ganzes Jahr bezogen werden. Je größer die Jahresschwankungen sind, desto kürzer werden die Perioden angesetzt = 1,60.

Ausschüttungen an nicht beherrschende Anteile: Werden zum Kurs am Tage der Ausschüttung abgerechnet

Bilanz zum 31.12.2016 des Tochterunternehmens

UB I = UB II	Fremd-währung	Kurs	Euro
Anlagevermögen			
Sachanlagen	*1.350*	*1,55*	*2.093*
Umlaufvermögen			
Vorräte	*10.000*	*1,55*	*15.500*
Forderungen	*12.650*	*1,55*	*19.607*
Aktiva	**24.000**		**37.200**
Eigenkapital			
Stammkapital	*15.000*	*1,65*	*24.750*
Währungsumrechnungsdifferenz[1]			*−1.500*
Jahresüberschuss = Bilanzgewinn	*3.000*	*1,60*	*4800*
Währungsumrechnungsdifferenz[2]			*−150*
Fremdkapital	*6.000*	*1,55*	*9.300*
Passiva	**24.000**	**1,55**	**37.200**

[1] Berechnung: 15.000*(1,65 – 1,55) = 1.500
[2] Berechnung: 3000*(1,6 – 1,55) = 150

Umsatzerlöse	*60.000*	*1,60*	*96.000*
Materialaufwand	*48.000*	*1,60*	*76.800*
Abschreibungen	*150*	*1,60*	*240*
Übrige Aufwendungen	*8.850*	*1,60*	*14.160*
Jahresüberschuss (Bilanzgewinn)	**3.000**	**1,60**	**4.800**

Erstmaliger Einbezug der Tochtergesellschaft zum 31.12. 2016

*Der für die **Tochtergesellschaft** herangezogene **Jahresabschluss** ist die bereits in die Konzernwährung umgerechnete UB II:*

	Mutter	*Tochter UB II*	*Summe*	*Kapital-konsolidierung*	*Konzern-bilanz*
Beteiligungen	*24.750*		*24.750*	*24.750*	
Sonstiges Anlage-vermögen	*450.000*	*2.093*	*452.093*		*452.093*
Umlaufermögen	*520.250*	*35.107*	*555.357*		*555.357*
Aktiva	***995.000***	***37.200***	***1032.200***		***1007.450***
Grund-/Stamm-kapital	*250.000*	*24.750*	*274.750*	*24.750*	*250.000*
Bilanzgewinn	*100.000*	*4.800[1)]*	*104.800*		*104.800*
Gewinnrücklagen	*400.000*		*400.000*		*400.000*
Eigenkapitaldif-ferenz aus Währungsum-rechnung		*−1.650*	*−1.650*		*−1.650*
Fremdkapital	*245.000*	*9.300*	*254.300*		*254.300*
Summe	***995.000***	***37.200***	***1.032.300***		***1.007.450***

1) Der Bilanzgewinn der Tochter fällt dem Konzern zu.

	Mutter	*Tochter*	*Gesamt*		*Konzern*
Umsatzerlöse	*900.000*	*96.000*	*996.000*		*996.000*
Materialaufwand	*520.000*	*76.800*	*596.800*		*596.800*
Abschreibungen	*50.000*	*240*	*50.240*		*50.240*
Übrige Aufwen-dungen	*230.000*	*14.160*	*244.160*		*244.160*
Jahresüber-schuss	***100.000***	***4.800***	***104.800***		***104.800***

Folgekonsolidierung am 31.12.2017

Jahresabschlüsse der Mutter- und Tochtergesellschaft zum 31.12.2017

	Mutter	Tochter
	Konzern-währung (€)	Landes-währung
Beteiligungen	24.750	
Sonstiges Anlagevermögen	440.000	1.050
Umlaufermögen	540.250	28.000
Aktiva	**1.005.000**	**29.050**
Grund-/Stammkapital	250.000	15.000
Bilanzgewinn	150.000	5.000
Gewinnrücklagen	400.000	3.000
Eigenkapitaldifferenz aus Währungsumrechnung		
Fremdkapital	205.000	6.050
Passiva	**1.005.000**	**29.050**

	Mutter	Tochter
Umsatzerlöse	920.000	105.000
Materialaufwand	530.000	84.000
Abschreibungen	50.000	300
Übrige Aufwendungen	190.000	15.700
Jahresüberschuss	**150.000**	**5.000**

Überleitung des Tochterunternehmens von der UB 1 in die UB II

Da keine Anpassungen gem § 260 Abs 2 erforderlich sind und die Zeitwerte bei der Übernahme den Buchwerten entsprachen, stimmt die UB I mit der UB II überein.

Fremdwährungskurse:

Stichtagskurs 31.12 2017: 1,70

Durchschnittskurs 2017: 1,62

Historischer Kurs konsolidiertes Eigenkapital: 1,65

Historischer Kurs sonstiges Eigenkapital: 1,60

UB I = UB II	Fremd-währung	Kurs	Konzern-währung
Anlagevermögen			
Sachanlagen	*1.050*	*1,70*	*1.785*
Umlaufvermögen	*28.000*	*1,70*	*47.600*
Aktiva	**29.050**		**49.385**
Eigenkapital			
Stammkapital	*15.000*	*1,65*	*24.750*
Bilanzgewinn	*5.000*	*1,62*	*8.100*
Gewinnrücklagen	*3.000*	*1,60*	*4.800*
Eigenkapitaldifferenz aus Währungsum-rechnung[1,2,3]			*1.450*
Fremdkapital	*6.050*	*1,70*	*10.285*
Passiva	**29.050**		**49.385**

[1] Berechnung: 15.000*(1,65 – 1,70) = –750
[2] Berechnung: 5.000*(1,62 – 1,70)= –400
[2] Berechnung: 3000*(1,60 – 1,70) = –300 = –1.450

Umsatzerlöse	*105.000*	*1,62*	*170.100*
Materialaufwand	*84.000*	*1,62*	*136.080*
Abschreibungen	*300*	*1,62*	*486*
Übrige Aufwendungen	*15.700*	*1,62*	*25.434*
Jahresüberschuss (Bilanzgewinn)	**5.000**	**1,62**	**8.100**

Konzernabschluss (Konzernwährung) zum 31.12.2017

	Mutter	Tochter	Summe				Konzern-abschluss
Beteiligungen	24.750		24.750		1	24.750	
Sonstiges Anla-gevermögen	440.000	1.785	44.1785				441.785
Umlaufvermö-gen	540.250	47.600	587.850				587.850
Aktiva	1.005.000	49385	1.054.385				1.029.635
Nennkapital	250.000	24.750	24.750	1	24.750		250.000
Bilanzgewinn	150.000	8.100	158.100				158.100
Gewinnrück-lagen	400.000	4.800	404.800				404.800

	Mutter	Tochter	Summe				Konzern-abschluss
Eigenkapital-differenz aus Währungsum-rechnung		1.450	1.450				1.450
Fremdkapital	205.000	10.285	215.285				215.285
Passiva	1.005.000	49.385	1.054.385				1.029.635

	Mutter	Tochter	Gesamt				Konzern
Umsatzerlöse	920.000	170.100	1.090.100				1.090.100
Materialauf-wand	530.000	136.080	666.080				666.080
Abschreibungen	50.000	486	50.486				50.486
Übrige Aufwen-dungen	190.000	25.434	215.434				215.434
Jahresüber-schuss	150.000	8.100	158.100				158.100

Das dHGB verlangt für das Eigenkapital historische Kurse, was bedeutet, dass das der Kapitalkonsolidierung unterliegende Eigenkapital zum Kurs der erstmaligen Kapitalkonsolidierung und die sonstigen Eigenkapitalbestandteile zum Kurs der Entstehung dieser Eigenkapitalbestandteile, das ist bei den Gewinnrücklagen der Durchschnittskurs der Gewinn- und Verlustrechnung des Entstehungsjahres, umgerechnet werden.

Um nicht mit jedem Jahr einen zusätzlichen Kurs aufzunehmen und für die zukünftige Anwendung zu speichern, bietet sich eine fortschreibende Durchschnittsbewertung der Gewinnrücklagen an, wie an obigem Beispiel gezeigt werden soll:

Es wird davon ausgegangen, dass der Bilanzgewinn, soweit er nicht ausgeschüttet wird, jährlich auf die Gewinnrücklagen übertragen wird.

Bilanzgewinn 2016:	3.000 zu 1,60	4.800
Bilanzgewinn 2017:	5.000 zu 1.62	8.100
Durchschnittskurs für 2018:	8.000 zu 1,6125	12.900

Behandlung des Firmenwertes aus der Kapitalkonsolidierung

Ergibt sich bei der Kapitalkonsolidierung ein Firmenwert, erfolgt die Berechnung bereits in Konzernwährung; er muss somit nicht umgerechnet werden.

Beispiel 46

Währungsumrechnung und Kapitalkonsolidierung

Erwerb von 100 % eines Tochterunternehmens um 1.500 $ in den USA. Der Kaufpreis wurde mit 1,10 $ pro € abgerechnet. Das Eigenkapital beträgt gem UB II 1.320 $ Die erstmalige Kapitalkonsolidierung erfolgt mit dem Umrechnungskurs von 1,10.

Nachfolgend wird von der Tochter aus Übersichtsgründen jeweils die UB II in $ gezeigt.

UB II des Tochterunternehmens anlässlich der erstmaligen Kapitalkonsolidierung

	$	Umr	€
Vermögen	5.200	1,10	4.727
Eigenkapital	1.320	1,10	1.200
Rückstellungen und Verbindlichkeiten	3.880	1,10	3.527

Kapitalkonsolidierung: Beteiligung 1.650/1,10   *€ 1.500*

         Eigenkapital auf Grundlage der UB II 1.320/1,1   *1.200*

         Unterschiedsbetrag = Firmenwert   *300*

Der Firmenwert wird über 5 Jahre abgeschrieben

Konzerneröffnungsbilanz (in EUR) im Jahre 00

	Mutter €	Tochter €	Konsolidierung		Konzern-bilanz €
Beteiligung	1.500	4.727		1.500	16.827
Sonstiges Vermögen	12.100				
Firmenwert			300		300
Aktiva	**13.600**	**4.727**	1.200		**17.127**
Eigenkapital M	4.000				4.000
Eigenkapital T (historisch)	560	1.200			560
Bilanzgewinn					
Rückst und Verbindl	9.040	3.527			12.567
Passiva	**13.600**	**4.727**			**17.127**

1. Folgejahr 01

Der Bilanzgewinn der Tochter beträgt 121 $, der Umrechnungstageskurs zum Bilanzstichtag 1,2, der

Jahresdurchschnittskurs 1,17.

Tochterunternehmen UB II 31.12.01

	$	Umr	€
Vermögen	*5.301*	*1,20*	*4.418*
Eigenkapital historisch	*1.320*	*1,10*	*1.200*
Bilanzgewinn	*121*	*1,17*	*103*
Rückstellungen und Verbindlichkeiten	*3.860*	*1,20*	*3.217*
Eigenkapitaldifferenz aus Währungsumrechnung			*–102*
Passiva			*4.418*

Ermittlung der Eigenkapitaldifferenz aus der Währungsumrechnung

Eigenkapital (historisch) 1.320/ (1,1 – 1,2) = (1.200 – 1.100) =	*–100*
Bilanzgewinn 121/(1,17 – 1,2) = (103 – 101)	*= –2*
Eigenkapitaldifferenz	*–102*

Entwicklung Firmenwert

Stand bei Erstkonsolidierung	*300*
abzüglich Jahresabschreibung 20%	*60*
Wert 31.12.	*240*

Konzernbilanz 31.12.01

	Mutter €	Tochter €	Konsolidierung		Konzern-bilanz €
Beteiligung	*1.500*			*1.500*	
Sonstiges Vermögen	*12.220*	*4.418*			*16.638*
Firmenwert			*300*	*60*	*240*
Aktiva	***13.720***	***4.418***			***16.878***
Eigenkapital M	[1]*4.000*				*4.000*
Eigenkapital T (historisch)		*1.200*	*1.200*		
Gewinnrücklage	*560*	*103*	[2]*60*		*560*
Bilanzgewinn	*720*				*763*
Rückst und Verbindl	*8.440*	*3.217*			*11.657*
Eigenkapitaldifferenz aus Währungsumrechnung		*–102*			*–102*
Passiva	***13.720***	***4.418***			***16.878***

1) Der Bilanzgewinn des Vorjahres wird vereinbarungsgemäß jährlich auf die Gewinnrücklage übertragen.
2) Die Abschreibung des Firmenwertes ist erfolgswirksam. Die Eigenkapitaldifferenz aus der Währungsumrechnung wird unmittelbar mit dem Eigenkapital verrechnet.

Folgekonsolidierung im Jahre 02

Die Fremdwährungskurse haben sich folgendermaßen entwickelt:

Tageskurs am 31.12. 1,08

Jahresdurchschnittskurs 1,14

Der Jahresüberschuss des Mutterunternehmens beträgt 1300 Euro, jener des Tochterunternehmens 140 $. 1200 + 103 + 123 + 3.454

Tochterunternehmen UB II 31.12.02

	$	Umr	€	Kurszeitpunkt
Vermögen	5.311	1,08	4.918	Tageskurs
Eigenkapital historisch	1.320	1,10	1.200	Erstkapitalkonsolidierung
Gewinnrücklage	121	1,17	103	Durchschnitt 1. Jahr
Bilanzgewinn	140	1,14	123	Durchschnitt 2. Jahr
Rückstellungen und Verbindlichkeiten	3.730	1,08	3.454	Tageskurs
Eigenkapitaldifferenz aus Währungsumrechnung			38	
Passiva	**5.311**		**4.918**	

Ermittlung Eigenkapitaldifferenz aus Währungsumrechnung

Eigenkapital historisch	$1.320/1,10 - 1.320/1,08$	=	$1.200 - 1.222$ 22
Gewinnrücklage	$121/1,17 - 121/1,08$	=	$103 - 112$ 9
Bilanzgewinn	$140/1,14 - 140/1,08$	=	$123 - 130$ 7 38

Konzernbilanz 31.12.02

	Mutter €	Tochter €	Konsolidierung		Konzern-bilanz €
Beteiligung	1.500			1.500	
Sonstiges Vermögen	13.220	4.918			18.138
Firmenwert			300	120	180
Aktiva	**14.720**	**4.918**			**18.318**
Eigenkapital M	4.000	1.200	1.200		4.000
Eigenkapital T (historisch)	[1]1.280				0
Gewinnrücklage	1.300	103	[2] 60		1.323
Bilanzgewinn		123		60	1.363
Rückst und Verbindl	8.140	3.454			11.594
Eigenkapitaldifferenz aus Währungsumrechnung		38			38
Passiva	**14.720**	**4.918**			**18.318**

1) Der Bilanzgewinn des Vorjahres wurde auf die Gewinnrücklage übertragen.
2) Die Firmenwertabschreibung des Vorjahres wird gegen die Gewinnrücklage und jene des heurigen Jahres erfolgswirksam verbucht.

Eigenkapitalentwicklung im Jahre 02

	Nominalkapital	*Gewinnrücklage*	*Bilanzgewinn*	*Eigenkapitaldifferenz aus Währungsumrechnung*	*Summe*
Stand 1.1.02	*4.000*	*560*	*763*	*−102*	*5.221*
Übertrag Bilanzgewinn		*763*	*−763*		*0*
Jahresüberschuss			*1.363*		*1.363*
Zugang Währungsumrechnung				*140*	*140*
Stand 31.12.02	*4.000*	*1.323*	*1.363*	*38*	*6.724*

4.63   Besonderheiten bei der Umrechnung hochinflationärer Währungen

Bezüglich hochinflationärer Währungen findet sich auch in § 308a dHGB keine Bestimmung.

Als hochinflationär wird in Anlehnung an IAS 21 eine Volkswirtschaft in der Regel dann angesehen, wenn die **kumulierte Inflationsrate innerhalb eines Dreijahreszeitraums annähernd oder mehr als 100%** beträgt.

Bei Tochterunternehmen, die von der Inflation betroffen sind, ist vor der Stichtagskursumrechnung eine **Inflationsbereinigung** durchzuführen; dies kann entweder schon durch die Aufstellung des Jahresabschlusses in der Konzernwährung erfolen oder es wird eine Inflationsbereinigung im Rahmen der UB II vorgenommen.

Diese Inflationsbereinigung besteht nach IAS 21 iVm IAS 29 (dargelegt in Beck'scher Bilanzkommentar, 8. Aufl, § 308a Rz 116) darin, dass die nicht monetären Posten und das Eigenkapital in einem ersten Schritt mit dem landesspezifischen allgemeinen Preisindex auf die Kaufvertragsverhältnisse am Bilanzstichtag angepasst werden. Der Inflationsgewinn oder -verlust auf die Nettoposition der monetären Aktiva und Passiva wird indirekt als Saldo aus der Anpassung der nicht monetären Posten der Bilanz, des Eigenkapitals und der entsprechenden Anpassung der Posten der GuV oder direkt über die Inflationswirkung auf die Nettoposition der monetären Vermögensgegenstände und Schulden ermittelt. Er ist ergebniswirksam im Zinsergebnis zu erfassen.

In einem zweiten Schritt sind alle Posten mit dem Stichtagskurs in die Konzernwährung umzurechnen.

4.7 Anteilsmäßige Konsolidierung (Quotenkonsolidierung)

4.71 Begriff und Voraussetzung der anteilsmäßigen Konsolidierung

§ 262 Abs 1 bestimmt:

> *Führt ein in einen Konzernabschluß einbezogenes Mutter oder Tochterunternehmen ein anderes Unternehmen gemeinsam mit einem oder mehreren nicht in den Konzern einbezogenen Unternehmen, so darf das andere Unternehmen in den Konzernabschluß entsprechend den Anteilen am Kapital einbezogen werden, die dem Mutter oder dem Tochterunternehmen gehören.*

Gem Abs 2 sind auf die anteilsmäßige Zusammenfassung der Jahresabschlüsse verbundener Unternehmen die §§ 250–258 und §§ 260–261 entsprechend anzuwenden.

Bei der **Vollkonsolidierung** werden die Vermögensgegenstände und Verpflichtungen des Tochterunternehmens zur Gänze in den Konzernabschluss einbezogen, auch wenn an dem Tochterunternehmen konzernfremde Gesellschafter beteiligt sind. Die Anteile dieser anderen Gesellschafter sind als gesonderter Posten innerhalb des Eigenkapitals auszuweisen.

Bei der **anteilsmäßigen Konsolidierung** werden die Vermögensgegenstände und Verbindlichkeiten nur entsprechend dem Anteilsverhältnis der in den Konzernabschluss einbezogenen Mutter- oder Tochterunternehmen in den Konzernabschluss aufgenommen, sodass bei der anteilsmäßigen Konsolidierung keine Anteile anderer Gesellschafter im Konzernabschluss aufscheinen können.

In gleicher Weise werden auch die Aufwendungen und Erträge des Gemeinschaftsunternehmens nur so weit in den Konzernabschluss aufgenommen, als dies den Anteilsverhältnissen des Mutterunternehmens und der einbezogenen Tochterunternehmen entspricht.

Gem § 262 Abs 1 ist die anteilsmäßige Konsolidierung als **Wahlrecht** konstruiert („ *... so darf das andere Unternehmen ... einbezogen werden"*). Allerdings besteht dieses Wahlrecht nur **im Verhältnis zur Equity-Bilanzierung** (siehe Kapitel 5), nicht aber zur Vollkonsolidierung. Wenn die Voraussetzungen der Vollkonsolidierung gegeben sind, muss diese durchgeführt werden.

Die Voraussetzungen der **anteilsmäßigen Konsolidierung** (gemeinsame Führung des Beteiligungsunternehmens mit nicht in den Konzernabschluss einbezogenen Unternehmen) und der Vollkonsolidierung (einheitliche Leitung – § 244 Abs 1 bzw Beherrschungsmöglichkeit – § 244 Abs 2) schließen einander aus. Dies drücken auch die EBRV zu § 262 aus:

> *Immer dann, wenn die Voraussetzungen des § 244 für die Vollkonsolidierung gegeben sind, kommt eine Quotenkonsolidierung nicht in Betracht. Praktisch wird sie nur für Gemeinschaftsunternehmen Bedeutung haben, bei denen keiner der Gesellschafter unmittelbar oder mittelbar mit mehr als der Hälfte des Kapitals beteiligt ist und bei denen überdies nicht die Equity-Methode (§ 263) praktiziert wird.*

Hat ein Konzern Anteile an mehreren **Gemeinschaftsunternehmen**, besteht das Wahlrecht der Anwendung der anteilsmäßigen Konsolidierung oder der Equity-Bilanzierung für jedes einzelne Unternehmen, wobei aber eine getroffene Wahl den Konzern auch in Zukunft bindet (§ 250 Abs 3).

Da die **gemeinsame Führung** zugleich immer die Ausübung eines maßgeblichen Einflusses auf die Geschäfts- und Finanzpolitik eines anderen Unternehmens (§ 263 Abs 1) umfasst, **kann anstatt der anteilsmäßigen Konsolidierung auch die Equity-Bilanzierung** der Anteile an dem so genannten Gemeinschaftsunternehmen durchgeführt werden.

EBRV zu § 262:

> *Der Begriff des Führens im § 262 Abs 1 ist enger als der Begriff des maßgeblichen Einflusses im § 263 Abs 1. Dies bedeutet, daß in allen Fällen des § 262 ein Wahlrecht (zur Equity-Bilanzierung, d V) besteht, jedoch nicht in allen Fällen des § 263 die Möglichkeit einer Quotenkonsolidierung.*

4.711 Gemeinsame Führung durch ein in den Konzernabschluss einbezogenes und ein nicht einbezogenes Unternehmen

„Gegenstand der gemeinsamen Führung sind insbesondere die Investitions-, Finanz- und Personalpolitik und andere Fragen von grundsätzlicher Bedeutung. Eine gemeinsame Führung des Gemeinschaftsunternehmens setzt zudem Dauerhaftigkeit und eine hinreichende Intensität voraus" (*Busse von Colbe/Ordelheide/Gebhardt/ Pellens*, Konzernabschlüsse[8], Wiesbaden 2006, S 502). Nicht begriffsnotwendig ist die gleich hohe Beteiligung der Gesellschafterunternehmen (zB zu je 50%, zu je 25%, zu einem Drittel). Die Gleichberechtigung der Gesellschafter muss gegebenenfalls durch vertragliche Abmachungen gesichert sein.

Voraussetzung für die anteilsmäßige Konsolidierung ist, dass ein Unternehmen (das so genannte Gemeinschaftsunternehmen) gemeinsam geführt wird von:

a) einem in den Konzernabschluss einbezogenen Mutter- oder Tochterunternehmen und

b) einem oder mehreren nicht in den Konzernabschluss einbezogenen Unternehmen.

Aus a) ist abzuleiten, dass die Anwendung der anteilsmäßigen Konsolidierung nach § 262 Abs 1 die Verpflichtung zur Aufstellung eines Konzernabschlusses zur Vorbedingung hat; das Vorhandensein von **Gemeinschaftsunternehmen allein verpflichtet nicht zur Aufstellung eines Konzernabschlusses**.

Aus b) ergibt sich die Frage, ob die **gemeinsame Führung** durch ein in einen Konzernabschluss einbezogenes Mutter- oder Tochterunternehmen und ein zB aus Gründen des § 249 nicht in den Konzernabschluss einbezogenes Tochterunternehmen zu einer Quotenkonsolidierung führen kann. Dies ist nicht der Fall, da die gemeinsame Führung durch einbezogene und nicht einbezogene verbundene Unternehmen faktisch einer einheitlichen Leitung im Sinne des § 244 Abs 1 gleichkommt und somit in diesem Fall die **Voraussetzungen für die Vollkonsolidierung** gegeben sind. Mit den anderen, nicht in den Konzernabschluss einbezogenen Unternehmen können daher nur nicht verbundene Unternehmen gemeint sein.

Wenn die gemeinsame Führung durch einbezogene Unternehmen ausgeübt wird und neben anderen außenstehenden Unternehmen nicht einbezogene Tochterunternehmen beteiligt sind, ist für die anteilsmäßige Konsolidierung nur die Quote der einbezogenen Mutter- oder Tochterunternehmen entscheidend.

Als weitere Frage ergibt sich die Vorgangsweise, wenn ein **Gemeinschaftsunternehmen** selbst Mutterunternehmen ist und einen Konzernabschluss aufzustellen hat. Nach herrschender Auffassung bezieht sich hier die anteilige Konsolidierung auf den Konzernabschluss des Gemeinschaftsunternehmens (vgl *Nowotny/Platzer*, in *Straube*[2], Rz 9 zu § 262). *„Daraus (aus der analogen Vorschrift für die Equity-Bilanzierung) und aus dem Sinn der Quotenkonsolidierung wird in der deutschen Literatur einhellig gefolgert, dass der Konsolidierung gem § 310 dHGB (= § 262 UGB) der Konzernabschluss zugrunde zu legen ist. Falls der Konzernabschluss des Gemeinschaftsunternehmens* **Minderheitenanteile** *ausweist, werden auch diese anteilig in den Konzernabschluss übernommen“* (*Busse von Colbe/Ordelheide*, Konzernabschlüsse[6], Stuttgart 1993, S 455).

Gemeinschaftsunternehmen können grundsätzlich jede beliebige Rechtsform haben. *Janschek* (in *Bertl/Mandl*, Handbuch zum Rechnungslegungsgesetz, Band II, Wien 2007, S 6) verweist in diesem Zusammenhang auf die in der Literatur umstrittene Frage des Einbezugs von selbst bilanzierenden Arbeitsgemeinschaften, da diese regelmäßig nur auf eine bestimmte Zeit angelegt sind. Als geeigneten Kompromiss schlägt er in Übereinstimmung mit mehreren Literaturmeinungen vor, dass die Voraussetzungen eines Gemeinschaftsunternehmens bei **Arbeitsgemeinschaften** dann erfüllt seien, **„wenn sie voraussichtlich über drei Jahre aktiv sein werden“**. In der neueren Literatur werde allerdings eine zeitliche oder an die Anzahl durchzuführender Projekte geknüpfte Begrenzung als Voraussetzung für die Unternehmenseigenschaft abgelehnt.

4.72 Auf die anteilsmäßige Konsolidierung anzuwendende Vorschriften

§ 260:	**Einheitliche Bewertung**
	Gemäß § 262 Abs 2 sind auf die anteilsmäßige Konsolidierung die §§ 250 bis 258, 260 und 261 entsprechend anzuwenden.
§ 250:	Hier ist besonders auf den Grundsatz der **Stetigkeit der Konsolidierungsmethoden** hinzuweisen.
§ 251:	Diese Vorschrift enthält insbesondere den Verweis auf die anzuwendenden **österreichischen Rechtsvorschriften**. Bei der anteilsmäßigen Konsolidierung ist somit bei ausländischen Gemeinschaftsunternehmen von einem an die österreichischen Rechtsvorschriften angepassten Abschluss auszugehen.
§ 252:	Als Grundlage für die Konsolidierung ist von dem auf den **Stichtag des Konzernabschlusses** aufgestellten Abschluss (Konzernabschluss) des Gemeinschaftsunternehmens auszugehen. Hier ergeben sich Probleme, wenn das Gemeinschaftsunternehmen einen abweichenden Bilanzstichtag hat, der eventuell den Interessen der anderen Gesellschafterunternehmen entspricht (wenn zB auch die anderen Partner eine quotenmäßige Konsolidierung zu einem anderen Stichtag durchführen wollen).
§ 253:	Aus dem Begriff der anteilsmäßigen Konsolidierung ergibt sich, dass an die Stelle der dem Mutterunternehmen gehörenden Anteile am Gemeinschaftsunternehmen die **anteiligen Bilanzposten** des Gemeinschaftsunternehmens treten. Bei der Anwendung der Vorschriften über die unabhängige Ausübung von Bilanzierungswahlrechten können sich, wie beim Bilanzstichtag, Probleme mit anders gelagerten Interessen der konzernfremden Beteiligten ergeben.
§ 254:	**Kapitalkonsolidierung**
	Hier wurde schon darauf hingewiesen, dass bei der anteilsmäßigen Konsolidierung keine Anteile anderer Gesellschafter ausgewiesen werden können. Aus diesem Grund müssen Buchwertmethode und Neubewertungsmethode zwangsläufig zu dem gleichen Ergebnis führen.
§ 255:	**Schuldenkonsolidierung**
	Hier ist zu beachten, dass die Forderungen und Verbindlichkeiten nur im Verhältnis zwischen den in den Konzernabschluss einbezogenen Unternehmen und dem Gemeinschaftsunternehmen zu verrechnen sind. Die verbleibenden Forderungen und Verbindlichkeiten werden als „Forderungen bzw Verbindlichkeiten gegenüber Unternehmen, mit denen ein Beteiligungsverhältnis besteht" (bei Vorliegen eines unmittelbaren Beteiligungsverhältnisses zwischen

	dem einbezogenen Unternehmen und dem Gemeinschaftsunternehmen) oder als Forderungen bzw Verbindlichkeiten anderer Art (Lieferforderungen/Verbindlichkeiten, sonstige Forderungen/Verbindlichkeiten), ausgewiesen, soweit zwischen dem einbezogenen Unternehmen und dem Gemeinschaftsunternehmen kein unmittelbares Beteiligungsverhältnis besteht.
§ 256:	**Eliminierung von Zwischenergebnissen**
	Bei der Zwischengewinneliminierung ergibt sich das Problem, dass Bestände aus Lieferungen des Gemeinschaftsunternehmens an vollkonsolidierte Unternehmen zur Gänze im Konzernabschluss enthalten sind, während Bestände aus Lieferungen vollkonsolidierter Unternehmen an das Gemeinschaftsunternehmen nur anteilsmäßig im Konzernabschluss ausgewiesen werden. *Fröhlich*[2], S 639 und *Sutter/Zehetner*, in *Straube*[3], Wien 2012, Rz 4 zu § 25, vertreten in Übereinstimmung mit der sonstigen Literatur die Meinung, dass bei der Quotenkonsolidierung in **beiden Fällen** die anteilsmäßige Eliminierung von Zwischenergebnissen anzuwenden ist. „Eine volle Eliminierung widerspricht dem Prinzip der anteilsmäßigen Konsolidierung" (zB *Busse von Colbe/Ordelheide/Gebhardt/Pellens*, Konzernabschlüsse[8], Wiesbaden 2006, S 511).
§ 257:	**Aufwands- und Ertragskonsolidierung**
	Die Aufwands- und Ertragskonsolidierung erfolgt analog zur Vollkonsolidierung, allerdings nur anteilsmäßig.
§ 258:	**Steuerabgrenzung**
	Hier ist analog zur Vollkonsolidierung vorzugehen.
	Für die anteilsmäßige Konsolidierung gelten die gleichen Grundsätze wie für die Vollkonsolidierung. Wie bei der Regelung für den Bilanzstichtag können sich auch hier Probleme ergeben, wenn die außenstehenden Gesellschafter ebenfalls eine anteilsmäßige Konsolidierung für ihren Anteil am Gemeinschaftsunternehmen durchführen wollen, die Bewertungsgrundsätze bzw die Ausübung von Wahlrechten in den jeweiligen Konzernabschlüssen aber unterschiedlich sind.
§ 261:	Die Vorschriften über die Behandlung des **aktiven und passiven Unterschiedsbetrages** sind analog zur Vollkonsolidierung anzuwenden.

Aus den vorstehenden Ausführungen ergibt sich, dass es bei der Aufstellung der UB II des Gemeinschaftsunternehmens zu unterschiedlichen Anforderungen seitens der beteiligten Gesellschaftergruppen kommen kann. Dies führt dazu, dass wegen der sich daraus ergebenden arbeitsmäßigen Mehrbelastung in vielen Fällen die **Equity-Bewertung der Quotenkonsolidierung vorgezogen** werden wird.

4.73 Quotenmäßige Konsolidierung und Aussagekraft des Konzernabschlusses

ADS (Rechnungslegung und Prüfung der Unternehmen[6], Stuttgart 1996 ff, Rz 3 zu § 310) führen aus: *„In der Literatur wird die Aufnahme der Quotenkonsolidierung in das HGB kritisch gesehen. Nach überwiegender Auffassung widerspricht eine nur anteilsmäßige Konsolidierung der Einheitstheorie; im Gegenteil spiegelt die Quotenkonsolidierung die Konzeption der Interessentheorie deutlich wider."*

Die Wahl für die Quotenkonsolidierung wird damit begründet, dass die Einbeziehung der Bilanz- und G&V-Posten des Gemeinschaftsunternehmens einen besseren Überblick über die Aktivitäten des Konzerns gibt, als die Berücksichtigung der Gemeinschaftsunternehmen im Wege der Equity-Bilanzierung.

„Fraglich ist jedoch, ob der Preis dafür, dh die bilanzielle Vermischung der Vermögensgegenstände und Schulden in der Konzernbilanz, über die die Konzernleitung im Rahmen der gesetzlichen Vorschriften und faktischen Gegebenheiten allein verfügen kann bzw einstehen muss, mit jenen des Gemeinschaftsunternehmens, die der Mitbestimmung des Partners des **Joint Ventures** *unterliegen, nicht zu hoch ist"* (*Busse von Colbe/Ordelheide/Gebhardt/Pellens*, Konzernabschlüsse[8], Wiesbaden 2006, S 516).

Bezüglich der bilanzpolitischen Auswirkungen und der Auswirkung auf Kennzahlen aus dem Konzernabschluss wird auf *Busse von Colbe/Ordelheide/Gebhardt/Pellens*, Konzernabschlüsse[8], Wiesbaden, S 517 f, verwiesen.

Grundsätzlich ist anzumerken, dass die **Quotenkonsolidierung** in der Praxis relativ selten zur Anwendung kommt. In der Regel wird in den Fällen einer gemeinsamen Führung die Equity-Bilanzierung angewendet.

5. Equity-Bilanzierung

5.1 Begriff der Equity-Bilanzierung bzw -Bewertung

„Equity" ist im angloamerikanischen Bilanzwesen die Bezeichnung für Eigenkapital. In der Anwendung auf Beteiligungen bedeutet Equity-Bewertung die Bewertung der Beteiligung mit dem anteiligen Eigenkapital des Tochterunternehmens.

Bei der Equity-Bilanzierung wird das assoziierte Unternehmen im Rahmen der Konzernbilanzierung nach wie vor als eigenständiges Unternehmen geführt. Die Beteiligung an dem assoziierten Unternehmen wird allerdings nicht, wie im Einzelabschluss, nach dem Anschaffungskostenprinzip, sondern nach der Spiegelbildmethode zum Eigenkapital bewertet.

Grundsätzlich entspricht damit die in der Konzernbilanz ausgewiesene Beteiligung dem Eigenkapital des assoziierten Unternehmens, womit jede Veränderung des Eigenkapitals zu einer Veränderung des Beteiligungsansatzes führt.

Daraus ergibt sich für die Gründung und die Folgebilanzierungen einer Personen- oder Kapitalgesellschaft, an der ein Konzernunternehmen maßgeblich beteiligt ist, für die **Bewertung** der Beteiligung folgendes Bewertungsschema:

	Ursprüngliche Kapitaleinzahlung (= Gutschrift auf Eigenkapitalkonto des Beteiligungsunternehmens)
+	anteilige Gewinne
–	anteilige Verluste
–	Gewinnausschüttungen
+	weitere Kapitaleinzahlungen
–	Kapitalrückzahlungen
=	Wertansatz der Beteiligung zum jeweiligen Bilanzstichtag

Wird allerdings ein assoziiertes Unternehmen erworben oder erst später als assoziiertes Unternehmen klassifiziert, stimmt der Erwerbspreis bzw die ausgewiesene Beteiligung in der Regel nicht mehr mit dem anteiligen Eigenkapital des assoziierten Unternehmens überein. In diesem Fall ist es notwendig, mit der erstmaligen Einbeziehung in den Konzern die Differenz zwischen Beteiligungsansatz und dem Eigenkapital des assoziierten Unternehmens im Wege einer Kapitalkonsolidierung auszuschalten:

Beteiligungsansatz
abzüglich anteiliges Eigenkapital des assoziierten Unternehmens
Unterschiedsbetrag

Der Unterschiedsbetrag kann stille Vermögensreserven oder Reserven in den Verbindlichkeiten, stille Lasten, in der Vergangenheit nicht ausgeschüttete Gewinne, erlittene Verluste oder auch einen Goodwill enthalten.

Der um diese Bestandteile bereinigte Beteiligungsansatz entspricht nunmehr dem anteiligen Eigenkapital des assoziierten Unternehmens und wird in der Folge nach dem vorne dargestellten Schema weiterbehandelt.

Die einzelnen Bestandteile des Unterschiedsbetrages werden in der Zukunft je nach ihrer Art fortgeschrieben bzw abgeschrieben.

Es ist darauf hinzuweisen, dass es eine Reihe von Ländern gibt, in denen die **Equity-Bewertung** im Gegensatz zur Regelung in Österreich auch im **Einzelabschluss** anwendbar ist (zB in den USA, Großbritannien, Kanada; vgl hiezu die Übersicht bei *Küting/Weber*, Handbuch der Konzernrechnungslegung[2], Stuttgart 1998, Rz 3 zu § 311).

Dies ist auch in der Bilanzrichtlinie 2013/34/EU gem Artikel 9 Abs 7a vorgesehen, worin ein Mitgliedstaatenwahlrecht auf Anwendung der Equity-Methode im Einzelabschluss enthalten ist.

5.2 Der maßgebliche Einfluss als Voraussetzung für die Anwendung der Equity-Bilanzierung

Voraussetzung für die Anwendung der Equity-Bilanzierung ist das Vorliegen eines assoziierten Unternehmens.

Dieses wird in § 189a Z 9 folgendermaßen definiert:

> *Ein assoziiertes Unternehmen ist ein Unternehmen, an dem ein anderes Unternehmen eine Beteiligung hält und dessen Geschäfts- und Finanzpolitik durch das andere Unternehmen maßgeblich beeinflusst wird; es wird vermutet, dass ein Unternehmen einen maßgeblichen Einfluss auf ein anderes Unternehmen ausübt, sofern jenes Unternehmen 20 % oder mehr der Stimmrechte der Aktionäre oder Gesellschafter dieses Unternehmens besitzt.*

Maßgebend für das Bestehen eines assoziierten Unternehmens ist somit die Möglichkeit für das andere Unternehmen, die Geschäfts- und Finanzpolitik dieses Unternehmens maßgeblich zu beeinflussen.

Die Beteiligungsgrenze von 20 % spielt insoweit eine Rolle, als das andere Unternehmen bei einer geringeren Beteiligung den maßgeblichen Einfluss beweisen und bei einer höher liegenden Beteiligung widerlegen muss. Als widerlegt ist die Vermutung dann anzusehen, „wenn die für die Anwendung dieser Methode erforderlichen Angaben nicht zu erhalten sind, oder die Rechte aus der Beteiligung nicht geltend gemacht werden können"(EBRV zum [damaligen] § 263 des Rechnungslegungsgesetzes 1990).

5.21 Regelungen zum maßgeblichen Einfluss in der Bilanzrichtlinie und in den IFRS

Die Bilanzrichtlinie geht gem Art 2 Z 13 davon aus, dass ab einem Stimmrechtsverhältnis von 20 % die Vermutung für das Bestehen eines assoziierten Unternehmens vorliegt.

IAS 28/6 normiert ebenfalls, dass bei Vorhandensein von 20 % der Stimmrechte und mehr der maßgebliche Einfluss vermutet wird, *„unless it can be clearly demonstrated that is not the case"*.

Abschnitt 6 und 7 des IAS 28 (Anteile an assoziierten Unternehmen) führen dazu wörtlich aus:

Abschnitt 6

Hält ein Eigentümer direkt oder indirekt (zB durch Tochterunternehmen) 20 % oder mehr der Stimmrechte an einem Beteiligungsunternehmen, so besteht die Vermutung, dass ein maßgeblicher Einfluss des Eigentümers vorliegt, es sei denn, dies kann eindeutig widerlegt werden. Umgekehrt wird bei einem direkt oder indirekt (zB durch Tochterunternehmen) gehaltenen Stimmrechtsanteil des Eigentümers von weniger als 20 % vermutet, dass der Eigentümer nicht über maßgeblichen Einfluss verfügt, es sei denn, dieser Einfluss kann eindeutig nachgewiesen werden. Ein erheblicher Anteilsbesitz oder eine Mehrheitsbeteiligung eines anderen Eigentümers schließen nicht notwendigerweise aus, dass ein Eigentümer über maßgeblichen Einfluss verfügt.

Abschnitt 7

Das Vorliegen eines oder mehrerer der folgenden Indikatoren lässt in der Regel auf einen maßgeblichen Einfluss des Eigentümers schließen:

Zugehörigkeit zum Geschäftsführungs- und/oder Aufsichtsorgan oder einem gleichartigen Leistungsgremium des Beteiligungsunternehmens;

Teilnahme an den Entscheidungsprozessen, einschließlich der Teilnahme an Entscheidungen über Dividenden- oder sonstige Ausschüttungen;

wesentliche Geschäftsvorfälle zwischen dem Eigentümer und dem Beteiligungsunternehmen;

Austausch von Führungspersonal; oder Bereitstellung bedeutender technischer Informationen.

5.22 Meinungen in der Literatur zum maßgeblichen Einfluss

Nach einhelliger Literaturmeinung ist der maßgebliche Einfluss tatsächlich auszuüben; es genügt somit nicht allein die vorhandene Möglichkeit desselben.

Nach *Biener/Berneke* (Bilanzrichtliniengesetz, Düsseldorf 1986, S 368) ist die Voraussetzung des maßgeblichen Einflusses auch dann nicht erfüllt, wenn lediglich ein maßgeblicher Einfluss entweder auf die Finanzpolitik oder die Geschäftspolitik des Unternehmens ausgeübt wird. Der Einfluss muss sich auf beide Bereiche beziehen.

Für das Bestehen eines **maßgeblichen Einflusses genügt** nach *Nowotny* (in *Straube*[3], Rz 20 ff zu § 263) die **Möglichkeit**, qualifizierte Mehrheitsbeschlüsse zu verhindern, **für sich allein nicht**. In Anlehnung an verschiedene Literaturmeinungen vertritt er die Meinung, dass neben den gesellschaftsrechtlich ausgeübten Beteiligungsrechten auch sonstige wirtschaftliche Einflüsse, insbesondere aber geschäftliche Beziehungen, zu berücksichtigen seien. Als zusätzliche, neben der Beteiligung bestehende Indizien für einen maßgeblichen Einfluss nennt Nowotny die tatsächliche Ausübung des maßgeblichen Einflusses. Indizien hierfür sind die Aufsplitterung der Anteile auf mehrere nicht syndizierte Gesellschafter, das Bestehen einer wechselseitigen Beteiligung, die Vertretung in Organen sowie erhebliche geschäftliche Beziehungen. Es genügt allerdings, wenn offensichtlich auf die Meinung und die Interessenlage der Gesellschafter Bedacht genommen wird. Der Einfluss muss sich nicht auf sämtliche Unternehmensfunktionen in gleicher Weise erstrecken. Das **unternehmerische Mitbestimmen in wichtigen Bereichen** (wie zB Absatz oder Finanzierung) kann bereits ausreichen. Auch ein maßgeblicher Einfluss, der auf die Finanzpolitik beschränkt ist, kann zu einer qualifizierten Beteiligung führen.

Nowotny nennt aber auch Indizien, die gegen den maßgeblichen Einfluss sprechen. Hierzu gehören das Fehlen einer personellen und geschäftlichen Verflechtung, anhängige Rechtsstreitigkeiten, Einbeziehung des Beteiligungsunternehmens in einen fremden Konzernabschluss auf Basis einer einheitlichen Leitung sowie gesetzliche oder statutarische Einschränkung bei der Ausübung von Verwaltungsrechten.

In der Fachliteratur wird der Begriff des maßgeblichen Einflusses insoweit eng ausgelegt, als neben dem Beteiligungsausmaß noch eine Reihe anderer Indizien verlangt werden, die häufig bei einer Beteiligung zwischen 25% (gesetzliche Grenze für eine qualifizierte Minderheit im Gesellschaftsrecht) und 50% nicht gegeben sind. Das hat zur Folge, dass eine große Zahl von Unternehmen, an denen ein anderes Unternehmen in diesem Ausmaß beteiligt ist, nicht als assoziiertes Unternehmen eingestuft werden könnte.

5.23 Meinung der Verfasser zum maßgeblichen Einfluss

Nach Meinung der Verfasser ist von einem **maßgeblichen Einfluss** jedenfalls dann auszugehen, wenn eine 20- bzw 25%ige Beteiligung mit einer Sperrminorität zur Verhinderung qualifizierter Mehrheitsbeschlüsse verbunden ist und wenn zumindest ein Aufsichtsrats- oder Leitungsorgan mit einem Vertreter des beteiligten Unternehmens besetzt ist. Negative Indikatoren, wie in der Literatur dargelegt, müssten vom anteilsbesitzenden Unternehmen klar bewiesen werden.

Bezüglich der **notwendigen Informationen** zur Anwendung der Equity-Bilanzierung ist zu bemerken, dass sich diese in erster Linie auf die **Daten des Jahresabschlusses** und des **Lageberichtes** beziehen. Fehlende Angaben zu etwaigen stillen Reserven und stillen Lasten bei assoziierten Unternehmen hindern nach Meinung der Verfasser die Anwendung der Equity-Bilanzierung nicht, da diese nur die Zuordnung des Unterschiedsbetrages mit der Folge einer rascheren oder langsameren Abschreibung bzw Auflösung desselben beeinflussen.

In diesem Sinne drücken sich auch *Busse von Colbe/Ordelheide* (Konzernabschlüsse[6], Wiesbaden 1993, S 485) aus, die meinen, dass es *„mit der Generalnorm des § 297 Abs 2 dHGB eher zu vereinbaren ist, dennoch die Equity-Methode anzuwenden und den gesamten Betrag als Firmenwert bzw Badwill zu interpretieren und entsprechend § 312 Abs 2 Satz 3 dHGB zu behandeln. Dann ist zumindest gewährleistet, daß sich der Beteiligungsansatz dem anteiligen Eigenkapital der Beteiligungsgesellschaft angleicht.“*

5.24 Einschränkung zur Verpflichtung der Anwendung der Equity-Bewertung durch den Wesentlichkeitsgrundsatz

Gemäß § 263 Abs 2 brauchen die Bestimmungen über die Equity-Bilanzierung nicht angewendet zu werden, wenn die Beteiligung nicht wesentlich ist.

Zur Auslegung des § 263 Abs 2 wird § 249 Abs 2, zweiter Satz, analog anzuwenden sein. Nach dieser Vorschrift sind Tochterunternehmen, die einzeln betrachtet nicht wesentlich sind, in den Konzernabschluss einzubeziehen, *„wenn sie zusammen wesentlich sind“*. Diese Einschränkung bei der Anwendung der Wesentlichkeitsklausel sollte auch für angeschlossene Unternehmen gelten.

5.25 Anwendungsbereich der Equity-Bilanzierung im Konzernabschluss

Die Equity-Bilanzierung im Konzernabschluss ist anwendbar:

1. Auf **assoziierte Unternehmen** im Sinne des § 263 Abs 1.
2. Auf **Tochterunternehmen**, auf deren **Einbeziehung** im Wege der Vollkonsolidierung gem § 249 verzichtet wurde.
   Hier ist allerdings die Frage zu klären, ob im Falle des § 249 Abs 1 Z 1 noch ein maßgeblicher Einfluss auf die Geschäfts- und Finanzpolitik besteht. Ist dies nicht der Fall, so kommt auch eine Einbeziehung im Wege der Equity-Bilanzierung nicht in Frage. In den Fällen des § 249 Abs 2 (keine Einbeziehung von nicht wesentlichen Tochterunternehmen) wird gleichzeitig auch Unwesentlichkeit im Sinne des § 263 Abs 2 gegeben sein, sodass von der Möglichkeit der Einbeziehung im Wege der Equity-Bewertung (bei Vorliegen des maßgeblichen Einflusses) im Hinblick auf die Wesentlichkeitsklausel in der Regel kein Gebrauch gemacht werden wird.
3. Auf **Gemeinschaftsunternehmen** im Sinne des § 262 Abs 1.
   Wenn von der Möglichkeit der Quotenkonsolidierung nicht Gebrauch gemacht wird, wird gem den EBRV zu § 262 (Rechnungslegungsgesetz) in der Regel eine Verpflichtung zur Einbeziehung im Wege der **Equity-Bewertung** bestehen, da die gemeinsame Führung zusammen mit einem anderen Unternehmen immer auch die Ausübung eines maßgeblichen Einflusses bedeutet. Diese Verpflichtung besteht nur dann nicht, wenn die Voraussetzungen des § 263 Abs 2 (Wesentlichkeitsklausel) gegeben sind.

5.26 Der dem Konzernabschluss zugrunde zu legende Jahresabschluss des assoziierten Unternehmens (Abs 6)

> *§ 264. (1) Eine Beteiligung an einem assoziierten Unternehmen ist in der Konzernbilanz beim erstmaligen Ansatz mit dem Buchwert gemäß den §§ 198 bis 242 anzusetzen. Der Unterschiedsbetrag zwischen dem Buchwert und dem anteiligen Eigenkapital des assoziierten Unternehmens ist bei erstmaliger Anwendung in der Konzernbilanz oder im Konzernanhang gesondert auszuweisen.*
>
> *(2) Der Unterschiedsbetrag gemäß Abs. 1 zweiter Satz ist den Wertansätzen von Vermögensgegenständen und Schulden des assoziierten Unternehmens insoweit zuzuordnen, als deren beizulegender Zeitwert höher oder niedriger ist als ihr Buchwert. Der nach dem ersten Satz zugeordnete Unterschiedsbetrag ist entsprechend der Behandlung der Wertansätze dieser Vermögensgegenstände und Schulden im Jahresabschluss des assoziierten Unternehmens im Konzernabschluss fortzuführen, abzuschreiben oder aufzulösen. Auf einen nach Zuordnung nach dem ersten Satz verbleibenden Unterschiedsbetrag ist § 261 entsprechend anzuwenden.*
>
> *(3) Der Wertansatz der Beteiligung und die Unterschiedsbeträge werden auf der Grundlage der Wertansätze zum Zeitpunkt des Erwerbs der Anteile oder der erstmaligen Einbeziehung des assoziierten Unternehmens in den Konzernabschluß oder beim Erwerb der Anteile zu verschiedenen Zeitpunkten zu dem Zeitpunkt, zu dem das Unternehmen assoziiertes Unternehmen geworden ist, ermittelt. Der gewählte Zeitpunkt ist im Konzernanhang anzugeben.*
>
> *(4) Der gemäß Abs. 1 ermittelte Wertansatz einer Beteiligung ist in den Folgejahren um den Betrag der Eigenkapitalveränderungen, die den dem Mutterunternehmen gehörenden Anteilen am Kapital des assoziierten Unternehmens entsprechen, zu erhöhen oder zu vermindern; auf die Beteiligung entfallende Gewinnausschüttungen sind abzusetzen. In der Konzern-Gewinn- und Verlustrechnung ist das auf Beteiligungen an assoziierten Unternehmen entfallende Ergebnis unter einem gesonderten Posten auszuweisen.*

Gemäß Abs 6, 1. Satz ist jeweils der **letzte Jahresabschluss des angeschlossenen Unternehmens** zugrunde zu legen. Diese Vorschrift berücksichtigt die Schwierigkeiten, die sich aus der rechtzeitigen Beschaffung der Jahresabschlüsse der angeschlossenen Unternehmen ergeben können; der Konzernabschluss soll durch das verspätete Vorliegen solcher Jahresabschlüsse nicht verzögert werden.

Selbst dann, wenn vom **assoziierten Unternehmen** die gesetzlichen Fristen für die Aufstellung des Jahresabschlusses „nur" voll genützt und nicht überzogen werden, wäre es dem Mutterunternehmen des zur Einbeziehung des angeschlossenen Unternehmens verpflichteten Konzerns gar nicht möglich, ebenfalls die gesetzlichen Fristen zu wahren, sodass die Vorschrift des § 264 Abs 6, erster Satz eine absolute Notwendigkeit darstellt. Abs 6 gilt in gleicher Weise, wenn das assoziierte Unternehmen zu einem vom Konzernabschlussstichtag abweichenden Stichtag bilanziert.

Abs 6, zweiter Satz, bestimmt, dass für den Fall, dass das angeschlossene (assoziierte) Unternehmen einen Konzernabschluss aufstellt, von diesem und nicht vom Jahresabschluss des angeschlossenen Unternehmens auszugehen ist. In einem solchen Fall ist die Fortschreibung des Beteiligungsansatzes auf Grund des Konzernabschlusses und nicht des Einzelabschlusses des assoziierten Unternehmens durchzuführen.

Wie schon vorne dargestellt, hat zur Herstellung der Äquivalenz des Beteiligungsansatzes mit dem anteiligen Eigenkapital des assoziierten Unternehmens eine Kapitalkonsolidierung durchgeführt zu werden.

Bis zum RÄG 2014 konnte der Bilanzierende diese sowohl nach der Buchwertmethode als auch nach der Kapitalanteilsmethode durchführen. Der Unterschied zwischen beiden Methoden besteht darin, dass bei der Buchwertmethode die stillen Reserven und Lasten im Unterschiedsbetrag enthalten sind. Sie sind ebenso wie der Firmenwert Bestandteil der Beteiligung.

Bei der Kapitalanteilsmethode wird dem Buchwert der Beteiligung nicht das buchmäßige Eigenkapital des assoziierten Unternehmens, sondern das um die stillen Reserven und Lasten korrigierte Eigenkapital gegenübergestellt.

Im Ergebnis sind beide Methoden gleich, da es keine Minderheitenanteile gibt, auf deren Ausweis sie sich auswirken.

Mit dem Inkrafttreten des RÄG ist nur noch die Buchwertmethode zulässig. Dazu geben die ErlRV zu § 264 folgende Begründung:

> *Nach dem Vorbild des deutschen BilMOG (§ 312 dHGB) wird vorgeschlagen, die* **Kapitalanteilsmethode** *bei der Equity-Bilanzierung aufzugeben, da sie ohnedies kaum Bedeutung hat.*

5.3 Die Kapitalkonsolidierung bei der Equity-Bilanzierung

5.31 Die Buchwertmethode

Schema der Kapitalkonsolidierung nach der Buchwertmethode:

Beteiligungsansatz mit dem Buchwert

Abzüglich anteiliges Eigenkapital zu Buchwerten des assoziierten Unternehmens

Unterschiedsbetrag

Bei Anwendung der bis zum RÄG erlaubten Kapitalanteilsmethode ergäbe sich folgendes Schema:

Beteiligungsansatz mit dem Buchwert

abzüglich anteiliges Eigenkapital, korrigiert um die stillen Reserven und stillen Lasten

Unterschiedsbetrag

5.32 Die Ermittlung des Unterschiedsbetrages

Wie schon dargelegt, ergibt sich der Unterschiedsbetrag aus der Differenz zwischen dem Beteiligungsansatz im Konzern und dem Eigenkapitalansatz beim assoziierten Unternehmen.

Ist ein Unternehmen an der Gründung eines assoziierten Unternehmens beteiligt, wird zum Zeitpunkt der Gründung der Beteiligungsansatz mit dem anteiligen Eigenkapital beim assoziierten Unternehmen übereinstimmen. In den meisten anderen Fällen wird es unterschiedliche Ansätze zwischen Beteiligung und Eigenkapital und damit differierende Unterschiedsbeträge geben.

5.321 Stichtag der Ermittlung des Unterschiedsbetrages

§ 264 Abs 3 enthält die Vorschriften darüber, auf der Grundlage der Wertansätze welchen Zeitpunktes die Unterschiedsbeträge ermittelt werden. Diese Vorschrift ist § 254 Abs 3 für die Vollkonsolidierung nachgebildet und enthält folgende mögliche Zeitpunkte:

- Ermittlung auf der Grundlage der **Wertansätze zum Zeitpunkt des Erwerbs der Anteile** (Normalfall, wenn schon zum Zeitpunkt des Erwerbs die Voraussetzungen für die Equity-Bewertung gegeben sind und zum Erwerbsstichtag ein Zwischenabschluss aufgestellt wurde). Werden Anteile an assoziierten Unternehmen durch den Erwerb zu verschiedenen Zeitpunkten aufgestockt, können die sich jeweils daraus ergebenden Unterschiedsbeträge auf der Grundlage der Wertansätze zu den entsprechenden Erwerbszeitpunkten ermittelt werden (**step by step consolidation**).

- Ermittlung auf der Grundlage der **Wertansätze zum Zeitpunkt der erstmaligen Einbeziehung** des angeschlossenen Unternehmens **in den Konzernabschluss**, wenn zB die Beteiligung am angeschlossenen Unternehmen
  - ursprünglich nicht wesentlich war und in einem Folgejahr diese Voraussetzung entfällt;
  - trotz Besitzes von mindestens 20% der Anteile der maßgebliche Einfluss bisher nicht vorhanden war;
  - das Mutterunternehmen erstmals gemäß den gesetzlichen Bestimmungen (zB wegen Überschreitung der Größenmerkmale) einen Konzernabschluss aufstellt, in den das assoziierte Unternehmen einbezogen wird.

- Beim Erwerb der Anteile zu verschiedenen Zeitpunkten zu dem **Zeitpunkt, in dem das Unternehmen assoziiertes Unternehmen geworden ist** (wenn zB bisher die Beteiligung unter 20% gelegen war und infolge des Erwerbes zusätzlicher Anteile diese Grenze erreicht wurde und dadurch ein maßgeblicher Einfluss auf die Geschäfts- und Finanzpolitik entstanden ist).

5.322 Der Ansatz der Beteiligung und des Eigenkapitals

5.322.1 Die einheitliche Bewertung als Wahlmöglichkeit

> *§ 264. (5) Wendet das assoziierte Unternehmen in seinem Jahresabschluß vom Konzernabschluß abweichende Bewertungsmethoden an, so können abweichend bewertete Vermögensgegenstände oder Schulden für die Zwecke der Abs. 1 bis 4 nach den auf den Konzernabschluß angewandten Bewertungsmethoden bewertet werden. Wird die Bewertung nicht angepaßt, so ist dies im Konzernanhang anzugeben. (...)*

Eine Anpassung der Bewertung und Bewertungsmethoden im assoziierten Unternehmen an eine konzerneinheitliche Bewertung muss nicht vorgenommen werden, es sei denn, die angewandten Bilanzierungsregeln des assoziierten Unternehmens widersprechen dem UGB.

Wird die Bewertung nicht angepasst, ist dies im Konzernanhang anzugeben.

5.322.2 Gegenüberstellung der Beteiligung zum anteiligen Eigenkapital

Bei der Gegenüberstellung der Beteiligung und des Eigenkapitals ist grundsätzlich darauf zu achten, dass nur das dem Anteilsbesitz entsprechende anteilige Eigenkapital gegenübergestellt werden darf.

Das Eigenkapital des assoziierten Unternehmens wird dann, wenn die Bilanz des assoziierten Unternehmens nach österreichischen Rechtsvorschriften erstellt wurde, in der Regel mit dem Buchwert der UB I übereinstimmen. Abweichungen, die es erforderlich machen, für das assoziierte Unternehmen eine UB II aufzustellen, werden häufig bei Auslandstöchtern aus Gründen unterschiedlicher Rechtsvorschriften und im Zusammenhang mit der Währungsumrechnung auftreten.

Nicht ausdrücklich im Gesetz geregelt ist die Frage, ob bei der Einbeziehung des assoziierten Unternehmens von einem Jahresabschluss ausgegangen werden kann, in welchem **Bilanzierungswahlrechte** anders ausgeübt wurden; wenn allerdings, wie im vorliegenden Fall, ein Wahlrecht zur einheitlichen Bewertung besteht, wäre es konsequent, auch eine abweichende Ausübung von Bilanzierungswahlrechten als zulässig zu betrachten (in diesem Sinn auch *Platzer*, in *Straube*, Rz 11 zu § 264).

Weiters können folgende Tatsachen zu einer Abweichung zwischen dem Eigenkapital lt UB I und dem zur Berechnung des Unterschiedsbetrages verwendeten Eigenkapital (EK lt UB II) führen:

- **Anpassung der Wertansätze der Vermögensgegenstände gem § 264 Abs 5,** wonach die gegenüber dem Konzernabschluss abweichend bewerteten Vermögensgegenstände und Schulden entsprechend § 260 nach den auf den Konzernabschluss angewandten **Bewertungsmethoden** bewertet werden können.
  Die Anpassung der Bewertungsmethoden gem § 264 Abs 5 ist, wie schon dargelegt, eine **Kann-Bestimmung**, deren Nichteinhaltung allerdings eine entsprechende Angabe im Konzernanhang erfordert.

Notwendige Korrekturen von nach österreichischem Recht nicht zulässigen Wertansätzen bei ausländischen assoziierten Unternehmen ergeben sich aus dem Gesetz, wonach bei Anwendung von mit den österreichischen Vorschriften nicht zu vereinbarenden Bewertungsvorschriften bei Einbeziehung in den Konzernabschluss von einem den österreichischen Rechtsvorschriften entsprechenden Jahresabschluss des assoziierten Unternehmens auszugehen ist. Platzer (in *Straube*, Rz 11 zu § 264) vertritt hierzu unter Berufung auf zahlreiche Literatur die Meinung, dass für den Fall, dass die *„dafür notwendigen Informationen im Hinblick auf einen nur eingeschränkten Zugang zu den relevanten Unterlagen nicht beschafft werden können, einer daraus resultierenden möglichen Beeinträchtigung der Aussagefähigkeit des Konzernabschlusses im Zweifel dem Ansatz der Beteiligung mit dem Wert gemäß Einzelabschluss der Vorzug gegenüber der Equity-Methode zu geben [ist]“*. Die Verfasser vertreten hierzu die Meinung, dass die Equity-Bilanzierung in der Regel eher der Generalklausel Rechnung trägt als eine Bilanzierung zu den Ansätzen in der Einzelbilanz.

- **Anpassung der Bilanzansätze gem § 253 Abs 2**
  Die gemäß § 253 Abs 2 bei Vollkonsolidierung mögliche Anpassung der Bilanzwahlrechte an jene im Konzernabschluss ist im § 264 Abs 5 nicht ausdrücklich vorgesehen, wird aber als zulässig angesehen (vgl *Fröhlich* in *Straube³*, Rz 10 zu § 264).
  Fröhlich sieht diese Anpassung als notwendig an, wenn die Bilanz des assoziierten Unternehmens gegen zwingende österreichische Bilanzierungsgrundsätze verstößt. Dies gilt beispielsweise dann, wenn in der Bilanz des ausländischen assoziierten Unternehmens selbst erstellte immaterielle Vermögensgegenstände des Anlagevermögens ausgewiesen werden.

5.323 *Analyse und Zuordnung des Unterschiedsbetrages (§ 264 Abs 2)*

Vorweg ist zu bemerken, dass der aus der Gegenüberstellung von Beteiligung und anteiligem Eigenkapital festgestellte **Unterschiedsbetrag im Beteiligungsansatz** enthalten ist, womit jede Veränderung desselben zu einer Veränderung des Beteiligungsansatzes führt.

Gemäß § 264 Abs 2 ist der Unterschiedsbetrag *„den Wertansätzen von Vermögensgegenständen und Schulden des angeschlossenen Unternehmens insoweit zuzuordnen, als deren Wert höher oder niedriger ist als der bisherige Wertansatz“*.

Die zugeordneten Beträge sind entsprechend der *„Behandlung der Wertansätze dieser Vermögensgegenstände und Schulden im Jahresabschluß des assoziierten Unternehmens im Konzernabschluß fortzuführen, abzuschreiben oder aufzulösen“*.

Soweit der gesamte Unterschiedsbetrag den Vermögensgegenständen und Schulden nicht zur Gänze zugeordnet werden kann, ist der verbleibende Unterschiedsbetrag entsprechend den Bestimmungen des § 261 (Firmenwert) zu behandeln.

Da die Grundsätze der Ermittlung und Behandlung des Unterschiedsbetrages gleich jener der Vollkonsolidierung sind, wird zunächst auf Kapitel 4.23 verwiesen.

5.323.1 Aktiver Unterschiedsbetrag

Soweit die Ursachen des Unterschiedsbetrages in den stillen Reserven und Lasten liegen, die in den Vermögensgegenständen und Schulden enthalten sind, teilt der Unterschiedsbetrag in der Folge deren Schicksal. Bei der Zuordnung der stillen Reserven und Lasten ist darauf zu achten, dass diese nur dem Kapitalanteil des anteilsbesitzenden Unternehmens entsprechend zu berücksichtigen sind. Übersteigen die stillen Reserven den Unterschiedsbetrag, dürfen sie nur bis zur Höhe desselben zugerechnet werden, da andernfalls die Anschaffungskosten die Beteiligung übersteigen würden.

Die in der Literatur diskutierte Frage, in welcher Form die stillen Reserven zu kürzen sind, um nicht die Anschaffungskosten der Beteiligung zu übersteigen (vgl *Platzer*, in *Straube*, Rz 31 zu § 264), haben insoweit praktische Bedeutung, als die aus der Beteiligung am assoziierten Unternehmen resultierenden Ergebnisse davon beeinflusst werden.

Eine ausführliche Darstellung zu den hier angeführten Problemen samt Beispielen findet sich im Kapitel 4.23. Die in diesen Abschnitten getroffenen Aussagen gelten in gleicher Weise für die Equity-Bilanzierung.

Soweit der Unterschiedsbetrag nicht zuordenbar ist (**verbleibender Unterschiedsbetrag**), gilt er als **Geschäfts- oder Firmenwert** und ist in den folgenden Konzernabschlüssen gem § 261 zu behandeln, das heißt entweder in jedem Geschäftsjahr zu mindestens einem Zehntel durch Abschreibungen zu tilgen oder planmäßig auf die Geschäftsjahre, in denen er voraussichtlich genutzt wird, zu verteilen.

5.323.2 Passiver Unterschiedsbetrag

Wie schon in Kapitel 4.121.22 angeführt wurde, kann der passive Unterschiedsbetrag auf folgende Ursachen zurückzuführen sein:

- Berücksichtigung ungünstiger Ertragsaussichten
- Belastungen des Unternehmens aufgrund erwarteter negativer Ertragsbeeinflussungen (zB Umweltschutzauflagen)
- günstigen Kauf (*„lucky buy"*)
- die Erstkonsolidierung erfolgt mehrere Jahre nach dem Erwerb der Beteiligung, in denen die seit der Anschaffung angefallenen Gewinne des assoziierten Unternehmens thesauriert wurden. Dadurch ist durch das Eigenkapital über die Anschaffungskosten der Beteiligung gestiegen.

Beispiel 47

Ermittlung des Unterschiedsbetrages

Die Gesellschaft A ist zu 40 % an der Gesellschaft B beteiligt. Der Buchwert der Beteiligung beträgt 2.000. Das gesamte Eigenkapital des assoziierten Unternehmens setzt sich aus folgenden Posten zusammen

Nennkapital	*1.500*
Kapital- und Gewinnrücklagen	*1.500*
Gesamtes Eigenkapital	*3.000*
Buchwert der Beteiligung	*2.000*
Anteiliges Eigenkapital 40 %	*1.200*
Unterschiedsbetrag	*800*

Im assoziierten Unternehmen sind alternativ folgende stille Reserven und Lasten vorhanden:

		Gesamt	*40%*
a	*Stille Reserven*	*1.250*	*500*
b	*Stille Reserven*	*2.250*	*900*
c	*Stille Reserven*	*2.250*	*900*
	abz stille Lasten	*−1.500*	*−600*
d	*Stille Reserven*	*1.000*	*400*
	abz stille Lasten	*−1.500*	*−600*
e	*Stille Lasten*	*2.250*	*−900*
f	*Stille Reserven*	*3.500*	*1400*
	abz stille Lasten	*1.000*	*−400*

Lösung: Aufteilung des Unterschiedsbetrages auf die stillen Reserven und den Firmenwert

		Ge-samt	40%	Stille Reserven	Stille Lasten	Saldo StR–StL	Aktivier-bare St Res	Firmen-wert
a	Stille Reserven	1.250	500	500	0	500	500	300
b	Stille Reserven	2.250	900	800		800	800	0
c	Stille Reserven	2.250	900	900	−600	1.500	900	500
	abz stille Lasten	− 1.500	−600					
d	Stille Reserven	1.000	400	400	−600	−1.000	400	1.000
	abz stille Lasten	− 1.500	−600					
e	Stille Lasten	2.250	−900		−900	−900	1.700	1.700
f	Stille Reserven	3.500	1.400	1.400	−400	1.800	1.200	0
	abz stille Lasten	1.000	−400					

Sind stille Lasten vorhanden, werden diese zunächst zum Unterschiedsbetrag hinzugezählt. Etwaige vorhandene stille Reserven werden anschließend bis zur Höhe des neuen Saldos von diesem abgezogen. Ein danach noch verbleibender Saldo wird als Firmenwert angesetzt. Als stille Lasten kommen beispielsweise beabsichtigte Leasingverpflichtungen oder notwendige Sanierungsmaßnahmen in Frage.

Erläuterungen:

Fall a)

Der Firmenwert beträgt 300, die stillen Reserven 500. Der gem § 261 abzuschreibende Firmenwert vermindert in den Folgejahren den Beteiligungsansatz im Ausmaß der jeweiligen Jahresabschreibungen. Der Betrag von 500 kürzt entsprechend der Fortschreibung der diesem Betrag zugrunde liegenden stillen Reserven den Beteiligungsansatz. Befinden sich diese 500 in stillen Reserven des (nicht abnutzbaren) Grundstücks, erfolgt keine Fortschreibung der stillen Reserven, solange das Grundstück nicht veräußert wird bzw eine außerordentliche Wertminderung eintritt.

Unter der Annahme einer 20%igen Abschreibung des Firmenwertes und einer Auflösung der stillen Reserven im ersten Jahr in Höhe von 400 wird das Beteiligungsergebnis im Folgejahr nach der Erstkonsolidierung um 460 vermindert.

Fall b)

Die stillen Reserven dürfen nur bis zur Höhe des Unterschiedsbetrages aufgelöst werden; sie sind somit nur im Ausmaß von 800 den die stillen Reserven enthaltenden Vermögensgegenständen zuzurechnen.

Fall c)

Der Geschäftswert beträgt 500, der Saldo aus stillen Reserven und stillen Lasten 1.500.

In den Folgejahren ist der Betrag von 500 entsprechend den Bestimmungen des § 261 abzuschreiben, die stillen Reserven sind im Ausmaß von 900 und die stillen Lasten im Ausmaß von 600 entsprechend ihrer Realisierung abzuschreiben bzw aufzulösen.

Fall d)

Der abzuschreibende Geschäftswert beträgt 1.000, stille Reserven und Lasten sind entsprechend ihrer Zuordnung zu verrechnen.

Fall e)

Der abzuschreibende Geschäftswert beträgt 1.700, die stillen Lasten sind entsprechend ihrer Zuordnung aufzulösen.

Fall f)

Im Sinne des Vorsichtsgrundsatzes werden die stillen Lasten mit 400 und die stillen Reserven bis zu einer Höhe von 1.200 aufgelöst.

Da im Konzernabschluss in allen Fällen lediglich die Beteiligung als Ganzes ausgewiesen wird, sind die oben angeführten Rechnungen bzw die Fortschreibung

der stillen Reserven und Lasten sowie die Berechnung der Abschreibung des Ge-
schäftswertes in Hilfsaufzeichnungen bzw in einer eigenen im Mutterunterneh-
men zu führenden Konzernbuchhaltung durchzuführen und die Daten evident zu
halten.

5.324 Buchmäßige Behandlung des Unterschiedsbetrages in der Konzernbilanz anlässlich der „Erstkonsolidierung"

Gem § 264 Abs 1

ist eine Beteiligung an einem assoziierten Unternehmen in der Konzernbilanz beim
erstmaligen Ansatz mit dem Buchwert gemäß den §§ 198 bis 242 anzusetzen. Der
Unterschiedsbetrag zwischen dem Buchwert und dem anteiligen Eigenkapital des
assoziierten Unternehmens ist bei erstmaliger Anwendung in der Konzernbilanz
oder im Konzernanhang gesondert auszuweisen.

Wie schon bisher verlangt der Gesetzgeber beim erstmaligen Ansatz der Equity-Beteiligung den gesonderten Ausweis des Unterschiedsbetrages in der Konzernbilanz
oder im Anhang.

Wird der Unterschiedsbetrag im Anhang gesondert ausgewiesen, kann die Beteiligung inkl des Unterschiedsbetrages in der Konzernbilanz unter „Anteile an assoziierten Unternehmen" in voller Höhe ausgewiesen werden.

Entscheidet sich der Bilanzierende für einen Ausweis in der Konzernbilanz, stellt
sich die Frage, ob der Unterschiedsbetrag getrennt von der Beteiligung ausgewiesen
wird oder lediglich ein Davon-Vermerk erforderlich ist. Die Frage stellt sich deswegen, weil der Gesetzgeber in anderen Fällen (zB §§ 224 und 225) nur einen Davon-
Vermerk, aber keinen gesonderten Ausweis verlangt und auch in der bisherigen Fassung des § 264 den Ausdruck „zu vermerken" gebraucht hat. Da ein gesonderter
Ausweis jedoch nur beim erstmaligen Ansatz verlangt wird, scheint der Gesetzgeber
eher einen Davon-Vermerk als einen getrennten Ausweis gemeint haben.

Unabhängig von der Ausweisfrage erscheint es schon aus Gründen der Überfrach-
tung der Bilanz besser, den Ausweis des Unterschiedsbetrages in den Konzernanhang zu verlagern.

Die Angabe sowohl des aktiven als auch des passiven Unterschiedsbetrages wäre
dann von besonderem Vorteil, wenn der Ersteller des Jahresabschlusses auch die Zusammensetzung der Unterschiedsbeträge nach stillen Reserven, stillen Lasten und
Geschäfts- oder Firmenwert darstellen würde. Eine derartige Aufgliederung ist jedoch gesetzlich nicht vorgesehen, weswegen diese auch kaum durchgeführt werden
wird.

Wie schon dargelegt, ist der **Unterschiedsbetrag** nur bei **„erstmaliger Anwendung"** gesondert auszuweisen. Die weitere Behandlung des Unterschiedsbetrages ist

aus den Folgebilanzen nicht ersichtlich. Damit geht allerdings eine wesentliche Information verloren, da dem Bilanzleser in der Regel die Jahresabschlüsse der vergangenen Jahre nicht zur Verfügung stehen und er überdies nicht feststellen kann, in welchem Jahr die Erstkonsolidierung stattgefunden hat.

Von hohem Informationswert wäre auch die Angabe des fortgeschriebenen Unterschiedsbetrages im jeweiligen Konzernabschluss gewesen.

Grundsätzlich können aktive und passive Unterschiedsbeträge verschiedener assoziierter Unternehmen saldiert werden (vgl *Fröhlich*, in *Straube*[3], Wien 2011, Rz 19 zu § 264); sie müssen aber selbständig behandelt werden.

Die nachfolgenden Ausführungen zur Behandlung des aktiven und passiven Unterschiedsbetrages gehen von der Annahme aus, dass der Gesetzgeber keinen gesonderten Ausweis, sondern einen „Davon-Vermerk" wollte, da im ersten Fall die Beteiligung ohne den Unterschiedsbetrag ausgewiesen werden müsste.

5.324.1 *Darstellung des aktien Unterschiedsbetrages*

Für den aktiven Unterschiedsbetrag ergibt sich bei Vermerk in der Konzernbilanz folgende Darstellung:

Beteiligung an assoziierten Unternehmen   Euro …

davon Unterschiedsbetrag gem § 264   Euro …

Ein gesonderter Ausweis der im Unterschiedsbetrag enthaltenen stillen Reserven und stillen Lasten bzw des verbleibenden Unterschiedsbetrages erfolgt nicht. Der Leser hat somit keine Möglichkeit, die Zusammensetzung zu erkennen.

5.324.2 *Darstellung des passiven Unterschiedsbetrages*

Der Vermerk eines passiven Unterschiedsbetrages in der Bilanz bereitet Schwierigkeiten, da der Beteiligungsansatz niedriger ist als das anteilige Eigenkapital des assoziierten Unternehmens. Aus diesem Grund ist für den Ausweis des Unterschiedsbetrages sowohl die Entstehungsursache als auch der Zeitpunkt des erstmaligen Einbezugs von Bedeutung (zur Entstehungsursache siehe 5.323.2 in diesem Kapitel).

Erfolgt die Erstkonsolidierung im Zeitpunkt des Erwerbs der Beteiligung am assoziierten Unternehmen, dürfen die Anschaffungskosten der Beteiligung bei Vorliegen eines passiven Unterschiedsbetrags keinesfalls überschritten werden.

Für den Bilanzausweis ergibt sich daher folgendes Bild:

Beteiligung an assoziierten Unternehmen   Euro …

davon passiver Unterschiedsbetrag gem § 264   Euro …

Erfolgt allerdings die Erstkonsolidierung später als der Erwerb der Beteiligung und ist der passive Unterschiedsbetrag durch die Thesaurierung der Gewinne beim assoziierten Unternehmen entstanden, wird der Unterschiedsbetrag **unmittelbar in die Gewinnrücklage** eingestellt.

Buchung: **Beteiligung an Gewinnrücklage**

Diese Vorgangsweise ergibt sich aus § 264 Abs 3, wonach der Wertansatz einer Beteiligung in den Folgejahren um den Betrag der Eigenkapitalveränderungen, die den dem beteiligten Unternehmen gehörenden Anteil am Kapital des assoziierten Unternehmens entsprechen, zu erhöhen oder zu vermindern ist.

Wäre das assoziierte Unternehmen bereits in den Vorjahren in den Konzernabschluss einbezogen worden, wären die anteiligen Gewinne des assoziierten Unternehmens der Beteiligung zugeschrieben worden. Das wird nunmehr durch die obige Buchung nachgeholt.

Der Fall einer nachträglichen Erstkonsolidierung kann beispielsweise bei erstmaliger Aufstellung eines Konzernabschlusses auf Grund des Erreichens der Größenklasse gem § 246 Abs 1 eintreten.

Beispiel 48
Ermittlung des Unterschiedsbetrages bei späterer Einbeziehung

Der Erwerb des 40%igen Anteiles am assoziierten Unternehmen erfolgte drei Jahre vor dem erstmaligen Einbezug in den Konzernabschluss zu einem Preis von 1.000. Das gesamte Eigenkapital des assoziierten Unternehmens betrug zum Erwerbszeitpunkt 2.500, das anteilige Eigenkapital daher 1.000.

Das assoziierte Unternehmen erzielte in den drei Jahren vor dem erstmaligen Einbezug in den Konzernabschluss einen Gesamtgewinn von 1.000, der nicht ausgeschüttet, sondern thesauriert wurde. Damit beträgt das Eigenkapital zum Zeitpunkt des erstmaligen Einbezuges 3.500 und der Anteil des Konzernunternehmens 1.400.

Der passive Unterschiedsbetrag ermittelt sich nunmehr folgendermaßen:

Beteiligungsansatz	*1.000*
anteiliges Eigenkapital des assoziierten Unternehmens	*1.400*
passiver Unterschiedsbetrag	*400*

Da der passive Unterschiedsbetrag aus thesaurierten Gewinnen stammt, ist er erfolgsneutral in die Gewinnrücklage des Konzerns zu übertragen.

Die durch die Zuweisung des passiven Unterschiedsbetrages zu den Gewinnrücklagen erfolgte Erhöhung des Beteiligungsansatzes in der Konzernbilanz stellt keinen Verstoß gegen das Anschaffungskostenprinzip dar, weil das Wesen der Equity-Methode die spiegelbildgleiche Erfassung der Veränderungen des Eigenkapitals im Beteiligungsansatz vorsieht.

*Festzuhalten ist, dass **thesaurierte Gewinne** nur insoweit unmittelbar gegen die Gewinnrücklage verrechnet werden können, als sie in der Vergangenheit bereits anteilig dem Konzernunternehmen zugerechnet worden wären.*

Die Auflösung des passiven Unterschiedsbetrages führt jedenfalls zu einer Erhöhung des Beteiligungsansatzes.

5.325 Fortschreibung des Unterschiedsbetrages und des Wertansatzes der Beteiligung

5.325.1 Die Fortschreibung des Unterschiedsbetrages

Diese Bestimmung zielt darauf ab, den zukünftigen Ansatz der Beteiligung mit der Höhe des anteiligen Eigenkapitals des assoziierten Unternehmens gleichzustellen.

Da der gesamte Unterschiedsbetrag mit seinem Inhalt Teil der Beteiligung ist, führt die Fortschreibung desselben auch zu einer Fortschreibung des Wertansatzes der Beteiligung.

Die **Bewertung der Beteiligung** an einem assoziierten Unternehmen wird durch zwei Ursachen bestimmt:

Die erste Ursache ist die laufende Veränderung des anteiligen Eigenkapitals des assoziierten Unternehmens, die in gleicher Weise im Beteiligungsansatz nachvollzogen wird.

Wenn bei der Erstkonsolidierung ein Unterschiedsbetrag festgestellt wurde, so ist dieser im ausgewiesenen Betrag der Beteiligung enthalten. Dieser Unterschiedsbetrag wird jährlich, unabhängig von der Eigenkapitalveränderung beim assoziierten Unternehmen, planmäßig verringert. Nach vollständiger Tilgung des Unterschiedsbetrages durch Abschreibung, Auflösung, Ausscheiden der entsprechenden Vermögensgegenstände und Schulden stimmt der Wertansatz in der Konzernbilanz mit dem anteiligen Eigenkapital des assoziierten Unternehmens überein.

Die Abschreibung des Unterschiedsbetrages geschieht erfolgswirksam und berührt somit in vollem Umfang das Konzernergebnis.

Die zuordenbaren Unterschiedsbeträge (stille Reserven und stille Lasten) teilen das Schicksal des Bilanzpostens, dem sie zugeordnet sind.

Der nicht den stillen Reserven bzw Lasten zuordenbare aktive Unterschiedsbetrag ist nach § 261 Abs 1 entsprechend den Bestimmungen des § 203 Abs 5 (Firmenwert) abzuschreiben.

Die Auflösung des **nicht zuordenbaren passiven Unterschiedsbetrages** hängt von seiner **Entstehungsursache** ab. Liegt die Ursache eines passiven Unterschiedsbetrages in einem „**lucky buy**", kann die Auflösung über die Erfolgsrechnung erfolgen. Liegt die Ursache in der **Erwartung einer ungünstigen Entwicklung** der Ertragslage, kann eine (erfolgswirksame) Auflösung nur dann erfolgen, wenn die erwarteten Verluste bzw Aufwendungen tatsächlich in der Erfolgsrechnung des assoziierten Unternehmens ihren Niederschlag gefunden haben.

Beispiel 49
Behandlung eines passiven Unterschiedsbetrages

Der Buchwert der Beteiligung im Zeitpunkt des Erwerbs beträgt 1.000, das anteilige Eigenkapital des assoziierten Unternehmens 1.200; der passive Unterschiedsbetrag von 200 ist auf schlechte Ertragsaussichten bei Erwerb der Beteiligung zurückzuführen. Im Folgejahr ist die negative Ertragsentwicklung eingetreten und hat zu einem anteiligen Verlust von 200 geführt.

Auf Grund der nunmehrigen Fortschreibung des Unterschiedsbetrages entwickelt sich der Beteiligungsansatz im Abschlussjahr folgendermaßen:

	Ansatz in der Konzernbilanz zum Bilanzstichtag des Vorjahres	*1.000*
−	*anteilsmäßiger Verlust des assoziierten Unternehmens*	*200*
+	*Auflösung des passiven Unterschiedsbetrages (erfolgswirksam)*	*200*
	Beteiligungsansatz des laufenden Abschlussjahres	*1.000*

Erläuterung zum Beispiel

Der anteilsmäßige Verlust des assoziierten Unternehmens von 200 ergibt sich aus der Erfolgsrechnung des assoziierten Unternehmens.

Der Buchungssatz lautet:

- *Aufwendungen (Ergebnis) aus Beteiligungen an assoziierten Unternehmen an Beteiligungen an assoziierten Unternehmen*

In der Regel werden beide Posten „Erträge" und „Aufwendungen" zusammen unter einem gesonderten Posten „Ergebnis aus Beteiligungen an assoziierten Unternehmen" ausgewiesen.

Wenn der passive Unterschiedsbetrag anlässlich der Erstkonsolidierung nicht der Beteiligung zugebucht werden kann, wird er lediglich in einer Hilfsaufzeichnung der Konzernbuchführung fortgeführt. In diesem Fall lautet die Buchung für die Auflösung des passiven Unterschiedsbetrages:

- *Beteiligungen an assoziierten Unternehmen an Erträge aus Beteiligungen an assoziierten Unternehmen*

5.325.2 Die Fortschreibung des Beteiligungsansatzes (§ 264 Abs 4)

Die in § 264 Abs 4 enthaltene Bestimmung entspricht der üblichen Vorgangsweise bei der Equity-Bewertung von Beteiligungen: Der Ausgangswert ist in den Folgejahren um den Betrag der Eigenkapitalveränderungen, die den dem Mutterunternehmen gehörenden Anteilen am Kapital des angeschlossenen Unternehmens entsprechen, zu erhöhen oder zu vermindern (Kapitaleinzahlungen, Kapitalrückzahlungen, Jahresüberschüsse und -fehlbeträge). Auf die Beteiligung entfallende Gewinnausschüttungen sind abzusetzen.

Schema für die Fortschreibung des Beteiligungsansatzes

Insgesamt ergibt sich folgendes Gesamtschema für die Fortschreibung des (ursprünglichen) Buchwertes der Beteiligung:

Buchwert bei Erstkonsolidierung bzw zu Beginn des Konzernabschlussjahres

+ anteilige Jahresüberschüsse des assoziierten Unternehmens

– anteilige Jahresfehlbeträge des assoziierten Unternehmens

– Abschreibung der stillen Reserven entsprechend der Restnutzungsdauer der Anlagen

– Ausbuchung der stillen Reserven bei Abgang der entsprechen Vermögensgegenstände (noch nicht verrechneter Restbetrag)

+ realisierte stille Lasten, die im Ergebnis des assoziierten Unternehmens ihren Niederschlag gefunden haben

– Abschreibung des nicht zuordenbaren aktiven Unterschiedsbetrages (Geschäfts- oder Firmenwertes)

+ Auflösung des nicht zuordenbaren passiven Unterschiedsbetrages

ergebniswirksame Veränderung des Beteiligungsansatzes

– vereinnahmte Gewinnausschüttungen von assoziierten Unternehmen

+ Kapitaleinzahlungen

– Kapitalrückzahlungen

erfolgsneutrale Veränderungen des Beteiligungsansatzes

= **Buchwert der Beteiligung am Ende des Konzernabschlussjahres**

5.325.3   *Darstellung in der Konzern-Gewinn- und -Verlustrechnung*

Gemäß § 264 Abs 4, letzter Satz, ist in der Konzern-Gewinn- und -Verlustrechnung das auf die assoziierten Beteiligungen entfallende Ergebnis **unter einem gesonderten Posten auszuweisen**. Dieses Ergebnis entspricht den oben dargestellten ergebniswirksamen Veränderungen des Beteiligungsansatzes.

Der Ausweis erfolgt in der Regel in einem Posten „Ergebnis aus Beteiligungen an assoziierten Unternehmen". Ein getrennter Ausweis „Erträge aus Beteiligungen an assoziierten Unternehmen" bzw „Aufwendungen aus Beteiligungen an assoziierten Unternehmen" ist möglich.

Aus dem Gesetzestext *„Ausweis des auf assoziierte Beteiligungen entfallenden Ergebnisses unter einem gesonderten Posten"* leitet Platzer in Übereinstimmung mit *Küting/Zündorf* (in *Küting/Weber*, Handbuch der Konzernrechnungslegung[2], Band II, Stuttgart 1998, Rz 114 f zu § 312) ab, dass ein Saldierungsrecht aller Aufwendungen und Erträge nicht nur pro Beteiligung, sondern insgesamt besteht (vgl *Platzer*, in *Straube*, Rz 22 zu § 264).

Beispiel 50

Ermittlung und Fortschreibung des Unterschiedsbetrages

Zu Beginn des Konzernabschlussjahres wird eine Beteiligung im Ausmaß von 40% an der Industrie GmbH zum Preis von 10 Mio erworben; das Stammkapital des Unternehmens beträgt 9,5 Mio, das Unternehmen weist zum Stichtag 2 Mio Rücklagen aus. Bei der Festsetzung des Kaufpreises wurde einvernehmlich festgestellt, dass in den Geschäftsgebäuden 2 Mio stille Reserven (Restnutzungsdauer 20 Jahre) enthalten sind. Der darüber hinausgehende Teil des Kaufpreises stellt eine Firmenwertabgeltung dar. Der Gewinnanteil für das erste Geschäftsjahr beträgt 800, für das zweite Geschäftsjahr 600, die Ausschüttung erfolgt jeweils ein Jahr später.

Erwerbspreis der 40 % Anteile			*10.000*
Anteiliges Eigenkapital	*Stammkapital*	*9.500*	
	Rücklagen	*2.000*	
	Gesamt	*11.500* 40 %	*4.600*
Unterschiedsbetrag			*5.400*
davon stille Reserven Geschäftsgebäude 40 % von 2.000			*800*
Firmenwert			*4.600*

Der Unterschiedsbetrag von 5.400 ist bei der Erstkonsolidierung entweder in der Bilanz zu vermerken oder im Anhang anzugeben.

Erstellung der Fortschreibungstabelle

	Summe	Gebäude	Firmenwert
Anfangsbestände			
Stille Reserven Gebäude	*800*	*800*	
40% von 2.000			
Firmenwert	*4.600*	–	*4.600*
Stand zum Ewerbszeitpunkt	*5.400*	*800*	*4.600*
Fortschreibung 1. Jahr	*–500*	*– 40*	*–460*
Stand Ende des 1. Jahres	*4.900*	*760*	*4.140*
Fortschreibung 2. Jahr	*–500*	*– 40*	*–460*
Stand Ende des 2. Jahres	*4.400*	*720*	*3.680*

Folgekonsolidierung im 1. Folgejahr

Beteiligung an assoziierten Unternehmen	*10.000*
abzüglich Abschreibung Firmenwert	*–460*
abzüglich Abschreibung Gebäude	*–40*
zuzüglich Gewinnanteil	*+800*
Stand Beteiligung 31.12.	*10.300*

Folgekonsolidierung im 2. Folgejahr

Beteiligung an assoziierten Unternehmen	*10.300*
abzüglich Abschreibung Firmenwert	*–460*
abzüglich Abschreibung Gebäude	*–40*
zuzüglich Gewinnanteil	*+600*
abzüglich Gewinnausschüttung	*–800*
Stand 31.12.	*9.600*

Buchungssätze bei der Erstkonsolidierung		
1 *Beteiligungen an assoziierten Unternehmen*	*10.000*	
an Beteiligungen		*10.000*
Angabe des Unterschiedsbetrages in der Bilanz		
oder im Anhang		
Buchungssätze im ersten Folgejahr		
Beteiligungen an assoziierten Unternehmen	*300*	
Abschreibung Firmenwert	*460*	
Abschreibung Gebäude	*40*	
an Erträge aus assoziierten Unternehmen		*800*
Buchungssätze im zweiten Folgejahr		
Abschreibung Firmenwert	*460*	
Abschreibung Gebäude	*40*	
Bank	*800*	*800*
an Erträge aus assoziierten Unternehmen		*600*
Beteiligungen an assoziierten Unternehmen		*700*

5.326 Behandlung von Zwischenergebnissen aus Lieferungen zwischen dem assoziierten und den in den Konzernabschluss einbezogenen Unternehmen

Zwischenergebnisse sind gemäß § 264 Abs 5 zu eliminieren, soweit die für die Beurteilung maßgeblichen Sachverhalte bekannt oder zugänglich sind.

Die Eliminierung der Zwischenergebnisse gemäß § 264 Abs 5, wonach diese auch anteilig entsprechend den dem Mutterunternehmen gehörenden Anteilen am Kapital des angeschlossenen (assoziierten) Unternehmens durchgeführt werden darf, erfolgt, wie auch bei der Vollkonsolidierung, nicht im Rahmen der Erstellung der UB II, sondern im Zuge der Aufstellung des Konzernabschlusses.

Die Problematik der **Zwischengewinneliminierung** bei der Equity-Bilanzierung besteht darin, dass diese nicht bei den betroffenen Vermögensgegenständen erfolgen kann, sondern unmittelbar die Beteiligung betrifft.

Dies ergibt sich daraus, dass nicht die einzelnen Vermögensgegenstände und Schulden des assoziierten Unternehmens in die Konzernbilanz übernommen werden, sondern nach wie vor die Beteiligung ausgewiesen wird. Zwischengewinne sind daher im Falle von Lieferungen durch in den Konzernabschluss einbezogene Unternehmen an das assoziierte Unternehmen (**Downstreamlieferungen**) anteilsmäßig durch die Buchung „Erträge aus Beteiligungen an assoziierten Unternehmen an Beteiligungen an assoziierten Unternehmen" zu eliminieren.

> **Beispiel 51**
> **Ergebniseliminierung**
>
> *Ein in den Konzernabschluss einbezogenes Unternehmen hat an ein assoziiertes Unternehmen Waren in Höhe von 2 Mio € mit einem Einstandswert von 1 Mio € geliefert. Die Beteiligung am assoziierten Unternehmen beträgt 40%. Auf Grund der (freiwilligen) Mitteilung des angeschlossenen Unternehmens an das Mutterunternehmen im Konzern liegt davon noch die Hälfte auf Lager.*
>
> **Berechnung** *(in Mio €):*
>
> | | |
> |---|---:|
> | *Lagerbestand beim assoziierten Unternehmen* | *1* |
> | *Anschaffungskosten im verbundenen Unternehmen* | *0,5* |
> | *zu eliminierender Gewinnanteil 40% von 0,5 =* | *0,2* |
>
> **Buchung:**
>
> | | | |
> |---|---:|---:|
> | *Ergebnis aus assoziierten Unternehmen* | *0,2* | |
> | *an Beteiligungen an assoziierten Unternehmen* | | *0,2* |

Voraussetzung für die Ergebniseliminierung ist allerdings, dass dem die Konzernbilanz aufstellenden Unternehmen bekannt ist, wie weit sich die von dem im Konzernabschluss einbezogenen Unternehmen gelieferten Produkte noch im Bestand des assoziierten Unternehmens befinden.

Im Falle von **Up-stream-Lieferungen**, das heißt Lieferungen des assoziierten Unternehmens an ein in den Konzernabschluss einbezogenes Unternehmen, wäre es für den Fall, dass die Gewinnspanne des assoziierten Unternehmens bekannt ist, an sich möglich, **in den Beständen enthaltene Gewinnanteile** des assoziierten Unternehmens auszuscheiden. Dadurch würde aber, worauf *Janschek* (Konzernrechnungslegung[2], Wien 1996, S 318 f) hinweist, der Zusammenhang zwischen dem Beteiligungswert und dem Posten „Ergebnis aus assoziierten Unternehmen" aufgegeben. Eine Korrektur kann somit nur über den Beteiligungsansatz erfolgen.

Janschek weist unter Anführung der einschlägigen Literatur weiters darauf hin, dass eine eindeutige Lösung dieses Problems an der Konzeption der Equity-Methode, mit der eine Zwischengewinneliminierung nicht vereinbar ist, scheitert.

Der Hauptgrund für den Verzicht auf Zwischenergebniseliminierungen liegt aber in der Tatsache, dass infolge des Fehlens des beherrschenden Einflusses die notwendigen Daten seitens des assoziierten Unternehmens in der Regel nicht bekannt sein werden. Diese Aussage gilt allerdings nicht für Unternehmen, die aus Gründen des § 249 nach Equity bilanziert werden. In diesem Fall hat das Mutterunternehmen die Möglichkeit, die erforderlichen Daten für die Zwischenergebniseliminierung zu beschaffen und diese den Bestimmungen des § 256 entsprechend auch durchzuführen.

5.4 Latente Steuern bei der Equity-Bilanzierung

Für den erstmaligen Ansatz eines Geschäfts- oder Firmenwertes darf gem § 198 Abs 10 Z 1 keine latente Steuer angesetzt werden.

Stille Reserven, die anlässlich der Erstkonsolidierung aktiviert werden und keine permanenten Differenzen enthalten, unterliegen einer Steuerlatenz.

Die Dotierung der Steuerlatenz für stille Reserven oder Lasten anlässlich der Erstkonsolidierung ist erfolgsmäßig neutral und wird, wie alle übrigen Bestandteile des Unterschiedsbetrages, über das Eigenkapital eingebucht. Alle Folgebuchungen sind erfolgswirksam.

Latente Steuern, soweit sie auf der Differenz zwischen dem steuerlichen Wertansatz der Beteiligung am assoziierten Unternehmen und dem Wertansatz des im Konzernabschluss angesetzten Nettovermögens basieren, sind nur dann anzusetzen, wenn der Konzern nicht in der Lage ist, den zeitlichen Verlauf der Auflösung zu steuern und die Auflösung der temporären Differenz jedoch in absehbarer Zeit stattfindet. Dies ist allerhöchstens bei Gewinnanteilen der Fall, auf deren Ausschüttung das Konzernunternehmen keinen Einfluss hat, die aber üblicherweise ausgeschüttet werden. Das heißt, dass für nicht ausgeschüttete Gewinne, die im Zuge der Equity-Bewertung den Beteiligungsansatz erhöht haben, eine latente Steuer zu bilden wäre, soweit die Gewinnausschüttung nicht grundsätzlich steuerfrei ist.

5.5 Equity-Bilanzierung bei erstmaliger Aufstellung eines Konzernabschlusses

Besitzt ein erstmals zur Erstellung eines Konzernabschlusses verpflichtetes Mutterunternehmen **Beteiligungen**, die einen Anteil an einer anderen Kapitalgesellschaft oder Genossenschaft von **mindestens 20%** verbriefen, bzw eine Beteiligung an einer Personengesellschaft, sind folgende Überlegungen anzustellen:

- Liegt ein maßgeblicher Einfluss auf die Geschäfts- und Finanzpolitik vor?
- Welcher **Zeitpunkt** soll für die **Ermittlung des Unterschiedsbetrages** gewählt werden? In Frage kommen der Erwerbszeitpunkt bzw jener Zeitpunkt, zu dem das Unternehmen assoziiertes Unternehmen geworden ist, oder der Zeitpunkt, für den die Konzerneröffnungsbilanz aufgestellt wird.
Wegen der – insbesondere bei länger zurückliegendem Erwerbszeitpunkt – häufig schwierigen Analyse und Zuordnung des Unterschiedsbetrages und der Verpflichtung, diesen auf den Zeitpunkt der erstmaligen Einbeziehung in den Konzernab-

schluss fortzuschreiben, erscheint es empfehlenswert, die zum Stichtag der Konzerneröffnungsbilanz bestehenden Wertansätze der Beteiligung und des Eigenkapitals des assoziierten Unternehmens zur Ermittlung des Unterschiedsbetrages heranzuziehen.

- Gibt es **Anpassungserfordernisse** im Sinne der §§ 264 Abs 5 (einheitliche Bewertungsmethoden), 253 Abs 2 (Ausübung möglicher Bilanzansatzwahlrechte)? Sind derartige Anpassungserfordernisse nicht bekannt oder nicht gegeben, wird in der Regel das sich aus der UB I ergebende Eigenkapital des assoziierten Unternehmens zur Ermittlung des Unterschiedsbetrages herangezogen. Auf die mögliche Notwendigkeit von Anpassungen bei ausländischen assoziierten Unternehmen wurde bereits hingewiesen.

- Gibt es beim assoziierten Unternehmen bekannte stille Reserven oder stille Lasten? Sind solche nicht bekannt und auch keine entsprechenden Informationen von der Geschäftsführung des assoziierten Unternehmens zu erhalten, sollte dennoch die Equity-Methode zur Anwendung gelangen. Der aktive Unterschiedsbetrag wird in diesem Fall zur Gänze als Geschäfts- oder Firmenwert eingestuft. Der passive Unterschiedsbetrag wird in vielen Fällen aus Gewinnthesaurierungen entstanden sein. Wie schon dargelegt, hat die Auflösung in diesem Fall gegen die Gewinnrücklage zu erfolgen.

5.6 Änderungen in der Höhe des Anteils an assoziierten Unternehmen

Folgende **Möglichkeiten** sind gegeben:

1. Ein bisher nicht assoziiertes Unternehmen wird durch Erwerb weiterer Anteile zu einem assoziierten Unternehmen.
2. Ein bisher assoziiertes Unternehmen wird
   a) durch **Erwerb weiterer Anteile** zu einem vollkonsolidierten Unternehmen,
   b) durch **Verkauf von Anteilen** zu einem nicht assoziierten Unternehmen.
3. Die Veränderung der Anteile ändert am **Status als assoziiertes Unternehmen** nichts.
4. Ein bisher vollkonsolidiertes Unternehmen wird zu einem assoziierten Unternehmen.

zu 1.

Wird ein bisher **nicht assoziiertes Unternehmen** zu **einem assoziierten Unternehmen**, gelten hierfür die Bestimmungen über die Erstkonsolidierung.

Folgende Punkte sind zu beachten:

- Stichtag für die Feststellung des Wertansatzes der Beteiligung und der Unterschiedsbeträge (§ 264 Abs 3)
- Ermittlung etwaiger stiller Reserven und stiller Lasten für den Stichtag der Feststellung des Wertansatzes der Beteiligung und der Unterschiedsbeträge
- Regelung der Evidenzhaltung der stillen Reserven und stillen Lasten sowie des verbleibenden Unterschiedsbetrages.

Da für die **Einbeziehung eines assoziierten Unternehmens** der jeweils letzte Jahresabschluss des angeschlossenen (assoziierten) Unternehmens zugrunde zu legen ist, wird man als Stichtag für die Feststellung des Wertansatzes der Beteiligung und des Unterschiedsbetrages mangels eines vorhandenen Zwischenabschlusses entweder den Beginn oder das Ende des Geschäftsjahres des Unternehmens heranziehen, in dem dieses assoziiertes Unternehmen geworden ist.

Die Frage, welchen der beiden Tage man heranziehen wird, hängt von der Nähe des Erwerbstages zum Bilanzstichtag und eventueller Vereinbarungen über die Erfolgsbeteiligung im Geschäftsjahr des Erwerbes ab.

zu 2.a

Ein assoziiertes Unternehmen wird durch Erwerb weiterer Anteile zu einem **vollkonsolidierten (verbundenen)** Unternehmen. Auch in diesem Fall wird man die erstmalige Vollkonsolidierung auf den Stichtag der Konzerneröffnungsbilanz legen.

Erfolgt die erstmalige Vollkonsolidierung auf den Stichtag der Konzernschlussbilanz, wie dies etwa der Fall sein wird, wenn das bisher assoziierte Unternehmen erst gegen Ende des Konzerngeschäftsjahres zum verbundenen Unternehmen geworden ist, ist darauf zu achten, dass die laufende Gewinn- und Verlustrechnung des nunmehr vollkonsolidierten Unternehmens nicht in die Erstkonsolidierung einbezogen wird (siehe auch Beispiel im Anhang).

zu 2.b

In diesem Fall hat eine Endkonsolidierung stattzufinden. Diese hat in zwei Schritten zu erfolgen:

1. Schritt: Erfassung des Ertrages bzw Verlustes aus der Veräußerung der Anteile am assoziierten Unternehmen
2. Schritt: Rückführung des abgeschriebenen und noch vorhandenen Unterschiedsbetrages auf den verbleibenden Beteiligungsansatz

Beispiel 52
Änderung des Anteiles am assoziierten Unternehmen

Die Gesellschaft A ist mit 30% an der Gesellschaft B beteiligt. Die Beteiligung ist am 1. 1. in der Einzelbilanz mit 3 Mio, in der Konzernbilanz mit 3,036 Mio ausgewiesen. Der am 1. 1. in der Beteiligung enthaltene Unterschiedsbetrag, bestehend aus dem Firmenwert von 1.176 und anteiligen stillen Reserven von 360, beträgt 1.536.

Im Mai des dritten GJ wurde der Anteil durch Veräußerung auf 15% reduziert. Der Veräußerungspreis für die verkauften Anteile betrug 1.700.

1. Schritt: Ermittlung des Ertrages aus der Beteiligungsveräußerung

	Einzelbilanz	Konzernbilanz
Buchwert der Beteiligung am 1. 1. (30%)	*3.000*	*3.036*
Veräußerung des Anteiles von 15%		
am Nennkapital = 1/2 der Beteiligung	*1.500*	*1.518*
Veräußerungspreis	*1.700*	*1.700*
Ertrag aus der Veräußerung der Beteiligung	*200*	*182*
verbleibender Anteil	*1.500*	*1.518*
Rückführung der Anteile in der Konzernbilanz		*18*
auf den Wertansatz der Einzelbilanz		
Stand lt Einzelbilanz/Konzernbilanz	*1.500*	*1.500*

2. Schritt: Buchungssätze

a) **Im Einzelabschluss**

Beteiligungserlöse	*1.700*	
an Beteiligungen		*1.500*
an Erträge aus dem Abgang von Finanzanlagen		*200*

b) **Im Konzernabschluss**

Beteiligungserlöse	*1.700*	
an Beteiligungen		*1.518*
an Erträge aus der Veräußerung von Beteiligungen an assoziierten Unternehmen		*182*
Aufwendungen aus Beteiligungen an assoziierten Unternehmen	*18*	
an Beteiligungen an assoziierten Unternehmen		*18*
Rückführung des Beteiligungsansatzes auf jenen der Einzelbilanz		

5.7 Sonderfragen zur Equity-Bilanzierung

5.71 Die Behandlung der nach der Equity-Methode ausgewiesenen Beteiligung im Konzernanlagenspiegel

Bei Anwendung der (üblichen) **Buchwertmethode** enthält der Beteiligungsansatz auch den verbleibenden Unterschiedsbetrag (= Geschäftswert) zum Eigenkapital des assoziierten Unternehmens. Da dieser verbleibende Unterschiedsbetrag einer planmäßigen Abschreibung unterliegt, wird diese innerhalb der Fortschreibung des Beteiligungsansatzes erfasst.

Die Beantwortung der Frage, ob es sich bei der Erhöhung der Beteiligung um die anteiligen Jahresüberschüsse des assoziierten Unternehmens um einen **Zugang** oder um eine **Zuschreibung** handelt, bereitet auch in der Literatur Schwierigkeiten. Geht man davon aus, dass Zuschreibungen nur der **Rückgängigmachung außerplanmäßiger Abschreibungen** dienen (§ 208) und § 251 ausdrücklich die Anwendung der Vorschriften der §§ 194 bis 211 auch auf den Konzernabschluss verlangt, kann eine **Zuschreibung** hier nicht angenommen werden.

Da es sich überdies um eine **Wertvermehrung** der Beteiligung aus erzielten Gewinnen des assoziierten Unternehmens handelt, ist nach Ansicht der Verfasser die Behandlung als Zugang gerechtfertigt. Anderer Meinung sind *Platzer* (in *Straube*, Rz 23 zu § 264) und die dort angegebene Literatur, die in erster Linie eine Behandlung als Zuschreibung fordern, es aber auch als vertretbar ansehen, die Jahresüberschüsse unter den **Zugängen** auszuweisen und die Jahresfehlbeträge sowie die Ausschüttungen unter den Abgängen in der **Horizontalgliederung** zu zeigen. Die Behandlung als **Zuschreibung** bringt, worauf auch Platzer und andere hinweisen, die Problematik mit sich, dass diese in der Folge mit kumulierten Abschreibungen zu saldieren ist, was mangels des Vorhandenseins derartiger kumulierter Abschreibungen zu negativen kumulierten Abschreibungen führen kann. Als Ausweg sehen *Küting/Zündorf* (in *Küting/Weber*, Handbuch der Konzernrechnungslegung[2], Band II, Stuttgart 1998, Rz 108 f zu § 312) die freiwillige Erweiterung des Anlagenspiegels durch eine Spalte „Kumulierte Zuschreibungen".

Die in der Literatur auch vertretene Ansicht, **jährliche Fehlbeträge**, **Gewinnausschüttungen und Kapitalrückzahlungen** in der horizontalen Gliederung unter **Abgängen** zu zeigen, erscheint auch den Verfassern richtig. Falsch wäre es, die planmäßige Abschreibung des im Beteiligungsansatz enthaltenen nicht zuordenbaren Betrages ebenfalls unter den Abgängen auszuweisen. Diese ist jedenfalls unter den Abschreibungen auszuweisen.

Grundsätzlich ist darauf hinzuweisen, dass der **Anlagenspiegel** für die Darstellung der Equity-Beteiligung ungeeignet erscheint. Eine zusätzliche Erläuterung im Anhang dürfte daher jedenfalls erforderlich sein.

5.72 Währungsumrechnung bei der Equity-Bilanzierung

Bei der Währungsumrechnung folgt die Praxis weitgehend den internationalen Regeln.

Zur Anwendung gelangt in der Regel das **modifizierte Stichtagskursverfahren**. Entstehende Umrechnungsdifferenzen sind dabei innerhalb des Eigenkapitals als **Währungsumrechnungsdifferenzen ohne Berührung der Gewinn- und Verlustrechnung** zu erfassen.

5.73 Fehlen der erforderlichen Daten des assoziierten Unternehmens

In der Regel werden sich daraus Probleme ergeben, dass das assoziierte Unternehmen nicht in der Lage bzw nicht gewillt ist, über den Abschluss hinaus Daten, wie **stille Reserven und stille Lasten** sowie konkrete auf einzelne Posten bezogene **Be-**

wertungsmethoden, an das anteilsbesitzende Unternehmen weiterzugeben. Das Problem besteht vor allem bei **assoziierten Unternehmen** mit Sitz im **Ausland**, da die Bewertungsmethoden in diesem Fall häufig nicht den in Österreich geltenden Grundsätzen ordnungsmäßiger Buchführung entsprechen. Können die für die Durchführung der Equity-Methode notwendigen Informationen nicht beschafft werden, wird in der Literatur vielfach die Meinung vertreten, dass wegen einer daraus resultierenden möglichen Beeinträchtigung der Aussagefähigkeit des **Konzernabschlusses** *„im Zweifel dem Ansatz der Beteiligungen mit dem Wert gem Einzelabschluß der Vorzug gegenüber der Equity-Methode zu geben ist"* (*Platzer*, in *Straube*, 1992, Rz 11 zu § 264).

Diese Meinung wird von den Verfassern nicht geteilt. Selbst dann, wenn stille Reserven und stille Lasten sowie Abweichungen von den Bewertungsmethoden des **Konzernabschlusses** nicht in Erfahrung gebracht werden können, scheint es jedenfalls informativer zu sein, die **Equity-Methode** auf Basis der Ansätze der Handelsbilanz des assoziierten Unternehmens anzuwenden als den Beteiligungsansatz der Einzelbilanz unverändert fortzuführen.

Die Begründung für die Anwendung der **Equity-Methode** liegt trotz fehlender Informationen im Wesentlichen darin, dass sich alle Veränderungen des Eigenkapitals des assoziierten Unternehmens, die sich aus Gewinnen und Verlusten, Gewinnausschüttungen, Einlagen und Kapitalrückführungen ergeben, im **Beteiligungsansatz** niederschlagen und dass Beteiligung und Eigenkapital nach vollständiger Abschreibung bzw Auflösung des Unterschiedsbetrages gegen Kapital oder Gewinnrücklagen spiegelbildgleich sind.

Für den Anwender ergibt sich die Frage, wie weit die hier vorgeschlagene vereinfachte Methode der **Equity-Bewertung** gesetzlich gedeckt ist.

6. Komponenten des Eigenkapitals und ihre Entwicklung

6.1 Gesetzliche Grundlagen zur Darstellung und Entwicklung des Eigenkapitals

Zu den verpflichtenden Bestandteilen des Konzernabschlusses gehört gem § 250 Abs 1 auch die Darstellung der Komponenten des Eigenkapitals und ihrer Entwicklung. Allerdings finden sich im Gesetz hierfür keine konkreten Vorgaben.

Betrachtet man die Konstruktion eines Konzerns und geht von der erstmaligen Aufstellung eines Konzerns aus, verbleiben infolge der Kapitalkonsolidierung im Konzern zunächst nur die Eigenkapitalbestandteile des Mutterunternehmens. Von den Tochterunternehmen verbleiben nur jene, die dritten Gesellschaftern zuzurechnen sind (nicht beherrschende Anteile) und fallweise ein im Zuge der Kapitalkonsolidierung errechneter negativer Unterschiedsbetrag, soweit dieser aus einem lucky buy entstanden ist.

Weitere Eigenkapitalbestandteile entstehen während des Bestandes des Konzerns durch die konsolidierten Jahresüberschüsse der im Konzern zusammengefassten Unternehmen. Kapitalerhöhungen bei Tochtergesellschaften werden, soweit sie dem Mutterunternehmen zuzurechnen sind, durch die Kapitalkonsolidierung neutralisiert. Die Veräußerung von Anteilen an Tochterunternehmen führen zu nicht beherrschenden Anteilen, der Erwerb von Anteilen vermindert beherrschende Anteile und verschwindet durch die Kapitalkonsolidierung.

Für die Darstellung des Eigenkapitals und seiner Entwicklung gilt somit in erster Linie die Behandlung des Eigenkapitals des Mutterunternehmens.

Für die Bundesrepublik Deutschland hat der deutsche Standardisierungsrat mit DRS 7 (nunmehr DRS 22) eine eigene Norm für die **Darstellung von Eigenkapitalveränderungen** geschaffen. Ziel ist es, die Entwicklung des Eigenkapitals des Mutterunternehmens und eventuell vorhandener Minderheitsgesellschafter abzubilden, wobei im Konzerngesamtergebnis alle Veränderungen des Konzerneigenkapitals zu berücksichtigen sind, soweit sie nicht auf Ein- und Auszahlungen der Gesellschafter beruhen.

In Anlehnung an DRS 7 (22) wurde vom Fachsenat für Betriebswirtschaft und Organisation eine Stellungnahme zur **Darstellung der Komponenten des Konzerneigenkapitals und ihrer Entwicklung** abgegeben (KFS/BW 4). Diese Stellungnahme gilt für **Konzernabschlüsse**, die verpflichtend oder freiwillig gemäß den Vorschriften der §§ 244 bis 277 (vorbehaltlich § 245a) erstellt werden. Sie gilt somit auch für Konzernabschlüsse, die auf Grund anderer gesetzlicher Vorschriften erstellt werden, soweit diese auf die Bestimmungen der §§ 244 bis 267 (ausgenommen § 245a) verweisen. Sie gilt daher nicht für Konzernabschlüsse, die verpflichtend oder freiwillig gemäß § 245a Abs 2 nach internationalen Rechnungslegungsstandards erstellt werden.

6.2 Das Konzerneigenkapital

Das Konzerneigenkapital umfasst die Posten des Eigenkapitals gem § 224 Abs 3 A (Nennkapital, Kapitalrücklagen, Gewinnrücklagen und Bilanzgewinn/-verlust), allfällige Posten gem § 229 und die Eigenkapitalposten auf Grund von Konsolidierungsmaßnahmen (§§ 254 Abs 3, 259 Abs 1, 260 und 261 Abs 2).

Daraus ergibt sich folgende Aufgliederung:

- Nennkapital (Grund-, Stammkapital) des Mutterunternehmens
- Eigene Anteile des Mutterunternehmens
- Anteile an dem Mutterunternehmen, die einem in den Konzernabschluss einbezogenen Tochterunternehmen gehören
- Rücklage für eigene Anteile des Mutterunternehmens
- Rücklage für Anteile an Mutterunternehmen des Mutterunternehmens
- Eingeforderte ausstehende Einlagen beim Mutterunternehmen
- Kapitalrücklagen
- Eigenkapitaldifferenz aus Währungsumrechnung
- Bilanzgewinn (Bilanzverlust), davon Gewinnvortrag/Verlustvortrag
- Eigenkapital des Mutterunternehmens
- Nicht beherrschende Anteile

6.21 Erläuterungen zu den einzelnen Komponenten

Gem § 251 Abs 1 gelten für das **Konzerneigenkapital** grundsätzlich dieselben Bestimmungen wie für das Eigenkapital im Einzelabschluss, sofern sich nicht aus der Konzernstruktur sowie aus besonderen Bestimmungen etwas anderes ergibt.

Nennkapital

Dieses muss mit jenem des Mutterunternehmens übereinstimmen.

Eigene Anteile des Mutterunternehmens

Gem § 254 Abs 4 sind eigene Anteile des Mutterunternehmens im Konzernumlaufvermögen gesondert auszuweisen. Im Unterschied dazu erfolgt der Ausweis in der Einzelbilanz des Mutterunternehmens gem § 229 Abs 1a durch Abzug des Nennwertes oder, falls ein solcher nicht vorhanden ist, des rechnerischen Wertes der erworbenen eigenen Anteile in der Vorspalte offen von dem Posten Nennkapital, wobei die Differenz zwischen dem Nennwert (rechnerischen Wert) und ihren Anschaffungskosten mit den nicht gebundenen Kapitalrücklagen und den freien Gewinnrücklagen zu verrechnen ist.

Die Frage, ob die letztere Bestimmung auch für die Darstellung der eigenen Anteile im Konzern gilt, ist im Gesetz nicht behandelt, dürfte aber zu bejahen sein.

Anteile an dem Mutterunternehmen, die einem in den Konzernabschluss einbezogenen Tochterunternehmen gehören

Diese sind wie die eigenen Anteile des Mutterunternehmens zu behandeln und bei der Muttergesellschaft auszuweisen.

Ein Problem besteht allerdings, wenn das Mutterunternehmen zwar ein Tochterunternehmen ist, das Anteile an seinem Mutterunternehmen besitzt, aber einen eigenen Konzernabschluss aufstellt. In diesem Fall wird davon auszugehen sein, dass die Bestimmung des § 225 Abs 3 auch für den eigenen Konzernabschluss gültig ist und die Anteile an der Muttergesellschaft mit ihren Anschaffungskosten auszuweisen sind.

Rücklage für eigene Anteile des Mutterunternehmens und Rücklage für Anteile an Mutterunternehmen des Mutterunternehmens

Die Rücklage für eigene Anteile des Mutterunternehmens hat den Sinn einer Ausschüttungssperre, ändert aber an der Gesamthöhe der Rücklagen nichts. Wegen des reinen Informationscharakters der Konzernbilanz erscheint daher eine derartige Rücklage nach Meinung der Verfasser im Konzernabschluss nicht notwendig zu sein.

Eingeforderte ausstehende Einlagen auf das Nennkapital des Mutterunternehmens

Eingeforderte ausstehende Einlagen gegenüber einbezogenen Tochterunternehmen sind im Rahmen der Schuldenkonsolidierung zu eliminieren. Bestehen diese gegen Dritte, sind sie in der Bilanz gesondert auszuweisen.

Nicht eingeforderte ausstehende Einlagen ergeben sich bilanzmäßig aus dem Saldo eingefordertes Nennkapital und Nennkapital.

Ausstehende Einlagen des Mutterunternehmens auf das Nennkapital eines Tochterunternehmens werden bei der Kapitalkonsolidierung grundsätzlich vom Nennkapital abgezogen und bei späterer Geltendmachung buchmäßig als eine Kapitalerhöhung behandelt.

Ein Beispiel möge dies verdeutlichen:

Beispiel 53

Ausstehende Einlagen des Mutterunternehmens

Das Mutterunternehmen erwirbt eine Tochtergesellschaft mit einem Nennkapital von 1.000, welches zur Hälfte eingezahlt ist, um den Preis von 700. 3 Jahre später wird der Betrag von der Tochtergesellschaft geltend gemacht und von der Muttergesellschaft einbezahlt.

Kapitalkonsolidierung bei Erwerb:

Beteiligung	*700*
Einbezahltes Eigenkapital Tochter	*500*
Firmenwert	*200*

Einzahlung im dritten Jahr   *500*

Buchung in der Einzelbilanz der Mutter: *Beteiligung an Bank*   *500*

Buchung in der Einzelbilanz der Tochter: *Bank an Nennkapital*

Beteiligung   *500*

Eigenkapital Tochter   *500*

Unterschiedsbetrag   *0*

Die **Kapitalrücklagen im Konzernabschluss** zeigen die Einlagen der Konzern-eigentümer, die über das Nennkapital hinausgehen, und stimmen grundsätzlich mit den Kapitalrücklagen des Mutterunternehmens überein. Aufgrund von Veränderungen der Kapitalrücklagen des Mutterunternehmens im Rahmen von **konzerninternen Umgründungen** – zum Beispiel Verschmelzung eines Tochterunternehmens auf das Mutterunternehmen – können sich Abweichungen ergeben.

Da der Konzernabschluss für die Bemessung der Ausschüttung keine Bedeutung hat, darf im **Konzerneigenkapitalspiegel** auf eine Unterscheidung zwischen **gebundenen** und **nicht gebundenen** Kapitalrücklagen verzichtet werden.

Rücklagen aus erfolgsneutral erfassten Wertänderungen

Werden im Rahmen der Konsolidierung **Wertänderungen im Konzern** – zum Beispiel Änderungen der Vermögensgegenstände und Schulden ausländischer Tochterunternehmen aufgrund von Wechselkursschwankungen – **nicht in der Gewinn- und Verlustrechnung** gezeigt, so sind diese Wertänderungen im Konzernabschluss als gesonderte Komponente des Eigenkapitals zu zeigen. Die **Komponenten für erfolgsneutral erfasste Wertänderungen** (Währungsumrechnung) zeigt die kumulierten Effekte aus der erfolgsneutralen Erfassung abzüglich aller Auflösungen gegen die Gewinn- und Verlustrechnung (zB bei Ausscheiden eines Tochterunternehmens aus dem Konsolidierungskreis) ab der Entstehung des Konzerns bzw ab der erstmaligen Erstellung eines Konzernabschlusses.

Gewinnrücklagen

Die **Gewinnrücklagen** umfassen die Gewinnrücklagen des Mutterunternehmens sowie nicht zur Ausschüttung bestimmte Teile des Konzernanteils am Gewinn der Tochterunternehmen; aufgrund von Konsolidierungsmaßnahmen können sich Abweichungen ergeben. Ein auf der Passivseite auszuweisender **Unterschiedsbetrag** aus der Kapitalkonsolidierung (§ 254 Abs 3) darf gemäß § 261 Abs 2 Z 2 in die Rücklagen eingestellt werden, wenn am Abschlussstichtag feststeht, dass er einem verwirklichten Gewinn entspricht.

Da der **Konzernabschluss** für die Bemessung der Ausschüttung keine Bedeutung hat, ist eine Unterscheidung in **gesetzliche, satzungsmäßige und freie Gewinnrücklagen** im Konzerneigenkapitalspiegel nicht notwendig. Aus dem gleichen

Grund dürfen die Gewinnrücklagen und der Bilanzgewinn im Konzerneigenkapitalspiegel zu einem Posten zusammengefasst werden. Dieser Posten kann als kumuliertes Ergebnis bezeichnet werden. Wird eine gesetzliche oder satzungsmäßige Rücklage freiwillig gesondert gezeigt, so muss sie mit der **gesetzlichen bzw satzungsmäßigen Rücklage** des Mutterunternehmens übereinstimmen.

Nicht beherrschende Anteile

Gemäß § 259 Abs 1 ist ein Ausgleichsposten für Anteile an einbezogenen Tochterunternehmen, die nicht dem Mutterunternehmen oder einem einbezogenen Tochterunternehmen gehören, zu bilden. Dieser Posten für die Anteile der anderen Gesellschafter ist in Höhe ihres Anteils am Eigenkapital unter der Bezeichnung „nicht beherrschende Anteile" innerhalb des Eigenkapitals gesondert auszuweisen.

6.3 Darstellung der Entwicklung des Konzerneigenkapitals im Eigenkapitalspiegel

Gemäß § 223 Abs 2 ist im Jahresabschluss zu jedem Posten der entsprechende Betrag des vorangegangenen Geschäftsjahrs zumindest in vollen 1.000 Euro anzugeben. Entsprechend der Stellungnahme des AFRAC zu § 223 Abs 2 UGB vom Dezember 2009 wird die Darstellung der Entwicklung des Konzerneigenkapitals für das Berichtsjahr sowie für das Vorjahr empfohlen.

Die Veränderungen sind in die **Veränderungen, die aus der Unternehmenssphäre** stammen, und die **Veränderungen, die aus der Eigentümersphäre** stammen, zu untergliedern. Die Veränderungen, die aus der Unternehmenssphäre stammen, dürfen als Konzerngesamtergebnis bezeichnet werden.

Der Anhang zum Fachgutachten KFS/BW 4 enthält folgendes Muster für die Darstellung der Entwicklung der Komponenten des Konzerneigenkapitals (Konzerneigenkapitalspiegel).

Muster für die Darstellung der Komponenten des Konzerneigenkapitals und ihrer Entwicklung (Konzerneigenkapitalspiegel):

	Nennkapital	Nennbetrag bzw rechnerischer Wert eigener Anteile	Nicht eingeforderte ausstehende Einlagen	Kapitalrücklagen	Rücklagen aus erfolgsneutral erfassten Wertänderungen	Gewinnrücklagen	Bilanzgewinn/-verlust	Summe Konzernanteil	nicht beherrschende Anteile	Summe Eigenkapital
Stand 1.1. Vorjahr	X	(X)	(X)	X	X	X	X	X	X	X
Jahresüberschuss/-fehlbetrag						X	X	X	X	X
Erfolgsneutral erfasste Wertänderungen					X			X	X	X
Konzerngesamtergebnis					X	X	X	X	X	X
Ausschüttungen						(X)	(X)	(X)	(X)	(X)
Kapitaleinzahlungen	X		X	X				X	X	X
Erwerb/Verkauf Tochterunternehmen									X	X
Erwerb eigener Anteile		(X)		(X)		(X)		(X)		(X)
Stand 31.12. Vorjahr	X	(X)	(X)	X	X	X	X	X	X	X
Jahresüberschuss/-fehlbetrag						X	X	X	X	X
Erfolgsneutral erfasste Wertänderungen					X			X	X	X
Konzerngesamtergebnis					X	X	X	X	X	X
Ausschüttungen						(X)	(X)	(X)	(X)	(X)
Kapitaleinzahlungen	X		X	X				X	X	X
Erwerb/Verkauf Tochterunternehmen									X	X
Erwerb eigener Anteile		(X)		(X)		(X)		(X)		(X)
Stand 31.12.	X	(X)	(X)	X	X	X	X	X	X	X

6.4 Die Gewinnausschüttung innerhalb des Konzerns

Gewinnausschüttungen sind grundsätzlich Leistungen von Unternehmen an deren Anteilsinhaber auf Grund des Gesellschaftsverhältnisses, die in der Regel einem Formalakt, dem Beschluss über die Gewinnausschüttung folgen.

Bei Gesellschaften mbH kann die Gewinnausschüttung auch satzungsgemäß geregelt sein. Bei Personengesellschaften ist sie gesetzlich vorgesehen.

Für den Leistenden ist die Gewinnausschüttung ein Akt der Verminderung des Eigenkapitals, weswegen der auszuschüttende Betrag dem Eigenkapital (Gewinnvortrag, Bilanzgewinn oder Gewinnrücklage) entnommen wird.

Ist der Empfänger ein Unternehmen, ist der Empfang des ausgeschütteten Gewinnes bei einem Beteiligungsverhältnis ein Ertrag aus einer Beteiligung, bei einem geringeren Anteilsbesitz Ertrag aus anderen Wertpapieren.

Erfolgt die Gewinnausschüttung zwischen verbundenen Unternehmen, ergeben sich bei den einzelnen Unternehmen folgende Buchungen:

Gewinnausschüttendes Unternehmen: **Eigenkapital an sonstige Verbindlichkeiten (Bank)**

Gewinnempfangende Unternehmen: **Sonstige Forderungen (Bank) an Erträge aus Beteiligungen**

Findet die Ausschüttung zwischen Unternehmen, die sich im selben Konsolidierungskreis befinden, statt, gibt es diese Ausschüttung konzernmäßig nicht, da der Konzern wie ein einziges Unternehmen behandelt wird und das Eigenkapital durch die Ausschüttung keine Änderung erfährt. Die Gewinnausschüttungsverbuchungen müssen daher mit folgender Konsolidierungsbuchung eliminiert werden:

Erträge aus Beteiligungen an Eigenkapital

Damit werden die bei den einzelnen Unternehmen durchgeführten Buchungen im Konzern neutralisiert.

Hat ein Tochterunternehmen neben der Ausschüttung an das Mutterunternehmen auch an Minderheitsgesellschafter Gewinnanteile ausgeschüttet, trifft dies konzernmäßig die „nicht beherrschenden Anteile". Der ausgeschüttete Betrag wird im Rahmen der Feststellung der nicht beherrschenden Anteile von diesen abgezogen.

Beispiel 54

Konzerninterne Gewinnausschüttung

Das Tochterunternehmen hat von seinem Jahresgewinn in Höhe von 100 70 % an das Mutterunternehmen und 30 % an die Minderheitsgesellschafter ausgeschüttet.

Buchungen bei der aus-	*Bilanzgewinn*	*100*	
schüttenden Tochter:	*an Bank*		*100*
Buchungen bei den Gewinn-	*Bank*	*70 (30)*	
empfängern:	*an Erträge aus Beteiligungen*		*70 (30)*
Konzernkonsolidierungs-	*Erträge aus Beteiligungen*	*70*	
buchungen:	*an Bilanzgewinn*		*70*

Ist der Gewinnanteil des Mutterunternehmens am Konzernabschlussstichtag noch nicht bezahlt, sind Forderung und Verbindlichkeit gegenseitig aufzurechnen und zu eliminieren.

Hat das Tochterunternehmen an etwaige Minderheitsgesellschafter einen Gewinn ausgeschüttet, wird dieser Betrag von den nicht beherrschenden Anteilen abgezogen. Eine gesonderte Buchung ist daher nicht erforderlich.

7. Konzernkapitalflussrechnung (Konzerngeldflussrechnung)

7.1 Grundlagen der Konzerngeldflussrechnung

Wie schon dargelegt, besteht der Konzernabschluss aus der **Konzernbilanz**, der **Konzern-Gewinn- und Verlustrechnung**, der **Konzernkapitalflussrechnung**, einer Darstellung der **Komponenten des Eigenkapitals** und ihrer Entwicklung sowie dem **Konzernanhang**. Die Konzernkapitalflussrechnung steht gleichrangig neben den übrigen Bestandteilen des Konzernabschlusses.

Der Begriff Kapitalflussrechnung entspricht nicht dem tatsächlichen Inhalt. Er ergibt sich aus der früher gebräuchlichen unterschiedlichen **Abgrenzung des Finanzmittelfonds**, der von den **flüssigen Mitteln** (cash and cash equivalents) bis hin zum **gesamten Nettoumlaufvermögen** (working capital) reichte. Seit Herausgabe des (revidierten) IAS 7 und des FAS 95 wurde international durch die ausschließliche Verwendung eines aus **flüssigen Mitteln bestehenden Finanzmittelfonds** aus der **Kapitalflussrechnung** eine reine **Geldflussrechnung**. Aus diesem Grunde spricht der Fachsenat für Betriebswirtschaft und Organisation in seinem 2008 herausgegebenen Fachgutachten „Die Geldflussrechnung als Ergänzung des Jahresabschlusses und Bestandteil des Konzernabschlusses" ausschließlich von der **Geldflussrechnung**. Die Bezeichnung **Geldflussrechnung** soll auch in der Folge synonym zum Begriff **Kapitalflussrechnung** verwendet werden.

Bezüglich vertiefender Ausführungen zur Geldflussrechnung siehe Band 3, Kapitel 6.7.

Die Geldflussrechnung wird sowohl in der Stellungnahme des AFRAC als auch im Fachgutachten KFS/BW 2 zu den Leistungsindikatoren gezählt, da sie entsprechend dem Fachgutachten eine bessere Beurteilung des Unternehmens hinsichtlich

- seiner Fähigkeit, Zahlungsüberschüsse zu erwirtschaften,
- seiner Fähigkeit, die Zahlungsverpflichtungen zu erfüllen und das Eigenkapital zu bedienen,
- der Auswirkungen von Investitions- und Finanzierungsvorgängen auf die Finanzlage sowie
- der Gründe für die Divergenz zwischen Jahresergebnis und Netto-Geldfluss aus laufender Geschäftstätigkeit
ermöglicht.

Wie auch in IAS 7/5 dargelegt, werden historische Informationen über Cashflows häufig als Indikatoren für den Betrag, den Zeitpunkt und die Wahrscheinlichkeit künftiger Cashflows herangezogen. Außerdem sind die Informationen nützlich, um die Genauigkeit in der Vergangenheit vorgenommener Einschätzungen künftiger Cashflows zu prüfen und die Beziehung zwischen der Rentabilität und dem Netto-Cashflow sowie die Auswirkungen von Preisänderungen zu untersuchen.

7.2 Die Aktivitätsbereiche der Geldflussrechnung

Die in der jeweiligen Abschlussperiode in den und aus dem Finanzmittelfonds strömenden Geldflüsse werden getrennt nach den wichtigsten erfolgs- und finanzwirtschaftlichen Aktivitätsbereichen

- laufende Geschäftstätigkeit (operating activities),
- Investitionstätigkeit (investing activities) und
- Finanzierungstätigkeit (financing activities)
  erfasst.

7.3 Die Ableitung der Geldflüsse

7.31 Laufende Geschäftstätigkeit

Entsprechend dem Fachgutachten KFS BW 2 sind die **Geldflüsse aus laufender Geschäftstätigkeit** ein Schlüsselindikator dafür, inwieweit das Unternehmen in der Lage war, Geldmittel zur Aufrechterhaltung der laufenden Geschäftstätigkeit, für Investitionen, zur Kredittilgung und zur Dividendenzahlung ohne Inanspruchnahme von Mitteln aus dem Finanzierungsbereich zu schaffen.

Die Geldflüsse aus der laufenden Geschäftstätigkeit können entweder **originär** durch unmittelbare Erfassung der Zahlungsströme oder **derivativ** aus den Jahresabschlussdaten abgeleitet werden.

Die **originäre (direkte) Ermittlung** der Zahlungsströme aus den Ein- und Auszahlungen ist zwar grundsätzlich durchführbar, bietet aber im Hinblick auf die erfolgs- und bilanzorientierte Datenbasis der Buchhaltung erhebliche Schwierigkeiten und lässt überdies den Zusammenhang mit der Erfolgsrechnung des Unternehmens vermissen. Es ist daher zweckmäßig, die Geldflüsse des Aktivitätsbereiches *„laufende Geschäftstätigkeit"* indirekt (derivativ) aus den Jahresabschlussdaten abzuleiten und ergänzend einzelne Kontenumsätze heranzuziehen, um sonst nicht erkennbare finanzwirtschaftlich relevante Vorgänge zu identifizieren.

Bei der **indirekten Ermittlung** der Zahlungsströme wird grundsätzlich vom Periodenergebnis (bzw Ergebnis vor Steuern) ausgegangen, welches um nicht zahlungswirksame Posten und solche, die der Investitions- und Finanzierungstätigkeit zuzurechnen sind, bereinigt wird; ergänzt wird der **Nettogeldfluss** aus der laufenden Geschäftstätigkeit um die Veränderungen der kurzfristigen Aktiva (ohne liquide Mittel) und Passiva (Nettoumlaufvermögen), um auf diese Weise den Nettozahlungsfluss aus der laufenden Geschäftstätigkeit zu ermitteln.

Vorteilhafterweise werden die Geldflüsse aus der laufenden Geschäftstätigkeit in zwei Stufen erfasst, nämlich die **aus der Erfolgsrechnung abgeleiteten Geldflüsse** und die **Geldflüsse aus der Veränderung der kurzfristigen Bestände (ohne liquide Mittel)**. Während die aus der **Erfolgsrechnung abgeleiteten Geldflüsse** insbesondere dann, wenn mehrere Perioden nebeneinander gestellt werden, in der Regel einen guten Indikator über die **Nachhaltigkeit der Ergebnisse** abgeben, haben die Geldflüsse aus der **Veränderung der kurzfristigen Bestände keinerlei Nachhaltigkeit**. Bei gleich bleibendem Geschäftsumfang müssen sich die daraus entstehenden Geldflüsse über mehrere Jahre hinweg ausgleichen. Sie können aber gute Auskunft über die wirtschaftliche Gebarung der kurzfristigen Aktivbestände und Schulden geben.

Zu den Geldflüssen aus der laufenden Geschäftstätigkeit zählen (KFS/BW 3 [20])

- Einzahlungen aus der betrieblichen Leistungserstellung
- Einzahlungen aus Beteiligungs-, Zinsen- und Wertpapiererträgen
- Sonstige Einzahlungen, die nicht der Investitions- oder Finanzierungstätigkeit zuzuordnen sind
- Auszahlungen für Zinsen und ähnliche Aufwendungen
- Sonstige Auszahlungen, die nicht der Investitions- oder Finanzierungstätigkeit zuzuordnen sind

Ertragsteuerzahlungen bzw Rückerstattungen werden gesondert ausgewiesen und als Cashflows aus der laufenden Geschäftstätigkeit klassifiziert, es sei denn, sie können bestimmten Finanzierungs- bzw Investitionstätigkeiten zugeordnet werden.

In Sonderfällen kann es sinnvoll sein, die Ausgaben für **Forschung und Entwicklung** aus dem Geldfluss der laufenden Geschäftstätigkeit auszugliedern und in den Geldfluss aus der Investitionstätigkeit einzubeziehen.

Die Geldflüsse aus für Sicherungszwecke von bestimmten Posten abgeschlossenen Kontrakten sind nach den gleichen Kriterien einzustufen wie die Geldflüsse aus den gesicherten Posten.

Zinsen- und Dividendeneinnahmen können nach dem IAS 7 alternativ im Bereich der laufenden Geschäftstätigkeit oder im Investitionsbereich erfasst werden. Der Ausweis hat jedenfalls gesondert zu erfolgen. Für Zinsenzahlungen und Dividendenauszahlungen gilt analog der alternative (gesonderte) Ausweis im Bereich laufende Geschäftstätigkeit oder Finanzierungstätigkeit.

Der deutsche DRSC nimmt im 2014 neugefassten DRS 21 (Ersatz des bis dahin geltenden DRS 2) eine striktere Haltung gegenüber der bisherigen Regelung ein. Gem Tz 44 sind nunmehr erhaltene Zinsen und Dividenden dem Cashflow aus der Investitionstätigkeit und gem Tz 48 gezahlte Zinsen und Dividenden dem Cashflow aus der Finanzierungstätigkeit zuzuordnen.

Das Fachgutachten KFS/BW 2 geht eher den Weg des IAS 7. Zinseneinnahmen und Zinsenzahlungen sowie Dividendeneinnahmen werden der laufenden Geschäftstätigkeit, Dividendenzahlungen dem Finanzierungsbereich zugeordnet, wobei allerdings auch auf die Regelung des IAS 7 hingewiesen wird.

Den Autoren scheint der Weg, den DRS 21 eingeschlagen hat, für durchaus informativ.

7.32 Investitionstätigkeit

Cashflows aus der Investitionstätigkeit geben das Ausmaß an, in dem Aufwendungen für Ressourcen getätigt werden, die künftig Cashflows erwirtschaften sollen.

Die Geldflüsse aus der Investitionstätigkeit werden in der Regel **originär** aus den Kontenumsätzen, das heißt direkt ermittelt.

Zu den Geldflüssen aus Investitionsaktivitäten gehören:

- Auszahlungen für die Anschaffung/Herstellung von Sachanlagen und immateriellen Vermögensgegenständen (einschließlich aktivierter Eigenleistungen),
- Auszahlungen für den Erwerb von Finanzanlagen und für sonstige Finanzinvestitionen (Gewährung von Finanzkrediten, Erwerb von Umlaufwertpapieren uÄ),
- Einzahlungen aus dem Abgang von Sachanlagen und immateriellen Vermögensgegenständen,
- Einzahlungen aus dem Abgang von Finanzanlagen und sonstigen Finanzinvestitionen (Veräußerungserlöse, Tilgungsbeträge uÄ).

Aggregierte Cashflows aus dem Erwerb und der Veräußerung von Tochterunternehmen oder sonstigen Geschäftseinheiten sind als Investitionstätigkeiten einzustufen. Wird ein als Investition zu qualifizierender Vermögensgegenstand gegen unmittelbare Kreditaufnahme beim Lieferanten (dh Übernahme der Kreditfunktion durch Gewährung branchenunüblicher Zahlungsziele) erworben, kann dieser Vorgang einerseits als Investitionstätigkeit und andererseits als Finanzierungstätigkeit eingestuft werden.

Die Summe aus den Salden der Geldflüsse der **laufenden Geschäftstätigkeit** und der **Investitionstätigkeit** wird häufig als „**Free Cashflow**" bezeichnet, weil sie jenen Betrag darstellt, der dem Unternehmen für Dividendenzahlungen, Rückzahlung von Finanzkrediten oder die Gewährung von Darlehen, aber auch für weitere zukünftige Investitionen zur Verfügung steht.

7.33 Finanzierungstätigkeit

Die Finanzierungstätigkeit betrifft ausschließlich Vorgänge der **Außenfinanzierung**, wobei sich nach dem Fachgutachten eine Gliederung in die Teilbereiche **Eigenfinanzierung, Verbundfinanzierung** und **sonstige Fremdfinanzierung** als zweckmäßig erweist. Die gesonderte Darstellung dieser Geldflüsse ist im Hinblick auf die Auszahlungsansprüche der Kapitalgeber von Bedeutung.

Die Finanzierungstätigkeit umfasst Geldflüsse aus der

- Beschaffung und Rückzahlung von Eigenkapital,
- Bedienung des Eigenkapitals,

- Begebung und Tilgung von Anleihen,
- Aufnahme und Tilgung von sonstigen Finanzkrediten.

Die Auszahlungen für die **Bedienung des Eigenkapitals** (Gewinnausschüttungen, Dividenden) können mit Rücksicht darauf, dass der Verpflichtungsgrad für diese Zahlungen ein anderer ist als für die der **laufenden Geschäftstätigkeit zuzuordnenden Zinsenzahlungen**, alternativ im Bereich Finanzierungstätigkeit ausgewiesen werden.

Finanzkredite umfassen kurz- und langfristiges Fremdkapital, insbesondere Kredite jeder Art von Banken. Diese Kredite sind, soweit sie nicht ausnahmsweise der laufenden Geschäftstätigkeit zuzuordnen sind, der Finanzierungstätigkeit zuzuweisen.

Auch die **Verbundfinanzierung**, die Finanzierungsvorgänge im Bereich verbundener Unternehmen umfasst, ist, soweit diese nicht Lieferungen und Leistungen betreffen, der Finanzierungstätigkeit zuzuordnen.

Die **Geldflüsse** aus der **Finanzierungstätigkeit** werden wie jene aus der **Investitionstätigkeit** in der Regel **direkt ermittelt**.

7.4 Finanzmittelfonds

Als Saldogröße aus den Geldflüssen der drei Aktivitätsbereiche verbleibt der **Fonds der liquiden Mittel (Cash and Cash Equivalents) = Finanzmittelfonds**.

Dieser Fonds beinhaltet die baren Zahlungsmittel, Sichteinlagen und Zahlungsmitteläquivalente (= kurzfristige, äußerst liquide Finanzinvestitionen, die jederzeit in Zahlungsmittelbeträge umgewandelt werden können). Als kurzfristig wird dabei in der Regel eine Restlaufzeit von nicht mehr als drei Monaten angesehen. Als Liquiditätsreserve gehaltene Wertpapiere des Umlaufvermögens, die sofort in Geld umgewandelt werden können und dabei nur einem unwesentlichen Wertschwankungsrisiko unterliegen, werden nach dem Stetigkeitsgrundsatz ebenfalls in den **Finanzmittelfonds** eingerechnet.

7.41 Finanzmittelnachweis

Finanzmittelfonds zu Beginn des Jahres

+/–   Geldfluss aus der laufenden Geschäftstätigkeit

+/–   Geldfluss aus der Investitionstätigkeit

+/–   Geldfluss aus der Finanzierungstätigkeit

Finanzmittelfonds zum Ende des Jahres

7.5 Schematische Darstellung der Konzerngeldflussrechnung

Der Aufbau der Geldflussrechnung ist im UGB nicht vorgeschrieben, wird sich aber in der Regel an den im Fachgutachten des Fachsenats für Betriebswirtschaft und Organisation der Kammer der Wirtschaftstreuhänder KFS/BW2 bzw an den im IAS 7 vorgegebenen Aufbau halten. Da sich das österreichische Fachgutachten aus Gründen einer Vereinheitlichung der veröffentlichten Geldflussrechnungen am IAS 7 und am deutschen DRS 21 orientiert, ist auch dann, wenn ein Konzernabschluss nach dem UGB erstellt wird, eine weitgehende Übereinstimmung mit der internationalen Praxis gegeben.

Schema der nach der indirekten Methode aufgestellten Geldflussrechnung entsprechend dem Fachgutachten KFS/BW2 vom 27. Mai 2008 (angepasst an das RÄG 2014)

1		Ergebnis vor Steuern
2		Überleitung auf den Netto-Geldfluss aus dem Ergebnis
	a) +/–	Abschreibungen/Zuschreibungen auf Vermögensgegenstände des Investitionsbereichs
	b) –/+	Gewinn/Verlust aus dem Abgang von Vermögensgegenständen des Investitionsbereichs
	c) +/–	sonstige zahlungsunwirksame Aufwendungen/Erträge
3		**Geldfluss aus dem Ergebnis vor Steuern**
	a) –/+	Zunahme/Abnahme der Vorräte, der Forderungen aus Lieferungen und Leistungen sowie anderer Aktiva
	b) +/–	Zunahme/Abnahme von Rückstellungen
	c) +/–	Zunahme/Abnahme der Verbindlichkeiten aus Lieferungen und Leistungen sowie anderer Passiva
4		**Netto-Geldfluss aus dem Ergebnis vor Steuern**
5		**Ertragsteuern (Zahlung)**
6		**Netto-Geldfluss aus laufender Geschäftstätigkeit**
7		Einzahlungen aus Anlagenabgang (ohne Finanzanlagen)
8	+	Einzahlungen aus Finanzanlagenabgang und sonstigen Finanzinvestitionen
9	–	Auszahlungen für Anlagenzugang (ohne Finanzanlagen)
10	–	Auszahlungen für Finanzanlagenzugang und sonstige Finanzinvestitionen
11		**Netto-Geldfluss aus der Investitionstätigkeit**
12		Einzahlungen von Eigenkapital
13	–	Rückzahlungen von Eigenkapital

14	–	Auszahlungen zur Bedienung des Eigenkapitals
15	+	Einzahlungen aus der Begebung von Anleihen und der Aufnahme von Finanzkrediten
16	–	Auszahlungen für die Tilgung von Anleihen und Finanzkrediten
17		**Netto-Geldfluss aus der Finanzierungstätigkeit**
18		**zahlungswirksame Veränderung des Finanzmittelbestands (Z 6 + 11 + 17)**
19	+/–	wechselkursbedingte und sonstige Wertänderungen des Finanzmittelbestands
20	+	Finanzmittelbestand am Beginn der Periode
21		**Finanzmittelbestand am Ende der Periode**

Zur Ableitung der in der obigen Darstellung (Anlage 2 des Fachgutachtens) enthaltenen Posten der Geldflussrechnung siehe Anlage 4 des Fachgutachtens KFS/BW2 bzw Band 3 des Jahresabschlusses nach dem UGB, Unternehmensanalyse, Kapitel 6.7, in welchem sich auch eingehende Erläuterungen zur Erstellung der Geldflussrechnung befinden.

7.6 Besonderheiten der Konzerngeldflussrechnung (entnommen aus dem Fachgutachten KFS/BW2)

7.61 Aufstellung

Die **Konzerngeldflussrechnung** ist unter der Fiktion der wirtschaftlichen Einheit des Konzerns aufzustellen. Demnach sind sämtliche konzerninternen Beziehungen aus der Geldflussrechnung zu eliminieren und somit ausschließlich **Zahlungsströme** abzubilden, die sich im Geschäftsverkehr mit Konzernfremden ergeben. Deren Ermittlung kann aus dem Konzernabschluss unter Verwendung zusätzlicher Informationen oder durch Konsolidierung der Geldflussrechnungen der in den Konzernabschluss einbezogenen Unternehmen erfolgen.

7.611 Einzubeziehende Unternehmen

Für die **Konzerngeldflussrechnung** ist grundsätzlich der dem Konzernabschluss zugrunde liegende **Konsolidierungskreis** maßgeblich. Alle in den Konzernabschluss einbezogenen Unternehmen sind entsprechend der jeweils angewandten Konsolidierungsmethode in die Geldflussrechnung aufzunehmen. Daher sind Zahlungen eines **quotenkonsolidierten Unternehmens** entsprechend der Konsolidierungsquote im Konzernabschluss in die Geldflussrechnung zu übernehmen. Nach der **Equity-Methode** bilanzierte Unternehmen werden in der Geldflussrechnung nur anhand der Zahlungen zwischen diesen und dem Konzern und anhand der Zahlungen im Zusammenhang mit dem Kauf oder Verkauf **assoziierter Anteile** erfasst.

7.612 Zahlungsströme in Fremdwährung

Zahlungsströme in Fremdwährung sind grundsätzlich mit dem Wechselkurs des jeweiligen Zahlungszeitpunkts in Euro (Berichtswährung) umzurechnen. Die Währungsumrechnung kann bei geringen Wechselkursschwankungen aus Vereinfachungsgründen mit gewogenen Durchschnittskursen vorgenommen werden, die im Ergebnis näherungsweise einer Umrechnung mit den tatsächlichen Kursen zum Zahlungszeitpunkt entsprechen.

7.62 Erwerb und Veräußerung von konsolidierten Unternehmen

Die Zahlungsströme aus dem Kauf und dem Verkauf von konsolidierten Unternehmen oder sonstigen Geschäftseinheiten sind jeweils als **Investitionstätigkeit** zu klassifizieren und gesondert auszuweisen. Sie ergeben sich als Gesamtbetrag der als Kaufpreis gezahlten bzw als Verkaufspreis erhaltenen Finanzmittel abzüglich der erworbenen bzw veräußerten Zahlungsmittel und Zahlungsmitteläquivalente.

Der Zugang oder Abgang von Vermögensgegenständen oder Schulden aufgrund von Änderungen des Konsolidierungskreises ist kein zahlungswirksamer Vorgang und daher nicht in der Geldflussrechnung zu erfassen.

Ein Unternehmen hat im Hinblick auf den während der Berichtsperiode erfolgten Kauf oder Verkauf von Tochterunternehmen oder sonstigen Geschäftseinheiten gem Punkt 8.4. des Fachgutachtens folgende Angaben zu machen:

- Gesamter Kauf- oder Verkaufspreis;
- Teil des Kauf- oder Verkaufspreises, der durch Zahlungsmittel und Zahlungsmitteläquivalente beglichen wurde;
- Betrag der Zahlungsmittel oder Zahlungsmitteläquivalente des Tochterunternehmens oder der sonstigen Geschäftseinheit, die mit dem Kauf übernommen oder im Zusammenhang mit dem Verkauf abgegeben wurden;
- nach Hauptposten gegliederte Bestände an Zahlungsmitteln und Zahlungsmitteläquivalenten und sonstigen Aktiva und Passiva, die gekauft oder verkauft wurden.

7.63 Minderheitsgesellschafter

Einzahlungen aus Kapitalzuführungen von Minderheitsgesellschaftern und Auszahlungen an diese (Dividenden, Eigenkapitalrückzahlungen, andere Ausschüttungen) sollten in der Konzerngeldflussrechnung ausgewiesen oder im Rahmen der ergänzenden Angaben im Anhang gesondert angegeben werden.

7.64 Angaben

Ein Unternehmen hat in Verbindung mit einer Stellungnahme des Managements den Betrag an wesentlichen Zahlungsmitten und Zahlungsmitteläquivalenten anzugeben, die vom Unternehmen gehalten werden und über die der Konzern nicht verfügen kann.

8. Konzernanhang

8.1 Allgemeines

Für die Erstellung und Veröffentlichung des Konzernanhanges sieht das UGB zwei Möglichkeiten vor:

- Der Konzernanhang wird neben der Konzernbilanz und der Konzern-Gewinn- und -Verlustrechnung als **eigener Konzernanhang** erstellt (§ 250 Abs 1).
- Der **Konzernanhang** kann gemäß § 251 Abs 3 mit dem **Anhang des Jahresabschlusses des Mutterunternehmens zusammengefasst** werden. In diesem Fall müssen der Konzernabschluss und der Jahresabschluss des Mutterunternehmens gemeinsam offengelegt werden und dürfen auch die Prüfungsberichte und die Bestätigungsvermerke zusammengefasst werden.

Für den Konzernanhang gelten die bereits im Zusammenhang mit dem Anhang des Einzelabschlusses getroffenen Aussagen, dessen Grundsätze sinngemäß auch auf den Konzernanhang anzuwenden sind.

In den gemäß § 250 Abs 1 aufzustellenden Konzernanhang sind neben den im § 265 enthaltenen Daten alle in den §§ 244–264 enthaltenen Anhangangaben aufzunehmen.

Auf Grund der Bestimmungen des § 251 Abs 1, der normiert, dass auf den Konzernabschluss, soweit seine Eigenart keine Abweichung bedingt und in den folgenden Vorschriften nichts anderes bestimmt ist, § 193 Abs 3 und 4 zweiter Halbsatz, §§ 194–211 und 223–227, § 229 Abs 1–3, §§ 231–234 und §§ 237 bis 241 anzuwenden sind, sind jene Anhangangaben, die in diesen Paragraphen verlangt werden, auch in den Konzernanhang aufzunehmen.

8.2 Checklist aller im Konzernanhang zu leistenden Angaben

Die nachfolgende Checklist zählt nach Paragraphen geordnet alle anhangangabepflichtigen Tatbestände auf, wobei im ersten Teil die speziellen Vorschriften für den Konzern bzw die aus den Vorschriften für die einzelnen Unternehmen gesetzlich abgeleiteten Tatbestände dargestellt werden.

Im zweiten Teil der Checklist befinden sich alle Tatbestände, die zwar im Konzernabschnitt des UGB nicht angeführt sind, aber auf Grund der Generalregelung im § 251 Abs 1 auch im Konzernabschluss dargestellt werden müssen.

(1) Angaben aus den §§ 244–266

(1) Spezielle Angabevorschriften für den Konzern

Lfde Nr	Text	Enthalten in
1	Angaben zur Herstellung der Vergleichbarkeit bzw Anpassung der entsprechenden Beträge des vorhergehenden Konzernabschluss bei wesentlicher Änderung des Konsolidierungskreises im Konzernabschluss	247 Abs 2
2	Angabe und Begründung der Anwendung des Einbeziehungsverzichtes	249 Abs 3
3	Wenn es aus besonderen Umständen nicht gelingt, im Konzernabschluss ein möglichst getreues Bild der Vermögens-, Finanz- und Ertragslage des Konzerns zu vermitteln, sind im Konzernanhang die erforderlichen zusätzlichen Angaben zu machen	250 Abs 2
4	Angabe und Begründung der Abweichung von der Stetigkeit der Zusammenfassungs-(Konsolidierungs-)methoden und ihr Einfluss auf die Vermögens-, Finanz- und Ertragslage	250 Abs 3
5	Angabe und Begründung der Abweichung vom Bilanzstichtag des Konzerns von jenem des Mutterunternehmens	252 Abs 1
6	Wenn ein Unternehmen auf Basis eines abweichenden Bilanzstichtages in den Konzernabschluss einbezogen wurde, sind Vorgänge von besonderer Bedeutung zwischen dem Abschlussstichtag dieses Unternehmens und dem Stichtag des Konzernabschlusses entweder in der Konzernbilanz und der Konzerngewinn- und Verlustrechnung zu berücksichtigen oder im Konzernanhang anzugeben	252 Abs 3
7	Angabe des gewählten Zeitpunktes für die Heranziehung des Wertansatzes zur Verrechnung der dem Mutterunternehmen gehörenden Anteile mit dem auf diese Anteile entfallenden Eigenkapital des Tochterunternehmens	254 Abs 2
8	Erläuterungen des sich bei der Kapitalkonsolidierung ergebenden Unterschiedsbetrages und wesentlicher Änderungen gegenüber dem Vorjahr. Werden Unterschiedsbeträge der Aktivseite mit solchen der Passivseite verrechnet, so sind die verrechneten Beträge im Anhang anzugeben.	254 Abs 3

Lfde Nr	Text	Enthalten in
9	Angabe und Begründung von gegenüber dem Jahresabschluss des Mutterunternehmens im Konzernabschluss abweichend angewendeten Bewertungsmethoden	260 Abs 1
10	Bewertung von Bilanzposten auf Grund von Sondervorschriften für Kreditinstitute und Versicherungsunternehmen	260 Abs 2
11	Abweichung und Begründung von der einheitlichen Bewertung auf Grund besonderer Umstände. Bei Unwesentlichkeit ist keine Angabe notwendig.	260 Abs 2
12	Der errechnete Unterschiedsbetrag beim erstmaligen Ansatz der Beteiligung an einem assoziierten Unternehmen ist in der Konzernbilanz oder im Anhang gesondert auszuweisen	264 Abs 1
13	Angabe des gewählten Zeitpunktes der erstmaligen Ermittlung des Wertansatzes der Beteiligung und der Unterschiedsbeträge bei assoziierten Unternehmen	264 Abs 3
14	Unterlassung der Anpassung der Bewertungsmethode des assoziierten Unternehmens an die Bewertungsmethode im Konzernabschluss	264 Abs 5
15	Erläuterung der Konzernbilanz und der Konzerngewinn- und Verlustrechnung sowie der darauf angewandten Bilanzierungs- und Bewertungsmethoden zur Vermittlung eines möglichst getreuen Bildes der Vermögens-, Finanz- und Ertragslage. Insbesondere sind anzugeben: 1. die angewandten Bilanzierungs- und Bewertungsmethoden 2. Grundlagen für die Umrechnung in Euro 3. Änderung der Bilanzierungs-, Bewertungs- und Konsolidierungsmethoden; Begründung und ihr Einfluss auf die Vermögens-, Finanz- und Ertragslage des Konzerns	265 Abs 1 anstelle 237 Abs 1 Z 1

Lfde Nr	Text	Enthalten in
16	Angabe von 1. Name und Sitz der einbezogenen Unternehmen mit Angabe der Anteilsverhältnisse; anzugeben ist auch der zur Einbeziehung in den Konzernabschluss verpflichtende Sachverhalt, sofern die Einbeziehung nicht auf einer der Kapitalbeteiligung entsprechenden Mehrheit der Stimmrechte beruht Angabe auch für die gem § 249 nicht einbezogenen Tochterunternehmen 2. Assoziierte Unternehmen; Angabe des Anteils am Kapital der assoziierten Unternehmen; Begründung bei fehlender Aufnahme wegen Unwesentlichkeit (§ 263 Abs 2) 3. anteilsmäßig einbezogenen Unternehmen; der Tatbestand, aus dem sich die Anwendung dieser Vorschrift ergibt sowie der Anteil am Kapital dieser Unternehmen 4. Beteiligungen gem § 189a, soweit nicht unter 1–3 angegeben unter Angabe des Anteils am Kapital sowie der Höhe des Eigenkapitals und des Ergebnisses des letzten Geschäftsjahres, für das ein Abschluss aufgestellt worden ist. Ausnahme von der Angabe bei Unwesentlichkeit. Keine Verpflichtung der Angabe des Eigenkapitals und des Ergebnisses, wenn das Unternehmen seinen Jahresabschluss nicht offen zu legen hat und der Anteilsbesitz unter 50 % liegt.	265 Abs 2 Z 1–4 anstelle von 238 Abs 1 Z 4
	Gem Abs 3 können die in Abs 2 verlangten Angaben insoweit unterlassen werden, soweit die Angaben nach vernünftiger unternehmerischer Beurteilung geeignet sind, dem Mutterunternehmen, einem Tochterunternehmen oder einem anderen in Abs 2 bezeichneten Unternehmen einen erheblichen Nachteil zuzufügen. Die Anwendung der Ausnahmeregelung ist im Konzernanhang anzugeben.	265 Abs 3
	Die gem § 265 Abs 2 erforderlichen Angaben dürfen statt im Anhang auch gesondert in einer Aufstellung des Anteilsbesitzes gemacht werden. Diese Aufstellung ist Bestandteil des Anhanges. Auf die gesonderte Aufstellung des Anteilsbesitzes und den Ort ihrer Hinterlegung (Firmenbuch) ist hinzuweisen.	265 Abs 4

Lfde Nr	Text	Enthalten in
17	Die Beträge der den Mitgliedern des Vorstands und des Aufsichtsrats oder ähnlicher Einrichtungen des Mutterunternehmens gewährten Vorschüsse und Kredite unter Angabe der Zinsen, der wesentlichen Bedingungen und der gegebenenfalls zurückgezahlten oder erlassenen Beträge sowie die zugunsten dieser Personen eingegangenen Haftungsverhältnisse. Es ist nur die Höhe der Beträge anzugeben, die das Mutterunternehmen und seine Tochterunternehmen den Mitgliedern des Vorstands, des Aufsichtsrats oder ähnlicher Einrichtungen des Mutterunternehmens gewährt haben. Diese Angaben sind zusammengefasst für jede dieser Personengruppen zu machen.	266 Z 2 iVm 237 Abs 1 Z 3
18	Die Bezüge der Mitglieder des Vorstands, des Aufsichtsrats oder ähnlicher Einrichtungen des Mutterunternehmens gesondert für jede Personengruppe, und zwar: die für die Tätigkeit im Geschäftsjahr gewährten Gesamtbezüge (Gehälter, Gewinnbeteiligungen, Provisionen und Nebenleitungen jeder Art). In die Gesamtbezüge sind auch Bezüge einzurechnen, die nicht ausgezahlt, sondern in Ansprüche anderer Art umgewandelt oder zur Erhöhung anderer Ansprüche verwendet werden. Es ist nur die Höhe der Beträge anzugeben, die das Mutterunternehmen und seine Tochterunternehmen den Mitgliedern des Vorstands, des Aufsichtsrats oder ähnlicher Einrichtungen des Mutterunternehmens gewährt haben. Außer den Bezügen für das Geschäftsjahr sind die weiteren Bezüge anzugeben, die im Geschäftsjahr gewährt, bisher aber in keinem Konzernabschluss angegeben worden sind. Ob diese Bezüge gesondert angegeben werden müssen, kann dem Gesetz nicht entnommen werden. Betreffen die Aufschlüsselungen weniger als drei Personen, so dürfen sie unterbleiben.	266 Z 2 iVm 239 Abs 1 Z 4a und 242 Abs 4
19	Aufwendungen für Abfertigungen und Pensionen getrennt nach solchen für Vorstandsmitglieder, leitenden Angestellten gem § 80 AktG und für andere Arbeitnehmer.	266 Z 4 iVm 239 Abs 1 Z 3

Lfde Nr	Text	Enthalten in
	Trotz fehlender Aussage im Gesetz sollten auch hier nur die Vorstandsmitglieder und leitenden Angestellten gem § 80 des Mutterunternehmens enthalten sein, da sonst der Vergleich mit den lt § 239 Abs 1 Z 4 angegebenen Daten verzerrt werden würde.	
20	Die Gesamtbezüge (Abfindungen, Ruhegehälter, Hinterbliebenenbezüge und Leistungen verwandter Art) der früheren Mitglieder der bezeichneten Organe und ihrer Hinterbliebenen; lit a ist entsprechend anzuwenden Betreffen die Aufschlüsselungen weniger als drei Personen, so dürfen sie unterbleiben.	266 Abs 2 iVm 239 Abs 1 Z 4b und 242 Abs 4
21	Durchschnittliche Zahl der Arbeitnehmer der in den Konzern einbezogenen Unternehmen unter gesonderter Angabe der gem § 262 nur anteilig einbezogenen Unternehmen. Wegen der unklaren Gesetzesaussage sollte bei Letzteren angegeben werden, ob alle oder nur die anteiligen Arbeitnehmer angegeben wurden. Aufgliederung der durchschnittlichen Zahl der Arbeitnehmer während des Geschäftsjahres nach Arbeitern und Angestellten	266 Z 4 iVm 237 Abs 1 Z 6 239 Abs 1 Z 1
22	Gesamtbetrag der Verbindlichkeiten mit einer Restlaufzeit von mehr als 5 Jahren sowie der Gesamtbetrag der Verbindlichkeiten mit dinglichen Sicherheiten unter Angabe von Art und Form der Sicherheit. Von dieser Aussage betroffen sind alle in der Konzernbilanz ausgewiesenen Verbindlichkeiten.	266 Z 3 iVm 237 Abs 1 Z 5
23	Geschäfte der Gesellschaft mit nahe stehenden Unternehmen und Personen im Sinn der gem der Verordnung (EG) Nr 1602/2002 übernommenen internationalen Rechnungslegungsstandards einschließlich Angaben zu deren Wertumfang, zu der Art der Beziehung mit den nahe stehenden Unternehmen und Personen sowie weiterer Angaben zu den Geschäften, die für die Beurteilung der Finanzlage der Gesellschaft notwendig sind, sofern diese Geschäfte wesentlich und unter marktunüblichen Bedingungen abgeschlossen worden sind. Angaben über Einzelgeschäfte können nach Geschäftsarten zusammengefasst werden, sofern für die Beurteilung der Auswirkungen dieser Geschäfte auf die Finanzlage der Gesellschaft keine getrennten Angaben benötigt werden.	266 Z 5 iVm 238 Abs 1 Z 12

Lfde Nr	Text	Enthalten in
	Geschäfte der Gesellschaft mit nahe stehenden Unternehmen und Personen im Sinn der gem der Verordnung (EG) Nr 1602/2002 übernommenen internationalen Rechnungslegungsstandards einschließlich Angaben zu deren Wertumfang, zu der Art der Beziehung mit den nahe stehenden Unternehmen und Personen sowie weiterer Angaben zu den Geschäften, die für die Beurteilung der Finanzlage der Gesellschaft notwendig sind, sofern diese Geschäfte wesentlich und unter marktunüblichen Bedingungen abgeschlossen worden sind. Angaben über Einzelgeschäfte können nach Geschäftsarten zusammengefasst werden, sofern für die Beurteilung der Auswirkungen dieser Geschäfte auf die Finanzlage der Gesellschaft keine getrennten Angaben benötigt werden. Auf die von einem Konzern zu berichtenden Geschäfte weist der Gesetzgeber im § 238 Abs 1 Z 12 darauf hin, dass alle Geschäfte zwischen verbundenen Unternehmen, die im 100%igen Anteilbesitz ihres Mutterunternehmens stehen, von der Berichtpflicht ausgeschlossen sind. Das Gleiche gilt für solche Geschäfte, die bei der Konsolidierung eliminiert werden. **Nahestehende Unternehmen** liegen gem der Definition des IAS 24.9 in folgenden Fällen vor: 1. Alle im Konsolidierungskreis eingeschlossenen Unternehmen 2. Assoziierte und Gemeinschaftsunternehmen 3. Nicht in den Konsolidierungskreis einbezogene Tochterunternehmen **Nahestehende Personen** liegen nach IAS 24.9 in folgenden Fällen vor: 1. Die Person beherrscht das abschlusserstellende Unternehmen oder das Konzernmutterunternehmen 2. Die Person hat einen maßgeblichen Einfluss auf das Unternehmen (das Mutterunternehmen) 3. Die Person bekleidet eine Schlüsselstellung im Unternehmen bzw Mutterunternehmen	

Lfde Nr	Text	Enthalten in
	Zu den nahestehenden Personen gehören auch nahe Familienangehörige, und zwar Kinder, Ehegatte oder Lebenspartner einer nahestehenden Person und deren Kinder, Ehegatten oder Lebenspartner samt abhängiger Angehörigen. Eine detaillierte Darstellung zu den Geschäften mit nahestehenden Unternehmen und Personen findet sich in der Stellungnahme des AFRAC vom September 2009 (redaktionell überarbeitet 2015).	

(2) Angaben aus den §§ 203–242

Hier sind alle sonstigen Anhangangaben angeführt, die sich in den im § 251 Abs 1 angeführten Paragraphen, den Einzelabschluss betreffend, befinden und in den Konzernabschluss aufgenommen werden müssen. Dazu gehören vor allem die Anhangangaben des Einzelabschlusses aus den §§ 236–242, soweit diese nicht ausdrücklich gem § 266 ausgenommen sind.

Zu den ausgenommenen Angaben gehören jene nach § 238 Abs 1 Z 15–17 und 19–21, § 239 Abs 1 Z 2 und Z 5 und § 241 Z 2, 4, 5 und 6.

Lfd Nr	Text	Enthalten in
24	Ausübung des Wahlrechtes der Aktivierung von Fremdkapitalzinsen. Es ist der insgesamt nach diesen Bestimmungen im Geschäftsjahr aktivierte Betrag anzugeben.	203 Abs 4
25	Erläuterung des Zeitraumes, über den der Geschäfts(Firmen)wert abgeschrieben wird	203 Abs 5
26	Aktivierung von Kosten der allgemeinen Verwaltung und des Vertriebes bei Aufträgen, deren Ausführung sich über mehr als 12 Monate erstreckt. Anzugeben ist die Anwendung dieser Bestimmung und deren Begründung ebenso wie der Einfluss auf die Vermögens-, Finanz- und Ertragslage; „gleichzeitig ist der insgesamt über die Herstellungskosten hinaus angesetzte Betrag anzugeben".	206 Abs 3
27	Zusätzliche Angaben, wenn der Jahresabschluss (sonst) kein möglichst getreues Bild der Vermögens-, Finanz- und Ertragslage des Unternehmens vermittelt Anwendung der (noch nicht erlassenen) Verordnung des Justizministers, wenn auch zusätzliche Angaben zu keinem getreuen Bild führen	222 Abs 2 und 3
28	Angabe und Begründung, wenn die einmal gewählte Form der Darstellung nicht beibehalten wird	223 Abs 2

Lfd Nr	Text	Enthalten in
29	Angabe und Erläuterung, wenn Vorjahresbeträge nicht vergleichbar sind oder der Vorjahresbetrag angepasst wird	223 Abs 2
30	Angaben, wenn die Gesellschaft mehrere Geschäftszweige mit verschiedenen Gliederungsvorschriften betreibt	223 Abs 3
31	Angabe der Mitzugehörigkeit von Vermögensgegenständen oder Verbindlichkeiten zu mehreren Posten der Bilanz, wenn kein entsprechender Vermerk in der Bilanz durchgeführt wurde und dies zur Aufstellung eines klaren und übersichtlichen Jahresabschlusses erforderlich ist	223 Abs 5
32	Aufgliederung von gemäß § 223 Abs 6 Z 2 zusammengefassten Posten der Bilanz und der Gewinn- und Verlustrechnung, wenn dadurch die Klarheit der Darstellung verbessert wird	223 Abs 6
33	Negatives Eigenkapital – Angabe, ob Überschuldung	225 Abs 1
34	Erläuterung, wenn im Posten „Sonstige Forderungen und Vermögensgegenstände" Erträge enthalten sind, die erst nach Abschlussstichtag zahlungswirksam werden, soweit es sich um wesentliche Beträge handelt	225 Abs 3
35	Angabe der wechselmäßigen Verbriefung von Forderungen	225 Abs 4
36	Erläuterung, wenn im Posten „Sonstige Verbindlichkeiten" Aufwendungen enthalten sind, die erst nach dem Abschlussstichtag zahlungswirksam werden, wenn diese Information wesentlich ist	225 Abs 6
37	Angabe des Grundwertes bei Grundstücken, wenn dies nicht in der Bilanz angemerkt ist	225 Abs 7
38	Darstellung der Entwicklung der einzelnen Posten des Anlagevermögens (Anlagespiegel)	226 Abs 1
39	Angabe einer Pauschalwertberichtigung zu Forderungen für den entsprechenden Posten der Bilanz	226 Abs 5
40	Angabe der Ausleihungen mit einer Restlaufzeit bis zu einem Jahr	227 Abs 1
41	Veränderungen der Kapital- und Gewinnrücklagen im Anhang, wenn dies nicht im Anhang an die Gewinn- und Verlustrechnung geschieht	231 Abs 5

Lfd Nr	Text	Enthalten in
42	Anstelle des Vermerks unter der Bilanz der Gesamtbetrag der Haftungsverhältnisse, wenn diese nicht unter der Bilanz angegeben wurden und sonstige wesentliche Verpflichtungen, die nicht auf der Passivseite der Bilanz ausgewiesen werden, sowie Art und Form jeder gewährten dinglichen Sicherheit	237 Abs 1 Z 2
43	Ertrags- und Aufwandsposten von außerordentlicher Größenordnung und Bedeutung	237 Abs 1 Z 4
44	Siehe die Ausführungen zu § 239 Abs 1 Z 1	237 Abs 1 Z 6
45	Angaben zu den derivativen Finanzinstrumenten Für jede Kategorie derivativer Finanzinstrumente: a) Art und Umfang der Finanzinstrumente, b) den beizulegenden Zeitwert der betreffenden Finanzinstrumente, soweit sich dieser gem § 189a Z 4 verlässlich ermitteln lässt, unter Angabe der angewandten Bewertungsmethode sowie eines gegebenenfalls vorhandenen Buchwerts und des Bilanzpostens, in welchem der Buchwert erfasst ist. Als derivative Finanzinstrumente gelten auch Verträge über den Erwerb oder die Veräußerung von Waren, bei denen jede der Vertragsparteien zur Abgeltung in bar oder durch ein anderes Finanzinstrument berechtigt ist, es sei denn, der Vertrag wurde geschlossen, um einen für den Erwerb, die Veräußerung oder den eigenen Gebrauch erwarteten Bedarf abzusichern, sofern diese Zweckwidmung von Anfang an bestand und nach wie vor besteht und der Vertrag mit der Lieferung der Ware als erfüllt gilt. Bei der Anwendung allgemein anerkannter Bewertungsmodelle und -methoden (§ 189a Z 4) sind die zentralen Annahmen anzugeben, die jeweils der Bestimmung des beizulegenden Zeitwertes zugrunde gelegt wurden.	238 Abs 1 Z 1 238 Abs 2
46	Für zum Finanzvermögen gehörende Finanzinstrumente, die über ihrem beizulegenden Zeitwert ausgewiesen werden, wenn eine außerplanmäßige Abschreibung gem § 204 Abs 2 zweiter Satz unterblieben ist: a) den Buchwert und den beizulegenden Zeitwert der einzelnen Vermögensgegenstände oder angemessener Gruppierungen sowie	238 Abs 1 Z 2

Lfd Nr	Text	Enthalten in
	b) die Gründe für das Unterlassen einer Abschreibung gem § 204 Abs 2 und jene Anhaltspunkte, die darauf hindeuten, dass die Wertminderung voraussichtlich nicht von Dauer ist.	
47	Angaben zu den latenten Steuern (Angabe der Differenzen, Steuersätze, Bewegungen der jeweiligen Salden – „Steuerlatenzspiegel")	238 Abs 1 Z 3
48	Angaben zu den Genussscheinen, Genussrechten, Wandelschuldverschreibungen, Optionsscheinen, Optionen, Besserungsscheinen oder vergleichbaren Wertpapieren	238 Abs 1 Z 5
49	Name, Sitz und Rechtsform der Unternehmen, deren unbeschränkt haftender Gesellschafter die Gesellschaft ist	238 Abs 1 Z 6
50	Name und Sitz des Mutterunternehmens, das den Konzernabschluss für den kleinsten Kreis von Unternehmen erstellt	237 Abs 1 Z 7
51	Name und Sitz des Mutterunternehmens, das den Konzernabschluss für den größten Kreis von Unternehmen erstellt	238 Abs 1 Z 7
52	Orte, wo die offengelegten Konzernabschlüsse der Mutterunternehmen erhältlich sind	238 Abs 1 Z 8
53	Vorschlag zur Verwendung des Ergebnisses oder gegebenenfalls die Verwendung des Ergebnisses	238 Abs 1 Z 9
54	Art, Zweck und finanzielle Auswirkungen außerbilanzmäßiger und auch nicht gem § 237 Abs 1 Z 2 anzugebender Geschäfte, sofern die Risiken und Vorteile, die aus solchen Geschäften entstehen, wesentlich sind und die Offenlegung derartiger Risiken und Vorteile für die Beurteilung der Finanzlage der Gesellschaft notwendig ist (Aufnahme in das Gesetz gem URÄG 2008 aus der Umsetzung der Änderungsrichtlinie 2008) *Kommentar:* Die Erwägungsgründe 8 und 9 zur „Änderungsrichtlinie" enthalten folgende Ausführungen zu diesen außerbilanzmäßigen Geschäften: „Außerbilanzielle Geschäfte können Unternehmen Risiken aussetzen und ihnen Vorteile bringen, die für eine Einschätzung der Finanzlage des Unternehmens (...) bzw der Finanzlage der gesamten Unternehmensgruppe wesentlich sind."	238 Abs 1 Z 10

Lfd Nr	Text	Enthalten in
	Solche außerbilanziellen Geschäfte können mit der Errichtung oder Nutzung von Zweckgesellschaften und mit Offshore-Geschäften verbunden sein, die unter anderem wirtschaftliche, rechtliche, steuerliche und bilanzielle Ziele verfolgen. Zu solchen außerbilanziellen Geschäften zählen beispielsweise Risiko- und Gewinnverteilungsvereinbarungen oder Verpflichtungen aus Verträgen, wie zB Factoring, Pensionsgeschäfte, Konsignationslager-vereinbarungen, Verträge mit unbedingter Zahlungsverpflichtungen (Take-or-pay-Verträge), Forderungsverbriefung über gesonderte Gesellschaften oder nicht rechtsfähige Einrichtungen, Verpfändung von Aktiva, Leasingverträge, Auslagerung von Tätigkeiten uÄ. Die EB zum URÄG 2008, § 237 Z 8a (nunmehr § 238 Abs 1 Z 10) verweisen insbesondere auf die Bedeutung der Änderungs-RL im Zusammenhang mit Zweckgesellschaften (**Special Purpose Entities**, SPE): „*Durch diese wird oftmals versucht, Schulden in eine eigens dafür gegründete Zweckgesellschaft auszulagern und durch Vermeidung ihrer Konsolidierung die tatsächliche Lage des Unternehmens zu verschleiern*".	
	Detaillierte Ausführungen zu den Anhangangaben gem § 238 Abs 1 Z 10 UGB über außerbilanzielle Geschäften finden sich in der Stellungnahme des AFRAC vom Juni 2009 (redaktionell überarbeitet 2015).	
55	Art und finanzielle Auswirkung wesentlicher Ereignisse nach dem Bilanzstichtag, die im Jahresabschluss nicht berücksichtigt sind. Diese bisher im Lagebericht enthaltende Angabe ist für den Bilanzadressaten von besonderer Bedeutung, weil sie vor allem Ereignisse aufzeigen soll, die zwischen dem Bilanzstichtag und dem Bilanzerstellungstag zu einer positiven oder negativen Veränderung des in der Bilanz und der Gewinn- und Verlustrechnung vermittelten Bildes der Vermögens-, Finanz- und Ertragslage geführt haben.	238 Abs 1 Z 11
56	Geschäfte mit nahestehenden Personen; im Konzern § 266 Z 5 (siehe dort)	238 Abs 1 Z 12

Lfd Nr	Text	Enthalten in
57	Bei Anwendung des Umsatzkostenverfahrens Angabe der Aufwendungen des Geschäftsjahres für Material und sonstige bezogene Herstellungsleistungen und für den Personalaufwand. Gegliedert gem § 231 Abs 2 Z 6.	238 Abs 1 Z 13
58	Aufgliederung der nach § 237 Abs 1 Z 2 anzugebenden Haftungsverhältnisse und Angabe wesentlicher Verpflichtungen aus der Nutzung von in der Bilanz nicht ausgewiesenen Sachanlagen (Verpflichtung des folgenden Jahres und der Gesamtbetrag der folgenden fünf Jahre)	238 Abs 1 Z 14
59	Die auf das Geschäftsjahr entfallenden Aufwendungen für den Konzernabschlussprüfer, aufgeschlüsselt nach den Aufwendungen für die Prüfung des Jahresabschlusses, für andere Bestätigungsleistungen, für Steuerberatungsleistungen und für sonstige Leistungen	238 Abs 1 Z 18
60	Alle im Geschäftsjahr tätigen Mitglieder des Vorstandes und des Aufsichtsrates (des Mutterunternehmens)	239 Abs 2
61	Aufgliederung der Umsatzerlöse nach Tätigkeitsbereichen sowie nach geografisch bestimmten Märkten, soweit sich, unter Berücksichtigung der Organisation des Verkaufs von Erzeugnissen und der Erbringung von Dienstleistungen, die Tätigkeitsbereiche und die geografisch bestimmten Märkte untereinander erheblich unterscheiden. Die Umsatzerlöse brauchen nicht aufgegliedert werden, soweit die Aufgliederung nach vernünftiger unternehmerischer Beurteilung geeignet ist, dem Unternehmen einen erheblichen Nachteil zuzufügen. Die Anwendung dieser Ausnahmeregelung ist im Anhang zu erwähnen.	240
Pflichtangaben für Mutterunternehmen in der Rechtsform einer AG		
62	Angaben zu den Aktien (Aktiengattungen, Anteil am Grundkapital etc)	241 Z 1
63	Aktien, die aus einer bedingten Kapitalhöhung oder einem genehmigten Kapital im Geschäftsjahr gezeichnet wurden	241 Z 3

Gesonderte Aufstellung des Anteilsbesitzes gem § 265 Abs 4

Zu den wesentlichsten Angaben im Konzernanhang gehören die in § 265 Abs 2 genannten Daten über die in den Konsolidierungskreis einbezogenen bzw nicht einbezogenen verbundenen, assoziierten Gemeinschaftsunternehmen und sonstigen Beteiligungen. Es erscheint zur besseren Darstellung vernünftig, von der Möglichkeit des § 265 Abs 4 Gebrauch zu machen und eine gesonderte Aufstellung des Anteilsbesitzes mit allen notwendigen Angaben zu erstellen.

Diese Aufstellung ist Bestandteil des Anhangs. Auf die gesonderte Aufstellung des Anteilsbesitzes und den Ort ihrer Hinterlegung ist im Anhang hinzuweisen.

8.3 Aufbau des Konzernanhanges

Der Aufbau des Konzernanhanges sowie die Gliederung der in der Checklist aufgezählten Angabeverpflichtungen verbleibt grundsätzlich beim Konzern.

Denkbar wäre etwa folgender Aufbau:

Entsprechend den vorne dargestellten Inhalten des Konzernanhanges ergibt sich auch dessen Aufbau:

1. Allgemeines zur Konzernstruktur
2. Konsolidierungs-, Bilanzierungs- und Bewertungsmethoden
   a) Konsolidierungskreis
      aa) Darstellung der in den Konsolidierungskreis einbezogenen Unternehmen, aufgeschlüsselt nach Voll-, Quoten- und Equity-Konsolidierung
      bb) Veränderung des Konsolidierungskreises im Abschlussjahr
      cc) Auswirkung der Veränderung auf die Vergleichbarkeit der Konzernabschlüsse
   b) Konsolidierungsgrundsätze
   c) Angewandte Bilanzierungs- und Bewertungsmethoden
      aa) Bilanzierungsmethoden
      bb) Bewertungsmethoden
3. Erläuterung zur Konzernbilanz
4. Erläuterung zur Konzern-Gewinn- und -Verlustrechnung
5. Sonstige Angaben

8.4 Anhangangangaben gem UGB in Konzernabschlüssen nach § 245a

Unternehmen, die nach Art 4 der Verordnung (EG) Nr 1606/2002, dazu verpflichtet sind, den Konzernabschluss nach internationalen Rechnungslegungsstandards aufzustellen oder diesen gem § 245a Abs 2 freiwillig aufstellen, müssen dennoch einige Bestimmungen des UGB einhalten.

Nähere Ausführungen hierzu befinden sich im Kapitel 2.12 „Die Bestimmungen des § 245 a“.

8.5 Konzernanlagenspiegel

Gem § 250 Abs 3 ist im Konzernabschluss die Vermögens-, Finanz- und Ertragslage der einbezogenen Unternehmen so darzustellen, als ob diese Unternehmen insgesamt ein einziges Unternehmen wären (**Einheitstheorie**). Die der Konzernrechnungslegung zugrunde liegende Konzeption der erfolgswirksamen Erwerbsmethode geht davon aus, dass der Erwerb der Beteiligung an einem konsolidierungspflichtigen Tochterunternehmen den Erwerb der einzelnen Vermögensgegenstände und die Übernahme der Verpflichtungen zum Zeitpunkt des Erwerbes bedeutet. Dies hat zur Konsequenz, dass die Werte, die den einzelnen Gegenständen des Anlagevermögens zum Zeitpunkt des Erwerbs (bzw zu den anderen zulässigen Verrechnungszeitpunkten) im Rahmen des Gesamtkaufpreises für die Beteiligung zugeordnet werden, die **Konzernanschaffungskosten** darstellen.

Bei strenger Auslegung der Einheitstheorie und der Erwerbsmethode würde dies bedeuten, dass in den Konzernanlagespiegel als Anschaffungs- bzw Herstellungskosten nicht die (gegebenenfalls um die zugeordneten stillen Reserven ergänzten) Anschaffungs- bzw Herstellungskosten aus dem **Anlagenspiegel der Tochtergesellschaft** übernommen werden könnten, sondern dass der Konzernanlagenspiegel vollkommen unabhängig von den **Anlagespiegeln** der Tochterunternehmen aufzustellen wäre.

Platzer (in *Straube*, 1992, Rz 51 zu § 254) führt hiezu mit Hinweis auf SABl 2/1988, Abschnitt A 6 aus:

Die Konsequenz dieser Vorgangsweise wäre die *„völlige Lösung von der Darstellung im Anlagenspiegel des Tochterunternehmens und würde insoweit einen erheblichen Mehraufwand verursachen, ohne daß dadurch eine wesentliche Verbesserung der Aussagefähigkeit erreicht werden könnte, da die Altersstruktur des Anlagevermögens speziell durch den in Österreich für den Beginn der Konzernrechnungslegung regelmäßig maßgebenden Stichtag der erstmaligen Einbeziehung völlig willkürlich und verzerrt dargestellt würde.“*

Die Loslösung vom Anlagenspiegel des Tochterunternehmens würde zB bedeuten, dass bei einer bestimmten Gesamtnutzungsdauer für eine Anlagengruppe die Abschreibungsdauer für den Konzern vom Zugangsjahr des jeweiligen einzelnen Vermögensgegenstandes abhängig ist; durch eine solche Vorgangsweise wäre der Einblick in die Altersstruktur des Anlagevermögens, die durch den Anlagenspiegel grundsätzlich ermöglicht werden soll, für den Konzernabschluss nicht mehr gegeben. Dies stellt aber eine Verletzung des möglichst getreuen Bildes der Vermögens- und Finanzlage des Konzerns dar, also einen Verstoß gegen die Generalnorm. Bei dieser **Kollision zwischen der Generalnorm und der Einheitstheorie** sollte die Entscheidung zugunsten der Generalnorm fallen, der hier zweifellos der Vorrang einzuräumen ist. Die strenge Auffassung in *Busse von Colbe/Ordelheide/Gebhardt/*

Pellens, Konzernabschlüsse[8], Wiesbaden 2006, S 461: *„Die Einbuchung der Anlagegegenstände zu den gegebenenfalls um stille Rücklagen und Lasten korrigierten Bruttoanschaffungskosten ist daher nicht zulässig"* **ist daher abzulehnen**. Vielmehr ist hier der praxisgerechten Auffassung von *Deutsch/Platzer* (in *Straube*[2], Wien 2000, Rz 51 zu § 254) zu folgen, die für den Konzernanlagenspiegel die **Einfügung zweier zusätzlicher Spalten** vorschlagen, und zwar: **„Anschaffungs- und Herstellungskosten erstkonsolidierter Tochterunternehmen"** und **„kumulierte Abschreibungen erstkonsolidierter Tochterunternehmen"**. Wenn der Konzernanlagenspiegel durch eine Darstellung der Entwicklung der kumulierten Abschreibungen ergänzt wird, kann die Angabe der „kumulierten Abschreibungen erstkonsolidierter Tochterunternehmen" auch in dieser Aufstellung durchgeführt werden.

Fraglich ist, ob die Angabe der „kumulierten Abschreibungen erstkonsolidierter Tochterunternehmen" bei der Erstkonsolidierung vom Anlagenspiegel in den Anhang verlagert werden kann; dies könnte im Zusammenhang mit der Darstellung der Konsolidierungsmethoden im Anhang als weitere zulässige Variante betrachtet werden.

9. Konzernlagebericht

9.1 Gesetzliche Vorschriften und Inhalt – Allgemeines

Wie eingangs dargelegt, betrachtet der Gesetzgeber den Konzern als Einheit, womit der Konzernlagebericht *„nicht eine additive Zusammenfassung der Lageberichte von Mutter- und Tochterunternehmen ist, sondern die Darstellung des Konzerns als ein Unternehmen"* (*Nowotny*, in *Straube*[3], Rz 4 zu § 267). Dies bedeutet unter anderem auch, dass bei der Beurteilung der Wesentlichkeit von Sachverhalten nicht von den Verhältnissen des Mutter- oder des einzelnen Tochterunternehmens auszugehen ist, sondern vom Gesamtkonzern.

Im Konzernlagebericht sind nicht nur die in den Konzernabschluss einbezogenen Unternehmen zu berücksichtigen, sondern auch **nicht einbezogene Tochterunternehmen**. Im Falle des Verzichts auf die Einbeziehung wegen Unwesentlichkeit (§ 249 Abs 2) wird sich in der Regel allerdings eine Behandlung im Konzernlagebericht erübrigen.

In die Berichterstattung einzubeziehen sind auch **Gemeinschaftsunternehmen und assoziierte Unternehmen**, sofern sie für das Gesamtbild der Vermögens-, Finanz- und Ertragslage des Konzerns von Bedeutung sind (siehe dazu auch die Ausführungen von *Nowotny*, in *Straube*[3], Rz 6 zu § 267 und die dort genannte Literatur).

Für die Vermittlung eines möglichst getreuen Bildes der Vermögens-, Finanz- und Ertragslage des Konzerns wird der Konzernaufbau, insbesondere im Hinblick auf Tätigkeitsbereiche (Produktgruppen, Handels- und sonstige Dienstleistungsbereiche) und regionale Märkte bzw deren relative Bedeutung im Rahmen des Gesamtkonzerns, wesentlich sein.

Da die Lageberichterstattung des Konzerns bezogen auf dessen Struktur die gleichen Grundsätze verfolgt wie jene des einzelnen Unternehmens und auch im Aufbau weitgehend übereinstimmt, wird als zusätzliche Lektüre auf die eingehenden Ausführungen über die Lageberichterstattung in Band I[15] (*Egger/Samer/Bertl*, Der Jahresabschluss nach dem Unternehmensgesetzbuch. Der Einzelabschluss), Kapitel 8 verwiesen.

Hinzuweisen ist auf die Bestimmung des § 251 Abs 3, wonach der Konzernanhang und der Anhang des Jahresabschlusses des Mutterunternehmens zusammengefasst werden dürfen. In diesem Fall müssen der Konzernabschluss und der Jahresabschluss des Mutterunternehmens gemeinsam offengelegt und dürfen auch die Prüfungsberichte und die Bestätigungsvermerke zusammengefasst werden. Gem § 267 Abs 4 ist § 251 Abs 3 über die Zusammenlegung von Konzernanhang und Anhang entsprechend anzuwenden. § 251 Abs 3 verlangt für den Fall der Zusammenlegung, dass der Konzernabschluss und der Jahresabschluss des Mutterunternehmens gemeinsam offengelegt werden. Darüber hinaus dürfen auch die Prüfungsberichte und die Bestätigungsvermerke zusammengefasst werden.

Das AFRAC stellt sich mit folgenden Argumenten gegen eine Zusammenlegung: Stellt das Mutterunternehmen freiwillig oder verpflichtend einen Konzernabschluss nach IFRS auf, *„ besteht die Problematik, dass der Jahresabschluss des Mutterunternehmens jeweils nach den Vorschriften des UGB aufzustellen ist, dass also unterschiedliche Rechnungslegungsgrundsätze für die Aufstellung des Konzernabschlusses und des Jahresabschlusses des Mutterunternehmens bestehen, womit eine Zusammenfassung von Konzernlagebericht und Lagebericht des Mutterunternehmens nicht zweckmäßig ist"* (Rz 128). Wird ein Konzernabschluss nach UGB aufgestellt, kommen zwar die gleichen Rechnungslegungsgrundsätze wie beim Einzelabschluss zur Anwendung. Dennoch sollten *„ im Interesse der Klarheit und Übersichtlichkeit der Konzernlagebericht und der Bericht des Mutterunternehmens auch bei Vorliegen eines UGB-Konzernabschlusses nicht zu einem gemeinsamen Lagebericht zusammengefasst werden"*.

Die Verfasser sind der Meinung des AFRAC. Während sie im ersten Fall durch den unterschiedlichen Aufbau des Anhanges und auch des Lageberichtes und durch die unterschiedlichen rechtlichen Bedingungen, denen ein Unternehmen einerseits und der Konzern andererseits unterliegt, die Ablehnung der Zusammenfassung noch stärker zum Ausdruck bringen würden, könnten sie sich im zweiten Fall unter der Voraussetzung, dass die Tochtergesellschaften zu 100 % dem Mutterunternehmen gehören und nur verlängerte Arme desselben darstellen (beispielsweise Vertriebsgesellschaften), einen gemeinsamen Anhang und Lagebericht vorstellen.

9.2 Vorschriften gemäß § 267, Zusammenhang mit § 243

§ 267 lautet:

(1) Im Konzernlagebericht sind der Geschäftsverlauf, einschließlich des Geschäftsergebnisses, und die Lage des Konzerns so darzustellen, dass ein möglichst getreues Bild der Vermögens-, Finanz- und Ertragslage vermittelt wird, und die wesentlichen Risiken und Ungewissheiten, denen der Konzern ausgesetzt ist, zu beschreiben.

*(2) Der Konzernlagebericht hat eine ausgewogene und umfassende, dem Umfang und der Komplexität der Geschäftstätigkeit angemessene Analyse des Geschäftsverlaufs, einschließlich des Geschäftsergebnisses, und der Lage des Konzerns zu enthalten. Abhängig von der Größe des Konzerns und von der Komplexität des Geschäftsbetriebs der einbezogenen Unternehmen hat die Analyse auf die für die jeweilige Geschäftstätigkeit wichtigsten finanziellen **und nichtfinanziellen Leistungsindikatoren, einschließlich Informationen über Umwelt- und Arbeitnehmerbelange, einzugehen** und sie unter Bezugnahme auf die im Konzernabschluss ausgewiesenen Beträge und Angaben zu erläutern.*

(3) Der Konzernlagebericht hat auch einzugehen auf

1. die voraussichtliche Entwicklung des Konzerns;

2. Tätigkeiten des Konzerns im Bereich Forschung und Entwicklung;

3. den Bestand an Aktien an dem Mutterunternehmen, die das Mutterunternehmen oder ein Tochterunternehmen oder eine andere Person für Rechnung eines dieser Unternehmen erworben oder als Pfand genommen hat; dabei sind die Zahl dieser Aktien, der auf sie entfallende Betrag des Grundkapitals sowie ihr Anteil am Grundkapital anzugeben. Sind solche Aktien im Geschäftsjahr erworben oder veräußert worden, so ist auch über den Erwerb oder die Veräußerung unter Angabe der Zahl dieser Aktien, des auf sie entfallenden Betrags des Grundkapitals, des Anteils am Grundkapital und des Erwerbs- oder Veräußerungspreises sowie über die Verwendung des Erlöses zu berichten;

4. für das Verständnis der Lage der in den Konzernabschluss einbezogenen Unternehmen wesentliche Zweigniederlassungen des Mutterunternehmens und der Tochterunternehmen;

5. die Verwendung von Finanzinstrumenten, sofern dies für die Beurteilung der Vermögens-, Finanz- und Ertragslage wesentlich (§ 189a Z 10) ist; diesfalls sind anzugeben

a) die Risikomanagementziele und -methoden, einschließlich der Methoden zur Absicherung aller wichtigen Arten geplanter Transaktionen, die im Rahmen der Bilanzierung von Sicherungsgeschäften angewandt werden, und

b) bestehende Preisänderungs-, Ausfall-, Liquiditäts- und Cashflow-Risiken.

(3a) Bei einem Mutterunternehmen, dessen Aktien zum Handel auf einem geregelten Markt im Sinn des § 1 Abs. 2 BörseG zugelassen sind oder das ausschließlich andere Wertpapiere als Aktien auf einem solchen Markt emittiert und dessen Aktien mit Wissen der Gesellschaft über ein multilaterales Handelssystem im Sinne des § 1 Z 9 WAG 2007 gehandelt werden, hat der Konzernlagebericht auch die Angaben nach § 243a Abs. 1 zu enthalten.

(3b) Bei einem Mutterunternehmen nach § 189a Z 1 lit. a hat der Konzernlagebericht auch die Angaben nach § 243a Abs. 2 zu enthalten. Diese haben sich auf das interne Kontroll- und das Risikomanagementsystem des Konzerns im Zusammenhang mit der Aufstellung des Konzernabschlusses zu beziehen.

(4) § 251 Abs. 3 über die Zusammenfassung von Konzernanhang und Anhang ist entsprechend anzuwenden.

§ 267 Abs 1–3 stimmt inhaltlich mit den Vorschriften des § 243 Abs 1–3 überein. Die im § 243 Abs 5 enthaltene Sonderregelung für große Kapitalgesellschaften zur Analyse auch der wichtigsten nicht finanziellen Leistungsindikatoren gilt für den Konzernlagebericht unabhängig von der Größe des Konzerns.

§ 267a enthält die Bestimmungen über den konsolidierten Corporate-Governance-Bericht, der nur für an der Börse notierende Konzerne gilt. § 267b regelt den konsolidierten Bericht über Zahlungen an staatliche Stellen, die nur von jenen großen Unternehmen bzw Konzernen erstellt werden müssen, die in der mineralgewinnenden Industrie oder auf dem Gebiet des Holzeinschlags in Primärwäldern tätig sind.

9.3 Fachliche Stellungnahmen und Ausarbeitungen zum Lagebericht

Gem § 273 Abs 1 hat der Abschlussprüfer im Prüfungsbericht insbesondere festzustellen, *„ob ... der Lagebericht ... den gesetzlichen Vorschriften entspricht"*. Da die gesetzlichen Vorschriften in § 243 sehr allgemein und knapp gehalten sind, ergibt sich der Bedarf nach Orientierungshilfen für den Inhalt des Lageberichtes, dh nach Ausarbeitungen (Stellungnahmen) von Institutionen, die sich mit Fragen der Rechnungslegung beschäftigen.

Im Dezember 2006 wurde die **Stellungnahme „Lageberichterstattung gem. §§ 243, 243a und 267 UGB" einer Arbeitsgruppe des AFRAC** veröffentlicht und 2009 aktualisiert.

Anlässlich des Inkrafttretens des RÄG 2014 wurde diese Stellungnahme neuerlich überarbeitet und 2016 den neuen rechtlichen Bestimmungen angepasst.

Am 27. November 2007 wurde eine „Empfehlung zur Ausgestaltung finanzieller Leistungsindikatoren im Lagebericht bzw. Konzernlagebericht" (KFS/BW 3) vom **Fachsenat für Betriebswirtschaft und Organisation** der Kammer der Wirtschaftstreuhänder zu einem Teilaspekt der Lageberichterstattung verabschiedet. Vergleiche hierzu *Egger/Samer/Bertl*, Der Jahresabschluss nach dem Unternehmensgesetzbuch, Band 3, Unternehmensanalyse, S 23 ff.

Als weitere Grundlage bzw als Orientierungshilfe kann der Deutsche Rechnungslegungsstandard „DRS 20 Konzernlagebericht", herausgegeben 2012 vom DRSC, herangezogen werden.

Auch der IASB hat sich mit Fragen der Lageberichterstattung beschäftigt und im Dezember 2010 ein IFRS Practice Statement „Management Commentary – A framework for presentation" veröffentlicht (siehe *Nicole Jekel/Hanno Kirsch*, Darstellung in IRZ 6/2011, 289 ff).

9.4 Grundsätze der Lageberichterstattung nach § 243 bzw § 267

Gemäß Abs 1 ist die Lage des Unternehmens so darzustellen, dass ein möglichst getreues Bild der Vermögens-, Finanz- und Ertragslage vermittelt wird.

Nach § 243 Abs 2 bzw § 267 Abs 2 hat der Lagebericht *„eine **ausgewogene** und **umfassende** dem **Umfang** und der **Komplexität** der Geschäftstätigkeit angemessene Analyse ... zu enthalten"*.

Die Begriffe „ausgewogen" und „umfassend" entsprechen den Begriffen „Verlässlichkeit" und „Vollständigkeit"; ebenso die Forderung nach Berücksichtigung des Umfanges der Geschäftstätigkeit. Auch der Grundsatz der Berücksichtigung der Komplexität lässt sich aus den anderen allgemeinen Berichtsgrundsätzen ableiten.

Der Gesetzgeber verwendet wohl die **„Komplexität der Geschäftstätigkeit"** als Kriterium für die angemessene Analyse des Geschäftsverlaufes, unterlässt aber eine Definition dieses Begriffes. Darunter kann **sowohl die Komplexität einzelner Geschäftsvorfälle** verstanden werden (zB die Verwendung derivativer Finanzinstrumente) als auch eine **stark differenzierte Unternehmenstätigkeit**. Eine darauf bezogene Vorschrift im Anhang ist die Verpflichtung zur Aufgliederung der Umsatzerlöse nach Tätigkeitsbereichen sowie nach geografisch bestimmten Märkten unter den dort genannten Voraussetzungen. Für die Gestaltung des Lageberichtes lässt sich daraus möglicherweise auch die Forderung nach einer **Segmentberichterstattung** auch hinsichtlich anderer Unternehmensdaten ableiten (siehe Verpflichtung zur Segmentberichterstattung für börsennotierte Unternehmen nach IAS/IFRS bzw der Hinweis in § 250 Abs 1 UGB, wonach der Konzernabschluss um die Segmentberichterstattung erweitert werden kann. Vielfach wird hier auch eine Verbindung mit dem Kriterium „Umfang der Geschäftstätigkeit" bestehen.).

*Anmerkung: In der englischen Fassung der Bilanzrichtlinie ist nicht die Rede von einer Vermittlung des möglichst getreuen Bildes der Vermögens-, Finanz- und Ertragslage (true and fair view), sondern die entsprechende Stelle lautet: „The annual report shall include a **fair review** of the development and performance of the undertaking's business and of its position, together with a description of the principal risk and incertainties that it faces." Es ist davon auszugehen, dass der Begriff „fair review" bereits in Kurzform die allgemeinen, oben beschriebenen Berichtsgrundsätze enthält.*

9.5. Gliederung des Lageberichtes

In diesem Zusammenhang ergibt sich die Frage, ob es sinnvoll ist bzw geboten erscheint, den Lagebericht entsprechend der Reihenfolge der im Gesetz genannten Angaben aufzubauen. Dabei ist zu beachten, dass die ursprüngliche Fassung des § 267 durch die 4. Richtlinie und deren Ersatz, die Bilanzrichtlinie 2013, mehrfach geändert wurde. Alle diese Änderungen haben dazu geführt, dass eine systematische Gliederung des Lageberichtes sich nicht unbedingt am Gesetzestext orientieren kann.

Somit bestehen nach *Nowotny* (*Straube*[3] Rz 19 zu § 243) „für den inhaltlichen Aufbau des Lageberichtes keine Regeln, sondern jede Gliederung darf gewählt werden, die dem Gebot der Klarheit entspricht".

Mit der Gliederung des Lageberichtes haben sich das AFRAC auf österreichischer Seite und das DRSC auf deutscher Seite eingehend beschäftigt, wobei sich beide Institutionen bemühten, die gesetzlichen Vorschriften einzuhalten. Beide Vorschläge weichen, bedingt durch die leicht unterschiedliche Gesetzeslage, geringfügig voneinander ab.

9.51 Gliederungsvorschlag des AFRAC

In der Stellungnahme „Lageberichterstattung gemäß §§ 243, 243a und 267 UGB" aus 2016 sollte der Lagebericht gem Abschnitt 5 folgenden Aufbau haben

1. Bericht über den Geschäftsverlauf und die wirtschaftliche Lage
   - Geschäftsverlauf
   - Bericht über die Zweigniederlassungen
   - Finanzielle und nicht finanzielle Leistungsindikatoren
2. Bericht über die voraussichtliche Entwicklung und die Risiken des Unternehmens
   - Voraussichtliche Entwicklung des Unternehmens
   - Wesentliche Risiken und Ungewissheiten
3. Bericht über die Forschung und Entwicklung
4. Bericht über den Bestand sowie den Erwerb und die
   - Veräußerung eigener Anteile
5. Berichterstattung über die wesentlichen Merkmale des internen Kontroll- und des Risikomanagementsystems im Hinblick auf den Rechnungslegungsprozess
6. Angaben zu Kapital-, Anteils-, Stimm- und
   - Kontrollrechten und damit verbundenen Verpflichtungen

9.52 Gliederungsvorschlag des DRSC

Grundlagen des Konzerns
   Geschäftsmodell
   Ziele und Strategien
   Steuerungssystem (notierende Gesellschaften)
   Forschung und Entwicklung
Wirtschaftsbericht
Gesamtwirtschaftliche und branchenbezogene Rahmenbedingungen,
   Geschäftsverlauf
   Lage
      Ertragslage
      Finanzlage
         Kapitalstruktur
         Investition
         Liquidität
      Vermögenslage
   Finanzielle und nichtfinanzielle Leistungsfaktoren

Nachtragsbericht, Ereignisse nach dem Bilanzstichtag
Prognose-, Chancen- und Risikobericht
   Prognosebericht
   Risikobericht
      Risikomanagementsystem
      Risiken
   Chancenbericht
Internes Kontrollsystem und Risikomanagementsystem bezogen auf den
   Konzernrechnungslegungsprozess
Risikoberichterstattung in Bezug auf die Verwendung von Finanzinstrumenten
Übernahmerelevante Angaben
Erklärungen zur Unternehmensführung
Versicherung der gesetzlichen Vertreter

Anmerkungen:

Der **Nachtragsbericht** entspricht dem Bericht über Ereignisse von besonderer Bedeutung, die nach dem Geschäftsjahr eingetreten sind.

Die Erklärungen zur Unternehmensführung entsprechen unserem „**Corporate-Governance-Bericht**".

Die **Versicherung der gesetzlichen Vertreter** besteht gem § 315 dHGB aus der Erklärung der gesetzlichen Vertreter (Vorstandsmitglieder) des Mutterunternehmens von an der Börse notierenden Unternehmen, dass nach bestem Wissen im Konzernlagebericht der Geschäftsverlauf einschließlich des Geschäftsergebnisses und die Lage des Konzerns so dargestellt sind, dass ein den tatsächlichen Verhältnissen entsprechendes Bild vermittelt wird, und dass die wesentlichen Chancen und Risiken der voraussichtlichen Entwicklung des Konzerns beschrieben sind (**Bilanzeid**). Grundlage für diese Bestimmung ist die Transparenzrichtlinie der EU.

Dieser **Bilanzeid** findet sich in Österreich im § 82 Abs 4 des Börsegesetzes. Danach haben die gesetzlichen Vertreter (Vorstandsmitglierder) des Emittenten (Mutterunternehmens) unter Angabe ihres Namens und ihrer Stellung zu bestätigen, dass der im Einklang mit den maßgebenden Rechnungslegungsstandards aufgestellte Jahresabschluss ihres Wissens ein möglichst getreues Bild der Vermögens-, Finanz- und Ertragslage des Emittenten oder der Gesamtheit der in die Konsolidierung einbezogenen Unternehmen vermittelt.

9.53 Versuch einer Gliederung als Symbiose aus den beiden oben genannten Lageberichtsformen

Den Verfassern erscheint vor allem der Punkt 1 des DRS-Vorschlages eine sehr gute Grundinformation für die folgenden speziellen Ausführungen zu sein, weswegen sie hier voll diesem Vorschlag folgen.

1.	Beschreibung des Konzerns a) Allgemeine Beschreibung der Konzernstruktur b) Bericht über Zweigniederlassungen	Gesetzlich nicht vorgeschrieben § 267 Abs 3 Z 4
2.	Bericht über den Geschäftsverlauf und die wirtschaftliche Lage a) Geschäftsverlauf des abgelaufenen Geschäftsjahres b) Darstellung der Ertrags-, Finanz- und Vermögenslage an Hand finanzieller Leistungsindikatoren c) Analyse der nicht finanziellen Leistungsindikatoren	§ 267 Abs 1 § 267 Abs 2 § 267 Abs 2 § 267 Abs 2 § 267 Abs 2
3.	Bericht über die Tätigkeit des Konzerns im Bereich Forschung und Entwicklung	§ 267 Abs 3 Z 2
4.	Bericht über die voraussichtliche Entwicklung unter Angabe der wesentlichen Risiken und Chancen des Konzerns a) Voraussichtliche Entwicklung des Konzerns – Prognosebericht b) Wesentliche Risiken und Ungewissheiten – Risikobericht c) Verwendung von Finanzinstrumenten	§ 267 Abs 3 Z 1 und 5
5.	Bericht über Bestand an erworbenen oder in Pfand genommenen eigenen Anteilen des Mutterunternehmens und ihre Entwicklung	§ 267 Abs 3 Z 3

Die folgenden Berichtsteile 6–8 sind nur für Aktiengesellschaften (Mutterunternehmen) bestimmt, deren Aktien oder andere Wertpapiere an Börsen gehandelt werden. Diese Gesellschaften sind auch zur Bilanzierung gem § 245a, dh nach IFRS verpflichtet

6.	Berichterstattung über wesentliche Merkmale des internen Kontroll- und Risikomanagementsystems	§ 267 Abs 3b
7.	Angaben zu Kapital-, Anteils-, Stimm- und Kontrollrechten und damit verbundenen Verpflichtungen	§ 267 Abs 3a
8.	Bericht zum Corporate-Governance-Kodex	§ 267a
9.	Große Unternehmen die in der mineralgewinnenden Industrie oder auf dem Gebiet des Holzeinschlages in Primärwäldern tätig sind, haben gem § 267b einen konsolidierten Bericht über Zahlungen an staatliche Stellen zu erstellen	§ 267b

9.531   Erläuterung und Inhalt der einzelnen Berichtspunkte

9.531.1   (1) Beschreibung des Konzerns

a) Allgemeine Beschreibung der Konzernstruktur

Diese Angaben werden im Gesetz nicht verlangt, dienen aber der umfassenden Information des Berichtslesers.

In diesem Zusammenhang werden beispielsweise in DRS 20 Abschnitt 36 und 37 in Bezug auf den Konzern nachstehende Angaben verlangt:

> *Abschnitt 36:*
>
> *Ausgangspunkt für die Darstellung, Analyse und Beurteilung des Geschäftsverlaufes und der wirtschaftlichen Lage bilden Angaben zu den Grundlagen des Konzerns. Wesentliche Veränderungen dieser Grundlagen im Vergleich zum Vorjahr sind darzustellen und zu erläutern. Dabei sind quantitative Angaben zu machen, sofern diese Informationen für den verständigen Adressdaten wesentlich sind.*
>
> *Abschnitt 37:*
>
> *Soweit für das Verständnis der Ausführungen im Konzernlagebericht erforderlich, ist einzugehen auf die*
>
> *a) organisatorische Struktur des Konzerns,*
>
> *b) Segmente,*
>
> *c) Standorte,*
>
> *d) Produkte und Dienstleistungen,*
>
> *e) Geschäftsprojekte,*
>
> *f) Absatzmärkte,*
>
> *g) externen Einflussfaktoren für das Geschäft.*

b) Bericht über Zweigniederlassungen

Nach *Nowotny* in *Straube*[3] § 243 Rz 46 sind die Zahl und der Ort der Niederlassungen sowie wesentliche Veränderungen, wie Neueröffnung, Sitzverlegung, Umwandlung in eine Tochtergesellschaft oder Schließungen anzugeben; weitergehende Angaben wie Umsatz, Zahl der Mitarbeiter ua sind dagegen nicht erforderlich. Anderer Ansicht *Ellrot* in Beck'scher Bilanzkommentar § 289 Rz 44, wonach vielmehr eine Berichterstattung über wesentliche wirtschaftliche Eckdaten der einzelnen Zweigniederlassungen geboten ist, zB Umsätze, Vertriebsprogramme, wesentliche Investitionsvorhaben, beschäftigte Mitarbeiter.

Die **AFRAC-Stellungnahme** regelt die Berichterstattung über Zweigniederlassungen in Abschnitt 6.1.3.

Danach sind „weiterführende Angaben, wie Umsatz oder Mitarbeiterzahl grundsätzlich nicht erforderlich; allerdings muss die Angabe dieser Informationen als verpflichtend angesehen werden, wenn ohne deren Darlegung die Darstellung der wirtschaftlichen Lage des Gesamtunternehmens nicht möglich wäre".

9.531.2 (2) Bericht über den Geschäftsverlauf und die wirtschaftliche Lage des Konzerns

a) Geschäftsverlauf des abgelaufenen Geschäftsjahres

„Es handelt sich um einen im wesentlichen vergangenheitsorientierten, zeitraumbezogenen Bericht. Die Darstellung soll erkennen lassen, ob nach der Auffassung der Geschäftsleitung die Geschäftsentwicklung günstig oder ungünstig verlaufen ist" (ADS § 289 Rz 72).

Für die Darstellung des Geschäftsverlaufes wird in *Küting/Weber*[4] (§ 289 Rz 31) folgende Gliederung vorgeschlagen:

- Überblick (Erläuterungen der wirtschaftlichen und gesellschaftlichen Rahmenbedingungen;
- Entwicklung des Ergebnisses (Angaben zur Entwicklung der mengen- und wertmäßigen Umsätze, der Aufwendungen und Erträge);
- Beschaffungsbereich;
- Produktions- und Leistungsbereich;
- Absatzbereich;
- Investitions- und Finanzierungsbereich;
- Personal- und Sozialwesen;
- Wichtige Ereignisse während des Geschäftsjahres (wichtige Verträge, Erwerb und Veräußerung von Beteiligungen, Kooperationsvorhaben) (ähnlich ADS § 289 Rz 72).

Analoge Ausführungen finden sich insbesondere im Abschnitt 6.1.2., Rz 29 der **AFRAC-Stellungnahme**: „Die Struktur der Berichterstattung hat sich nach den Funktionen bzw. Sparten des einzelnen Konzerns zu richten. Einzugehen ist jeweils auf den Verlauf des Geschäftsjahres, den am Ende des Geschäftsjahres erreichten Stand und Unterschiede zu Vorperioden. Zu den **Themenbereichen** zählen beispielsweise die Absatzentwicklung/-lage, der Produktions- und Leistungsbereich, der Beschaffungsbereich, wesentliche Investitionen und Umgründungen sowie die Entwicklung des Geschäftsergebnisses."

b) Darstellung der Ertrags-, Finanz- und Vermögenslage anhand finanzieller Leistungsindikatoren

§ 267 Abs 1 spricht von der Vermittlung eines möglichst getreuen Bildes der Vermögens-, Finanz- und Ertragslage. Die in der Überschrift zu diesem Abschnitt verwendete Reihenfolge **Ertrags-, Finanz- und Vermögenslage** wurde bewusst gewählt, weil sich diese Reihenfolge der Darstellung in der Praxis der Lageberichterstattung großer Unternehmen und Konzerne überwiegend durchgesetzt hat. Darüber hinaus stellt die Berichterstattung in den Lageberichten die Ertragslage in den Vordergrund.

Gem § 267 Abs 2 hat die Analyse des Geschäftsverlaufs, einschließlich des Geschäftsergebnisses, und der Lage des Unternehmens auf die für die jeweilige Geschäftstätigkeit wichtigsten **finanziellen und nicht finanziellen Leistungsindikatoren** einzugehen, und sie unter Bezugnahme auf die im Jahresabschluss ausgewiesenen Beträge und Angaben zu erläutern. Sowohl das **AFRAC** als auch die **Fachsenate für Betriebswirtschaft und Organisation und für Unternehmensrecht** der Kammer der Wirtschaftstreuhänder haben zur Frage der **finanziellen** Leistungsindikatoren im Lagebericht Stellung genommen:

Das AFRAC bezeichnet in seiner Stellungnahme „Lageberichterstattung" gem §§ 243, 243a und 267 vom Juni 2009, überarbeitet 2016, mangels Fehlens einer Definition des Begriffes *„Leistungsindikatoren"* diese entsprechend dem englischen Begriff **„key performance indicators"** als die **wesentlichen Erfolgsmaßstäbe des Unternehmens** (Rz 34).

Finanzielle Leistungsindikatoren sind im Gegensatz zu **nichtfinanziellen Leistungsindikatoren** als die gängigen Kennzahlen (Zahlen oder Zahlenverhältnisse) der finanzwirtschaftlichen und erfolgswirtschaftlichen Analyse zu verstehen.

Unter **nichtfinanziellen Leistungsindikatoren** versteht das AFRAC „alle Belange, Umstände und Faktoren, die über die finanziellen Leistungsindikatoren hinaus für das Verständnis von Geschäftsverlauf, Geschäftsergebnis oder Lage von Bedeutung sind und/oder die voraussichtliche Entwicklung wesentlich beeinflussen können" (siehe Rz 45).

Der **Fachsenat für Unternehmensrecht und Revision** definiert die **finanziellen Leistungsindikatoren** in Anlehnung an vergleichbare internationale Regelungen (UK Reporting Standard Nr 1 The Operating and Financial Review) als Faktoren, „auf Grund derer die Entwicklung, das Ergebnis und die Lage des Unternehmens wirksam gemessen werden können; sie sind die quantifizierte Maßgröße, die die kritischen Ergebnisfaktoren des Unternehmens abbilden und den Fortschritt zur Erreichung eines bestimmten Ziels oder bestimmter Ziele offen legen".

Zu den **finanziellen Leistungsindikatoren** gehören neben Verhältniszahlen auch „**absolute Zahlen** wie zB die Umsatzerlöse und andere vielfach verwendete Zwischensummen aus der Gewinn- und Verlustrechnung (zB Betriebsergebnis, Finanzergebnis usw). Aus diesen absoluten Zahlen werden **Verhältniszahlen** abgeleitet, die für die Darstellung der Unternehmensstruktur den Vorteil größerer Anschaulichkeit auch im Vergleich mit anderen Unternehmen besitzen".

Der Fachsenat für **Betriebswirtschaft und Organisation** definiert in seinem Fachgutachten KFS/BW 3 in Anlehnung an das AFRAC **finanzielle Leistungsindikato-**

ren als wesentliche Erfolgsmaßstäbe eines Unternehmens, die eine effektive Messung von Entwicklung, Performance und Geschäftätigkeit ermöglichen und quantifizierbar sind.

Die Ableitung der finanziellen Leistungsindikatoren (Kennzahlen) aus den Zahlen des Konzernabschlusses

Die im § 267 niedergelegte Bestimmung, wonach die finanziellen Leistungsindikatoren **unter Bezugnahme** auf die im Jahresabschluss ausgewiesenen Beträge und Angaben zu erläutern sind, führt laut **AFRAC** zum Schluss (Rz 38), dass im Lagebericht lediglich **direkt aus dem Jahresabschluss ableitbare** und in Geldwerten bzw Geldwertverhältnissen ausdrückbare Kennzahlen als **finanzielle Leistungsindikatoren** anzugeben sind. Allerdings sieht das AFRAC auch die Möglichkeit, dass es in Einzelfällen sinnvoll sein kann, unter Darstellung einer **zahlenmäßigen Überleitung** auch nicht direkt aus dem Jahresabschluss ableitbare Kennzahlen anzugeben.

Auch der **Fachsenat für Unternehmensrecht** verlangt die unmittelbare Ableitung der finanziellen Leistungsindikatoren aus den im Jahresabschluss ausgewiesenen Beträgen und Angaben, erachtet es aber in Übereinstimmung mit dem **Fachgutachten KFS/BW 3** als zulässig, „zum Zweck einer wesentlichen und betriebswirtschaftlich begründeten Verbesserung der Aussagefähigkeit finanzieller Leistungsindikatoren bei deren Berechnung Beträge heranzuziehen, die dem Jahres- bzw Konzernabschluss einschließlich des Anhanges bzw Konzernanhanges nicht unmittelbar entnommen werden können".

Wesentlich erscheint es, **dass im Lagebericht zumindest in einem Annex die Berechnung der Kennzahlen** dargestellt wird, damit die Ableitung aus dem Jahresabschluss nachvollziehbar ist. Wenn der Berechnung Zahlen zugrunde gelegt werden, die nicht direkt aus dem Jahresabschluss ersichtlich sind, sind die entsprechenden Beträge ausgehend von den Zahlen des Jahresabschlusses in einer Überleitungsrechnung darzustellen.

Dies erscheint auch deswegen von Bedeutung, weil es bei der Berechnung von Kennzahlen in vielen Fällen Varianten gibt, die die Vergleichbarkeit der Berechnung der Kennzahlen zwischen den Unternehmen stören. Sinnvoll wäre es, wenn man sich in der Praxis auf eine einheitliche Vorgangsweise bei der Berechnung der Kennzahlen einigen könnte.

Gemäß dem Fachgutachten KFS/BW3 sollen zur Darstellung des Geschäftsverlaufes die **Kennzahlen zumindest für das Geschäftsjahr und das Vorjahr** angegeben werden, wobei Änderungen gegenüber dem Vorjahr, die auf Änderungen der Berechnung oder wesentliche Änderungen der Unternehmensstruktur zurückzuführen sind, zu erläutern sind. Wenn sich die Unternehmensstruktur nicht wesentlich verändert hat, wird der Einblick in die Entwicklung des Unternehmens verbessert, wenn ausgewählte Kennzahlen von **drei bis fünf Jahren** dargestellt werden.

Empfehlungen im KFS/BW3 zur Heranzichung angemessener finanzieller Leistungsindikatoren

Im Sinne des § 267 empfiehlt das Fachgutachten die Heranziehung folgender **angemessener finanzieller Leistungsindikatoren**, wobei allerdings zu bemerken ist, dass die nachfolgend genannten Kennzahlen eher als **Mindeststandard** denn als **angemessen** anzusehen sind.

(1) Kennzahlen zur Ertragslage
- Umsatzerlöse (Sales)
- Ergebnis vor Zinsen und Steuern (Earnings before Interest and Tax – EBIT)
- Umsatzrentabilität (Return on Sales – ROS)
  - – Kapitalrentabilität
  - – Gesamtkapitalrentabilität (Return on Investment – ROI)
  - – Eigenkapitalrentabilität (Return on Equity – ROE)

(2) Kennzahlen zur Vermögens- und Finanzlage
- Eigenkapitalquote (Equity Ratio)
- Nettoumlaufvermögen (Working Capital)
- Nettoverschuldung (Net Debt)
- Nettoverschuldungsgrad (Gearing)

(3) Cashflow-Kennzahlen

Zu (1) Kennzahlen der Ertragslage

Die nachfolgende Darstellung der Kennzahlen wurde den Abschnitten 4–6 des Fachgutachtens des Fachsenats für Betriebswirtschaft und Organisation, betreffend die Empfehlung zur Ausgestaltung finanzieller Leistungsindikatoren im Lagebericht bzw Konzernlagebericht entnommen.

Weitere Kennzahlen mit ausführlichen Erläuterungen finden sich im Band 3 des Jahresabschlusses nach dem Unternehmensgesetzbuch – Unternehmensanalyse, S 23 ff.

Ergebnis vor Zinsen und Steuern (EBIT = Earnings before Interest and Tax)

Dieses entspricht dem um den Zinsenaufwand korrigierten Ergebnis vor Steuern.

Ergebnis vor Steuern
+ Zinsen und ähnliche Aufwendungen gem § 231 Abs 2 Z 15 bzw Abs 3 Z 14
Ergebnis vor Zinsen und Steuern

Anmerkung: Mit dem RÄG 2014 wurde der außerordentliche Bereich in der Gewinn- und Verlustrechnung aufgelassen, womit an die Stelle des Ergebnisses der gewöhnlichen Geschäftstätigkeit das Ergebnis vor Steuern getreten ist. Sind im Unternehmen Ertrags- oder Aufwandsposten von außerordentlicher Größenordnung und von außerordentlicher Bedeutung angefallen, die im Anhang angegeben werden müssen, wird der Ersteller des Lageberichtes in der Regel auch das Ergebnis vor Steuern um diese Erfolgsposten bereinigen.

Umsatzrentabilität (ROS = Return on Sales)

Die Umsatzrentabilität entspricht dem Verhältnis aus Ergebnis vor Zinsen und Steuern und den Umsatzerlösen. Wie auch die nachfolgend dargestellte Gesamtkapitalrentabilität betrifft diese Kennzahl das gesamte Unternehmen unabhängig von der Finanzierung desselben.

Umsatzrentabilität = Ergebnis vor Zinsen und Steuern/Umsatzerlöse

Gesamtkapitalrentabilität (ROI = Return on Investment)

Die **Gesamtkapitalrentabilitä**t zeigt die Ertragskraft des Unternehmens unabhängig von der Finanzierung desselben. Verglichen mit den Sätzen für Fremdfinanzierung zeigt diese Kennzahl an, ob das Unternehmen in der Lage ist, über die Zinsen hinaus Gewinne zu erzielen.

Grundsätzlich sollte die Basis für die Ermittlung der Kapitalrentabilität das Kapital zum Anfang des Geschäftsjahres sein. Wird dadurch die Aussage der Kennzahl eingeschränkt (zB durch hohe Kapitalschwankungen) ist eine entsprechende Durchschnittszahl zu ermitteln und zu erläutern.

Gesamtkapitalrentabilität = Ergebnis vor Zinsen und Steuern/Gesamtkapital

Eigenkapitalrentabilität (ROE = Return on Equity)

Die Eigenkapitalrentabilität ergibt sich aus dem Verhältnis des Ergebnisses vor Steuern zum Eigenkapital. Sie zeigt die Rentabilität des Kapitaleinsatzes der Eigentümer nach Abzug der Fremkapitalkosten.

Eigenkapitalrentabilität = Ergebnis vor Steuern/Eigenkapital

Für die Feststellung des Eigenkapitals als Basis gilt das zum Gesamtkapital Gesagte.

Eigenkapitalrentabilität nach Körperschaftsteuer = Jahresüberschuss/ Eigenkapital

Bei börsennotierten Kapitalgesellschaften wird die Rentabilität des Ergebnisses nach Körperschaftsteuer in der Regel nicht auf das buchmäßige Eigenkapital, sondern auf den Marktwert desselben bezogen. Der Marktwert des Eigenkapitals ergibt sich aus der Multiplikation der Anteile mit deren Börsenkurs. Diese Kennzahl ist auch als KGV = Kurs-Gewinnverhältnis bekannt. Das KGV ist der reziproke Wert zum Rentabilitätssatz. Ein KGV von 12,5 entspricht beispielsweise einer Rentabilität von 8% = 100/12,5.

Kurs-Gewinn-Verhältnis = Marktwert des Eigenkapitals/Jahresüberschuss (Börsekapitalisierung)

Zu (2) Kennzahlen der Vermögens- und Finanzlage

Nettoverschuldung (Net Debt)

- Die Nettoverschuldung ergibt sich aus dem Saldo des verzinslichen Fremdkapitals und der flüssigen Mittel.

	Verzinsliches Fremdkapital
–	flüssige Mittel
=	**Nettoverschuldung**

Das verzinsliche Fremdkapital setzt sich jedenfalls aus folgenden Posten zusammen:

- Anleihen
- Verbindlichkeiten gegenüber Kreditinstituten
- Rückstellungen für Abfertigungen
- Rückstellungen für Pensionen
- Rückstellungen für Jubiläumsgelder

Alle anderen Posten des Fremdkapitals sind auf ihre Zuordnung zum verzinslichen Fremdkapital zu untersuchen.

Die flüssigen Mittel bestehen aus dem Bilanzposen „Kassenbestand, Schecks, Guthaben bei Kreditinstituten" (§ 224 Abs 2 B IV), aus den Wertpapieren des Umlaufvermögens, die jeder Zeit in Geld umgewandelt werden können und nur einem geringen Wertschwankungsrisiko unterliegen sowie aus sonstigem Finanzvermögen, das in direktem Zusammenhang mit verzinslichem Fremdkapital steht.

Nettoumlaufvermögen (Working Capital)

Das Nettoumlaufvermögen ergibt sich als Differenz des kurzfristigen Umlaufvermögens und des kurzfristigen Fremdkapitals. Das Umlaufvermögen ist um die langfristig gebundenen Bestandteile zu kürzen. Zu diesen zählen etwa Forderungen mit einer Restlaufzeit von mehr als einem Jahr. Sowohl in das kurzfristige Umlaufvermögen als auch in das kurzfristige Fremdkapital sind die kurzfristigen Rechnungsabgrenzungsposten einzubeziehen.

	Umlaufvermögen
–	langfristiges Umlaufvermögen
=	kurzfristiges Umlaufvermöge
–	kurzfristiges Fremdkapital
=	**Nettoumlaufvermögen**

Eigenkapitalquote (Equity Ratio)

Die Eigenkapitalquote stellt den Anteil des Eigenkapitals am Gesamtkapital dar.

Eigenkapitalquote = Eigenkapital/Gesamtkapital

Nettoverschuldungsgrad (Gearing)

Der Nettoverschuldungsgrad entspricht dem Verhältnis der Nettoverschuldung zum Eigenkapital.

Nettoverschuldungsgrad = Nettoverschuldung/Eigenkapital

Zu (3) Cashflow-Kennzahlen

Siehe hierzu Kapitel 9, Geldflussrechnung.

Bezüglich weiterer häufig verwendeter finanzieller Kennzahlen siehe Band 3 „Unternehmensanalyse" des Jahresabschlusses nach dem UGB, in dem sich die Autoren eingehend mit den Problemen der Jahresabschlussanalyse beschäftigen.

c) Analyse der nicht finanziellen Leistungsindikatoren

Unter **nichtfinanziellen Leistungsindikatoren** versteht das AFRAC „alle Belange, Umstände und Faktoren, die über die finanziellen Leistungsindikatoren hinaus für das Verständnis von Geschäftsverlauf, Geschäftsergebnis oder Lage von Bedeutung sind und/oder die voraussichtliche Entwicklung wesentlich beeinflussen können".

Die Darstellung nichtfinanzieller Leistungsindikatoren ist eine Sondervorschrift für große Kapitalgesellschaften und Konzerne.

§ 243 Abs 5 enthält folgende Vorschriften:

> *„Für große Kapitalgesellschaften umfasst die Analyse nach Abs 2 letzter Satz auch die wichtigsten nichtfinanziellen Leistungsindikatoren, einschließlich Informationen über Umwelt- und Arbeitnehmerbelange, Absatz 3 bleibt unberührt."*

Analog dazu bestimmt § 267 Abs 2 2. Satz:

> *Abhängig von der Größe des Konzerns und von der Komplexität des Geschäftsbetriebes der einbezogenen Unternehmen hat die Analyse auf die für die jeweilige Geschäftstätigkeit wichtigsten finanziellen und nichtfinanziellen Leistungsindikatoren, einschließlich Informationen über Umwelt- und Arbeitnehmerbelange einzugehen und sie unter Bezugnahme auf die im Konzernabschluss ausgewiesenen Beträge und Angaben zu erläutern.*

Unter **nichtfinanziellen Leistungsindikatoren** versteht der Fachsenat im Einklang mit den erläuternden Bemerkungen zum Gesetz „eine Analyse der ökologischen und sozialen Aspekte, die für das Verständnis des Geschäftsverlaufes, des Geschäftsergebnisses und der Lage des Unternehmens erforderlich ist."

Der Verweis auf § 267 Absatz 2 letzter Satz bezieht sich auf die Berücksichtigung der Größe des Konzerns und der Komplexität des Geschäftsbetriebes; weiters sind, wie bei den finanziellen Leistungsindikatoren vorgesehen, auch die nichtfinanziellen Leistungsindikatoren **unter Bezugnahme auf die im Jahresabschluss ausgewiesenen Beträge und Angaben zu erläutern**.

Dies bedeutet aber, dass auch die **nichtfinanziellen Leistungsindikatoren** von den Beträgen und Angaben des Jahresabschlusses ableitbar sein müssen und dass die Erläuterung insbesondere auf die Veränderung der nichtfinanziellen Leistungsindikatoren gegenüber dem Vorjahr (den Vorjahren) einzugehen hat; dies führt aber gleichzeitig zu einer entsprechenden Einschränkung des Inhaltes der gegebenenfalls anzugebenden nichtfinanziellen Leistungsindikatoren bzw Informationen.

Eine weitere Einschränkung ergibt sich aus folgender Überlegung zum Inhalt des Lageberichtes:

Der Lagebericht ist vom Vorstand des Mutterunternehmens – unter Wahrung der Interessen des Konzerns – aufzustellen, dies bedeutet aber, dass, wenn eine Angabe die Interessen des Konzerns (zB gegenüber der Konkurrenz) beeinträchtigen könnte, dies zu berücksichtigen ist. „Auch muss die Berichterstattung dort ihre Grenzen finden, wo damit zu rechnen ist, dass die Preisgabe von Informationen zum Nachteil für die berichtende Gesellschaft führt." (*Küting/Weber*[4] § 289 Rz 27).

In diesem Zusammenhang erscheint es zweckmäßig, einen Überblick über die Entwicklung dieser Gesetzesstelle von der Richtlinie zur Umsetzung in österreichisches Recht bzw auch zur Umsetzung im dHGB zu geben.

Im **Erwägungsgrund 9 zur Modernisierungsrichtlinie** heißt es im Zusammenhang mit der Neufassung der Vorschriften über den Lagebericht: „Die Informationen sollten nicht auf die finanziellen Aspekte des Geschäftes des Unternehmens beschränkt sein. Dies sollte gegebenenfalls zur **Analyse ökologischer und sozialer Aspekte** führen, die für das Verständnis des Geschäftsverlaufs, des Geschäftsergebnisses oder der Lage des Unternehmens erforderlich sind."

An dieser Stelle **wird** im Zusammenhang mit den **nichtfinanziellen Leistungsindikatoren nur auf Umwelt- und Arbeitnehmerbelange**, nicht jedoch auf andere nichtfinanzielle Leistungsindikatoren **hingewiesen**.

Artikel 19 der Bilanzrichtlinie enthält in Abs 1, 3. Satz folgenden Wortlaut:

> *„**Soweit dies** für das Verständnis des Geschäftsverlaufs, des Geschäftsergebnisses oder der Lage des Unternehmens **erforderlich** ist, umfasst die Analyse die wichtigsten finanziellen und – **soweit angebracht** – nichtfinanziellen Leistungsindikatoren, die für die betreffende Geschäftstätigkeit von Bedeutung sind, einschließlich Informationen in Bezug auf Umwelt- und Arbeitnehmerbelange."*

Hier wird einerseits der Begriff der **„nichtfinanziellen Leistungsindikatoren"** über ökologische und soziale Aspekte hinaus ausgedehnt, andererseits aber eingeschränkt durch die Worte „soweit ... erforderlich" und „soweit angebracht". Dies lässt also dem Verfasser des Lageberichtes einen weiten Spielraum für die Aufnahme nicht die Umwelt und die Arbeitnehmer betreffender nichtfinanzieller Leistungsindikatoren.

Die österreichische Umsetzung geht in ihrer Strenge über die Richtlinie bzw die Umsetzung im dHGB hinaus; dies sollte allerdings bei der Auslegung der österreichischen Vorschriften entsprechend berücksichtigt werden. Die Ansatzpunkte dafür wurden bereits oben angeführt.

Daraus lässt sich wohl ableiten, dass der Schwerpunkt im Zusammenhang mit nichtfinanziellen Leistungsindikatoren bei der Darstellung der Umwelt- und Arbeitnehmerbelange liegt. (aA Stellungnahme AFRAC, Rz 45/46)

Angaben in Zusammenhang mit Umweltaspekten

Die Erläuternden Bemerkungen zum ReLÄG 2004 weisen auf die **Empfehlung der EU-Kommission vom 30.5.2001** hin, wonach im Lagebericht im Hinblick auf die Umweltberichterstattung auf folgende Aspekte eingegangen werden soll:

1. *Darstellung der allgemeinen Umweltstrategie des Unternehmens und der von ihm beschlossenen Umweltschutzprogramme, insbesondere hinsichtlich spezifischer Maßnahmen zur Verhütung von Umweltschäden.*
2. *Darstellung der auf dem Gebiet des Umweltschutzes erzielten Fortschritte des Unternehmens.*
3. *Hinweis auf die durchgeführten Umweltschutzmaßnahmen, die aufgrund gesetzlicher bestehender Vorschriften oder im Wesentlichen bereits verabschiedeter rechtlicher Bestimmungen vorgenommen wurden.*
4. *Information über Emissionen, Abfallentsorgung, Energieverbrauch.*
5. *Gegebenenfalls Hinweis auf einen vom Unternehmen herausgegebenen Umweltbericht.*

Die AFRAC-Stellungnahme erwähnt im Abschnitt 45

- Wasser- und Energieverbrauch,
- Abfall,
- Emissionen.

Informationen über „Arbeitnehmerbelange"

§ 239 Abs 1 in Verbindung mit § 266 enthält schon Vorschriften für Organe und Arbeitnehmer.

Die für den Lagebericht geforderten weiteren Angaben können aus folgenden Informationen bestehen:

AFRAC-Stellungnahme Abschn 45:

- Einstellung und Fluktuation
- Aus- und Weiterbildung
- Moral/Motivation
- Performance der Mitarbeiter
- Soziales Umfeld, betriebliche Sozialleistungen, Gesundheits- und Arbeitsschutz
- Gewinnbeteiligungen sowie besondere Betriebsvereinbarungen

In Facharbeiten angeführte sonstige nichtfinanzielle Leistungsindikatoren

Hier wird deutlich, dass die bereits angeführten Einschränkungen (Verbindung mit den im Jahresabschluss ausgewiesenen Beträgen und Angaben, Beeinträchtigung der Interessen des Konzerns gegenüber der Konkurrenz, aber auch das Problem der Objektivierbarkeit und Transparenz als Voraussetzungen für die Forderung nach Darstellung im Lagebericht) nur zum geringen Teil beachtet werden. Bei den im Folgenden angeführten Beispielen aus der Fachliteratur für nichtfinanzielle Leistungsindikatoren sind deswegen auch mögliche Einwendungen vermerkt.

AFRAC-Stellungnahme Rz 46:

- Entwicklung des Kundenstamms (Problem der Ermittlung und Überprüfbarkeit)
- Durchschnittlicher Umsatz pro Kunde
- Durchschnittlicher Umsatz, bezogen auf die Verkaufsfläche
- Verkaufte Produkte pro Kunde (in all diesen Fällen ergibt sich das Problem der aussagefähigen statistischen Erfassung; eine zwischenbetriebliche Vergleichbarkeit wird in der Regel nicht gegeben sein)
- Produktentwicklungen (gehört zu Forschung und Entwicklung)
- Marktanteil (gehört zur Berichterstattung über Stellung des Unternehmens im Markt bzw zur Umsatzentwicklung)
- Produktionsauslastung (wird das Unternehmen kaum bereit sein, anzugeben)
- Auftragslage (gehört eher zur voraussichtlichen Entwicklung des Unternehmens)

In DRS 20 werden, ohne weitere Untergliederung nach Gruppen, folgende Beispiele für nichtfinanzielle Leistungsindikatoren angeführt:

Tz 107.

a) Kundenbelange (Indikatoren zum Kundenstamm, Kundenzufriedenheit etc),

b) Umweltbelange (Emissionswerte, Energieverbrauch etc),

c) Arbeitnehmerbelange (Indikatoren zur Mitarbeiterfluktuation, Mitarbeiterzufriedenheit, Betriebszugehörigkeit, Fortbildungsmaßnahmen etc),

d) Indikatoren zu Forschung und Entwicklung (sofern diese Angaben nicht im Forschungs- und Entwicklungsbericht gemäß Tz 46–51 gemacht werden) und

e) die gesellschaftliche Reputation des Konzerns (Indikatoren zum sozialen und kulturellen Engagement, Wahrnehmung gesellschaftlicher Verantwortung etc).

Erweiterung der Berichterstattung über die nichtfinanziellen Leistungsindikatoren

Beschlossen wurde seitens der Kommission eine Erweiterung der Berichterstattung „of non-financial informations for certain large companies".

Dies ergibt sich aus folgendem Dokument:

The Directive (2014/95/EU amending Directive (2013/34/EU) on disclosure of non-financial and diversity information by certain large companies and groups was published in the EU Official Journal on 15 November 2014, entering into force on 6 December 2014. The Deadline for the transposition into the national legislation of this Directive by Member States is 6 December 2016. This Directive will improve the transparency of large listed companies and public-interest entities relating to environment, social and employee information, respect for human rights and corruption and bribery matters. It covers as well the disclosure of diversity information relating to the boards of directors.

9.531.3 (3) Bericht über die Tätigkeit des Konzerns im Bereich Forschung und Entwicklung

Der Umfang des Berichtes über die Forschung und Entwicklung wird je nach der Tätigkeit des Konzerns höchst unterschiedlich ausfallen. Wegen der Angabepflichten muss jedoch zumindest ein Negativvermerk angebracht werden.

Nicht zu den Berichtspflichten gehören Angaben zur Auftragsforschung.

Schwierigkeiten sind auch mit der Frage der Einordnung dieses Berichtsteiles in den Lagebericht verbunden. Während das DRSC die Forschung und Entwicklung dem Grundlagenbereich des Konzerns zuordnet, findet sich dieser Abschnitt in der AFRAC-Stellungnahme als eigener Punkt im Anschluss an die Darstellung der voraussichtlichen Entwicklung des Unternehmens (Konzerns). Die Verfasser sehen die Einordnung als einen eigenen Punkt zwischen der gegenwärtigen wirtschaftlichen Lage und der voraussichtlichen Entwicklung des Konzerns als die geeigneste an.

Der Bericht über Forschung und Entwicklung gehört insoweit zu den schwierigsten Teilen des Lageberichtes, weil sich der Berichtspflichtige zwischen den beiden engen Grenzen „Zuwenig" und „Zuviel" befindet.

So sieht das AFRAC in Tz 68 die Angaben im Forschungsbericht als einen „Kompromiss zwischen den Informationsinteressen der Außenstehenden und dem schutzwürdigen Interesse des Unternehmens" bzw des Konzerns (Geschäftsgeheimnisse).

In der Tat wird der Konzern kaum konkrete Forschungsziele im engeren Sinn bzw diesbezügliche Forschungshandlungen bekanntgeben, sollte aber nach DRS 20 Tz 49 *„einen Einblick in die allgemeine Ausrichtung der Forschungs- und Entwicklungsaktivitäten sowie deren Intensität vermitteln".* Das AFRAC schlägt vor, *„dass neben der rein verbalen Beschreibungen der betreffenden Zielsetzungen auch quantitative Angaben aufzunehmen sind. So kann es erforderlich sein, Inputfaktoren (zB*

Ausgaben für Forschung und Entwicklung) und/oder Ergebnisse der Forschung bzw Entwicklung anzuführen. Angaben qualitativer Art können insbesondere über Schwerpunkte, einzelne Projekte und die Organisation der Forschungs- und Entwicklungstätigkeit gemacht werden".

DRS 20 Tz 50 nennt als Beispiele für die quantitativen Angaben zum Faktoreinsatz:

- Gesamtbetrag der Aufwendungen für Forschung und Entwicklung (absolut und in Prozenten vom Umsatz)
- Investitionen
- Anzahl der Mitarbeiter im Bereich Forschung und Entwicklung

Angaben zu den Ergebnissen der Forschungs- und Entwicklungsaktivitäten können zB sein:

- Angabe zu neuen Patenten sowie zu
- Lizenzen und Produktentwicklungen sowie deren finanzielle Bedeutung für den Konzern.

Als Ergänzung hierzu können nach *Küting/Weber*[4] (§ 289 HGB Rz 71) noch folgende quantitative Angaben angeführt werden:

- Einrichtungen, die für Forschungs- und Entwicklungszwecke unterhalten werden
- Restriktionen (Umweltschutz)

Die Angabe der Veränderungen der Forschungs- und Entwicklungstätigkeiten ist Teil des Forschungsberichtes.

9.531.4 (4) Bericht über die voraussichtliche Entwicklung unter Angabe der wesentlichen Risiken und Chancen des Konzerns

a) Voraussichtliche Entwicklung des Konzerns – Prognosebericht

Es war auch schon nach dem Aktiengesetz üblich, dass in den Geschäftsberichten (zB unter der Bezeichnung „Ausblick, Vorschau, Zukunftsaussichten") auf die voraussichtliche Entwicklung eingegangen wurde.

Zunächst ist allerdings zu diesem Abschnitt zu bemerken, dass der in den Anhang verlegte Berichtsteil über Ereignisse von besonderer Bedeutung, die nach dem Schluss des Geschäftsjahres eingetreten sind (§ 238 Abs 1 Z 11), hier insoweit noch einmal anzuführen sein wird, soweit diese Ereignisse den zukünftigen Verlauf des Unternehmens beeinflussen bzw beeinflussen können.

„Was und wie über die zukünftige Entwicklung zu berichten ist, sagt das dHGB nicht; es hält sich bewusst allgemein. Daraus ist zu schließen, dass Inhalt und Umfang des Prognoseberichts sich in engen Grenzen halten können. Das bedeutet, dass eine kürzere verbale Darstellung der zukünftigen Entwicklung als ausreichend betrachtet werden kann. Zahlenmäßige Prognosen sind entbehrlich" (Beck'scher Bilanzkommentar[5] § 289 Rz 35).

Nach *Küting/Weber*[4] (§ 289 Rz 58) dagegen sollte die Konzernleitung nach Möglichkeit **zahlenmäßige Prognosen** zur Darstellung der voraussichtlichen Entwicklung verwenden, „wenn die Herleitung der Prognosen zumutbar und die Willkürfreiheit gewährleistet ist".

„Die Anforderungen an die gesetzlich geforderten Prognoseaussagen dürfen nicht zu hoch angesetzt werden. Die Prognosen müssen vorsichtig sein, damit nicht falsche Erwartungen entstehen. Die Erläuterungen werden vor allem in verbalen Angaben bestehen" (WP-Handbuch 1996, Band I, 493).

„Bezüglich des zeitlichen Umfanges der Prognose wird … eine Bezugsperiode von zwei Jahren als sinnvoll angesehen. Ein einjähriger Prognosezeitraum ist als zu kurz zu betrachten, zumal bei Veröffentlichung der Prognose bereits mehrere Monate vergangen sind" (Beck'scher Bilanzkommentar[5] § 289 Rz 35). In *Küting/Weber*[4] (§ 289 Rz 57) wird dieser Zweijahreszeitraum als der herrschenden Meinung entsprechend bezeichnet.

DRS 20 fordert einen Prognosezeitraum von mindestens einem Jahr (Tz 127), während das Vorgängerstatement DRS 15 noch zwei Jahre gefordert hatte.

„Letztlich liegt es im pflichtgemäßen Ermessen der Konzernleitung, den **Umfang der Zukunftsaussagen** zur Darlegung der zukünftigen Entwicklung im Lagebericht festzulegen. Zum Umfang einer angemessenen Berichterstattung über die zukünftige Entwicklung gehören sicherlich Angaben

1. zur allgemeinen volkswirtschaftlichen Entwicklung,
2. zur wesentlichen Änderung in den Bereichen
   - Beschaffung,
   - Produktion,
   - Personal,
   - Investition und Finanzierung,
3. zur Marktstellung in den wichtigsten Tätigkeitsbereichen,
4. zur tendenziellen Entwicklung der Ergebnisse."

Die Auffassungen der Fachliteratur zum Inhalt des Prognoseberichtes decken sich aber nach stichprobenweiser Durchsicht von Veröffentlichungen kaum mit der **Rechnungslegungspraxis**; Prognosen werden, soweit festgestellt, nur verbal, und kann betragsmäßig formuliert, und die Prognoseangaben beziehen sich höchstens auf allgemein gehaltene Erwartungen über die Entwicklung des Umsatzes und des Ergebnisses des Folgejahres.

Allerdings muss darauf hingewiesen werden, dass aufgrund der Vorschriften des § 81 AktG bzw § 28a GmbHG für aufsichtsratspflichtige Unternehmen die Verpflichtung besteht, dass der Vorstand dem Aufsichtsrat mindestens einmal jährlich „über grundsätzliche Fragen der Geschäftspolitik des Unternehmens zu berichten, sowie **die künftige Entwicklung der Vermögens-, Finanz- und Ertragslage an-**

hand einer Vorschaurechnung darzustellen hat (Jahresbericht)". Für die Darstellung der voraussichtlichen Entwicklung des Unternehmens bzw Konzerns müssten daher zumindest für aufsichtsratspflichtige Unternehmen entsprechende Unterlagen vorhanden sein.

Die **AFRAC-Stellungnahme** ist hinsichtlich der Anforderungen an die Darstellung der voraussichtlichen Entwicklung des Unternehmens eher zurückhaltend und enthält dazu (nur) folgende Ausführungen (Abschnitt 6.2.2.):

*„Dieser Abschnitt des Lageberichtes soll die für das Unternehmen **relevante Entwicklung der gesamtwirtschaftlichen und sonstigen Rahmenbedingungen**, die Entwicklung der Branchensituation sowie deren Auswirkungen auf die Vermögens-, Finanz- und Ertragslage des Unternehmens darstellen. Anzugeben sind weiters die wesentlichen geschäftspolitischen Vorhaben und deren Auswirkung auf die Lage des Unternehmens. In beiden Fällen sind die getroffenen Annahmen zu erläutern und zu begründen."*

*„Es ist zulässig, dass die **Darstellungen** zur voraussichtlichen Entwicklung des Unternehmens **in qualitativer Form** erfolgen. Daher ist es für die Darstellung der voraussichtlichen Entwicklung nicht erforderlich, die im Bericht über den Geschäftsverlauf und die wirtschaftliche Lage angeführten Leistungsindikatoren zu prognostizieren oder Planzahlen anzugeben.*

*Der mit den Ausführungen im Lagebericht abgedeckte **Zeithorizont** ist unter Berücksichtigung der unternehmensspezifischen Geschäftszyklen und Risiken festzulegen und hat jedenfalls das nachfolgende Geschäftsjahr zu umfassen."*

DRS 20 enthält dazu in nachstehenden Tz unter anderem folgende Ausführungen:

120. Die wesentlichen Annahmen, auf denen die Prognosen beruhen, sind anzugeben. Die Annahmen müssen mit den Prämissen, die dem Konzernabschluss zugrunde liegen, im Einklang stehen.

122. Annahmen können zB sein: Wirtschafts- und Branchenentwicklungen, Wechselkurse, Inflation, regulatorische Maßnahmen, technischer Fortschritt, erwartete Sondereinflüsse für den Konzern; Realisierung von Synergiepotenzialen, Abschluss von Entwicklungsprojekten und Inbetriebnahme neuer Anlagen.

126. Prognosen sind zu den bedeutsamsten finanziellen und nicht finanziellen Leistungsindikatoren abzugeben, die nach Tz 102 und 106 berichtet werden. Sie müssen so ermittelt werden, dass Prognose- und Istwerte für denselben Berichtszeitraum vergleichbar sind. (Die Tz 102 und 106 beschäftigen sich mit jenen Leistungsindikatoren, die zur internen Steuerung herangezogen werden.

127. Als Prognosezeitraum ist mindestens ein Jahr, gerechnet vom letzten Konzernabschlussstichtag, zugrunde zu legen. Der Zeitraum, auf den sich die Prognosen beziehen, ist anzugeben. Absehbare Sondereinflüsse auf die wirtschaftliche Lage des Konzerns nach dem Prognosezeitraum sind darzustellen und zu analysieren.

128. Die Prognosen müssen Aussagen zur erwarteten Veränderung der prognostizierten Leistungsindikatoren gegenüber dem entsprechenden Istwert des Berichtsjahres enthalten und dabei die Richtung und Intensität der Veränderung verdeutlichen. Abweichende Bezugspunkte der Prognosen sind anzugeben.

133. Diese Tz geht auf den Fall ein, dass besondere Umstände dazu führen, „dass in Bezug auf die zukünftige Entwicklung aufgrund gesamtwirtschaftlicher Rahmenbedingungen außergewöhnlich hohe Unsicherheit besteht und daher die Prognosefähigkeit der Unternehmen wesentlich beeinträchtigt ist."

b) Wesentliche Risiken und Ungewissheiten – Risikobericht

Die AFRAC-Stellungnahme (Abschnitt 6.2.3.):

*„(58) Gemäß § 243 Abs 1 UGB sind im Lagebericht die wesentlichen Risiken und Ungewissheiten, denen das Unternehmen ausgesetzt ist, zu beschreiben. Der Ausdruck „wesentliche Risiken und Ungewissheiten" ist im Sinne von **„geschäftstypische bzw. unternehmenstypische Unsicherheiten"** zu verstehen. Dies bedeutet, dass allgemeine, versicherte Risiken nicht gesondert angeführt werden müssen;*

Die Angabe der Absicherungsstrategie *für die beschriebenen Risiken wird empfohlen.*

*(59) Die Darstellungen im Lagebericht haben gem § 243 Abs 2 UGB in ausgewogener und umfassender Form zu erfolgen, woraus abzuleiten ist, dass **sowohl Risiken als auch Chancen** aufgenommen werden sollten.*

*(60) Zur **Definition** der Begriffe **„Risiko" und „Chancen"** wird empfohlen, auf internationale Vorbilder, insbesondere das „Enterprise Risk Management – Integrated Framework" des „Committee of Sponsoring Organizations of the Treadway Commission" (COSO) zurückzugreifen; demzufolge können Risiko und Chance als die Möglichkeit des negativen und positiven Abweichens von einem erwarteten Ereignis definiert werden.*

*(61) Hinsichtlich der **Kategorisierung der Risiken**, über die neben den gesondert darzustellenden finanziellen Risiken gegebenenfalls zu berichten ist, wird folgende Unterscheidung angeregt:*

- ***Personalrisiken*** *(betriebliche Altersvorsorge, Fluktuation, Krankheit etc),*
- ***Operative Risiken*** *(Technologie, EDV, Umwelt, Management, Reputation etc) sowie*
- ***Geschäftsrisiken*** *(Beschaffung, Vertrieb, Produkte, Kundenbindung etc) unter zusätzlicher Berücksichtigung des Fortbestandes*

In den oben genannten Risikobereichen können auch rechtliche Risiken enthalten sein.

*(62) Die Beschreibung der Risiken und Chancen hat **zumindest in qualitativer Form** zu erfolgen. Wenn Zahlenangaben gemacht werden, dann sind die zugrunde liegenden Annahmen und ihre Berechnungsweise zu erläutern.*

*(63) Eine **Verpflichtung zur Beschreibung des Risikomanagements kann aus § 243 Abs 1 UGB nicht abgeleitet werden**. Lediglich im Zusammenhang mit finanziellen Risiken verlangt § 243 Abs 3 Z 5 lit a UGB (im Falle der Verwendung von Finanzinstrumenten) eine Angabe der Risikomanagementziele und -methoden."*

Dazu kommen die Angabepflichten gem § 243a Abs 2 UGB (vgl Abschnitt 6.4 der AFRAC-Stellungnahme).

Der deutsche Rechnungslegungsstandard 20 des DRSC definiert Risiko in Tz 11 wie folgt:

„Mögliche künftige Entwicklungen oder Ereignisse, die zu einer für das Unternehmen negativen Prognose- bzw Zielabweichung führen können".

Gemäß Tz 135 umfasst die Risikoberichterstattung Angaben

- Zum Risikomanagementsystem
- Zu den einzelnen Risiken
- Zur zusammenfassenden Darstellung der Risikolage

Die Angaben zum Risikomanagementsystem in Tz 137–145 werden allerdings ausdrücklich nur für kapitalmarktorientierte Mutterunternehmen gefordert, da dies aufgrund der „Informationsbedürfnisse des Kapitalmarktes" (Zusammenfassung von DRS 20) erforderlich ist.

Darstellung der wesentlichen Aussagen zum „Risiko" in den Abschnitten Tz 146–164:

146. Zu berichten ist über Risiken, welche die Entscheidungen eines verständigen Adressaten beeinflussen können.

148. Ein Risiko, dessen Eintritt den Bestand des Konzerns oder eines wesentlichen Konzernunternehmens voraussichtlich gefährden würde, ist als solches zu bezeichnen.

149. Die wesentlichen Risiken sind einzeln darzustellen. Die bei ihrem Eintritt zu erwartenden Konsequenzen sind zu analysieren und zu beurteilen.

156. Für die Beurteilung der einzelnen Risiken ist ein jeweils adäquater Zeitraum zugrunde zu legen. Dieser hat mindestens dem verwendeten Prognosezeitraum zu entsprechen. Der Zeitraum für die Beurteilung, ob bestandsgefährdende Risiken vorliegen, beträgt mindestens ein Jahr, gerechnet vom Konzernabschlussstichtag.

159. Wesentliche Veränderungen der Risiken gegenüber dem Vorjahr sind darzustellen und zu erläutern.

162. Um die Klarheit und Übersichtlichkeit des Risikoberichts zu erhöhen, sind die einzelnen Risiken entweder in einer Rangfolge zu ordnen oder zu Kategorien gleichartiger Risiken zusammenzufassen. Die Ausführungen können auch segmentspezifisch differenziert werden.

164. Bei der Zusammenfassung gleichartiger Risiken zu Kategorien kann sich das Unternehmen an der für Zwecke des Risikomanagements intern vorgegebenen Kategorisierung von Risiken orientieren. Alternativ kann zB folgende Kategorisierung gewählt werden:

(1) Umfeldrisiken

(2) Branchenrisiken

(3) leistungswirtschaftliche Risiken

(4) finanzwirtschaftliche Risiken

(5) sonstige Risiken

c) Die Verwendung von Finanzinstrumenten

Diese Vorschrift wurde im Zusammenhang mit der **Umsetzung der „Fair-Value-Richtlinie"** eingeführt; diese Richtlinie hatte ihrerseits das Ziel, die Regelungen von IAS 39 zu berücksichtigen.

Auf diese Weise wurden in das EU-Recht und damit das österreichische Bilanzrecht Begriffe eingeführt, die weder in den Bilanzrichtlinien noch im UGB definiert sind; bei der Auslegung vieler Vorschriften muss deshalb auf die IAS bzw IFRS zurückgegriffen werden. So wird zB der **Begriff des Finanzinstruments** aus IAS 32 bzw 39 (bzw IFRS 9, welcher IAS 39 ersetzt) zu entnehmen sein, ebenso wie die in § 267 Abs 3 Z 5b angeführten **Preisänderungs-, Ausfalls-, Liquiditäts- und Cashflow-Risiken**, die in IFRS 7 definiert werden.

Der Begriff der **„Verwendung von Finanzinstrumenten"** ist eher schwammig, da es jedes Unternehmen bei seiner Tätigkeit mit Finanzinstrumenten zu tun hat; jedes Industrie- oder Handelsunternehmen weist in seiner Bilanz Lieferforderungen oder Lieferverbindlichkeiten aus, die unter die Definition des Finanzinstruments fallen; nur handelt es sich in diesem Fall um einen automatisch mit der sonstigen Betriebstätigkeit verbundenen Anfall von Finanzinstrumenten, während zB mit dem Einsatz von **derivativen Finanzinstrumenten** ganz andere Zwecke verbunden seien können. In manchen Wirtschaftszweigen, wie zB bei Banken, besteht praktisch die gesamte Bilanzsumme nur aus (primären) Finanzinstrumenten und im Rahmen der bankbetrieblichen Tätigkeit werden für die verschiedensten Zwecke derivative Finanzinstrumente eingesetzt. Es ist daher in jedem Einzelfall zu untersuchen, ob aufgrund des Wirtschaftszweiges oder der konkreten Verhältnisse des Unternehmens die **„Verwendung von Finanzinstrumenten"** für die Beurteilung der Vermögens-, Finanz- und Ertragslage von Bedeutung ist.

In diesem Zusammenhang sei ausdrücklich darauf verwiesen, dass sich § 267 Abs 3 Z 5 auf sämtliche Finanzinstrumente, also „primäre" und „derivative" Finanzinstrumente bezieht, während sich die Erläuterungen des § 238 Abs 2 nur auf derivative Finanzinstrumente beziehen, wobei sich aus dem Einsatz dieser dort zu erläuternden derivativen Finanzinstrumente wesentliche Auswirkungen auf die in § 267 Abs 3 Z 5b genannten Risiken, das sind **Preisänderungs-, Ausfalls-, Liquiditäts- und Cashflow-Risiken** ergeben können. Diese Risiken sollen nachfolgend kurz besprochen werden und zwar entsprechend den **Definitionen in IFRS 7** (früher IAS 32 Par 52 a–d).

- **Marktrisiko** (IAS 32, der Vorgängerstandard von IFRS 7, bezeichnete dieses Risiko ursprünglich als **Preisänderungsrisiko**, eine Bezeichnung, die auch in das UGB übernommen wurde).
  IFRS 7, Anhang A unterschied drei Arten von Marktrisiken (Preisänderungsrisiko im Sinne des UGB):

– **Währungsrisiko** – besteht darin, dass sich der Wert eines Finanzinstrumentes aufgrund von Änderungen von Wechselkursen verändern kann.

Dieses Risiko tritt zB in Zusammenhang mit den „Finanzinstrumenten" Lieferforderungen und Lieferverbindlichkeiten in Fremdwährung auf, aber auch in Zusammenhang mit allen anderen Forderungen und Verbindlichkeiten in Fremdwährung. Eine Absicherung im Rahmen des Risikomanagements geschieht zB durch den Abschluss von Termingeschäften.

– **Zinsänderungsrisiko** – besteht darin, dass sich der Wert eines Finanzinstrumentes aufgrund von Schwankungen des Marktzinssatzes verändern kann (zB Kursschwankungen bei festverzinslichen Wertpapieren infolge Änderungen des Marktzinssatzes).

– **Sonstige Preisrisiken** – bestehen darin, dass sich der Wert eines Finanzinstrumentes aufgrund von Schwankungen der Marktpreise verändern kann; dabei können solche Fluktuationen sowohl auf Faktoren zurückzuführen sein, die für ein individuelles Wertpapier oder seinen Emittenten charakteristisch sind, als auch auf solche, die alle im Markt gehandelten Wertpapiere betreffen (Kursschwankungen bei Aktien).

Der Begriff des Preisrisikos umfasst dabei nicht nur mögliche Verluste, sondern auch mögliche Gewinnchancen.

• **Ausfallrisiko** (IFRS 7, Anhang A)

Dieses ergibt sich aus der Gefahr, dass ein Vertragspartner bei einem Geschäft über ein Finanzinstrument seinen Verpflichtungen nicht nachkommen kann und dadurch bei dem anderen Partner finanzielle Verluste verursacht.

Diesem Risiko unterliegen sämtliche Forderungen, wobei im Rahmen des Risikomanagements Vorsorge zB durch **Kreditrisikoversicherungen** oder durch die Bestellung von Sicherheiten getroffen werden kann.

• **Liquiditätsrisiko** (IFRS 7, Anhang A)

Dieses auch als **Refinanzierungsrisiko** bezeichnete Risiko besteht darin, dass ein Unternehmen möglicherweise nicht in der Lage ist, die **Finanzmittel** zu beschaffen, die zur Begleichung der im Zusammenhang mit Finanzinstrumenten eingegangenen Verpflichtungen notwendig sind. **Liquiditätsrisiken** können auch dadurch entstehen, dass ein finanzieller Vermögenswert nicht jederzeit innerhalb kurzer Frist zu seinem beizulegenden Zeitwert verkauft werden kann.

Die Vermeidung eines solchen Refinanzierungsrisikos setzt entsprechende Maßnahmen zur Beschaffung der Anschlussfinanzierung im Rahmen des Risikomanagements voraus.

• (Zinsbedingtes) **Cashflow-Risiko** (in § 289 dHGB als „Risiko aus Zahlungsstromschwankungen" bezeichnet)

Dieses ursprünglich in IAS 32.52 d angeführte, jedoch nicht mehr in IFRS 7 gesondert erwähnte Risiko resultiert daraus, dass sich die künftigen Cashflows eines Finanzinstrumentes auf Grund von Schwankungen des Marktzinssatzes verändern können. Beispielsweise können sich im Fall von variabel verzinslichen Fremdkapitalinstrumenten solche Schwankungen auf Grund von Veränderungen der effektiven Verzinsung des Finanzinstruments ergeben, ohne dass damit korrespondierende Veränderungen des entsprechenden beizulegenden Zeitwertes eintreten.

Es ist jeweils aufgrund der konkreten Verhältnisse des Konzerns zu untersuchen, ob eine diesbezügliche Berichterstattung insbesondere in Zusammenhang mit den Anhangangaben über derivative Finanzinstrumente erforderlich ist.

Es ergibt sich in diesem Zusammenhang die Frage, ob diesbezügliche Angaben nicht zweckmäßiger bei der Erläuterung einzelner Bilanzposten im Anhang gemacht werden sollten und im Lagebericht in diesem Fall nur auf die entsprechenden Anhangangaben zu verweisen ist. Weiters stellt sich die Frage, ob die hier besprochenen Angaben nicht ohnedies unter die Risikoberichterstattung nach § 267 Abs 1 fallen.

Im Zusammenhang mit der Verwendung von Finanzinstrumenten sind auch die Risikomanagementziele und -methoden anzugeben, einschließlich der Methoden zur Absicherung aller wichtigen Arten geplanter Transaktionen, die im Rahmen der Bilanzierung von Sicherungsgeschäften angewandt werden.

Im Abschnitt „Risikoberichterstattung in Bezug auf die Verwendung von **Finanzinstrumenten**" (Tz 179–187) enthält DRS 20 Ausführungen zu den **Risiken** (Angaben zu Art und Ausmaß, Beschreibung zB durch Sensitivitätsanalysen oder Kennzahlen, wie Value at Risk), zu den **Risikomanagementzielen** (zB grundsätzliche Vermeidung, Bereitschaft oder Notwendigkeit zur Risikoübernahme) und zu den **Risikomanagementmethoden** (Risikoreduktion und Risikoversicherung bzw -überwälzung).

Zur Berichterstattung über Risikomanagementmethoden gehören „auch die Systematik sowie die Art und Kategorien der vom Konzern eingegangenen Sicherungsgeschäfte".

9.531.5 *(5) Bericht über den Bestand an erworbenen oder in Pfand genommenen eigenen Anteilen des Mutterunternehmens und ihre Entwicklung (Erwerb und Veräußerung)*

§ 267. (3) (...) Der Konzernlagebericht hat auch einzugehen auf
3. den Bestand an Aktien an dem Mutterunternehmen, die das Mutterunternehmen oder ein Tochterunternehmen oder eine andere Person für Rechnung eines dieser Unternehmen erworben oder als Pfand genommen hat; dabei sind die Zahl dieser Aktien, der auf sie entfallende Betrag des Grundkapitals sowie ihr Anteil am Grundkapital anzugeben. Sind solche Aktien im Geschäftsjahr erworben oder veräußert worden, so ist auch über den Erwerb oder die Veräußerung unter Angabe der Zahl dieser Aktien, des auf sie entfallenden Betrags des Grundkapitals, des Anteils am Grundkapital und des Erwerbs- oder Veräußerungspreises sowie über die Verwendung des Erlöses zu berichten;

Diese Bestimmung wurde mit dem RÄG neu in den Lagebericht aufgenommen. Die Anordnung im Gesetzestext entbehrt mit ihrer Aufzählung im § 267 (bzw § 243) jeder erkennbaren Systematik. Sie hätte besser in den Anhang gehört. Die Angabe ist augenscheinlich als Ergänzung des § 229 Abs 1a und 1b gedacht.

Angabepflichtig ist:

- Zahl der Aktien, der auf sie entfallende Betrag des Grundkapitals sowie ihr Anteil am Grundkapital
- Der im Geschäftsjahr erfolgte Erwerb oder die Veräußerung unter Angabe der Zahl dieser Aktien, des auf sie entfallenden Betrages des Grundkapitals, des Anteils am Grundkapital und des Erwerbs- oder Veräußerungspreises
- Verwendung des Erlöses bei Veräußerung

9.531.6 (6) Berichterstattung über wesentliche Merkmale des internen Kontroll- und des Risikomanagementsystems im Hinblick auf den Rechnungslegungsprozess kapitalmarktorientierter Konzerne

Dieser Berichtsteil des Lageberichtes ist nur von Gesellschaften bzw Mutterunternehmen zu erfüllen, die unter § 189a Z 1a fallen. Das sind grundsätzlich Gesellschaften, deren übertragbare Wertpapiere an der Börse eines EU-Staates zugelassen sind. Da für diese Unternehmen auch die Bestimmungen des § 245a (Anwendung internationaler Rechnungslegungsstandards) gelten, fallen Konzerne, deren Abschluss ausschließlich nach den Bestimmungen des UGB erstellt wird, nicht darunter.

Gem **§ 243a Abs 2**

> *hat eine Gesellschaft nach § 189a Z 1a im Lagebericht die **wichtigsten Merkmale des internen Kontroll- und des Risikomanagementsystems im Hinblick auf den Rechnungslegungsprozess** zu beschreiben.*

Im **Bestätigungsvermerk** ist anzugeben, ob diese Beschreibung zutrifft; dies bedeutet weiters, dass der Inhalt der Beschreibung unter die Prüfungspflicht gem § 269 fällt und auch die Berichtspflicht des § 273 Abs 1 anzuwenden ist.

Regelungen zum internen Kontrollsystem und zum Risikomanagement § 82 AktG (bzw § 22 Abs 1 GmbHG)

> *„Der Vorstand hat dafür zu sorgen, dass ein **Rechnungswesen** und ein **internes Kontrollsystem** geführt werden, die den Anforderungen des Unternehmens entsprechen."*

Im Gegensatz zu internationalen Regelungen wird hier ein Unterschied zwischen „Rechnungswesen" und dem „internen Kontrollsystem" gemacht; in ISA 315 wird zB das Rechungswesen als Bestandteil des internen Kontrollsystems betrachtet.

Betrachtet man das **Risikomanagement als Bestandteil des IKS**, bedeutet die Vorschrift des § 82 AktG auch, dass bei Vorliegen entsprechender Anforderungen des Unternehmens ein adäquates **Risikomanagementsystem** einzuführen ist.

Darüber hinaus ist in diesem Zusammenhang darauf hinzuweisen, dass der Begriff des „internen Kontrollsystems" auf den gesamten Konzern bezogen ist und nicht auf das Rechnungswesen allein („rechnungslegungsbezogenes IKS").

Der Begriff „Rechnungswesen" des § 82 AktG geht über die Buchführung iSd § 190 Abs 1 UGB hinaus. Es ist dabei im Einzelfall zu klären, welche anderen Bereiche des Rechnungswesens **nach den Anforderungen des Unternehmens** erforderlich sind (zB Kostenrechnung, Bestandsaufzeichnungen für Anlagevermögen und Vorräte).

„Es sollen nunmehr nicht nur die vom Gesetz geforderten Bücher und Aufzeichnungen (HGB), sondern jene Daten systematisch ermittelt werden, die aufgrund von Größe und Umfang des Unternehmens nach moderner betriebswirtschaftlicher Auffassung geboten sind." (*Doralt/Nowotny/Kalss*, Kommentar zum Aktiengesetz § 82 Rz 1)

Aus den Bestimmungen des § 81 AktG, dass der Vorstand zur Aufstellung einer **Vorschaurechnung** verpflichtet ist, aus der die Entwicklung der Vermögens-, Finanz- und Ertragslage für das anschließende Geschäftsjahr ersichtlich ist, lässt sich die Schlussfolgerung ziehen, dass zu einem ordnungsmäßigen Rechnungswesen bei einem aufsichtsratspflichtigen Unternehmen auch eine entsprechende **Planungsrechnung** gehört.

Die „Anforderungen des Konzerns" sind nicht nur inhaltlich zu sehen, sondern es ist auch jeweils festzustellen, welche organisatorischen Anforderungen zu stellen sind (zB Anforderungen an die angemessene Ausstattung mit Verfahren der elektronischen Datenverarbeitung).

Die Bestimmungen hinsichtlich der Buchführung im UGB stellen allerdings die Mindestanforderungen an das Rechnungswesen dar und eine Beschreibung der damit verbundenen Systeme gehört somit zum Inhalt des § 267 Abs 36.

Gem § 92 Abs 4a AktG gehören zu den Aufgaben des Prüfungsausschusses:

> 1. die Überwachung des Rechnungslegungsprozesses;
> 2. die Überwachung der Wirksamkeit des *internen Kontrollsystems*, gegebenenfalls des *internen Revisionssystems*, und des *Risikomanagementsystems* der Gesellschaft; ...
> 3–7...

Unbestritten ist das interne Revisionssystem (die Abteilung „Innenrevision") ein Bestandteil des internen Kontrollsystems. Da im Anschluss an das „interne Revisionssystem" als Bestandteil des internen Kontrollsystems auch das Risikomanagementsystem genannt wird, lässt dies den Schluss zu, dass auch das Risikomanagementsystem als Bestandteil des internen Kontrollsystems betrachtet wird.

Punkt 2 in der Aufzählung der Aufgaben des **Prüfungsausschusses** kann daher so aufgefasst werden, dass das „interne Kontrollsystem" den Oberbegriff darstellt, innerhalb dessen zwei Subsysteme, nämlich das interne Revisionssystem und das Risikomanagementsystem der Gesellschaft existieren können. Wieweit solche ausgeprägten Subsysteme erforderlich sind, richtet sich nach der allgemeinen Regelung in § 82 AktG.

UGB

Der Begriff des „**internen Kontrollsystems**" wird im UGB nicht verwendet; wenn man jedoch entsprechend der internationalen Praxis (siehe Punkt 1) das Rechnungslegungssystem als Bestandteil des „internen Kontrollsystems" betrachtet, dann sind die Vorschriften der §§ 190 ff über die „Führung der Bücher" als Regelungen zu Bestandteilen des internen Kontrollsystems anzusehen.

So muss nach **§ 190 Abs 1** „die Buchführung so beschaffen sein, dass sie einem sachverständigen Dritten innerhalb angemessener Zeit einen Überblick über die Geschäftsvorfälle und über die Lage des Unternehmens vermitteln kann. Die Geschäftsvorfälle müssen sich in ihrer Entstehung und Abwicklung verfolgen lassen."

Nach **§ 190 Abs 3** müssen die Eintragungen in Büchern und die sonst erforderlichen Aufzeichnungen **vollständig, richtig, zeitgerecht und geordnet** vorgenommen werden.

§ 190 Abs 5 regelt die **Verwendung von Datenträgern** als Organisationsmittel einer ordnungsmäßigen Buchführung.

Die hier im Kern enthaltenen Ordnungsvorschriften für einen wesentlichen Bestandteil des Rechnungswesens, nämlich die Buchhaltung, finden sich auch in internationalen Prüfungsstandards; eine begriffliche Problematik entsteht vielfach daraus, dass im Gegensatz zu Österreich und Deutschland in vielen Ländern keine gesetzlichen Vorschriften zur Buchführung bestehen. Dies hat zB dazu geführt, dass im Diskussionspapier „Riskmanagement and internal control in the EU" der FEE im Abschnitt 1.3 (key proposals) folgende Forderung aufgestellt wird:

> „It would be appropriate to reflect existing Member States requirements by introducing a basic EU requirement for all companies to maintain accounting records that support information included in published financial statements."

Der Begriff des **„Risikomanagements"** erscheint im UGB nur in § 243 Abs 3 Z 5 bzw § 267 Abs 3 Z 5, wonach bei der Verwendung von Finanzinstrumenten anzugeben sind:

> *„die **Risikomanagementziele und -methoden**, einschließlich der Methoden zur Absicherung aller wichtigen Arten geplanter Transaktionen, die im Rahmen der Bilanzierung von Sicherungsgeschäften angewandt werden."*

Inhalt der Beschreibung des internen Kontroll- und Risikomanagementsystems im Lagebericht

Der wesentliche Inhalt der Beschreibung der „wichtigsten Merkmale des internen Kontroll- und des Risikomanagementsystems im Hinblick auf den Rechnungslegungsprozess" kann somit wie folgt dargestellt werden:

- Die **Organisation des Rechnungswesens** des Konzerns und zwar sowohl der **Finanzbuchhaltung** (§§ 190 ff) und auch der sonstigen wesentlichen Bestandteile des Rechnungswesens (§ 92 AktG), insbesondere des **Controllings**. Dabei wird insbesondere auf die **Organisation des Datenverarbeitungssystems** einzugehen sein (siehe zB KFS/DV1 „Die Ordnungsmäßigkeit von EDV-Buchführungen").
- Darstellung der wesentlichen Bestandteile des Management-Informationssystems, Berichterstattung an den Aufsichtsrat und die Gesellschafter uÄ.
- Die wesentlichen organisatorischen **Maßnahmen zur Sicherung der Richtigkeit und der Vollständigkeit** der an das Rechnungswesen zur Verarbeitung übergebenen Daten. Dazu können zB auch in einem besonderen Risikomanagementsystem vorgesehene Verfahren zur Erfassung von Risiken gehören, die sich auf die Rechnungslegung auswirken können (zB in Zusammenhang mit derivativen Finanzinstrumenten).
- Darstellung der **Aufgaben des internen Revisionssystems** im Zusammenhang mit der Rechnungslegung.

Die AFRAC-Stellungnahme definiert (Tz 81) den **Rechnungslegungsprozess** als „alle Abläufe in der Buchhaltung und Bilanzierung, dh von der Entstehung eines Geschäftsvorfalles bis zu seiner Verbuchung im Jahresabschluss" (beispielsweise alle Transaktionen und Abläufe innerhalb des Beschaffungs-, Produktions- und Vertriebsprozesses, soweit sie für die Rechnungslegung und Berichterstattung relevant sind), und schlägt für die Darstellung (Tz 84) eine Struktur vor, die den fünf Komponenten des COSO-Rahmenwerkes folgt, nämlich

- Kontrollumfeld
- Risikobeurteilung
- Kontrollmaßnahmen
- Information und Kommunikation
- Überwachung

Diese fünf Komponenten sind inhaltlich übereinstimmend mit den Bestandteilen des internen Kontrollsystems laut ISA 315, A 51 (Division of Internal Control into Components).

A 51 teilt das IKS in folgende Komponenten:

a) das Kontrollumfeld

b) der Risikobeurteilungsprozess der Einheit

c) das rechnungsbezogene Informationssystem einschließlich der damit verbundenen Geschäftsprozesse sowie Kommunikation,

d) Kontrollaktivitäten sowie

e) Überwachung von Kontrollen

9.531.7 *(7) Angaben zu Kapital-, Anteils-, Stimm- und Kontrollrechten und damit verbundenen Verpflichtungen für kapitalmarktorientierte Konzerne*

Diese Bestimmungen gelten für **Mutterunternehmen, „deren Aktien zum Handel auf einem geregelten Markt iSd § 1 Abs 2 Börsegesetz** zugelassen sind oder die ausschließlich andere Wertpapiere als Aktien auf einem solchen Markt emittiert und deren Aktien mit Wissen der Gesellschaft über ein multilaterales Handelssystem iSd § 1 Z 9 WAG (Wertpapieraufsichtsgesetz) 2007 gehandelt werden".

Für diese Gruppe von Unternehmen müssen die in **§ 243a Abs 1 (§ 267 Abs 3a)** angeführten neun Punkte in den Lagebericht aufgenommen werden; bezüglich des Inhaltes wird auf den Gesetzestext verwiesen. Damit haben kapitalmarktorientierte Gesellschaften bestimmte Angaben über die Gesellschaft zu machen, die für Übernahmeangebote von Bedeutung sein können (siehe hierzu den Abschnitt 6.5 der AFRAC-Stellungnahme zum Lagebericht.

Entsprechend § 273 Abs 1 ist im Prüfungsbericht darauf einzugehen, ob der Lagebericht den gesetzlichen Vorschriften entspricht; dies bedeutet, dass der Abschlussprüfer auch die Richtigkeit der Angaben gem § 243a Abs 1 zu kontrollieren hat; weiters ist im **Bestätigungsvermerk** darauf Bezug zu nehmen, ob diese Angaben zutreffend sind.

9.532 *Konsolidierter Corporate Governance-Bericht gem § 267a für kapitalmarktorientierte Konzerne*

Der Inhalt des „Corporate Governance-Berichtes" ergibt sich aus § 267a, wonach ein börsenotiertes Mutterunternehmen einen konsolidierten Governance-Bericht aufzustellen hat, der gem § 267a die in § 243a vorgeschriebenen Angaben enthält.

Die Angaben nach § 243b sind nicht Bestandteil des Lageberichts, sondern stellen einen gesonderten Bericht in Anwendung des Wahlrechts des Artikels 20 Absatz 2 Bilanzrichtlinie dar.

---

§ 243b

„(1) Eine Aktiengesellschaft, deren Aktien zum Handel auf einem geregelten Markt im Sinn des § 1 Abs 2 BörseG zugelassen sind oder die ausschließlich andere Wertpapiere als Aktien auf einem solchen Markt emittiert und deren Aktien mit Wissen der Gesellschaft über ein multilaterales Handelssystem im Sinn des § 1 Z 9 WAG 2007 gehandelt werden, hat einen **Corporate Governance-Bericht** aufzustellen, **der zumindest die folgenden Angaben enthält**:

1. die Nennung eines in Österreich oder am jeweiligen Börseplatz allgemein anerkannten Corporate Governance Kodex;
2. die Angabe, wo dieser öffentlich zugänglich ist;
3. soweit sie von diesem abweicht, eine Erklärung, in welchen Punkten und aus welchen Gründen diese Abweichung erfolgt;
4. wenn sie beschließt, keinem Kodex im Sinn der Z 1 zu entsprechen, eine Begründung hiefür.

(2) In diesem Bericht sind anzugeben:

1. die Zusammensetzung und die Arbeitsweise des Vorstands und des Aufsichtsrats sowie seiner Ausschüsse;
2. welche Maßnahmen zur Förderung von Frauen im Vorstand, im Aufsichtsrat und in leitenden Stellungen (§ 80 AktG) der Gesellschaft gesetzt wurden; ...
3. die Gesamtbezüge der einzelnen Vorstandsmitglieder und die Grundsätze der Vergütungspolitik

---

Mit Fragen des Corporate Governance-Berichtes beschäftigt sich die AFRAC-Stellungnahme vom März 2014 „Aufstellung und Prüfung eines Corporate Governance-Berichts gemäß § 243b UGB."

Eine inhaltliche Prüfung durch den Abschlussprüfer ist nicht vorgesehen, jedoch enthält § 269 Abs 3 folgende Bestimmung:

„Gegenstand der Abschlussprüfung ist auch, ob ein nach § 243b oder § 267a erforderlicher Corporate Governance-Bericht aufgestellt worden ist."

Der für Österreich gültige **Corporate Governance-Kodex (ÖCGK)** wurde vom Österreichischen Arbeitskreis Corporate Governance herausgegeben und spricht in der Präambel von einem **„Ordnungsrahmen für die Leitung und Überwachung des Unternehmens"**. „Dieser Kodex richtet sich vorrangig an **österreichische börsennotierte Aktiengesellschaften einschließlich in Österreich eingetragener börsennotierter Europäischer Aktiengesellschaften**. Grundlage sind die Vorschriften des österreichischen Aktien-, Börse- und Kapitalmarktrechts, die **EU-Empfehlungen** zu den Aufgaben der Aufsichtsratsmitglieder und zu der Vergütung von Direktoren sowie in ihren Grundsätzen die **OECD-Richtlinien** für Corporate Governance."

Aus der Formulierung von Punkt 1 ist abzuleiten, dass in Österreich notierte Aktiengesellschaften sich jeweils auf den österreichischen Corporate Governance-Kodex beziehen werden, während an einem anderen Börseplatz notierte Aktiengesellschaften den dort geltenden Kodex heranziehen werden.

Nach den Erläuterungen zum Kodex umfasst dieser folgende „Regelkategorien":

1. Legal Requirements (L):
   Die Regel beruht auf zwingenden Rechtsvorschriften
2. Comply or explain (C):
   Regel soll eingehalten werden; eine Abweichung muss erklärt und begründet werden, um ein kodexkonformes Verhalten zu erreichen
3. Recommendation (R):
   Regel mit Empfehlungscharakter; Nichteinhaltung ist weder offenzulegen noch zu begründen
   Die Verpflichtung zu 2. ergibt sich nunmehr direkt aus dem Wortlaut des § 243b.

Laut der Präambel zum ÖCGK sind die börsennotierten Gesellschaften aufgerufen „… die Einhaltung der einzelnen Regelungen regelmäßig und freiwillig durch eine externe Institution evaluieren zu lassen und darüber öffentlich zu berichten."

Der **ÖCGK** ist wie folgt aufgebaut:

- Präambel
- Aktionäre und Hauptversammlung
- Zusammenwirken von Aufsichtsrat und Vorstand
- Vorstand
- Aufsichtsrat
- Transparenz und Prüfung

Gemäß Präambel wird der Kodex „in der Regel einmal jährlich vor dem Hintergrund nationaler und internationaler Entwicklungen überprüft und bei Bedarf angepasst". Die derzeit letzte Fassung des ÖCGK stammt aus dem Juli 2012.

9.533 Bericht über Zahlungen von staatlichen Stellen – § 267b

(1) Die gesetzlichen Vertreter eines großen (§ 221 Abs. 3) Mutterunternehmens (§ 189a Z 6) haben, wenn es selbst oder eines seiner Tochterunternehmen in der mineralgewinnenden Industrie oder auf dem Gebiet des Holzeinschlags in Primärwäldern tätig ist, auch wenn die Aufstellung des Konzernabschlusses im Einzelfall wegen der Anwendung des § 249 unterbleibt, jährlich einen konsolidierten Bericht über Zahlungen an staatliche Stellen nach den Vorgaben des § 243c aufzustellen und dem Aufsichtsrat und der Hauptversammlung (Generalversammlung) des Mutterunternehmens innerhalb der für die Vorlage des Jahresabschlusses geltenden Fristen vorzulegen. Der konsolidierte Bericht ist von sämtlichen gesetzlichen Vertretern zu unterzeichnen und der Hauptversammlung zusammen mit dem Jahresabschluss des Mutterunternehmens vorzulegen. Er hat sich nur auf Leistungen zu erstrecken, die sich aus der Geschäftstätigkeit in der mineralgewinnenden Industrie oder auf dem Gebiet des Holzeinschlags in Primärwäldern ergeben.

(2) Von der Erstellung eines konsolidierten Berichts über Zahlungen an staatliche Stellen sind Mutterunternehmen befreit, die gemäß § 246 von der Aufstellung eines Konzernabschlusses befreit sind oder Tochterunternehmen eines Unternehmens sind, das dem Recht eines anderen Mitgliedstaats der Europäischen Union oder eines Vertragsstaat des Abkommens über den Europäischen Wirtschaftsraum unterliegt. Von der Einbeziehung eines Tochterunternehmens in den konsolidierten Bericht über Zahlungen an staatliche Stellen kann unter den Voraussetzungen des § 249 Abs. 1 abgesehen werden, wenn das Tochterunternehmen aus diesen Gründen auch nicht in den Konzernabschluss einbezogen wird. Schließlich sind Mutterunternehmen befreit, die einen konsolidierten Bericht nach gleichwertigen Berichtspflichten eines Drittlands erstellen und gemäß § 277 offenlegen. Ob die Berichtspflichten eines Drittlands gleichwertig sind, ist nach den aufgrund des Art. 47 der Bilanz-Richtlinie ergangenen Durchführungsrechtsakten zu beurteilen.

Der Gesetzestext enthält eine Reihe von einzelnen Bestimmungen zu Definitionen, welche Geld- und Sachleistungen unter die Berichtspflicht fallen, und die Aufgliederung der Zahlungen nach Projekten.

Für die Einreihung gelten die gleichen Vorschriften wie für den Lagebericht.

Die Vorschriften über diesen Bericht sind in Kapitel 10, Artikel 41–47 der Bilanzrichtlinie geregelt; in Artikel 48 ist ein Überprüfungsrecht der Kommission vorgesehen. Der Zweck dieser Vorschrift wird im Erwägungsgrund 45 zur Bilanzrichtlinie wie folgt beschrieben:

Zweck der Berichte sollte es sein, den Regierungen ressourcenreicher Länder dabei zu helfen, die EITI-Grundsätze und -Kriterien umzusetzen und ihren Bürgern Rechenschaft über die Zahlungen abzulegen, die sie sie von den in ihrem Hoheitsgebiet tätigen

Unternehmen der mineralgewinnenden Industrie und der Industrie des Holzein-schlags in Primärwäldern erhalten. Der Bericht sollte Angaben nach Ländern und Projekten enthalten. Der Begriff „Projekt" sollte definiert werden als die operativen Tätigkeiten, die sich nach einem einzigen Vertrag, einer Lizenz, einem Mietvertrag, einer Konzession oder ähnlichen rechtlichen Vereinbarungen richten und die Grund-lage für die Zahlungsverpflichtungen gegenüber einer staatlichen Stelle bilden.

10. Prüfung[1]

10.1 Prüfungspflicht

Gemäß § 268 Abs 2 sind der Konzernabschluss und der Konzernlagebericht von Gesellschaften durch einen Abschlussprüfer zu prüfen, bevor sie dem Aufsichtsrat der Muttergesellschaft vorgelegt werden.

Wenn der Konzernabschluss oder der Konzernlagebericht nach Vorlage des Prüfungsberichtes geändert werden, so ist die Änderung dem Abschlussprüfer bekannt zu geben, der sie mit ihren Auswirkungen zu prüfen hat (§ 269 Abs 4). Über das Ergebnis der Prüfung ist zu berichten; der Bestätigungsvermerk ist gem § 274 entsprechend zu ergänzen und erforderlichenfalls zu ändern.

Abschlussprüfer (Konzernabschlussprüfer) können Wirtschaftsprüfer oder Wirtschaftsprüfungsgesellschaften sein.

10.2 Der Konzernabschlussprüfer

10.21 Wer kann nicht zum Konzernabschlussprüfer bestellt werden?

Die in § 271 Abs 1–4 und § 271a erwähnten **Ausschlussgründe für die Bestellung** zum Abschlussprüfer gelten sinngemäß für den Abschlussprüfer des Konzernabschlusses (§ 271 Abs 5 und § 271a Abs 4, ebenso § 271b [Netzwerk]).

Ausgeschlossen sind darüber hinaus Personen, die gem § 271a Abs 1 Z 4 von der Prüfung eines bedeutenden verbundenen Unternehmens ausgeschlossen sind, sowie Wirtschaftsprüfungsgesellschaften, die gem § 271a Abs 3 in Verbindung mit Abs 1 Z 4 von der Prüfung eines bedeutenden verbundenen Unternehmens ausgeschlossen sind.

10.22 Die Bestellung des Konzernabschlussprüfers

Gemäß § 270 Abs 1 wird der Abschlussprüfer des Konzernabschlusses von den Gesellschaftern des Mutterunternehmens gewählt.

Ist keine Wahl gemäß § 270 Abs 1 erfolgt, gilt der Prüfer als bestellt, der für die Prüfung des in den Konzernabschluss einbezogenen Jahresabschlusses des Mutterunternehmens bestellt worden ist, wenn er die Voraussetzung gemäß § 268 Abs 4 erfüllt (§ 270 Abs 2, 1. Satz).

Wenn die Einbeziehung des Mutterunternehmens aufgrund eines Zwischenabschlusses erfolgt, so gilt, wenn kein anderer Prüfer bestellt wird, der Prüfer als bestellt, der für die Prüfung des letzten vor dem Konzernabschlussstichtag aufgestellten Jahresabschlusses des Mutterunternehmens bestellt worden ist (§ 270 Abs 2, 2. Satz).

---

[1] Anmerkung: Es wird empfohlen, zu diesem Kapitel auch die Ausführungen im Band 1[16] Kapitel 9 „Prüfungs- und Offenlegungsbestimmungen für Kapitalgesellschaften" zu lesen.

Auf die sinngemäße Anwendung des § 270 Abs 3 bis 7 auf den Konzernabschluss-prüfer wird verwiesen (Bestellung durch Gericht, Kündigung des Prüfungsauftrages, Bestellung eines anderen Abschlussprüfers).

Gemäß § 22 Abs 5 **Genossenschaftsgesetz** ist Abschlussprüfer des Konzerns der für das Mutterunternehmen bestellte Revisor, sofern nicht von dem für die Bestellung des Revisors des Mutterunternehmens zuständigen Revisionsverband oder dem für die Bestellung des Revisors des Mutterunternehmens zuständigen Gericht ein anderer Revisor als Abschlussprüfer des Konzerns gemäß den §§ 2 und 3 Genossen-schaftsrevisionsgesetz 1997 bestellt wird.

10.23 Rechte des Konzernabschlussprüfers

10.231 Vorlagepflicht und Auskunftsrecht, Teilnahme an den Beratungen über den Konzernabschluss

Gem § 272 Abs 3 haben

die gesetzlichen Vertreter einer Gesellschaft, die einen Konzernabschluß aufzustel-len hat, (...) dem Abschlußprüfer des Konzernabschlusses den Konzernabschluß, den Konzernlagebericht, die Jahresabschlüsse, Lageberichte und, wenn eine Prüfung stattgefunden hat, die Prüfungsberichte des Mutterunternehmens und der Tochter-unternehmen vorzulegen.

Für den Corporate-Governance-Bericht sieht § 272 keine ausdrückliche Vorlage-pflicht vor; man wird aber davon auszugehen haben, dass dem Abschlussprüfer auch der Corporate-Governance-Bericht zur Verfügung zu stellen ist.

Weiters hat der Konzernabschlussprüfer gem § 272 Abs 3

- die Rechte gemäß § 272 Abs 1 (Prüfung der Bücher und Schriften der Gesellschaft sowie der Vermögensgegenstände und Schulden) sowohl bei dem Mutterunter-nehmen als auch den Tochterunternehmen
  und
- die Rechte gemäß § 272 Abs 2 (Erteilung aller Aufklärung und Nachweise, die der Abschlußprüfer für eine sorgfältige Prüfung als notwendig ansieht) nicht nur gegenüber Mutter- und Tochterunternehmen, sondern auch gegenüber den Ab-schlußprüfern des Mutterunternehmens und der Tochterunternehmen;
  und
- an den Sitzungen des Aufsichtsrates und seiner Ausschüsse, die sich mit der Prü-fung des Konzernabschlusses beschäftigen, teilzunehmen (§ 93 Abs 1 AktG, § 30h GmbHG).

Zu beachten ist, dass alle diese Rechte nur gegenüber Mutterunternehmen und Toch-terunternehmen, **nicht** jedoch gegenüber **Gemeinschaftsunternehmen und assozi-ierten Unternehmen** bestehen.

10.232 Antragsberechtigung bei Meinungsverschiedenheiten

10.232.1 Meinungsverschiedenheiten über das Vorliegen einer Verpflichtung zur Aufstellung des Konzernabschlusses und des Konzernlageberichtes (§ 244 Abs 7)

Hier ist vorgesehen, dass über das Bestehen dieser Verpflichtung der für den Sitz des Unternehmens zuständige, zur Ausübung der Gerichtsbarkeit in Handelssachen berufene Gerichtshof erster Instanz im Verfahren außer Streitsachen entscheidet. Als Antragsberechtigte sowohl vom Mutter- als auch vom Tochterunternehmen werden im Gesetz genannt:

- **jedes Vorstands- und Aufsichtsratsmitglied,**
- **der Abschlussprüfer,**
- eine **Minderheit**, deren Anteile den zwanzigsten Teil des Nennkapitals oder den anteiligen Betrag von 700.000 Euro erreichen.

Diese Regelung gilt sinngemäß auch für Personengesellschaften im Sinne des § 189 Abs 1 Z 2 .

In diesem Zusammenhang ist besonders auf die Frage hinzuweisen, ob ein **inländischer Teilkonzernabschluss** aufgestellt werden muss, weil der ausländische Konzernabschluss möglicherweise keine befreiende Wirkung hat. Grundsätzlich gilt für ausländische IFRS-Abschlüsse die Befreiungswirkung, wenn auch die Gleichwertigkeit der Abschlussprüfung gegeben ist.

Offen ist, ob bzw unter welchen Umständen der Abschlussprüfer von diesem Antragsrecht auch Gebrauch machen muss. Weiters könnte es sich unter Umständen als erforderlich erweisen, wegen des in der **Nichtaufstellung eines Konzernabschlusses** zu erblickenden Verstoßes der gesetzlichen Vertreter gegen gesetzliche Vorschriften die **Berichtspflicht gemäß § 273 Abs 2** auszuüben.

10.232.2 Meinungsverschiedenheiten zwischen Gesellschaft und Abschlussprüfer über die Auslegung und Anwendung von gesetzlichen Vorschriften und vertraglichen Bestimmungen (§ 276)

Auch in diesem Fall entscheidet auf Antrag des Konzernabschlussprüfers oder der gesetzlichen Vertreter der Gesellschaft (dh des Mutterunternehmens) der für den Sitz des Unternehmens zuständige, zur Ausübung der Gerichtsbarkeit in Handelssachen berufene Gerichtshof erster Instanz im Verfahren außer Streitsachen.

10.3 Gegenstand und Umfang der Prüfung – Vorschriften gem § 269

10.31 Allgemeine Vorschriften

§ 269 Abs 1:

> *Die Prüfung des Jahresabschlusses und des Konzernabschlusses hat sich darauf zu erstrecken, ob die gesetzlichen Vorschriften und ergänzende Bestimmungen des Gesellschaftsvertrags oder der Satzung beachtet worden sind. In die Prüfung des Jahresabschlusses ist die Buchführung einzubeziehen.*

10.32 Sondervorschriften für die Prüfung des Konzernabschlusses

§ 269 Abs 2:

> *Der Abschlussprüfer des Konzernabschlusses trägt die **volle Verantwortung für den Bestätigungsvermerk** zum Konzernabschluss. Er hat auch die im Konzernabschluss zusammengefassten Jahresabschlüsse daraufhin zu prüfen, ob sie den Grundsätzen ordnungsmäßiger Buchführung entsprechen und ob die für die Übernahme in den Konzernabschluss maßgeblichen Vorschriften beachtet worden sind. Wenn in den Konzernabschluss einbezogene Unternehmen von anderen Abschlussprüfern geprüft werden, hat der Konzernabschlussprüfer deren Tätigkeit in geeigneter Weise zu überwachen, soweit dies für die Prüfung des Konzernabschlusses maßgeblich ist.*

10.321 Die Verantwortung des Konzernabschlussprüfers

§ 269 Abs 2, 1. Satz:

> *Der Abschlussprüfer des Konzernabschlusses trägt die volle Verantwortung für den Bestätigungsvermerk zum Konzernabschluss.*

Diese Bestimmung ist die Umsetzung des Art 27a der Abschlussprüfungsrichtlinie:

Die Aussage des § 269 Abs 2, 1. Satz ist wohl selbstverständlich, wenn der Konzernabschlussprüfer gleichzeitig der Prüfer der Einzelabschlüsse der in den Konzernabschluss einbezogenen Unternehmen ist. Da aber vielfach neben dem Konzernabschlussprüfer für einbezogene Unternehmen andere Abschlussprüfer tätig sind, bedarf es einer Abgrenzung der gegenseitigen Verantwortlichkeit.

Erwägungsgrund 15 der Abschlussprüfer-Richtlinie (AP-RL) enthält dazu folgende Aussage:

> *„Bei einem konsolidierten Abschluss ist es wichtig, die Verantwortlichkeiten der Abschlussprüfer der einzelnen Konzernteile klar voneinander abzugrenzen. Dazu sollte der Konzernabschlussprüfer die volle Verantwortung für den Bestätigungsvermerk tragen."*

Dass diese Verantwortung für die Bestätigungsvermerke zu den Abschlüssen von Unternehmen, die von anderen Abschlussprüfern geprüft wurden, auch mit zusätzlichen Rechten des Konzernabschlussprüfers gegenüber den Prüfern von Abschlüssen einbezogener Unternehmen verbunden sein muss, erscheint selbstverständlich. Dies ist auch der Inhalt des **dritten Satzes des § 269 Abs 2**. Siehe den nachfolgenden Abschnitt 10.323.

10.322 Weitere Prüfungsaufgaben des Konzernabschlussprüfers

§ 269 Abs 2, 2. Satz:

> *Er hat auch die im Konzernabschluss zusammengefassten Jahresabschlüsse daraufhin zu prüfen, ob sie den Grundsätzen ordnungsmäßiger Buchführung entsprechen und ob die für die Übernahme in den Konzernabschluss maßgeblichen Vorschriften beachtet worden sind.*

Dieser Satz enthält zwei getrennt zu betrachtende Vorschriften:

a) Prüfung, ob die im Konzernabschluss zusammengefassten Jahresabschlüsse den Grundsätzen ordnungsmäßiger Buchführung entsprechen, und

b) ob die für die Übernahme in den Konzernabschluss maßgeblichen Vorschriften beachtet worden sind.

Zu a) Durch diese Bestimmung wird berücksichtigt, dass es einbezogene Unternehmen gibt, die keiner Prüfungspflicht unterliegen, wie zum Beispiel im Konzernabschluss zusammengefasste kleine Gesellschaften mit beschränkter Haftung, bzw wenn die Prüfungspflicht bei ausländischen Tochterunternehmen anders abgegrenzt ist.

Damit bleibt grundsätzlich die Prüfungspflicht des Konzernabschlussprüfers bezüglich der Einhaltung der Grundsätze ordnungsmäßiger Buchführung der bisher nicht geprüften Abschlüsse aufrecht.

Die Auffassung in den Erläuternden Bemerkungen zu § 269 Abs 2 (URÄG 2008), dass die Prüfung der in einem Konzernabschluss zusammengefassten Abschlüsse darauf, *„ob sie den Grundsätzen ordnungsmäßiger Buchführung entsprechen"*, auf die Beachtung der für die Erstellung des Konzernabschlusses notwendigen Bilanzierungs- und Konsolidierungsmaßnahmen abstellt, kann nicht geteilt werden. Die Konsolidierungs- und Bilanzierungsmaßnahmen für den Konzernabschluss betreffen die Beachtung der für die Übernahme in den Konzernabschluss maßgeblichen Vorschriften und nicht die Prüfung der Einhaltung der GoB bei den bisher nicht geprüften Tochterunternehmen. Der gleiche Einwand trifft auf die in dem folgenden Abschnitt 9.323 wiedergegebenen Ausführungen von *Milla/Vcelouch/Weber*, S 75, zu.

Die **unter b)** geforderte Prüfung, ob die für die **Übernahme in den Konzernabschluss maßgeblichen Vorschriften** beachtet worden sind, betrifft insbesondere:

- die Vorschriften über die **Abgrenzung des Konsolidierungskreises**, dh insbesondere die §§ 244, 247 und 249,

- die Ableitung der in den Konzernabschluss zu übernehmenden Einzelabschlüsse aus den geprüften Einzelabschlüssen der einbezogenen Unternehmen (Ableitung der UB II aus der UB I).

Beim Mutterunternehmen und den inländischen Tochterunternehmen können sich daraus zB folgende Prüfungsaufgaben ergeben:

- Anpassung an eine andere Ausübung von **Bilanzierungswahlrechten;**
- Herstellung der einheitlichen Bewertung im Konzernabschluss. Im Falle der Einhaltung einer diesbezüglichen Konzernbilanzierungsrichtlinie werden sich daraus im Inlandsbereich keine Abweichungen ergeben;

Im Falle **ausländischer Tochterunternehmen:**

- **Anpassung an österreichische Bilanzierungsvorschriften,** einschließlich der Ausübung von Bilanzierungswahlrechten und Herstellung der Einheitlichkeit der Bewertung (jeweils auf Basis der Konzernbilanzierungsrichtlinie;
- Durchführung der **Währungsumrechnung** aufgrund der Bilanzrichtlinie.

Prüfung des Konsolidierungsvorganges:

- Durchführung der Kapitalkonsolidierung – insbesondere bei Änderungen des Konsolidierungskreises (Erstkonsolidierungen, Endkonsolidierungen, Änderungen von Beteiligungsverhältnissen);
- Schuldenkonsolidierung;
- Aufwands- und Ertragskonsolidierung;
- Zwischenergebniseliminierung;
- Steuerabgrenzung;
- Berechnung der Fremdanteile;
- Behandlung von Unterschiedsbeträgen gemäß § 261 UGB.

Es wurde bereits darauf hingewiesen, dass alle diese Vorschriften auch für die Quotenkonsolidierung gelten. Die Richtigkeit des Konsolidierungsvorganges kann aber hier nur überprüft werden, wenn ausreichende Informationen zur Verfügung stehen.

Da **assoziierte Unternehmen** bzw deren Abschlussprüfer keiner Auskunftspflicht unterliegen, sind die Prüfungsmöglichkeiten des Konzernabschlussprüfers in diesen Fällen eingeschränkt; er ist daher angewiesen, das Auskunftsrecht gegenüber den Organen des Mutterunternehmens stärker geltend zu machen.

10.323 Stellung des Konzernabschlussprüfers gegenüber den Prüfern einbezogener Unternehmen

§ 269 Abs 2, 3. Satz:

> *Wenn in den Konzernabschluss einbezogene Unternehmen von anderen Abschlussprüfern geprüft werden, hat der Konzernabschlussprüfer deren Tätigkeit in geeigneter Weise zu überwachen, soweit dies für die Prüfung des Konzernabschlusses maßgeblich ist.*

In diesem Zusammenhang ist auch § 272 Abs 3 zu sehen:

> *Die gesetzlichen Vertreter einer Gesellschaft, die einen Konzernabschluß aufzustellen hat, haben dem Abschlußprüfer des Konzernabschlusses den Konzernabschluß, den Konzernlagebericht und, wenn eine Prüfung stattgefunden hat, die Prüfungsberichte des Mutterunternehmens und der Tochterunternehmen vorzulegen. Der Abschlußprüfer hat die Rechte gemäß Abs. 1 und Abs. 2 bei dem Mutterunternehmen und dem Tochterunternehmen, die Rechte gemäß Abs. 2 auch gegenüber den Abschlußprüfern des Mutterunternehmens und der Tochterunternehmen.*

Durch die Regelung des § 269 Abs 2, 3. Satz sollen die Bestimmungen der Artikel 27b und 27c der AP-RL umgesetzt werden. Eine Orientierung für solche Überwachungsmaßnahmen bietet dabei der International Standard on Auditing (ISA) 600: **Besondere Überlegungen zu Konzernabschlussprüfungen (einschließlich der Arbeit von Teilbereichsprüfern)**.

Milla/Vcelouch/Weber, S 75, nennen folgende Möglichkeiten zur Feststellung der Qualität der Arbeit des anderen Abschlussprüfers:

- Teilnahme an Schlussbesprechungen mit der Geschäftsleitung des verbundenen Unternehmens;
- Anforderung von Fragebögen und Checklisten zu den durchgeführten Arbeiten;
- Einsicht in die Arbeitspapiere des anderen Abschlussprüfers;
- Verlangen eines Nachweises über dessen Einbeziehung in ein adäquates Qualitätssicherungssystem.

Unproblematisch wird diese Vorgangsweise gegenüber Abschlussprüfern von österreichischen Tochterunternehmen sein; schwierig kann die Anwendung solcher Regelungen gegenüber Abschlussprüfern im Ausland sein, wenn Verschwiegenheits- oder Geheimhaltungsvorschriften die Anwendung solcher Maßnahmen verhindern. *„Ist nach solchen Bestimmungen die Einsichtnahme in die Arbeitspapiere nicht möglich, so hat der Konzernabschlussprüfer – wenn er durch die übrigen Überwachungsmaßnahmen nicht ausreichend Gewissheit über die ordnungsmäßige Durchführung der lokalen Abschlussprüfung gewonnen hat, selbst vor Ort eine Prüfung durchzuführen. Diesfalls kann es zu teuren und unökonomischen Doppelprüfungen kommen, die jedoch auf Grund der neuen Regelung nicht vermeidbar sind"*(Milla/Vcelouch/Weber, S 76).

10.4 Prüfungsdurchführung, Qualitätssicherung und International Standards on Auditing

Da diese Bereiche für alle Unternehmen und Konzerne die gleichen Grundlagen haben, verweisen wir auf die Ausführungen im Band I (Der Einzelabschluss), Kapitel 9.3–9.7.

10.5 Besonderheiten der Durchführung von Konzernabschlussprüfungen gem Fachgutachten KFS/PG 12

Dieses Fachgutachten baut stark auf ISA 600 „Besondere Überlegungen zu Konzernabschlussprüfungen (einschließlich der Tätigkeit von Teilbereichsprüfern)" auf (siehe Tz 4 des FG) und berücksichtigt besonders die Prüfung von Konzernabschlüssen nach § 245a.

Im **Abschnitt 4** über **Prüfungsplanung** beschäftigt sich das Fachgutachten in Abschnitt 4.1 mit der Gewinnung des Verständnisses des Konzerns und des Konzernumfeldes. Dazu gehören die Gewinnung von Kenntnissen über die Konzernstruktur – Konsolidierungskreis, Grunddaten der Konzerngesellschaften, geografische Verteilung der Konzerntätigkeiten, Organisationsstruktur sowie Organisation der Überwachung der einbezogenen Unternehmen in der Konzernrechnungslegung, dh des konzernweiten Kontrollsystems, zB im Hinblick auf die Organisation der Konzernrechnungslegungsstelle, der Kontrolle der Finanzberichterstattung, der Kontrollen durch die Konzernrevision und der Organisation des Konsolidierungsprozesses.

Weiters wird in **Abschnitt 4.2** die Frage der **Wesentlichkeit** sowohl im Hinblick auf den Konzernabschluss als auch hinsichtlich der Wesentlichkeit für die einbezogenen Unternehmen behandelt. Die Frage der Wesentlichkeit ist auch maßgebend für die Festlegung von Prüfungshandlungen in Bezug auf die in den Konzernabschluss einbezogenen Unternehmen: Die **Intensität der Prüfung** hängt von der **Bedeutsamkeit des einbezogenen Unternehmens** ab. Ist ein einbezogenes Unternehmen auf Grund seines wirtschaftlichen Gewichts bedeutsam für den Konzern, ist eine Abschlussprüfung vorzunehmen (siehe Tz 30). Wenn einbezogene Unternehmen aufgrund *„besonderer wirtschaftlicher Merkmale, aufgrund besonderer Sachverhalte oder aufgrund bedeutsamer Risiken"* bedeutsam für den Konzern sind, sind folgende Maßnahmen vorzusehen (siehe Tz 31: eine Abschlussprüfung im Sinne des KFS PG 1, die Prüfung ausgewählter Kontensalden, Arten von Geschäftsvorfällen oder Abschlussangaben, die mit den bedeutsamen Risiken in Zusammenhang stehen, bzw festgelegte Prüfungshandlungen in Bezug auf solche Bereiche).

Für **andere einbezogene Unternehmen** muss gemäß Tz 32 der Konzernabschlussprüfer zumindest analytische Prüfungshandlungen auf Konzernebene durchführen. Des Weiteren ist zu untersuchen, ob aufgrund dieser Prüfungsmaßnahmen schon ausreichende geeignete Prüfungsnachweise als Grundlage für den Bestätigungsvermerk gewonnen werden können. Ist dies nicht der Fall, muss der Konzernabschlussprüfer weitere nicht bedeutsame einbezogene Unternehmen in die Prüfung einbeziehen.

Diese Vorgangsweise geht nicht unmittelbar aus dem Gesetzestext hervor, sondern ergibt sich bei einer Umlegung des Begriffes der Wesentlichkeit nicht auf einzelne einbezogene Unternehmen, sondern auf den Konzern insgesamt. *„Die primäre Ausrichtung der Konzernabschlussprüfung auf den KA als Ganzes lässt es darüber hin-*

aus zulässig erscheinen, bei der Prüfung der Jahresabschlüsse (der einbezogenen Unternehmen) auch die Wesentlichkeitsgrenzen aus Konzernsicht zugrunde zu legen, sodass für den Konzernabschluss gänzlich unbedeutende Tochterunternehmen nicht geprüft werden müssen. Aus den gleichen Gründen erscheint es auch zulässig, sich bei der Prüfung der Jahresabschlüsse von Tochterunternehmen geringerer Bedeutung auf bestimmte Abschlussposten zu beschränken oder den Prüfungsumfang für diese Jahresabschlüsse – etwa auf dem Umfang einer prüferischen Durchsicht nach dem Fachgutachten KFS/PG 11 – zu reduzieren. ... Insgesamt muss aber im Hinblick auf die geforderten Prüfungsurteile eine hinreichende Sicherheit für den Konzernabschluss als Ganzes erreicht werden."

Die Prüfungsdurchführungen im Einzelnen werden in **Abschnitt 5** des Fachgutachtens beschrieben. Dieser Abschnitt enthält Ausführungen über Konzernbilanzrichtlinien, konzernweite Kontrollen, die Prüfung des Konsolidierungskreises, die Prüfung der Berichtspakete der einbezogenen Unternehmen und deren Übernahme in den Konzernabschluss, den Konsolidierungsprozess, über Ereignisse nach dem Abschlussstichtag und die Beurteilung des ausreichenden Umfangs und Eignung von Prüfungsnachweisen.

Im **Abschnitt 6** werden die Zusammenarbeit mit anderen Abschlussprüfern dargestellt und insbesondere Fragen der Überwachung und Qualifikation deren Tätigkeit beschrieben; die Notwendigkeit der Klärung dieser Fragen ergibt sich unmittelbar aus dem Gesetzestext.

10.51 Prüfung des Konzernlageberichtes

Da diese Frage aus verständlichen Gründen in ISA 600 nicht behandelt wird, scheint sie auch bei der Umsetzung von ISA 600 nicht auf und wird auch in keinem gesonderten Fachgutachten behandelt. Sinngemäß sind in diesem Zusammenhang die Ausführungen in KFS/PG 10 „Fachgutachten über die Prüfung des Lageberichts" heranzuziehen. Das FG enthält keine Ausführungen zu eventuellen Besonderheiten bei der Prüfung des Konzernlageberichtes.

10.6 Der Prüfungsbericht

10.61 Gesetzliche Vorschriften

§ 273 Abs 1–4:

*(1) Der Abschlussprüfer hat über das Ergebnis der Prüfung schriftlich zu berichten. Im Bericht ist insbesondere festzustellen, ob die Buchführung, der Jahresabschluss, der Lagebericht, der Konzernabschluss und der Konzernlagebericht den gesetzlichen Vorschriften entsprechen **und der Corporate Governance-Bericht (§ 243b) aufgestellt worden ist** sowie die gesetzlichen Vertreter die verlangten Aufklärungen und Nachweise erbracht haben. **Im Prüfungsbericht zum Konzernabschluss ist**

> *auch festzustellen, ob die für die Übernahme in den Konzernabschluss maßgeblichen Vorschriften beachtet worden sind.* Die Posten des Jahresabschlusses sind aufzugliedern und zu erläutern. Nachteilige Veränderungen der Vermögens-, Finanz- und Ertragslage gegenüber dem Vorjahr und Verluste, die das Jahresergebnis nicht unwesentlich beeinflusst haben, sind anzuführen und zu erläutern. Werden Tatsachen nach Abs 2 und 3 nicht festgestellt, so ist dies im Bericht ausdrücklich festzuhalten.
>
> (2) Stellt der Abschlussprüfer bei Wahrnehmung seiner Aufgaben Tatsachen fest, **die den Bestand des geprüften Unternehmens oder Konzerns gefährden** oder seine Entwicklung wesentlich beeinträchtigen können oder die schwerwiegende Verstöße der gesetzlichen Vertreter oder von Arbeitnehmern gegen Gesetz, Gesellschaftsvertrag oder Satzung erkennen lassen, so hat er darüber unverzüglich zu berichten. Darüber hinaus hat er unverzüglich über wesentliche Schwächen bei der internen Kontrolle des Rechnungslegungsprozesses zu berichten.
>
> (3) Der Abschlussprüfer hat auch unverzüglich zu berichten, wenn bei der Prüfung des Jahresabschlusses das Vorliegen der Voraussetzungen für die Vermutung eines Reorganisationsbedarfs (§ 22 Abs 1 Z 1 URG) festgestellt wird; im Bericht sind in diesem Fall die Eigenmittelquote (§ 23 URG) und die fiktive Schuldentilgungsdauer (§ 24 URG) anzugeben.
>
> (4) Der Abschlussprüfer hat diese Berichte zu unterzeichnen und den gesetzlichen Vertretern sowie den Mitgliedern des Aufsichtsrates vorzulegen. Ist bei einem unbeschränkt haftenden Gesellschafter einer unternehmerisch tätigen eingetragenen Personengesellschaft im Sinne des § 221 Abs 5 ein Aufsichtsrat eingerichtet, so hat der Abschlussprüfer den Bericht hinsichtlich der Personengesellschaft auch den Mitgliedern dieses Aufsichtsrats vorzulegen.

Aus § 273 Abs 1, erster Satz, in Verbindung mit § 268 Abs 2 (Verpflichtung zur Prüfung des Konzernabschlusses und Konzernlageberichtes) ergibt sich grundsätzlich die Verpflichtung zur Erstattung eines gesonderten **Berichtes über die Konzernabschlussprüfung**.

§ 251 Abs 3, zweiter Satz enthält allerdings die Vorschrift, dass im Falle der Zusammenfassung des Konzernanhanges und des Anhanges des Jahresabschlusses des Mutterunternehmens auch die Prüfungsberichte und die Bestätigungsvermerke zusammengefasst werden können.

Infolge der spezifischen Gegebenheiten der Berichterstattung über die Konzernabschlussprüfung erscheint es eher nicht sinnvoll, von der Zusammenfassungsmöglichkeit Gebrauch zu machen; die Besonderheiten des Inhaltes des Konzernprüfungsberichtes ergeben sich schon aus dem im Kapitel 9.3 dargestellten Inhalt der Konzernabschlussprüfung.

a) Feststellung, ob der **Corporate-Governance-Bericht** (§ 243b) aufgestellt worden ist;

b) Feststellung, ob die für die **Übernahme in den Konzernabschluss maßgeblichen Vorschriften** beachtet worden sind;

c) **Ausdehnung der Redepflicht**: auf schwerwiegende Gesetzesverstöße von Arbeitnehmern;

d) Verpflichtung zur **unverzüglichen Berichterstattung über wesentliche Schwächen bei der internen Kontrolle des Rechnungslegungsprozesses.** Hier handelt es sich um die Umsetzung des Artikels 41 Abs 4 der AP-RL: Der Abschlussprüfer oder die Prüfungsgesellschaft berichten dem Prüfungsausschuss über die wichtigsten bei der Abschlussprüfung gewonnenen Erkenntnisse, insbesondere über wesentliche Schwächen bei der internen Kontrolle des Rechnungslegungsprozesses. Artikel 41 der Richtlinie bezieht sich an sich nur auf Unternehmen des öffentlichen Interesses. Der österreichische Gesetzgeber hat allerdings diese Vorschrift über diesen Kreis auf alle prüfungspflichtigen Unternehmen ausgedehnt. Bezüglich der Unklarheiten, die mit dem Begriff der **„wesentlichen Schwäche"** verbunden sind, siehe die Erläuterungen auf S 145 ff in *Bydlinski/Potyka/Weber,* Unternehmensrechts-Änderungsgesetz 2008.

Weiters enthält § 273 Abs 2 die Klarstellung, dass sich die Redepflicht auch auf den Konzern bezieht. *„Von einer **Bestandgefährdung des Konzerns** ist mangels dessen Rechtspersönlichkeit und **mangels Konzerninsolvenzrecht** dann auszugehen, wenn die Muttergesellschaft bzw. eine wesentliche Tochtergesellschaft in ihrem Bestand gefährdet ist und dies für den Konzern in seiner Gesamtheit auch zu einer Bestandsgefährdung führen könnte"* (*Bydlinski/Potyka/Weber,* Unternehmensrechts-Änderungsgesetz 2008, S 145).

10.62 Inhalt des Berichtes über die Prüfung des Konzernabschlusses und des Konzernlageberichtes

§ 273 Abs 1 enthält folgende Vorschriften über Pflichtangaben im Prüfungsbericht:

- Feststellung, **ob der Konzernabschluss und der Konzernlagebericht** den gesetzlichen Vorschriften entsprechen.
  Da die gesetzlichen Vorschriften auch die Generalklausel umfassen, bedeutet dies gleichzeitig eine Stellungnahme, ob der Konzernabschluss ein möglichst getreues Bild der Vermögens-, Finanz- und Ertragslage des Konzerns vermittelt.
  Im Zusammenhang mit dem Konzernabschluss wird keine Bestätigung hinsichtlich der Gesetzmäßigkeit der Buchführung verlangt, da es keine einheitliche Konzernbuchführung, sondern nur eine solche der einbezogenen Unternehmen gibt. Man wird aber davon ausgehen können, dass in diesem Zusammenhang auch eine Feststellung hinsichtlich der ordnungsmäßigen Dokumentation der Ableitung des Konzernabschlusses aus den Einzelabschlüssen der einbezogenen Unternehmen erforderlich ist.
- Feststellung, ob der **Corporate-Governance-Bericht** (§ 243b) aufgestellt worden ist.

- Feststellung, dass die gesetzlichen Vertreter die **verlangten Aufklärungen und Nachweise** erbracht haben.
  Bei der Konzernabschlussprüfung ist diese Feststellung auch auf den Personenkreis gemäß § 272 Abs 3, 2. Satz, 2. Halbsatz, das sind die **Abschlussprüfer des Mutterunternehmens und der Tochterunternehmen**, auszudehnen.
- Feststellung, ob die für die **Übernahme in den Konzernabschluss maßgeblichen Vorschriften** beachtet worden sind.
- Aufgliederung der **Posten des Jahresabschlusses**.
  Diese Vorschrift bezieht sich ausdrücklich auf den Jahresabschluss und nicht auf den Konzernabschluss.
- Nachteilige **Veränderungen der Vermögens-, Finanz- und Ertragslage** gegenüber dem Vorjahr und Verluste, die das Jahresergebnis nicht unwesentlich beeinflusst haben, sind anzugeben und zu erläutern.
  Diese Verpflichtung wird man sinngemäß auch auf den **Konzernprüfungsbericht** ausdehnen können, wobei das Entstehen der Verpflichtung zur Berichterstattung vom Konzernstandpunkt aus zu beurteilen ist.
  Gemäß § 274 Abs 8 ist der Bestätigungsvermerk auch in den Prüfungsbericht aufzunehmen.
- § 273 Abs 2 verlangt **unverzügliche Berichterstattung**,
  - wenn der Abschlussprüfer bei Wahrnehmung seiner Aufgabe Tatsachen feststellt, die den Bestand eines geprüften Unternehmens oder Konzerns gefährden oder seine Entwicklung wesentlich beeinträchtigen können, und
  - bei Feststellungen, die schwerwiegende Verstöße der gesetzlichen Vertreter oder von Arbeitnehmern gegen Gesetz, Gesellschaftsvertrag oder Satzung erkennen lassen und bei Auftreten wesentlicher Schwächen bei der internen Kontrolle des Rechnungslegungsprozesses.
    „Bei Prüfungen gemäß den ISAs besteht eine derartige Kommunikationsverpflichtung bereits seit längerer Zeit. Mangels einer gesetzlichen Definition des Begriffs ‚wesentliche Schwächen' könnte auch unter Bezugnahme auf die erläuternden Bemerkungen auf diese internationalen Prüfungsgrundsätze (ISA) zurückgegriffen werden." (Milla/Vcelouch/Weber, S 128)
    Im neuen Prüfungsstandard ISA 265 (Mitteilung über Mängel im internen Kontrollsystem….) werden folgende Beispiele für wesentliche Schwächen angeführt (*Milla/Vcelouch/Weber*, S 128):
  - Eine vom Abschlussprüfer festgestellte wesentliche Fehldarstellung wurde aufgrund von Mängeln des IKS nicht identifiziert.
  - Ein wesentliches Risiko wird nicht durch das interne Kontrollsystem abgedeckt.
  - Es gibt weder eine adäquate Aufgabentrennung noch andere Kontrollmaßnahmen in Bereichen mit sehr hohem Risiko, zB ein Mitarbeiter ist berechtigt, im System zu buchen, und führt auch gleichzeitig die Handkassa.

10.63 Spezifische Bestandteile des Berichtes über die Konzernabschlussprüfung

Allgemeine Fragen der Berichterstattung werden im Fachgutachten KFS/PG 2 über Grundsätze ordnungsgemäßer Berichterstattung bei Abschlussprüfungen nach § 273 Abs 1 UGB behandelt. Mit Fragen der Redepflicht des Abschlussprüfers gem § 273 Abs 2 und 3 beschäftigt sich die Stellungnahme KFS/PE 18.

10.631 Berichterstattung über den Konsolidierungskreis

Eine gesonderte Berichterstattung ist hier in der Regel nicht erforderlich, da diese Angaben aus dem **Konzernanhang** ersichtlich sein müssen. Der Prüfungsbericht hat nur festzustellen, ob diese Angaben vollständig und richtig sind. Weiters ist festzustellen, ob der **Grundsatz der Stetigkeit** bei der Abgrenzung des Konsolidierungskreises eingehalten wurde und die Berichterstattung über **Veränderungen des Konsolidierungskreises** die gesetzlichen Vorschriften erfüllt. Siehe hierzu auch DRS 19, „Pflicht zur Konzernrechnungslegung und Abgrenzung des Konsolidierungskreises", Tz 107 bis 124.

Weitere Feststellungen betreffen das Vorhandensein geprüfter Jahresabschlüsse der einbezogenen Unternehmen bzw die Frage, ob die Abschlüsse der nicht geprüften Unternehmen den Grundsätzen ordnungsmäßiger Buchführung entsprechen. Insbesondere sollten entsprechende Feststellungen hinsichtlich der Jahresabschlüsse ausländischer Tochterunternehmen getroffen werden.

Das Fachgutachten KFS/PG 5 enthält in Abschnitt 5. Besonderheiten bei Konzernabschlussprüfungen in Tz 41 folgende Regelung: *„Wenn in den Konzernabschluss einbezogene Unternehmen von anderen Abschlussprüfern geprüft wurden, sollte im Prüfungsbericht angegeben werden, dass deren Tätigkeit in geeigneter Weise überwacht wurde, soweit dies für die Prüfung des Konzernabschlusses maßgeblich ist."*

Es ist auch darzustellen, ob die Vorschriften zur Nichteinbeziehung, zur Quotenkonsolidierung und zur Equity-Bilanzierung beachtet wurden, weiters, ob bei Abweichung der Stichtage der Jahresabschlüsse der einbezogenen Tochterunternehmen vom Stichtag des Konzernabschlusses die Voraussetzungen dafür bestehen und ob auf Vorgänge von besonderer Bedeutung für die Vermögens-, Finanz- und Ertragslage zwischen diesen Stichtagen eingegangen wurde.

10.632 Erläuterungen von Posten des Konzernabschlusses

Vorauszuschicken ist, dass entsprechende Ausführungen im Prüfungsbericht nur so weit erforderlich erscheinen, als sich zusätzliche Informationen zu den Erläuterungen im Konzernanhang ergeben. Eine ausdrückliche Verpflichtung ist im Gesetz nicht vorgesehen.

Gem KFS/PG 2 Tz 43 können diese Angaben (dh Aufgliederung und Erläuterung der Posten des Konzernabschlusses) im Rahmen freiwilliger Berichtsausweitungen erfolgen, sofern dieses vom Berichterstatter für zweckmäßig erachtet wird. Das dHGB enthält in § 321 (Prüfungsbericht) Abs 2 vorletzter Satz folgende Vorschrift: *„Hierzu sind die Posten des Jahres-* **und des Konzernabschlusses** *aufzugliedern und ausreichend zu erläutern, soweit diese Angaben nicht im Anhang enthalten sind."*

Der Konzernprüfungsbericht wird sich auf die Erläuterung solcher Posten beschränken können, die nicht ohne weiteres aufgrund des Einzelabschlusses und des Prüfungsberichtes zum Jahresabschluss des Mutterunternehmens verstanden werden können. Insbesondere betrifft das Ausführungen über **Unterschiede aus der Kapital-, Schulden-, Aufwands- und Ertragskonsolidierung**, über **Auswirkungen der Fremdwährungsumrechnung** und darüber, ob aufgrund **abweichender Ansatz- und Bewertungsmethoden** im Konzernabschluss wesentliche Unterschiede zwischen Einzel- und Konzernabschluss bestehen.

Im Zusammenhang mit der Erfolgsrechnung des Konzerns sollte erläutert werden, *„in welcher Höhe sich der Konzernerfolg durch die Zwischenerfolgseliminierung von der Summe der Erfolge der konsolidierten Unternehmen unterscheidet und welchen Unternehmen die eliminierten Zwischenerfolge zuzuordnen sind"* (*Küting/Weber*, Handbuch der Konzernrechnungslegung[2], 1998, Kapitel II, Rz 1563).

10.633 Gesamtaussage des Konzernabschlusses

Bei der Beurteilung der Gesamtaussage des Konzernabschlusses (*„Der Konzernabschluss vermittelt ein möglichst getreues Bild der Vermögens-, Finanz- und Ertragslage"*) ist nach IDW/PS 450 **Grundsätze ordnungsmäßiger Berichterstattung bei Abschlussprüfungen** Abschnitt 5.4.32 *„auch darauf einzugehen, wie sich im Rahmen der Konsolidierung ausgeübte Wahlrechte, ausgenutzte Ermessensspielräume sowie sachverhaltsgestaltende Maßnahmen auf die Darstellung der Vermögens-, Finanz- und Ertragslage des Konzerns auswirken".*

Im Falle der Einbeziehung ausländischer Unternehmen in den Konzernabschluss ist auch über die sich hieraus ergebenden Besonderheiten und die dabei angewandten Grundsätze zu berichten. Besondere Bedeutung erhält dabei die Berichterstattung über die Methoden der **Währungsumrechnung** und die Sicherstellung der einheitlichen Bilanzierung und Bewertung.

Ist das Konzernergebnis durch Änderungen von Bilanzierungs- und Bewertungsmethoden sowie durch außerordentliche Vorgänge wesentlich beeinflusst, so ist hierüber zu berichten.

11. Offenlegung und Veröffentlichung des Konzernabschlusses

11.1 Offenlegungsverpflichtung

§ 280:

> *(1) Die gesetzlichen Vertreter einer Gesellschaft, die einen Konzernabschluss auf-*
> *zustellen hat, haben den Konzernabschluss und den Konzernlagebericht sowie ge-*
> *gebenenfalls den konsolidierten Corporate Governance-Bericht und den konso-*
> *lidierten Bericht über Zahlungen an staatliche Stellen mit dem Bestätigungsver-*
> *merk gleichzeitig mit dem Jahresabschluss beim Firmenbuchgericht des Sitzes der*
> *Gesellschaft einzureichen. § 277 Abs. 3 und Abs. 6 erster Satz gelten sinngemäß.*
> *§ 277 Abs. 2 ist für die Veröffentlichung des Konzernabschlusses sinngemäß an-*
> *zuwenden, wenn ein Tochterunternehmen eine große Aktiengesellschaft mit Sitz*
> *im Inland ist.*
>
> *(2) Ist ein Tochterunternehmen in einen ausländischen Konzernabschluß mit be-*
> *freiender Wirkung gemäß § 245 Abs. 1 einbezogen, so hat es diesen in deutscher*
> *Sprache oder in einer in internationalen Finanzkreisen gebräuchlichen Sprache bei*
> *dem zuständigen Firmenbuchgericht zu hinterlegen; das gleiche gilt, falls eine große*
> *Kapitalgesellschaft in einen ausländischen Konzernabschluß einbezogen ist.*

Die Offenlegungsverpflichtung für Konzernabschlüsse bezieht sich nur auf Konzernabschlüsse, die aufgrund einer gesetzlichen Verpflichtung aufzustellen sind, nicht jedoch auf freiwillig aufgestellte Konzernabschlüsse (§ 280 Abs 1).

Die **Verpflichtung** zur Aufstellung kann sich auch bei Vorliegen an und für sich befreiender Konzernabschlüsse und Konzernlageberichte (§ 245 Abs 1) ergeben, wenn der Aufsichtsrat oder eine qualifizierte Minderheit dies spätestens sechs Monate vor Ablauf des Konzerngeschäftsjahres verlangt.

Eine **Verpflichtung** im Sinne des Gesetzes und damit eine Offenlegungsverpflichtung wird dagegen nicht anzunehmen sein, wenn der Aufsichtsrat die Aufstellung eines Konzernabschlusses nur für interne Informationszwecke verlangt (siehe *Platzer*, in *Straube*, Rz 2 zu § 280).

§ 237 Abs 1 Z 7 verlangt von allen Tochterunternehmen

> *die Angabe des Namens und des Sitzes des Mutterunternehmens der Gesellschaft,*
> *das den Konzernabschluss für den kleinsten Kreis von Unternehmen aufstellt.*

§ 238 Abs 1 Z 7 verlangt von mittleren und großen Tochterunternehmen

> *die Angabe des Namens und des Sitzes des Mutterunternehmens der Gesellschaft,*
> *das den Konzernabschluss für den größten Kreis von Unternehmen aufstellt.*

11.2 Zeitpunkt der Offenlegung

Gem § 280 Abs 1 hat die Einreichung des Konzernabschlusses, des Konzernlageberichtes sowie gegebenenfalls des konsolidierten Corporate-Governance-Berichtes und des konsolidierten Berichtes über Zahlungen an staatliche Stellen gleichzeitig mit dem Jahresabschluss beim Firmenbuchgericht des Sitzes der Gesellschaft zu erfolgen.

11.3 Form der Offenlegung

Gemäß § 280 Abs 1, zweiter Satz ist § 277 Abs 2 für die Veröffentlichung des Konzernabschlusses sinngemäß anzuwenden, wenn *„ein Tochterunternehmen eine große Aktiengesellschaft mit Sitz im Inland ist"*. In diesem Fall haben die zuständigen Organe die Veröffentlichung des Konzernabschlusses innerhalb der oben genannten Frist mit dem Bestätigungsvermerk im „Amtsblatt zur Wiener Zeitung" zu veranlassen. In den anderen Fällen ist keine Veröffentlichung im „Amtsblatt zur Wiener Zeitung" erforderlich, sondern es genügt die Bekanntmachung des Tages der Einreichung des Konzernabschlusses beim Firmenbuch durch das Firmenbuchgericht gem § 5 Z 3 Firmenbuchgesetz in Verbindung mit § 10 UGB.

Bezüglich der **Form der Offenlegung** sind folgende Konstellationen zu unterscheiden:

- Das Mutterunternehmen ist eine große AG:
  Die Veröffentlichung des Konzernabschlusses hat gemäß § 277 Abs 2 im „Amtsblatt zur Wiener Zeitung" zu erfolgen;
- das Mutterunternehmen ist eine kleine oder mittlere Aktiengesellschaft oder eine Gesellschaft mit beschränkter Haftung; unter den Tochterunternehmen befindet sich eine große Aktiengesellschaft:
  In diesem Fall ist das Mutterunternehmen für seinen Einzelabschluss nicht zur Veröffentlichung im „Amtsblatt zur Wiener Zeitung" verpflichtet, diese Verpflichtung gilt aber für den Konzernabschluss.
- das Mutterunternehmen ist eine kleine oder mittlere Aktiengesellschaft oder eine Gesellschaft mit beschränkter Haftung; unter den Tochterunternehmen befindet sich keine große Aktiengesellschaft:
  Es besteht keine Verpflichtung zur Veröffentlichung im „Amtsblatt zur Wiener Zeitung".
- das Mutterunternehmen ist eine kleine oder mittlere GmbH; unter den Tochterunternehmen befindet sich keine große Aktiengesellschaft:
  Es besteht keine Verpflichtung zur Veröffentlichung im „Amtsblatt zur Wiener Zeitung".

Störend erscheint es, dass für den Einzelabschluss des Mutterunternehmens und für den Konzernabschluss eine andere Form der Offenlegung möglich ist. Sinnvoll wäre zweifellos die Vorgangsweise, dass, wenn der Konzernabschluss im „Amtsblatt zur Wiener Zeitung" zu veröffentlichen ist, dies auch für den Einzelabschluss des Mutterunternehmens gilt. Wenn das Mutterunternehmen eine kleine GmbH mit der Mindestoffenlegungsverpflichtung gem § 278 ist, wird diese Diskrepanz besonders offensichtlich.

11.4 Sonderregelung bei Einbeziehung inländischer Unternehmen in einen ausländischen Konzernabschluss (§ 280 Abs 2)

- Ist ein Tochterunternehmen (als Mutterunternehmen eines inländischen Teilkonzerns) in einen ausländischen Konzernabschluss mit befreiender Wirkung gem § 245 Abs 1 einbezogen, so hat es diesen in deutscher bzw englischer Sprache bei dem zuständigen Firmenbuchgericht zu hinterlegen.

  Es ist davon auszugehen, dass bei Nichterfüllung dieser Verpflichtung die Befreiungswirkung des ausländischen Konzernabschlusses verloren geht, sodass das Mutter-/Tochterunternehmen zur Aufstellung eines inländischen Teilkonzernabschlusses – bei Vorliegen der entsprechenden Voraussetzungen – verpflichtet ist. Diese Auffassung ist nunmehr ausdrücklich in § 3 Z 2 **der „Befreiungsverordnung"** gem § 245 Abs 4 verankert (BGBl 1994/997).

- Die gleiche Verpflichtung besteht, wenn eine große Kapitalgesellschaft in einen ausländischen Konzernabschluss einbezogen ist.

11.5 Durchsetzung der Einhaltung der Offenlegungsverpflichtungen

Diesbezüglich enthält § 283 eine Zwangsstrafenregelung.

12. Organisation der Konzernrechnungslegung

12.1 Grundsätzliche Probleme

Gemäß § 244 Abs 1 UGB sind der **Konzernabschluss** und der **Konzernlagebericht** der Hauptversammlung (Generalversammlung) zusammen mit dem Jahresabschluss des Mutterunternehmens vorzulegen. Daraus leitet sich ab, dass die Frist für die Aufstellung des Konzernabschlusses mit jener des Einzelabschlusses übereinstimmt, der Konzernabschluss somit innerhalb von fünf Monaten nach dem Bilanzstichtag dem Aufsichtsrat des Mutterunternehmens vorgelegt werden muss.

Da der zeitliche Spielraum für die Aufstellung des Konzernabschlusses auf Grund der gesetzlichen Aufstellungsfristen somit sehr gering ist, muss die gesamte Organisation des Rechnungswesens des Mutterunternehmens und der Tochterunternehmen über den Einzelabschluss hinaus auf die Erstellung des Konzernabschlusses ausgerichtet sein.

12.2 Aufbauorganisation

Wegen der rechtlichen Selbständigkeit der Tochtergesellschaften mit allen ihren Konsequenzen, wozu noch in der Regel die räumliche Trennung hinzukommt, bedarf es für eine ordnungsmäßige Konzernrechnungslegung einer für diesen Zweck eingerichteten zentralen Aufbauorganisation, die durch die beiden Funktionsbereiche

Beteiligungsverwaltung und
Konzernrechnungsstelle

getragen wird.

12.21 Beteiligungsverwaltung

Die Aufgabe der Beteiligungsverwaltung besteht in der Evidenzhaltung des Bestandes an Tochtergesellschaften und seiner Veränderungen sowie der rechtlichen und wirtschaftlichen Beziehungen zwischen Mutterunternehmen und den einzelnen Tochterunternehmen und der Tochterunternehmen zueinander. Die **Beteiligungsverwaltung** hat sämtliche den Rechtsbestand der Beteiligungen betreffende Dokumente (zB Satzungen, Notariatsakte über den Erwerb und die Veräußerung von Anteilen, Hauptversammlungs- und Generalversammlungsprotokolle) aufzubewahren.

Der **Beteiligungsbestand** ist nach folgenden Punkten zu erfassen:

- Art des Beteiligungsunternehmens, Rechtsform
- Nennkapital in Fremdwährung und Euro
- Anteil am Nennkapital betragsmäßig und in Prozenten
- Datum des Anteilserwerbs und eventueller Erhöhungen des Anteils
- Vom Anteilsbesitz abweichende Stimmrechtsverhältnisse (zB eigene oder fremde Stimmrechtsbeschränkungen)

- Leitungs- und Aufsichtsorgane der Tochterunternehmen
- Ausübung der einheitlichen Leitung bzw Bestehen eines beherrschenden Einflusses
- Gemeinschaftliche Führung mit einem außenstehenden Unternehmen
- Bestehen eines maßgeblichen Einflusses
- Veränderung von Anteilsquoten bzw sonstige Einflüsse, die zu einer Änderung der Einbeziehung eines Tochterunternehmens in den Konzernabschluss führen

Die **Beteiligungsverwaltung** hat die vorstehend angeführten Daten der Tochterunternehmen laufend der Konzernrechnungsstelle zu melden.

Ob die **Beteiligungsverwaltung** als eigene, unmittelbar der Unternehmensführung unterstellte Stabstelle geführt wird, hängt von der Struktur und Größe des Konzerns ab. Dies wird dann der Fall sein, wenn der Beteiligungsbesitz, insbesondere durch mehrstöckige Beteiligungsverhältnisse, sehr umfangreich ist und häufig Veränderungen stattfinden. Die Unterstellung direkt unter die Unternehmensleitung ist deswegen von Bedeutung, weil die Unternehmensführung letztlich über den Erwerb und die Veräußerung von Beteiligungen sowie die Beziehungen zu Tochterunternehmen entscheidet.

Ist der Beteiligungsbesitz eines Mutterunternehmens relativ klein und überschaubar bzw nur einstöckig, wird die Beteiligungsverwaltung häufig in die Konzernrechnungsstelle eingegliedert.

12.22 Konzernrechnungsstelle

Die zentrale **Konzernrechnungsstelle** ist üblicherweise ein **Teil des Bereiches Rechnungswesen** des Mutterunternehmens. Ihr obliegt in allen Angelegenheiten des Rechnungswesens der Verkehr mit den Tochterunternehmen.

Die **Konzernrechnungsstelle** bestimmt die **Art der Konsolidierung** bzw Bilanzierung der einzelnen Tochtergesellschaften. Sie berät darüber hinaus die Geschäftsleitung, ob eine Tochtergesellschaft einen **Teilkonzernabschluss** zu erstellen hat.

Die Konzernrechnungsstelle hat alle **organisatorischen Maßnahmen** durchzuführen, die einen reibungslosen Ablauf der **Konzernabschlussarbeiten** und die Sicherung der Einheitlichkeit gewährleisten sollen. Zur Gewährleistung dieser Maßnahmen hat sie **Konzernrechnungsrichtlinien** zu erstellen, deren Einhaltung allen Tochterunternehmen verpflichtend vorzuschreiben ist. Auftretende Zweifelsfragen bei den Tochterunternehmen sind zu beantworten, wobei dafür Sorge zu tragen ist, dass diese Zweifelsfragen in allen Konzernunternehmen einheitlich gelöst werden.

12.23 Aufbauorganisation bei der Aufstellung von Teilkonzernabschlüssen

Aus einer Reihe von Gründen werden von Konzernen häufig **Teilkonzernabschlüsse** erstellt, die vom obersten Mutterunternehmen unter Einschluss der nicht in den Teilkonzernabschlüssen einbezogenen Unternehmen zu einem **Gesamtkonzernabschluss** zusammengefasst werden.

Gründe für derartige Teilkonzernabschlüsse können beispielsweise sein:

- Verpflichtender (Teil-)Konzernabschluss auf Grund einer Börsenotierung auf Tochterebene;
- umfangreicher, mehrstufiger Beteiligungsbesitz;
- dem Gesamtkonzern gehören unterschiedliche Branchen bzw Unternehmen mit unterschiedlichen Leistungen an;
- Beurteilungsfunktion für das Management;
- Tochtergesellschaften sind in verschiedenen Ländern situiert und werden jeweils in einem Teilkonzernabschluss zusammengefasst;
- Besitzer von Minderheitsanteilen stimmen einem befreienden Konzernabschluss nicht zu.

Im Falle der Erstellung von Teilkonzernabschlüssen werden wesentliche Aufgaben der Beteiligungsverwaltung und der Konzernrechnungsstelle in die jeweiligen Muttergesellschaften der Teilkonzerne ausgelagert, wobei die Gesamtverantwortung bei den beiden obersten Stellen verbleibt.

Insbesondere bei Branchenkonzernen (Mischkonzernen) werden Teilkonzernabschlüsse häufig deswegen erstellt, weil die Unternehmen einer Branche mit jenen der anderen Branchen keine oder nur gelegentliche Beziehungen haben und die Konzernmutter bzw Besitzer der Minderheitsanteile daran interessiert sind, die Branchenergebnisse des Teilkonzerns offenzulegen bzw kennenzulernen. Die Segmentberichterstattung im Gesamtkonzernabschluss kann für einen Teilkonzernabschluss nur ein unvollständiger Ersatz sein.

Bei der Erstellung der Teilkonzernabschlüsse darf nicht vergessen werden, dass auch jene Unternehmen, welche zwar in den Gesamtkonzernabschluss, nicht aber in den Teilkonzernabschluss einbezogen sind, ebenfalls **verbundene Unternehmen** sind und dass für den Teilkonzernabschluss bezüglich dieser Unternehmen dieselben Ausweispflichten wie im Einzelabschluss bestehen.

Für die Teilkonzernrechnungsstelle ergeben sich insofern Besonderheiten, als sie mit der Übermittlung des Teilkonzernabschlusses an die zentrale Konzernrechnungsstelle alle Beziehungen zu assoziierten Unternehmen und zu den nicht in den Teilabschluss einbezogenen verbundenen Unternehmen, die die Konsolidierung beeinflussen können, zu melden haben. Hierzu gehören gegenseitige Forderungen und Verbindlichkeiten, Aufwendungen und Erträge, erworbene Vermögensgegenstände, Ergebniseliminierungen etc.

12.3 Ablauforganisation – Konzernrechnungsrichtlinien

Die von der Konzernrechnungsstelle zu erlassenden **Konzernrechnungsrichtlinien** bilden die wesentliche Grundlage für den organisatorisch einwandfreien Ablauf der Rechnungslegung des Konzerns. Diese Richtlinien umfassen neben den „**Allgemeinen Konzernrechnungsrichtlinien**" auch die „**Jahresabschlussrichtlinien**".

Während die **allgemeinen Konzernrechnungsrichtlinien**, welche die organisatorischen Grundsätze der Konzernrechnungslegung enthalten, für einen längeren Zeitraum Gültigkeit haben und bei Bedarf ergänzt oder den eingetretenen Änderungen entsprechend angepasst werden, werden die **Jahresabschlussrichtlinien** jährlich anlässlich der Erstellung des Jahresabschlusses herausgegeben. Die Jahresabschlussrichtlinien enthalten vor allem Terminangaben für die Erstellung und Prüfung der Einzel- und Konzernabschlüsse sowie die Bekanntgabe des Kurses für die Währungsumrechnung und vorteilhafterweise eine Zusammenfassung aller seit dem letzten Jahresabschluss vorgenommenen Änderungen der allgemeinen Konzernrechnungsrichtlinien. Dies gilt vor allem für Veränderungen im Beteiligungsbestand, insbesondere im Hinblick auf den Zeitpunkt des Beginnes, Endes oder der Veränderung einer bestimmten Konsolidierungsart.

12.31 Aufbau der (allgemeinen) Konzernrechnungsrichtlinien

- **Allgemeine Organisationsgrundsätze**
  - Evidenzhaltung der in den Konzernabschluss einzubeziehenden Unternehmen nach Art der Einbeziehung
  - Einheitlicher Konzernabschlussstichtag
  - Ablaufpläne für den zeitlichen Ablauf der Erstellung und Prüfung der Einzelabschlüsse und des Konzernabschlusses
  - Festlegung der Verantwortlichkeit für die Richtigkeit und die termingemäße Ablieferung der Einzelabschlüsse und der Konzernabschlussunterlagen
- **Richtlinien über die gesonderte Erfassung der konzerninternen Abläufe (Mengen- und Wertbewegungen)**
- **Richtlinien zur Wahrung einer einheitlichen Rechnungslegung (Bilanzierungsrichtlinien)**
  - Formelle Einheitlichkeit
  - Einheitliche Kontenpläne
  - Mindestbestandteile und Inhalte der Standardabschlüsse (UB I)
  - Materielle Einheitlichkeit
    Anwendung einheitlicher Bewertungsgrundsätze und Bewertungswahlrechte
    Aufstellung eines Ergänzungsabschlusses (UB II) für den Fall der Abweichung des Standardabschlusses eines Tochterunternehmens von den einheitlichen Bewertungs- und Gliederungsgrundsätzen
  - Grundsätze der Währungsumrechnung

- **Einheitliches formulargestütztes Berichtswesen (Konsolidierungsmeldung)**
  - Meldung zur gegenseitigen Kontenabstimmung
  - Konsolidierungsmeldungen
- **Richtlinien im Zusammenhang mit der Anwendung von EDV-Lösungen**

12.311 Allgemeine Organisationsgrundsätze

Diese Organisationsgrundsätze und Richtlinien sind der wesentliche Bestandteil des sogenannten Konzernhandbuches, welches alle Informationen und Anweisungen, die für die Konzernrechnungslegung für Tochterunternehmen von Relevanz sind, zusammenfassen. Die Informationsstandards sind in der Regel als Formularsätze (sogenannte Reporting Packages) gestaltet, wobei eine zunehmende Erstellung der Berichterstattung in bestimmten Softwareformaten oder auch online festzustellen ist (vgl *Fröhlich*, Praxis der Konzernrechnungslegung[3], S 48).

12.311.1 Evidenzhaltung der in den Konzernabschluss einzubeziehenden Unternehmen nach Art der Einbeziehung

Die Konzernrechnungsstelle hat alle Beteiligungen, gegliedert nach folgenden Kategorien, zu erfassen:

- verbundene Unternehmen, die vollkonsolidiert werden
- verbundene Unternehmen, die aus Gründen des § 249 (1) wie assoziierte Unternehmen bilanziert werden
- verbundene Unternehmen, die aus Gründen des § 249 (1) oder § 249 (2) im Konzernabschluss mit dem selben Ansatz wie im Einzelabschluss bilanziert werden
- Gemeinschaftsunternehmen, die quotenkonsolidiert werden
- Gemeinschaftsunternehmen, die wie assoziierte Unternehmen bilanziert werden
- assoziierte Unternehmen
- sonstige Beteiligungen

Dieses Verzeichnis ist den dem Konzern angehörenden Unternehmen zumindest einmal im Jahr anlässlich der Vorbereitung des Konzernabschlusses zur Verfügung zu stellen. Änderungen im Zusammenhang mit dem Hinzukommen oder Ausscheiden vollkonsolidierter oder quotenkonsolidierter Unternehmen sowie Veränderungen in der Art der Einziehung sollten den Tochterunternehmen laufend gemeldet werden.

Die **Informationen über die Beteiligungen** sind für die **Tochterunternehmen** nicht nur aus Gründen der Erstellung des Konzernabschlusses, sondern auch des Einzelabschlusses erforderlich, da im Einzelabschluss gem § 224 auf der Aktivseite die Anteile an verbundenen Unternehmen, die Ausleihungen an verbundene Unternehmen, die Forderungen gegen verbundene Unternehmen und auf der Passivseite die Verbindlichkeiten gegenüber verbundenen Unternehmen gesondert auszuweisen sind.

Die Angabe der **sonstigen Beteiligungen** ist für die einzelnen Tochtergesellschaften nur dann von Belang, wenn sie selbst zu diesen Unternehmen in einem **Beteiligungsverhältnis** stehen. Ist dies nicht der Fall, sind sonstige Beteiligungen, die vom Mutterunternehmen oder einem anderen in den Konzernabschluss einbezogenen Unternehmen gehalten werden, für die übrigen in den Konzernabschluss einbezogenen Unternehmen im Einzelabschluss wie fremde Unternehmen zu behandeln.

Für die **Konzernrechnungslegung** sind alle **sonstigen Beteiligungen**, die von einbezogenen Unternehmen gehalten werden, zu erfassen, da diese im Konzernabschluss als Beteiligungen ausgewiesen werden.

Beteiligungen an **assoziierten Unternehmen** sind im Konzernabschluss als solche auszuweisen. **Nicht vollkonsolidierte verbundene Unternehmen** sind im Konzernabschluss als verbundene Unternehmen auszuweisen.

12.311.2 Einheitliche Konzernabschlussstichtage

§ 252 verlangt einen **einheitlichen Konzernabschlussstichtag**, der entweder dem Abschlussstichtag der Muttergesellschaft, demjenigen der bedeutendsten Unternehmen oder dem der Mehrzahl der Unternehmen zu entsprechen hat. Für mehr als drei Monate vor oder nach dem gewählten Stichtag liegende Stichtage der Einzelabschlüsse sind **Zwischenabschlüsse** zu erstellen.

Jeder abweichende Abschlussstichtag eines in den Konzernabschluss einbezogenen Unternehmens bringt wegen der Verpflichtung zur Erstellung eines Zwischenabschlusses erhebliche organisatorische Schwierigkeiten mit sich. Es gehört daher zu den Organisationsgrundsätzen, dass nach Möglichkeit alle Konzernunternehmen zu einem **einheitlichen Bilanzstichtag** bilanzieren. Neu erworbene Unternehmen sind zu verpflichten, ihre Jahresabschlüsse ehestmöglich auf den einheitlichen Konzernabschlussstichtag umzustellen.

Die Verpflichtung des einheitlichen Abschlussstichtages gilt nicht für **assoziierte Unternehmen**; ein assoziiertes Unternehmen kann seinen Jahresabschlüssen auch einen vom Konzernabschlussstichtag abweichenden Abschlussstichtag zugrunde legen.

Da die Informationswirkung durch einheitliche Abschlussstichtage auch bei assoziierten Unternehmen besser ist, ist es sicher vorteilhaft, auch assoziierte Unternehmen zu veranlassen, den einheitlichen Konzernabschlussstichtag als Stichtag für ihren Jahresabschluss zu wählen.

12.311.3 Ablaufpläne für den zeitlichen Ablauf der Aufstellung und Prüfung der Einzelabschlüsse und des Konzernabschlusses

Für die **Vorlage des Konzernabschlusses** an den Aufsichtsrat und die Hauptversammlung (Generalversammlung) gelten gemäß § 244 Abs 1 die gleichen Fristen wie für die Vorlage des Einzelabschlusses des Mutterunternehmens. Diese Fristen werden insbesondere in international tätigen Unternehmen häufig auf ein bis zwei Monate nach dem Abschlussstichtag verkürzt.

Da aber der **Konzernabschluss** grundsätzlich erst nach Fertigstellung der Einzelabschlüsse aufgestellt werden kann (soll), wobei parallel laufende Konsolidierungsvorgänge selbstverständlich möglich sein sollten, müssen besonders bei den verkürzten

Fristen **verpflichtende Ablaufpläne** für die Erstellung der Jahresabschlüsse vorgegeben werden.

Diese **Ablaufpläne** haben insbesondere zu umfassen:

- Termine für die letzten gegenseitigen Lieferungen und Leistungen sowie Zahlungen
- Termine, bis zu denen sämtliche Abstimmungen der gegenseitigen Forderungen und Verbindlichkeiten erledigt sein müssen
- Vorsorge dafür, dass in nicht beizulegenden Streitfällen zwischen einzelnen Tochterunternehmen seitens der zuständigen Organe der Muttergesellschaft entsprechende Maßnahmen zur Streitbewältigung ergriffen werden
- Termine für die erforderlichen Angaben zur Eliminierung der konzerninternen Vorgänge (Konsolidierungsmeldungen zur Behandlung echter und unechter Aufrechnungsdifferenzen, zur Eliminierung von Zwischenergebnissen nach Maßgabe der gesetzlichen Bestimmungen etc)
- Termine für die Fertigstellung des Einzelabschlusses
- Termine für die Fertigstellung der für den Konzernanhang und den Konzernlagebericht notwendigen Angaben der Tochterunternehmen

Soweit diese **Ablaufpläne** konkrete Monats- und Jahresdaten enthalten, sind sie Bestandteil der jährlich neu zu erstellenden **Jahresabschlussrichtlinien**.

12.311.4 Festlegung der Verantwortlichkeit für die Richtigkeit und die termingemäße Ablieferung der Einzelabschlüsse und Konzernabschlussunterlagen

Die Verantwortlichkeit für die termingemäße Fertigstellung der Einzelabschlüsse und die Konzernabschlussunterlagen wird in der Regel jenen Organen der Tochterunternehmen übertragen werden, welche auch gesetzlich für die Aufstellung verantwortlich sind. Es sind dies der **Vorstand** bzw die **Geschäftsführung** der jeweiligen Tochterunternehmen. Die faktische Verantwortung liegt in fast allen Fällen bei der Leitung **des Rechnungswesens**.

12.312 Richtlinien über die gesonderte Erfassung der konzerninternen Abläufe (Mengen- und Wertbewegungen)

Alle im Rahmen der Vollkonsolidierung in den Konzernabschluss einbezogenen Unternehmen sind in diesem wie ein einziges Unternehmen zu behandeln. Dies bedeutet, dass alle Geschäftsvorfälle, die sich zwischen den einbezogenen Unternehmen im Laufe des Geschäftsjahres abgespielt haben, im Konzernabschluss so zu behandeln sind, als wären sie zwischen zwei Bereichen oder Abteilungen eines Unternehmens vorgefallen. Die „**Konsolidierung**" ist aber nur dann ohne Reibungsverluste möglich, wenn diese Geschäftsvorfälle bereits bei ihrem Entstehen in den Konzernunternehmen gesondert erfasst und laufend abgestimmt sind.

Die Konzernrechnungsrichtlinien haben daher detaillierte Anweisungen (wenn möglich formularisiert) über die Erfassung aller konzerninternen Vorgänge zu enthalten.

Hierzu gehört insbesondere aus der Sicht des leistenden Unternehmens die **gesonderte Erfassung konzerninterner Umsätze**.

- aus Handelswarengeschäften
- aus der Lieferung eigener Erzeugnisse getrennt nach
  - Sachgütern
  - immateriellen Vermögensgegenständen
- aus der Lieferung gebrauchter Anlagegegenstände
- aus Dienstleistungen
- aus Leasinggeschäften
- aus konzerninternen Dauerschuldverhältnissen, wie
  - Mietverträgen
  - Provisionsverträgen
  - Lizenzverträgen
  - Darlehensverträgen.

Aus der Sicht des empfangenden Unternehmens sind die von anderen Konzernunternehmen empfangenen Leistungen spiegelbildlich im eigenen Rechnungswesen gesondert auf eigenen Bestands- bzw Aufwandskonten darzustellen:

Empfangene Sachgüter sind je nach ihrem Verwendungszweck als

- Roh-, Hilfs- und Betriebsstoffe
- Handelswaren
- Anlagengegenstände
  - immaterielle Vermögensgegenstände
  - Sachanlagen
  - Finanzanlagen

zu erfassen.

Das empfangende Unternehmen hat dafür Sorge zu tragen, dass die aus **konzerninternen Lieferungen am Abschlussstichtag in seinem Vermögen befindlichen Gegenstände** gesondert nach den obigen Kriterien erfasst werden.

In allen Fällen ist wegen der erforderlichen **Eliminierung von Zwischenergebnissen** und des Ausweises in der Konzernbilanz die Trennung der am Abschlussstichtag im Vermögen des empfangenden Unternehmens befindlichen Gegenstände in die, die vom leistenden Unternehmen angeschafft, und jene, die von diesem selbst hergestellt wurden, erforderlich.

In gleicher Weise wie die konzerninternen Umsätze sind alle aus sonstigen Verrechnungen (kurz- und langfristige Darlehen, Gewinnausschüttungen, Kapitalzuführungen etc) entstandenen Bewegungen bzw Rechtsverhältnisse zu erfassen.

12.313 Richtlinien zur Wahrung einer einheitlichen Rechnungslegung (Bilanzierungsrichtlinien)

12.313.1 Formelle Einheitlichkeit

Die Erstellung des Konzernabschlusses erfordert den Aufbau der Bilanzen und der Gewinn- und Verlustrechnungen aller Tochterunternehmen nach den gleichen Prinzipien.

Für österreichische Mutterunternehmen und deren Töchter bedeutet dies grundsätzlich die Anwendung der Bilanzgliederung gemäß § 224 und der Gliederung der Gewinn- und Verlustrechnung gemäß § 231. Im Falle des § 231 ist die Entscheidung zu treffen, dass alle Tochterunternehmen die gleiche Methode, sei es das Gesamtkostenverfahren oder das Umsatzkostenverfahren, anwenden. Sollten Tochtergesellschaften aus gesetzlichen Gründen nicht in der Lage sein, die für den Konzernabschluss einheitlich verwendete Form der Gewinn- und Verlustrechnung in ihrem Einzelabschluss anzuwenden, sind in den Konzernrechnungsrichtlinien die erforderlichen Anleitungen zur Überleitung in die konzerneinheitliche Gliederung zu geben.

12.313.11 Einheitliche Kontenpläne

Gleiche Gliederungsgrundsätze haben die gleiche Kontenartengliederung und gleiche Konteninhalte zur Voraussetzung. Eine gleiche Kontengliederung wird durch einen für den gesamten Konzernbereich **einheitlichen Kontenplan** erreicht, der für jedes Tochterunternehmen unmittelbar nach Erwerb oder nach seinem Eintritt in die Konsolidierungspflicht verbindlich ist. Sinnvollerweise sollten nicht nur die **Kontenbezeichnungen**, sondern auch die **Konteninhalte** gleich sein. Dies ist vor allem dort notwendig, wo einerseits das Gesetz (UGB) gewisse Wahlrechte (beispielsweise die Zuordnung des Büromaterials zu den Materialaufwendungen oder den sonstigen betrieblichen Aufwendungen) zulässt und andererseits Unklarheiten in der Zuordnung zu einem bestimmten Konto bzw zu einer bestimmten Kontengruppe bestehen. Als Beispiele können hier Energieaufwendungen und verschiedene bezogene Leistungen genannt werden.

Es erscheint somit vorteilhaft, im Rahmen der einheitlichen Kontenpläne **Kontierungsrichtlinien** zu erlassen und ein (alphabetisch geordnetes) **Register aller Geschäftsvorfälle** und deren Zuordnung zu einzelnen Kontenarten zu erstellen und laufend zu ergänzen.

Die Praxis begnügt sich häufig damit, einheitliche Konten nur auf Jahresabschlusspostenebene („Chart of Accounts") vorzuschreiben und die Aufsplittung auf einzelne Konten den Tochterunternehmen zu überlassen.

12.313.12 Einheitliche Standardabschlüsse (UB I)

Trotz der Verwendung einheitlicher Kontenpläne und der daraus entwickelten Bilanzen und Gewinn- und Verlustrechnungen entstehen insbesondere bei Unternehmen unterschiedlicher Größe und mit unterschiedlichen Leistungen, aber auch bei Unternehmen mit Sitz in anderen Staaten Abweichungen in der Gliederung der Bilanz und Gewinn- und Verlustrechnung, die die Erstellung eines einheitlichen Konzernabschlusses erschweren.

Die Lösung für dieses Problem ergibt sich aus der Erstellung von Formularen für einheitliche Abschlüsse (Standardabschlüsse), die für alle verbundenen Unternehmen zeilengleich denselben Inhalt haben und deren einzige Aufgabe es ist, die Einzelabschlüsse zu standardisieren (Unternehmensbilanz I = UB I).

Die **Formulare zur Erstellung der Standardabschlüsse** sind so zu erstellen, dass sie alle erdenklichen im Konzern vorkommenden Bilanzposten und Posten der Gewinn- und Verlustrechnung umfassen bzw Freizeilen vorsehen und in der Weise von den einzelnen Tochterunternehmen ausgefüllt werden, dass diese nur die für sie in Frage kommenden Posten verwenden. Ein derartiger Standardabschluss entspricht materiell vollinhaltlich dem (möglicherweise nach anderen Gesichtspunkten gegliederten) Einzelabschluss. In gleicher Weise wie die Formulare für die Bilanz und Gewinn- und Verlustrechnung sind auch die dazugehörigen Erläuterungen bzw Entwicklungen einzelner Bilanzposten und Posten der Gewinn- und Verlustrechnung zu standardisieren.

Eine vereinfachte Praxislösung besteht darin, lediglich den UB-II-Standard genau festzulegen, für die UB I jedoch nur Mindestgliederungen und -inhalte.

12.313.2 Materielle Einheitlichkeit – einheitliche Anwendung von Bilanzierungs- und Bewertungswahlrechten

§ 253 Abs 2 bzw § 260 Abs 1 ermöglicht es, dass nach dem Recht des Mutterunternehmens zulässige **Bilanzierungs- und Bewertungswahlrechte** im Konzernabschluss **unabhängig von ihrer Ausübung** in den Einzelabschlüssen ausgeübt werden.

Falls nicht **wesentliche Argumente** für eine vom Konzernabschluss **abweichende Anwendung** von Bilanzierungs- und Bewertungswahlrechten bestehen, sollte die Konzernbilanzpolitik auf die **Vereinheitlichung der Bilanzierungsansätze und Bewertungsmethoden** in den Bilanzen aller in den Konzernabschluss einbezogenen Unternehmen ausgerichtet sein.

Zu diesem Zweck sind in den **Konzernrechnungsrichtlinien** nicht nur die **allgemeinen Bewertungsgrundsätze**, sondern auch die einzelnen vom **Mutterunternehmen angewendeten Bewertungsmethoden** anzugeben. Dies kann auch in einem für die Tochterunternehmen verbindlich vorgesehenen **Bilanzierungshandbuch**, das einen Teil der Konzernrechnungsrichtlinien bildet, geschehen.

Nachstehend sind einige wesentliche Bewertungsmethoden, die einer einheitlichen Regelung bedürfen, dargestellt:

- Anwendung einheitlicher Abschreibungssätze für gleichartige Gegenstände
  - Aufstellung einer Tabelle mit konzerneinheitlich anzuwendenden Abschreibungssätzen
  - Anwendung gleicher Abschreibungsmethoden (linear, degressiv)
- Umfang der Anschaffungskosten
  - Darstellung der Anschaffungsnebenkosten, die in die Anschaffungskosten einzubeziehen sind und Aufstellung der Anschaffungskostenminderungen; Behandlung der Lieferantenskonti
- Umfang der für die Bewertung der selbsterstellten Anlagen und der fertigen und unfertigen Erzeugnisse anzusetzenden Herstellungskosten
  - Regelung der Frage der in die Herstellungskosten einzubeziehenden Gemeinkosten
  - Wie weit sind Fremdkapitalzinsen (gemäß § 203 Abs 4) bei Vorliegen der Voraussetzungen in den Herstellungskosten zu erfassen?
  - Sind bei Vorliegen der Bedingungen gemäß § 206 Abs 3 (langfristige Aufträge) angemessene Verwaltungs- und Vertriebskosten zu aktivieren oder nicht?
- Art der Verbrauchsermittlung der Vorräte
  - In welchen Fällen sind welche Verbrauchsbewertungsverfahren anzuwenden?
- Vereinheitlichung der Methoden zur Ermittlung der Pensions- und Abfertigungsrückstellungen
  - Welche versicherungsmathematische Methode wird für die Ermittlung der Pensionsrückstellung angewendet?
  - Welcher Zinssatz kommt zur Anwendung?
  - Wann ist bei der Ermittlung der Abfertigungsrückstellung vom angewandten Prozentsatz abzuweichen; welche Methode ist in diesem Fall anzuwenden?

12.313.3 Aufstellung eines Ergänzungsabschlusses (UB II) für den Fall der Abweichung des Standardabschlusses eines Tochterunternehmens von den einheitlichen Bilanzierungs- und Bewertungsgrundsätzen

Für den Fall, dass die Einheitlichkeit der Bilanzierungs- und Bewertungsgrundsätze aus welchen Gründen immer nicht eingehalten werden kann, ist diese durch **Überleitung vom „Standardabschluss (UB I)"** in einen für den Konzernabschluss adaptierten **„Ergänzungsabschluss (UB II)"** herzustellen.

Hinderungsgründe für die Anwendung einheitlicher Bewertungsgrundsätze können bereits in den Standardabschlüssen sowohl bei Inlands- als auch bei Auslandstöchtern auftreten.

Bei Inlandstöchtern können steuerliche Gründe, etwa die Ausnutzung von Verlustvorträgen, dazu führen, dass die konzerneinheitlichen Bewertungsmethoden nicht zur Anwendung kommen.

Bei ausländischen Tochterunternehmen sind es häufig nationale Vorschriften, die die Anwendung einheitlicher Bewertungsmethoden verhindern.

Die Überleitung von der UB I in die UB II kann nach folgendem Schema durchgeführt werden:

UB I (Standardabschluss)	Überleitung in den Ergänzungsabschluss			UB II
	Anpassung der Bilanzierungsmethoden und -wahlrechte gem § 260 Abs 2 iVm § 253 Abs 2	Bewertungsanpassung gem § 254 Abs 1 Z 2 – Offenlegung stiller Reserven	Feststellung des Minderheitenanteils	(Ergänzungsabschluss)

Da die Kapitalkonsolidierung entsprechend den Bestimmungen des RÄG 2014 nach der Neubewertungsmethode erfolgt, sollte die Überleitung von der UB I in die UB II auch die Feststellung des Minderheitenanteils und die Übertragung desselben auf den Posten „nicht beherrschende Anteile" umfassen.

Die Überleitung von der UB I in die UB II erfolgt bei der Vollkonsolidierung in der Regel in jenem Unternehmen, das den Einzelabschluss erstellt. Diese Überleitung sollte nach Möglichkeit standardisiert erfolgen, bedingt aber, dass die zuständigen Organe der Tochterunternehmen die Bewertungsgrundsätze des Mutterunternehmens kennen und in der Lage sind, die Wertansätze der Standardbilanz in jene der Ergänzungsbilanz zu übertragen. Für diese Personen ergeben sich aus dem Konzernabschluss erhöhte Anforderungen an ihre fachlichen Kenntnisse.

Die aus der **Standardbilanz** abgeleitete **Ergänzungsbilanz** bringt gleicherweise Änderungen in der Gewinn- und Verlustrechnung mit sich, die ebenfalls in einer Überleitung berücksichtigt werden müssen. Für einen reibungslosen Ablauf der Überleitung auch in den Folgejahren ist die **Ergänzungsbilanz** fortzuführen, wobei diese aber immer mit der jeweiligen **Standardbilanz** abgestimmt werden muss. Die Fortführung kann auch in der Form geschehen, dass die laufend auftretenden Abweichungen fortgeführt werden und die Ergänzungsbilanz und die ergänzende Gewinn- und Verlustrechnung in jedem Folgejahr unter Berücksichtigung der fortgeführten Abweichungen neu aus dem Standardabschluss abgeleitet wird.

Für die Anpassung der **Bewertungsmethoden** an eine einheitliche Bewertung gilt der **Grundsatz der Wesentlichkeit**. Danach braucht *„eine einheitliche Bewertung nicht vorgenommen zu werden, wenn ihre Auswirkungen für die Ermittlung eines* *möglichst getreuen Bildes der Vermögens-, Finanz- und Ertragslage des Konzerns unwesentlich sind".* Darüber hinaus ist eine Abweichung nur bei Vorliegen besonderer Umstände zulässig.

Da nur das Mutterunternehmen feststellen kann, wann derartige Abweichungen von der einheitlichen Bewertung nicht mehr unwesentlich sind, sind in den Konzernrechnungsrichtlinien jene Grenzen anzugeben, bis zu denen bei den Tochtergesellschaften für den Einzelfall und insgesamt untergeordnete Bedeutung vorliegt.

Wie weit bei darüber hinausgehenden Abweichungen auf Grund des Vorliegens besonderer Umstände auf eine vereinheitlichte Bewertung verzichtet werden kann, ist von der Konzernrechnungsstelle jeweils von Einzelfall zu Einzelfall zu entscheiden.

12.313.4 Grundsätze der Währungsumrechnung

Für den laufenden Verkehr zwischen den verbundenen Unternehmen sind von der Konzernrechnungsstelle einheitliche Währungsparitäten (Umrechnungskurse) festzulegen, die der Kursentwicklung entsprechend von Zeit zu Zeit angepasst werden müssen.

Für die Umrechnung des in der Regel in Landeswährung aufgestellten Jahresabschlusses der Tochterunternehmen ist die Methode festzulegen, nach der die Posten der Bilanz und der Gewinn- und Verlustrechnung in die einheitliche Währung (in der Regel die Landeswährung des Mutterunternehmens) umgerechnet werden.

Es ist festzustellen, ob die Währungsumrechnung bereits vom Tochterunternehmen oder (im Regelfall auf Basis standardisierter EDV-Programme) erst vom Mutterunternehmen im Zuge der Konsolidierung durchgeführt wird.

12.314 Einheitliches formulargestütztes Berichtswesen

12.314.1 Meldungen zur gegenseitigen Kontenabstimmung

Einen wesentlichen Bestandteil der Konzernrechnungsrichtlinien bilden die Vorschriften über die zu **erstattenden Meldungen und Berichte**. Zu den unterjährig, monatlich bzw quartalsweise zu erstattenden Meldungen gehören vor allem die **gegenseitige Abstimmung** der zwischen den Konzernunternehmen bestehenden **Forderungen und Verbindlichkeiten**, die sich aus Lieferungen und Leistungen, der Gewährung und Rückzahlung von Darlehen, aus Gewinnansprüchen, Kapitalzuführungen etc ergeben. Diesen Abstimmungen ist deswegen große Bedeutung beizumessen, weil erfahrungsgemäß **Meinungsdifferenzen** zwischen leistenden und empfangenden Unternehmen über die Höhe der Forderungen bzw Verbindlichkeiten auftreten können. Derartige Differenzen, die sich aus Warenreklamationen, aus zu Unrecht in Anspruch genommenen Skonti, aus der Verrechnung vertragswidriger Preise ergeben, müssen zum Abschlussstichtag bereinigt sein, da andernfalls nicht ausgleichsfähige Verrechnungsdifferenzen verbleiben würden.

12.314.2 Konsolidierungsmeldungen

Die anlässlich des Jahresabschlusses bzw, falls gegeben, Quartalsabschlusses zu erstellenden Konsolidierungsmeldungen umfassen im Wesentlichen folgende Daten:

- Meldung des leistenden Unternehmens über die an andere Konzernunternehmen durchgeführten Umsätze. Zu nennen sind:
  - Empfangendes Konzernunternehmen
  - Art des Umsatzes

Handelswaren

gebrauchte Anlagen

selbst erstellte Produkte

selbst erstellte immaterielle Vermögensgegenstände

Dienstleistungen

erhaltene Lizenzen, Provisionen, Zinsen

Darstellung in Belegwährung und Konzernwährung
  - Im Falle der Lieferung von materiellen und immateriellen Gegenständen ist die durchschnittliche Spanne zwischen den Anschaffungskosten bzw bilanziellen Herstellungskosten und dem Verkaufspreis der gelieferten Güter zu melden. Bei Gegenständen des Anlagevermögens sind auch die bisherige Nutzungsdauer und der Anschaffungswert zu melden.
- Meldung des empfangenden Unternehmens über erhaltene Leistungen
  - leistendes Konzernunternehmen
  - Art der Leistungen, gegliedert nach den Konten, in die die Leistungen aufgenommen wurden
  - bei Gegenständen Angabe, ob die erhaltenen Gegenstände Bestandteile des immateriellen Anlagevermögens, Sachanlagevermögens oder Vorratsvermögens sind (in Folgejahren Angabe über den Abgang dieser Vermögensgegenstände)
  - bei Vorratsvermögen ist der am Bilanzstichtag vorhandene Bestand inkl jenes Teiles des Bestandes, der sich bereits in weiterverarbeiteten Produkten befindet, zu melden.
- Meldung über alle Gewinnausschüttungen zwischen verbundenen Unternehmen
- Meldung aller am Bilanzstichtag bestehenden Forderungen und Verbindlichkeiten gegenüber verbundenen Unternehmen
- Meldung einseitig durchgeführter Abschlussbuchungen im Verkehr zwischen verbundenen Unternehmen, ohne dass diesen Buchungen (zwingend) entsprechende Gegenbuchungen bei den davon betroffenen anderen Unternehmen gegenüberstehen

Hiezu gehören beispielsweise
  - die Bildung von Rückstellungen aus möglichen Verpflichtungen gegenüber anderen Konzernunternehmen,
  - Anwendung des Niederstwertprinzips bei Beteiligungen und Forderungen gegenüber anderen Konzernunternehmen,

Abwertung einer Beteiligung an einem Konzernunternehmen,

Abwertung von Auslandsforderungen wegen Kursrückgangs der Fremdwährung,

Abwertung von Forderungen wegen zweifelhafter Einbringlichkeit,

– Bildung aktiver und passiver Rechnungsabgrenzungen. In diesem Punkt müsste allerdings eine spiegelbildgleiche Verbuchung erfolgen.

12.32 Durchführung der Konsolidierung in der Konzernrechnungsstelle

Die Standardabschlüsse bzw die daraus abgeleiteten Ergänzungsabschlüsse (UB II) der einzelnen Unternehmen bilden die Grundlage für jene Korrekturen, die erforderlich sind, um aus der Summe der Einzelabschlüsse in den unter der Fiktion eines einheitlichen Unternehmens stehenden Konzernabschluss überzuleiten.

Die Überleitung von den Einzelabschlüssen (UB II) in den Konzernabschluss wird nicht von den einzelnen Tochterunternehmen, sondern in der Konzernrechnungsstelle durchgeführt, welche die summierten Einzelabschlüsse der Tochterunternehmen in den Konzernabschluss zu überführen hat (Konsolidierungsbuchungen).

Gliedert man die Konsolidierungsbuchungen nach einzelnen Bereichen, unterscheidet man:

- Kapitalkonsolidierung
- Schuldenkonsolidierung
- Aufwands-/Ertragskonsolidierung sowie
- Zwischenergebniseliminierung.

Für alle Folgekonsolidierungen sind bezüglich der Behandlung des sich aus der **Erstkonsolidierung** ergebenden aktiven Unterschiedsbetrages oder **Firmenwertes** bzw eines **passiven Unterschiedsbetrages** in der Muttergesellschaft Hilfsaufzeichnungen zu führen. In diesem Zusammenhang stellt sich die Frage, wer im Rahmen der Folgekonsolidierung die Verantwortung für die Behandlung der stillen Reserven und stillen Lasten übernimmt. *Fröhlich* (3. Auflage, S 40) vertritt die Meinung, dass es sinnvoll sei, möglichst viele Arbeitsschritte an die Tochterunternehmen auszulagern, um dadurch Kommunikations- und Abstimmungsnotwendigkeiten zu reduzieren. Insbesondere gelte dies für die Erfassung der stillen Reserven und des Firmenwertes, der von einem Mutterunternehmen bezahlt wurde. Diesfalls genüge es, dem Tochterunternehmen anlässlich der Erstkonsolidierung mitzuteilen, in welcher Höhe und bei welchem Vermögensgegenstand stille Reserven aktiviert werden sollen; die gesamte weitere Entwicklung werde vom Tochterunternehmen selbstständig vorgenommen. Dort könnten die stillen Reserven im Anlagenverzeichnis beim jeweiligen Vermögensgegenstand erfasst werden, sodass auch die Berücksichtigung zukünftiger Änderungen einfach gewährleistet wäre.

Auf Grund der von den einzelnen Konzernunternehmen gemeldeten Daten ist die Konzernrechnungsstelle in der Lage, die Konsolidierung durch Ausschaltung aller konzerninternen Geschäftsvorfälle durchzuführen und Zwischengewinne sowie Doppelverrechnungen (etwa Gewinnausschüttungen) zu eliminieren.

Zwischenergebnisse entstehen nicht, wenn dem Erlös beim leistenden Unternehmen ein gleich hoher Aufwand beim empfangenden Unternehmen gegenübersteht. Auch dann, wenn Vermögensgegenstände, die von einem verbundenen Unternehmen an das andere geliefert wurden, den Konzernbereich bereits verlassen haben, sind keine Zwischenergebniseliminierungen vorzunehmen.

Zu eliminierende **Zwischenergebnisse** können grundsätzlich nur in allen von anderen verbundenen Unternehmen bezogenen **Vermögensgegenständen, die am Bilanzstichtag beim empfangenden Unternehmen noch vorhanden sind**, enthalten sein. Diese Vermögensgegenstände sind im Konzernabschluss zu den Anschaffungs- oder Herstellungskosten des leistenden Unternehmens unter Hinzurechnung etwaiger zusätzlich durch die Lieferung entstandener Herstellungs- bzw Anschaffungskosten (zB Transportkosten) zu aktivieren. **Selbsterstellte immaterielle Vermögensgegenstände** des (Konzern-)Anlagevermögens sind bei einem UGB-Konzernabschluss **vollständig aus dem bilanzierten Vermögen auszuscheiden**.

In Folgejahren vorgenommene Bewertungen beim empfangenden Unternehmen (zB Abschreibungen von Sachanlagen) sind auf Basis der Konzernanschaffungs- bzw Herstellungskosten zu korrigieren.

Anhang

Musterbeispiel zur Erstellung eines Konzernabschlusses im Zuge der Folgekonsolidierung (Neubewertungsmethode)

Die T GmbH ist eine Anfang 2016 um 18.000 erworbene 75%iger Tochtergesellschaft der M GmbH. Die T GmbH war bereits in der Vergangenheit als eine Vertriebsgesellschaft der M GmbH, die ausschließlich deren Ware verkaufte, tätig. Der Geschäftsführer der T GmbH war bisher Alleineigentümer dieser Gesellschaft.

Die Lieferforderung gegenüber der T GmbH am 1.1.2016 betrug 16.000.

> **Die Erstkonsolidierung erfolgt am 1.1.2016 unter Berücksichtigung der latenten Körperschaftsteuer von 25 % auch auf die anlässlich der Erstkonsolidierung offengelegten stillen Reserven.**

Stille Reserven im Anlagevermögen der T GmbH gem § 254 Abs 1

Es ist ein nicht betriebsnotwendiges jederzeit veräußerbares unbebautes Grundstück vorhanden, dessen Zeitwert um 2.000 über dem Buchwert liegt.

Die Restnutzungsdauer ist unbeschränkt.

Es ist darauf zu achten, dass der auf den Anteil der Muttergesellschaft entfallende Teil der offengelegten stillen Reserven gem § 254 Abs 1 die Anschaffungskosten des Anteils nicht übersteigen darf. Diese Grenze gibt es für Anpassungen gem § 260 Abs 2 nicht, da es sich hier lediglich um Buchwertkorrekturen handelt.

Anpassung der Bewertungsmethoden gem § 260 Abs 2

Die Abschreibung bei den sonstigen Sachanlagen beträgt beim Mutterunternehmen 10 % und beim Tochterunternehmen 20 % der Anschaffungskosten. Bei der Angleichung des Abschreibungssatzes der Tochter an jene des Konzerns ergibt sich ein um 4.000 höherer Konzernwert. Der zugeschriebene Betrag wird im Konzern über 5 Jahre verteilt abgeschrieben.

Der **Firmenwert** aus der Konsolidierung entspricht dem Unterschiedsbetrag.

Bezüglich der latenten Steuerschuld ist zu beachten, dass bei den unbebauten Grundstücken eine quasi permanente Differenz vorliegt. Wegen der jederzeitigen Möglichkeit des Verkaufes wird jedoch auch von den stillen Reserven des unbebauten Grundstückes die latente Steuer bilanziert. Der aus der Konsolidierung entstehende Firmenwert unterliegt gem § 198 Abs 10 Z 1 keiner latenten Steuerberechnung.

Entwicklung der offengelegten stillen Reserven und des Firmenwertes über den Zeitraum der Nutzung:

		Ergänzungsposten		
	Grund-stück	Lager-austattung	Firmen-wert	Rückst Latente Steuer
Erstkonsolidierung 1.1.2016	**2.000**	**4.000**	**2.625**	**1.500**
Fortschreibung 2016	0	–800	–262	150
Restwert 31.12.2016	2.000	3.200	2.363	–975
Fortschreibung 2017	–2.000	–800	–263	525
Restwert 31.12.2017	0	2.400	2.100	–450
Fortschreibung 2018		–800	–262	150
Restwert 31.12.2018		1.600	1.838	–300
Fortschreibung 2019		–800	–263	150
Restwert 31.12.2019		800	1.575	–150
Fortschreibung 2020		–800	–262	150
Restwert 31.12.2020		**0**	**1.313**	**0**

Konzerneröffnungsbilanz zum 1.1.2016

Wie schon vorne dargelegt, erfolgt die Überleitung der Bilanzen der einbezogenen Unternehmen in die Konzernbilanz **grundsätzlich in zwei Stufen**, das heißt, in zwei gesonderten Rechnungen. In einfachen Fällen erfolgt allerdings eine Zusammenlegung der beiden Stufen.

In der **ersten Stufe** erfolgt die Herstellung der Konzernreife der Jahresabschlüsse der in den Konsolidierungskreis einbezogenen Unternehmen, das ist vor allem die Anpassung der Bewertung und Bewertungsmethoden an jene des Konzerns (§ 260 Abs 2) und die Auflösung vorhandener stiller Reserven (§ 254). In der ersten Stufe wird in der Regel auch der Minderheitenanteil festgelegt und besonders in der Bilanz dargestellt. Bei der in Österreich angewendeten Neubewertungsmethode werden den Minderheitsanteilen (nicht beherrschende Anteile) die ihrer Anteilsquote entsprechenden Umwertungen und stillen Reserven und Lasten zugerechnet.

In der **zweiten Stufe** erfolgt die Bereinigung der Verhältnisse der einzelnen Unternehmen zueinander, das sind vor allem die Kapitalkonsolidierung, die Aufwands-Ertragskonsolidierung einschließlich der Eliminierung der konzerninternen Zwischengewinne und die Schuldenkonsolidierung.

Überleitung der UB I in die UB II per 1.1.2016 (betrifft nur das Tochterunternehmen)

Die stillen Reserven werden zur Gänze offengelegt und anteilsmäßig auf den Konzern und die nicht beherrschenden Anteile verteilt.

1	Unbebaute Grundstücke	2.000	
	Sonstige Sachanlagen	4.000	
	an Gewinnrücklagen		6.000
2	Gewinnrücklagen	1.500	
	an Rückstellungen für latente Steuern		1.500
3	Stammkapital	2.500	
	Gewinnrücklagen	2.625	
	an nicht beherrschende Anteile		5.125
	25 % Anteile Minderheit		

Überleitung von der UB I in die UB II und Feststellung der nicht beherrschenden Anteile

1.1.2016	UB I Tochter		Überleitung Tochter in die UB II				UB II Tochter
	1.1.16		Soll		Haben		1.1.16
Unbebaute Grundstücke	3.000	1	2.000				5.000
Sonstige Sachanlagen	12.000	**1**	4.000				**16.000**
Handelswaren	15.750						15.750
Lieferforderungen	13.000						13.000
Sonstiges Umlaufvermögen	4.600						4.600
Liquide Mittel	400						400
Aktiva	**48.750**		**6.000**				**54.750**
Stammkapital	10.000	3	2.500				7.500
Gewinnrücklagen	6.000	2 3	1.500 2.625	1	6.000		7.875
Nicht beherrschende Anteile				3	5.125		5.125
Rückstellungen lat Steuern				2	1.500		1.500
Sonstige Rückstellungen	2.750						2.750
Lieferverbindlichkeiten	26.000						26.000
Sonstige Verbindlichkeiten	4.000						4.000
Passiva	**48.750**						54.750

Konsolidierungsüberleitung

Kapitalkonsolidierung

Beteiligung		18.000
Eigenkapital Tochter gem UB II	20.500	
Fremdanteil 25 %	5.125	15.375
Firmenwert		2.625

1.1.2016	UGB-Bilanz Mutter	UB II Tochter	M+T Summe	Konzern-überleitung		Konzern-eröffnungs-bilanz
	1.1.16	1.1.16	1.1.16	Soll	Haben	1.1.2016
Firmenwert				2	2.625	2.625
Unbebaute Grundstücke		5.000	5.000			5.000
Techn Anlagen und Maschinen	20.000		20.000			20.000
Sonstige Sachanlagen	5.000	16.000	21.000			21.000
Beteiligung	18.000		18.000		1	18.000	0
Unterschiedsbetrag[1]				1	18.000	2	18.000	0
Roh-, Hilfs und Betriebsstoffe	17.000		17.000			17.000
Fertige und unfertige Erzeugn	10.000		10.000			10.000
Handelswaren		15.750	15.750			15.750
Lieferforderungen	20.000	13.000	33.000		3	16.000	17.000
Sonst Umlaufvermögen	3.000	4.600	7.600			7.600
Liquide Mittel	1.000	400	1.400			1.400
Aktiva	**94.000**	**54.750**	**148.750**	**20.625**	**52.000**	**117.375**
Stammkapital	28.000	7.500	35.500	2	7.500		28.000
Kapitalrücklagen	5.000		5.000			5.000
Gewinnrücklagen	12.000	7.875	19.875	2	7.875		12.000
Nicht beherrschende Anteile		5.125	5.125			5.125
Rückstellungen latente Steuern		1.500	1.500			1.500
Sonstige Rückstellungen	6.000	2.750	8750			8.750
Lieferverbindlichkeiten	34.000	26.000	60.000	3	16.000		44.000
Sonstige Verbindlichkeiten	9.000	4.000	13.000			13.000
Passiva	**94.000**	**54.750**	**148.750**	**31.375**		**117.375**

---

[1] Das Konto Unterschiedsbetrag ist lediglich ein zwischengeschaltetes Hilfskonto, auf das häufig verzichtet wird.

Folgekonsolidierung am 31.12.2016

Der Jahresabschluss des Mutterunternehmens und des Tochterunternehmens zum 31.12.2016 zeigt jeweils folgendes Bild.

	UGB Jahresabschluss 2016	
	Mutter	Tochter
	31.12.	31.12.
Firmenwert		
Unbebaute Grundstücke		3.000
Techn Anlagen und Maschinen	17.000	
Sonstige Sachanlagen	2.000	10.200
Beteiligung	18.000	
Unterschiedsbetrag		
Roh-, Hilfs und Betriebsstoffe	21.000	
Fertige und unfertige Erzeugn	8.000	
Handelswaren		9.450
Lieferforderungen an T	13.000	
Lieferforderungen	12.000	15.000
Sonst Umlaufvermögen	9.300	3.300
Liquide Mittel	2.700	950
Aktiva	**103.000**	**41.900**
Stammkapital	28.000	10.000
Kapitalrücklagen	5.000	
Gewinnrücklagen	12.000	6.000
Bilanzgewinn	3.000	2.250
Nicht beherrschende Anteile		
Rückstellungen latente Steuern		
Sonstige Rückstellungen	8.000	2.200
Lieferverbindlichkeiten M		13.000
Lieferverbindlichkeiten	16.000	4.000
Sonstige Verbindlichkeiten	31.000	4.450
Passiva	**103.000**	**41.900**

	UGB Jahresabschluss 2016	
	Mutter	Tochter
	31.12.	31.12.
Gewinn- und Verlustrechnung		
Umsatzerlöse extern	22.400	126.000
Umsatzerlöse verb Untern	88.200	
Bestandsveränderungen	–2.000	
Sonstige Erträge	1.500	1.500
Materialaufwendungen	–57.000	–94.500
Personalaufwendungen	–19.000	–12.000
Abschreibungen	-5.000	-1.800
Sonstige Aufwendungen	–25.600	–16.200
Betriebserfolg	**3.500**	**3.000**
Finanzerfolg	500	
Steuern vom Einkommen und vom Ertrag	–1.000	–750
Jahresüberschuss	**3.000**	**2.250**

Im Beispiel wird der jeweilige Jahresüberschuss zunächst auf dem Posten Bilanzgewinn verbucht und im Laufe des Folgejahres entweder ausgeschüttet oder auf die Gewinnrücklage übertragen.

Anmerkung zur Folgekonsolidierung:

Wie vorne dargelegt, ist die Konzernbuchhaltung kein in sich geschlossenes System des Rechnungswesens. Der Konzernjahresabschluss ergibt sich aus der Konsolidierung der Jahresabschlüsse der einbezogenen Unternehmen unter Beifügung der für den Konzernabschluss notwendigen Ergänzungskonten

Die Problematik der Konsolidierung der Jahresabschlüsse ergibt sich daraus , dass es sich dabei nicht um eine einfache Addition gleichartiger Jahresabschlussposten zu einer Konzernbilanz handelt. Verschiedene Jahresabschlussposten der einzelnen Unternehmen werden in der Konzernbilanz anders geordnet bzw zusammengefasst oder anders als im Einzelabschluss bewertet. Darüber hinaus enthält der Konzernabschluss Posten, die sich nicht in den Einzelabschüssen befinden, wie beispielsweise der Firmenwert aus der Kapitalkonsolidierung.

Diese Posten bzw deren konzernmäßige Behandlung finden in den Einzelabschlüssen keinerlei Niederschlag. Da der Konzernabschluss aber jedes Jahr von Neuem aus den Einzelabschlüssen der einbezogen Unternehmen abgeleitet wird, müssen alle Posten, die zum Abschluss des Vorjahres in der Konzernbilanz anders behandelt wurden, zur Herstellung der Bilanzidentität (die Eröffnungsbilanz und die vorhergehende Schussbilanz müssen ident sein) wieder eingebucht werden.

Würde dies nicht geschehen, käme es zu Verwerfungen in der Gewinn- und Verlustrechnung des laufenden Jahres. Dies möge an einem Beispiel dargelegt werden:
Ein Vermögensgegenstand des Anlagevermögens, der im Einzelabschluss wegen einer zu kurz angenommenen Nutzungsdauer bereits voll abschrieben ist, wird anlässlich der Erstkonsolidierung in der Konzerneröffnungsbilanz um 1 Mio Euro aufgewertet und konzernmäßig über fünf Jahre abgeschrieben.

Daraus ergibt sich folgendes Bild:

Wert in der Eröffnungsbilanz des Konzerns	1 Mio Euro
Abschreibung im ersten Jahr	0,2 Mio
Restwert Ende des ersten Jahres	**0,8 Mio**
Abschreibung im zweiten Jahr	0,2 Mio
Restwert Ende des zweiten Jahres	**0,6 Mio**

Wie schon dargelegt, scheint dieser Gegenstand in der Einzelbilanz nicht mehr auf. Mangels einer Konzernbuchführung ist dieser Gegenstand auch in der Konzernabschlussbilanz der Folgejahre nicht enthalten. Er muss daher jeweils mit dem Restwert des Vorjahres in die Überleitung vom Einzelabschluss in den Konzernabschluss eingebucht und weiter abgeschrieben werden. Die Gegenbuchung für die Einbuchung ist das Eigenkapital, weil der Gegenstand anlässlich der Erstkonsolidierung über das Eigenkapital eingebucht und im ersten Konzernjahr über die Gewinn- und Verlustrechnung mit 0,2 Mio abgeschrieben wurde, womit das Eigenkapital (hinsichtlich dieses Gegenstandes) Ende des ersten Jahres in der Konzernbilanz einen Wert von 0,8 Mio hat. Würde die Einbuchung nicht erfolgen wäre das Eigenkapital im Konzern mit 0,8 Mio zu gering ausgewiesen. Des Weiteren wäre keine Abschreibung möglich, da der Gegenstand nicht vorhanden sein würde.

Wegen des Fehlens einer geschlossenen systematischen Konzernbuchführung müssen für alle Posten, die nicht gleichbewertet in den Einzelabschlüssen enthalten sind, eigene Hilfsaufzeichnungen geführt werden.

Gegenseitige Aufrechnungen von Ertrags- und Aufwandsposten, die nicht das Ergebnis berühren, und die Aufrechnung von Forderungen und Schulden müssen in der Folgebilanz nicht wiederholt werden. Das Ergebnis wäre eine sofortige Wiederaufrechnung.

Stufe 1: Überleitung des Jahresabschlusses des Tochterunternehmens (UB I) in die (konzernreife) Bilanz (UB II)

Buchungssätze 31.12.2016 zur Überleitung von der UB I in die UB II

Wiedereinbuchung der Daten der letzten Konzernbilanz, soweit diese im Einzeljahresabschluss nicht enthalten sind. Bei der ersten Folgekonsolidierung sind dies die Daten der Konzerneröffnungsbilanz vom 1.1.2016.

1	Unbebaute Grundstücke	2.000	
	Sonstiges Sachanlagevermögen	4.000	
	an Gewinnrücklagen		
	lt Konzern-Eröffnungsbilanz		6.000
2	Gewinnrücklagen	1.500	
	an Rückstellungen für latente Steuern		
	lt Konzern-Eröffnungsbilanz. Es handelt sich um die latenten Steuern auf die steuerlich nicht aktivierten stillen Reserven.		1.500
3	Stammkapital	2.500	
	Gewinnrücklagen	2.625	
	an nicht beherrschende Anteile		
	lt Konzern-Eröffnungsbilanz auf die nicht beherrschenden Anteile übertragener Anteil am Vermögen (25 %)		5.125
4	Abschreibungen	800	
	an Sonstiges Sachanlagevermögen		
	Jahresabschreibung der aktivierten stillen Reserven		800
5	Rückstellung für latente Steuern	200	
	an Körperschaftsteuer		
	Veränderung der latenten Steuern gegenüber 1.1.2016 Da die stillen Reserven um 800 geringer geworden sind (Buchungssatz 4), müssen auch die wieder eingebuchten latenten Steuern entsprechend (25 % der Minderung) verringert werden.		200
6.	Bilanzgewinn (25 % von 1.650)	412	
	an nicht beherrschende Anteile		
	Gewinnanteil der nicht beherrschende Anteile		412

Die Buchungen 1–3 sind die Wiederholungsbuchungen aus dem Vorjahr, die Buchungen 4–6 betreffen das laufende Jahr.

31.12.2016	UB I Tochter		Überleitung Tochter in die UB II			UB II Tochter
	31.12.16		Soll		Haben	31.12.16
Unbebaute Grundstücke	3.000	1	2.000			5.000
Techn Anlagen und Maschinen						
Sonstige Sachanlagen	10.200	1	4.000	4	800	13.400
Roh-, Hilfs- und Betriebsstoffe			0			
Handelswaren	9.450					9.450
Sonstiges Umlaufvermögen	3.300					3.300
Liquide Mittel	950					950
Aktiva	**41.900**		**6.000**		**800**	**47.100**
Stammkapital	10.000	3	2.500			7.500
Gewinnrücklagen	6.000	2 3	1.500 2.625	1	6.000	7.875
Bilanzgewinn	2.250	E 6	600 412			1.238
Nicht beherrschende Anteile				3 6	5.125 412	5.537
Sonstige Rückstellungen	2.200					2.200
Rückstellung für lat Steuern		5	200	2	1.500	1.300
Lieferverbindlichkeiten Mutter	13.000					13.000
Sonstige Lieferverbindlichkeiten	4.000					4.000
Sonstige Verbindlichkeiten	4.450					4.450
Passiva	**41.900**		**7.575**		**12.775**	**47.100**
Gewinn- und Verlustrechnung						
Umsatzerlöse extern	126.000					126.000
Umsatzerlöse verb Untern						
Bestandsveränderungen						
Sonstige Erträge	1.500					1.500

31.12.2016	UB I Tochter	Überleitung Tochter in die UB II		UB II Tochter
	31.12.16	Soll	Haben	31.12.16
Materialaufwendungen	−94.500			−94.500
Personalaufwendungen	−12.000			−12.000
Abschreibungen	**-1.800** 4	−800		−2.600
Sonstige Aufwendungen	−16.200			−16.200
Betriebserfolg	3.000			2.200
Finanzerfolg				
Steuer vom Eink und Ertrag	−750	5	200	−550
Jahresüberschuss	**2.250** E	**600**	**200**	**1.650**

Wird die latente Steuer anlässlich der Ersteinbuchung stiller Reserven gebildet, erfolgt die Gegenbuchung in gleicher Weise wie jene der stillen Reserve über das Eigenkapital. Alle in der Folge eintretenden Veränderungen werden über das Körpersteuer-Aufwandskonto geführt.

Stufe 2: Konzernkonsolidierung

In der 2. Stufe der Folgekonsolidierungen werden jene Konsolidierungsmaßnahmen durchgeführt, die gleichzeitig zwei oder mehrere in den Konsolidierungskreis einbezogene Unternehmen betreffen. Es sind dies vor allem die Kapitalkonsolidierung (Beteiligung der Mutter gegen Eigenkapital der Töchter), die Gewinneliminierung (Gewinne aus der Lieferung an andere einbezogene Unternehmen, soweit die gelieferten Gegenstände am Konzernabschlussstichtag noch in Händen des empfangenden Unternehmens sind), die Aufwands- Ertragskonsolidierung und die Schuldenkonsolidierung

Kapitalkonsolidierung

1	Stammkapital 75 % von 10.000 Gewinnrücklage 75 % von 10.500 Unterschiedsbetrag (Firmenwert an Beteiligung Wiederholung Kapitalkonsolidierung	7.500 7.875 2.625	 18.000
	Nur die Buchung 1 ist eine Wiederholungsbuchung. Alle nachfolgenden Buchungen betreffen das laufende Jahr.		
2	Abschreibung Firmenwert an Firmenwert Jahresabschreibung Firmenwert	262	 262

Konsolidierungsmaßnahmen im Zusammenhang mit der Warenbewegung

Der interne Umsatz zwischen Mutter und Tochter ist zu neutralisieren.

Der Erlös der Muttergesellschaft ist mit dem Materialaufwand der Tochtergesellschaft zu saldieren.

In gleicher Weise sind die Forderungen der Mutter mit den Verbindlichkeiten der Tochter aufzurechnen

3	Lieferverbindlichkeiten gegenüber M an Forderungen gegen T Schuldenkonsolidierung	13.000	13.000
4	Umsatzerlöse verbundene Unternehmen (42.000 Stück) an Materialaufwendungen Ausschaltung des innerkonzernlichen Umsatzes	88.200	88.200

Zwischengewinneliminierung

Der bei der Tochtergesellschaft zum Abschlussstichtag lagernde Warenbestand ist in der Einzelbilanz zum Einstandspreis der Tochter bewertet. In der Konzernbilanz ist dieser Warenbestand auf die Konzernherstellungskosten (in der Regel die Herstellungskosten der Mutter) abzuwerten.

Es ist auf die Tatsache zu achten, dass alle vorkonzernlichen Lieferungen von M an T als Zukauf von Dritten zu behandeln sind, weswegen es bei diesen auch keine innerkonzernlichen Gewinne gibt. Außerdem wird diese (zum Stichtag der ersten Kapitalkonsolidierung lagernde) Ware bei der Tochter weiterhin als Handelsware behandelt.

Warenbewegung Tochter

Der Verkaufspreis für die Lieferungen der von der Mutter hergestellten Erzeugnisse an die Tochter beträgt 2,10 pro Stück. Die Tochter verkauft die Produkte um 2,80 an Dritte. Die Herstellungskosten der Mutter betragen pro Stück 1,00.

Bei der Tochter ergab sich 2016 folgende Warenbewegung (in Stück)

Anfangsbestand   7.500 Stück à 2,1   15.750

Diese Ware wird wegen des vorkonzernlichen Erwerbes nicht auf die Konzernherstellungskosten abgewertet und auch weithin als Handelsware behandelt. Sie wurde 2016 vollständig verkauft (Gegenkonto Handelswareneinsatz = Materialaufwendungen).

Wäre von dieser Ware am 31.12.2016 noch etwas vorhanden, würde der Bestand weiterhin als Handelsware mit dem ursprünglichen Einstandspreis in die Konzernbilanz eingebucht.

Zugang von M 2016	42.000	Stück à 2,1	88.200
Gesamt	49.500		103.950
Verkauf (inklusive des Anfangsbestandes) zu Einstandspreisen			
	45.000	à 2.10	94.500
Endbestand zu Einstandspreisen der Tochter	4.500	à 2.10	9.450
Bewertung zu Konzernherstellungskosten	4.500	à 1,00	4.500
Gewinneliminierung (9.450–4.500)	4.950		

Die Endbestände 2016 stammen alle aus dem laufenden Jahr.

Die (positive) Bestandsveränderung ergibt sich aus den 4.500 Stück, die bei der Tochter auf Lager liegen. Da die Tochtergesellschaft im Konzernabschluss lediglich eine Betriebsstätte des fiktiven Unternehmens „Konzern" darstellt, sind die bei der Tochtergesellschaft lagernden Waren als Fertigerzeugnisse zu behandeln und zu Konzernherstellungskosten zu bewerten. Die Herstellungskosten der von der Mutter erworbenen Waren betragen 1,00 pro Stück. Somit ist das Gegenkonto für Veränderungen des Bestandes nicht das Konto Handelswareneinsatz, sondern das Konto Bestandsveränderungen.

5	Unfertige und fertige Erzeugnisse	9.450	
	an Handelswaren		9.450
	Übertrag der lagernden Ware von Handelsware auf Fertigerzeugnisse		
6	Materialaufwand	4.950	
	an fertige Erzeugnisse		4.950
	Gewinneliminierung		
7	Materialaufwand	4.500	
	an Bestandsveränderungen		4.500
	Bestandserhöhung der Fertigerzeugnisse gegenüber dem 1.1.2016		

Steuerlatenzen gem § 258

Soweit sich die Steuerlatenzen auf die stillen Reserven beziehen, werden sie bereits in der Überleitung von der UB I in die UB II errechnet und verbucht.

Gewinneliminierungen und sich daraus ergebenden Steuerlatenzen erfolgen im Rahmen der Konsolidierungsumbuchungen und nicht in der Überleitung von der UB I in die UB II. Dies deswegen, weil diese Ergebnisse aus dem Geschäftsverkehr zwischen den einbezogenen Unternehmen entstanden sind und somit erst in der Stufe 2 konsolidiert werden.

Außerdem sind für die nicht beherrschenden Anteile die anderen verbundenen Unternehmen normale Fremdunternehmen, weswegen sie nicht an der Abwertung teilhaben. Das Gleiche gilt auch für die steuerliche Behandlung der im Unternehmen lagernden Konzernware. Für diese gilt nach wie vor der Einstandspreis des Einzelunternehmens.

Maßnahmen gem § 258 ergeben sich im vorliegenden Fall aus der Eliminierung des Gewinnes im Warenendbestand bei der Tochter.

| 8 | Aktive latente Steuern
an Steuern vom Einkommen und vom Ertrag
Aktive latente Steuern auf Gewinneliminierung 25 % von
4.950 | 1.237 | 1.237 |

Spiegel für latente Steuern zum 31.12.2016

	Unternehmensansatz	Steueransatz	Differenz (Steuer Basis)	Latente Steuer Ja/nein	Passiv/Aktiv	Unternehmensansatz	Steueransatz	Differenz	Passiv/Aktiv	Änderung
	31. Dezember 2016					1. Jänner 2016				
Firmenwert aus Kons	2.363	0	2.363	Nein	0	2.625 § 198 Abs 10 Z 1	0	2.625	0	0
Stille Res Grundst	2.000	0	2.000	Ja	−500	2.000	0	2.000	−500	0
Stille Res Sachanl	3.200	0	3.200	Ja	−800	4.000	0	4.000	−1.000	200
Latente Steuer passiv					−1.300				−1.500	200
Gewinne-liminierung	4.500	9.450	4.950	Ja	1.237	0	0	0	0	1.237

Gem § 258 sind die aktiven und passiven latenten Steuern zu saldieren, wenn sie auch dem Finanzamt gegenüber saldiert werden können. Im vorliegenden Beispiel wurde der besseren Übersicht wegen auf die Saldierung verzichtet.

Stufe 2

Konsolidierung

31.12.2016	UGB-Bilanz 31.12.16 Mutter	UB II Tochter	M+T Summe		Konzern-Überleitung			Konzern-schluss-bilanz
	31.12.16	31.12.16	31.12.16		Soll		Haben	
Firmenwert				1	2.625	2	262	2.363
Unbebaute Grundstücke		5.000	5.000					5.000
Technische Anlagen und Maschinen	17.000		17.000					17.000
Sonstige Sachanlagen	2.000	13.400	5.400					15.400
Beteiligung	18.000		18.000			1	18.000	0
Roh-, Hilfs- und Betriebsstoffe	21.000		21.000					21.000
Unfertige und fertige Erzeugnisse	8.000		8.000	5	9.450	6	4.950	12.500
Handelswaren		9.450	9.450			5	9.450	0
Lieferforderungen gegen T	13.000		13.000			3	13.000	0
Sonstige Lieferforderungen	12.000	15.000	27.000					27.000
Sonstiges Umlaufvermögen	9.300	3.300	12.600					12.600
Liquide Mittel	2.700	950	3.650					3.650
Aktive latente Steuer				8	1.237			1.237
Aktiva	**103.000**	**47.100**	**150.100**		**13.312**		**45.662**	**117.750**
Stammkapital	28.000	7.500	35.500	1	7.500			28.000
Kapitalrücklagen	5.000		5.000					5.000
Gewinnrücklagen	12.000	7.875	19.875	1	7.875			12.000
Bilanzgewinn	3.000	1.238	4.238	E	3.975			263
Nicht beherrschende Anteile		5.537	5.537					5.537
Rückstellungen lat Steuern		1.300	1.300					1.300
Sonstige Rückstellungen	8.000	2.200	10.200					10.200
Lieferverbindlich gegen M		13.000	13.000	3	13.000			0
Sonstige Lieferverbindlich	16.000	4.000	20.000					20.000
Sonstige Verbindlichkeiten	31.000	4.450	35.450					35.450
Passiva	**103.000**	**47.100**	**150.100**		**32.350**			**117.750**

31.12.2016	UGB-Bilanz 31.12.16 Mutter	UB II Tochter	M+T Summe	Konzern-Überleitung		Konzern-schluss-bilanz
	31.12.16	31.12.16	31.12.16	Soll	Haben	
Gewinn- und Verlustrechnung						
Umsatzerlöse extern	22.400	126.000	148.400			148.400
Umsatzerl verb Untern	88.200		88.200	4 88.200		0
Bestandsveränderungen	–2.000		–2.000		7 4.500	2.500
Sonstige Erträge	1.500	1.500	3.000			3.000
Materialaufwendungen	–57.000	–94.500	–151.500	6 4.950 7 4.500	4 88.200	–72.750
Personalaufwendungen	–19.000	–12.000	–31.000			–31.000
Abschreibungen	–5.000	–2.600	–7.600	2 262		–7.862
Sonstige Aufwendungen	–25.600	–16.200	–41.800			–41.800
Betriebserfolg	3.500	2.200	5.700	88.462	83.475	488
Finanzerfolg	500		500			500
Steuer vom Eink und Ertrag	–1.000	–550	–1.550		8 1.237	–313
Davon nicht beherrschende Anteile		412				412
Konzernanteil						263

Konzernabschluss 2017

Die Jahresabschlüsse von M und T für 2017 zeigen folgendes Bild:

	UGB Jahresabschluss 2017	
	Mutter	Tochter
	31.12.	31.12.
Firmenwert		
Unbebaute Grundstücke		
Techn Anlagen und Maschinen	17.600	
Sonstige Sachanlagen	4.600	8.400
Beteiligung	18.000	
Unterschiedsbetrag		
Roh-, Hilfs und Betriebsstoffe	20.000	

Fertige und unfertige Erzeugn	9.500	
Handelswaren		8.400
Lieferforderungen an T	8.000	
Lieferforderungen Sonstige	9.000	11.000
Sonst Umlaufvermögen	17.015	8.513
Liquide Mittel	4.200	1.400
Aktiva	**107.915**	**37.713**
Stammkapital	28.000	10.000
Kapitalrücklagen	5.000	
Gewinnrücklagen	15.000	7.050
Bilanzgewinn	11.415	3.563
Nicht beherrschende Anteile		
Rückstellungen latente Steuern		
Sonstige Rückstellungen	8.000	2.600
Lieferverbindlichkeiten M		8.000
Lieferverbindlichkeiten	12.500	3.200
Sonstige Verbindlichkeiten	28.000	3.300
Passiva	**107.915**	**37.713**
Umsatzerlöse extern	25.000	141.400
Umsatzerl verb Unternehmen	105.000	
Bestandsveränderungen	1.500	
Sonstige Erträge	3.000	1.500
Erträge aus Anlagenverkauf		2.200
Materialaufwendungen	−64.000	−106.050
Personalaufwendungen	−22.000	−15.100
Abschreibungen	-5.000	−2.000
Sonstige Aufwendungen	30.030	−17.199
Betriebserfolg	**13.170**	**4.751**
Finanzerfolg	1.550	
Steuern vom Einkommen u Ertr	−3.305	−1.188
Jahresüberschuss	**11.415**	**3.563**

Überleitung in den Konzernabschluss 2017

Zu Beginn des Jahres 2017 wurde das Grundstück vom Tochterunternehmen um 5.200 verkauft. Der erzielte Gewinn ist in der G&V der Tochtergesellschaft ausgewiesen.

Das Tochterunternehmen hat im Jahre 2017 aus dem Bilanzgewinn 2016 insgesamt 1.200 ausgeschüttet, wovon 300 an Minderheitsgesellschafter gingen.

Stufe 1: Von der UB I zur UB II

Überleitung des Jahresabschlusses des Tochterunternehmens (UB I) in die konzernreife Bilanz (UB II)

In dieser Stufe werden nur Änderungen ohne Einfluss auf andere einbezogene Konzernunternehmen durchgeführt, wobei die nicht beherrschenden Anteile je nach ihrer Quote an diesen Änderungen beteiligt sind.

Buchungssätze vom 31.12.2017 zur Überleitung von der UB I in die UB II

Stille Reserven

1	Unbebaute Grundstücke	2.000	
	sonstige Sachanlagen	4.000	
	an Gewinnrücklagen		6.000
	Wiedereinbuchung der Aufwertung		
2	Gewinnrücklagen	800	
	an sonstige Sachanlagen		800
	Wiedereinbuchung der Vorjahresabschreibung		

Da die Abschreibung von den stillen Reserven im Vorjahr zu einer Verminderung des Eigenkapitals geführt hat, muss dies in der Konzernbilanz 2017 mangels vorhandener Konzerneröffnungsbilanz wieder nachgeholt werden.

Die Wiedereinbuchung kann nach der **Bruttomethode** oder der **Nettomethode** erfolgen. Bruttomethode bedeutet, dass die stillen Reserven in jener Höhe wieder eingebucht werden, in der sie bei der Erstkonsolidierung zugebucht wurden. Die seitherigen Abschreibungen (bis zum 1.1. des Geschäftsjahres) werden über das Eigenkapital, welches im Vorjahr durch die Abschreibungen vermindert worden war, nachgeholt. Diese Methode kam hier zur Anwendung

In gleicher Weise wäre es möglich, die **Nettomethode** anzuwenden, bei der die beiden Buchungssätze zusammengelegt werden. Durch die Einbuchung des Wertes zum 1.1. des Abschlussjahres erspart man sich die Nachholung der Abschreibungen der vergangenen Jahre. In diesem Fall sieht der Buchungssatz folgendermaßen aus:

Unbebaute Grundstücke	*2.000*	
Sonstige Sachanlagen	*3.200*	
an Gewinnrücklagen		*5.200*

	Die Abschreibung der stillen Reserven des laufenden Jahres erfolgt über die Gewinn- und Verlustrechnung.		
3	Abschreibungen	800	
	an sonstige Sachanlagen		800
	Jahresabschreibung des Aufwertungsbetrages der sonstigen Sachanlagen		

Grundstücksverkauf

Feststellung des Gewinnes aus dem Verkauf des unbebauten Grundstückes

Tochterunternehmen:	Verkaufserlös	5.200	
	Buchwert	3.000	
	Gewinn	2.200	
Konzern:	Verkaufserlös		5.200
	Buchwert inkl aufgelöster		
	stiller Reserven		5.000
	Gewinn		200

4	Erträge aus Anlagenverkauf	2.000	
	an unbebaute Grundstücke		2.000
	Umbuchung der aufgelösten stillen Reserven des verkauften Grundstückes auf das Konto Erträge aus Anlagenverkauf. Daraus ergibt sich das Nettoergebnis aus dem Verkauf. (2.200–2.000 = 200)		

3. Latente Steuern auf die stillen Reserven

5	Gewinnrücklagen	1.300	
	an Rückstellung für latente Steuern		1.300
	Wiedereinbuchung der latenten Steuern 2016		
6	Rückstellung für latente Steuern	700	
	an Steuern vom Einkommen und vom Ertrag		700
	Herabsetzung der latenten Steuer lt Berechnung		
	Stand 31.12.2016 25 % von 5.200 1.300		
	abz Abschreibungen 25 % von 800 200		
	abz. verkaufte stille Res 25 % von 2.000 500		
	Stand am 31.12.2017 600		
	Herabsetzung 700		

7	Stammkapital				2.500	
	Gewinnrücklagen				2.737	
	an nicht beherrschende Anteile					5.237
	Errechnung des anteiligen Betrages der nicht beherrschen-					
	den Anteile im Konzernabschluss:					
	Jeweils 25 % von:					
	Stammkapital	10.000				
	Gewinnrücklagen	10.950 (8.513–300+2.737)				
		20.950				
9	Bilanzgewinn				366	
	an nicht beherrschende Anteile					366
	25 % Gewinnanteil der nicht beherrschenden Anteile					
	25% von 1.463 (1.097+366)					

31.12.2017	UB I Tochter		Überleitung Tochter in die UB II			UB II Tochter
	31.12.17		Soll		Haben	31.12.17
Unbebaute Grundstücke		1	2.000	4	2.000	0
Techn Anlagen und Maschinen						0
Sonstige Sachanlagen	8.400	1	4.000	2 3	800 800	10.800
Roh-, Hilfs- und Betriebsstoffe						
Handelswaren	8.400					8.400
Sonstige Lieferforderungen	11.000					11.000
Sonstiges Umlaufvermögen	8.513					8.513
Liquide Mittel	1.400					1.400
Aktiva	**37.713**		**6.000**		**3.600**	**40.113**
Stammkapital	10.000	7	2.500			7.500
Gewinnrücklagen	7.050	2 5 7	800 1.300 2.737	1	6.000	8.213
Bilanzgewinn	3.563	E 8	2.100 366			1.097

31.12.2017	UB I Tochter	Überleitung Tochter in die UB II			UB II Tochter
	31.12.17	Soll		Haben	31.12.17
Nicht beherrschende Anteile			7 8 9	5.237 366	5.603
Sonstige Rückstellungen	2.600				2.600
Rückstellung für lat Steuern		6	700	5 1.300	600
Lieferverbindlichkeiten Mutter	8.000				8.000
Sonstige Lieferverbindlichkeiten	3.200				3.200
Sonstige Verbindlichkeiten	3.300				3.300
Passiva	**37.713**			**12.503**	**40.113**
Gewinn- und Verlustrechnung					
Umsatzerlöse extern	141.400				141.400
Umsatzerl verb Untern					
Bestandsveränderungen					
Sonstige Erträge	1.500				1.500
Erträge aus Anlagenverkauf	2.200	4	2.000		200
Materialaufwendungen	−106.050				−106.050
Personalaufwendungen	−15.100				-15.100
Abschreibungen	−2.000	3	800		−2.800
Sonstige Aufwendungen	−17.199				−17.199
Betriebserfolg	**4.751**		**2.800**		**1.951**
Finanzerfolg					
Steuer vom Eink und Ertrag	−1.188			6 700	488
Jahresüberschuss	**3.563**	E	**2.100**		**1.463**
Davon Minderheitsanteile					**−366**
Konzernanteil					**1.097**

Spiegel für latente Steuern zum 31.12.2017

	Unter-nehmens-ansatz	Steuer-ansatz	Differenz Basis für lat Steuer	Latent Steuer Ja/Nein	Passiv/ Aktiv	Unter-nehmens-ansatz	Steuer-ansatz	Diff-erenz	Passiv/ Aktiv	Ände-rung
	31. Dezember 2017					31. Dezember 2016				
Firmen-wert aus Kons	2.363	0	2.363	Nein	0	2.363 § 198 Abs 10 Z 1	0	2.363	0	0
Stille Res Grundst		0	0	Ja	0	2.000	0	2.000	−500	500
Stille Res Sachanl	−2.400	0	−2.400	Ja	−600	3.200	0	3.200	−800	200
Latente Steuer passiv					−600				−1.300	700
Gewinn-eliminie-rung	4.000	8.400	4.400	Ja	1.100	4.500	9.450	4.950	1.237	137
Latente Steuer aktiv					1.100				1.237	
Saldo					500				−63	

Während die latente Steuer von den stillen Reserven im Übergang von der UB I in die UB II berechnet und eingebucht wird, erfolgt die Einbuchung der latenten Steuer von der Gewinneliminierung im Zuge der Konsolidierungsmaßnahmen (Stufe 2).

Stufe 2: Konsolidierungsmaßnahmen

Kapitalkonsolidierung

Beteiligung		18.000
Stammkapital	7.500	
Gewinnrücklage	7.875	15.375
Firmenwert	2.625	2.625
Bisherige Abschreibung FW		262
Abschreibung laufendes Jahr		263
Endbestand Firmenwert		2.100

Mit der Kapitalkonsolidierung wird die im Einzelabschluss des Mutterunternehmens ausgewiesene Beteiligung mit dem bei der erstmaligen Kapitalkonsolidierung bestehenden Eigenkapital des Tochterunternehmens aufgerechnet. Die Kapitalkonsolidierung geschieht **ausschließlich** mit dem historischen Eigenkapital zum Zeitpunkt der Erstkonsolidierung. Lediglich der abzuschreibende Firmenwert wird von Jahr zu Jahr kleiner, wobei jedes Jahr die bisherigen Abschreibungen nachgeholt werden müssen (siehe Buchung 2).

Buchungssätze des Konzernjahresabschlusses 2017

1	Stammkapital	7.500	
	Gewinnrücklagen	7.875	
	Firmenwert	2.625	
	an Beteiligung		18.000
	Wiedereinbuchung Kapitalkonsolidierung		
2	Gewinnrücklage	262	
	an Firmenwert		262
	Vorjahresabschreibung Firmenwert		
3	Abschreibung Firmenwert	263	
	an Firmenwert		263
	Abschreibung 2017 des Firmenwertes		
	Die Abschreibung des laufenden Jahres wird grundsätzlich über die Erfolgsrechnung geführt.		

Warenbewegung und Gewinneliminierung

Das Mutterunternehmen hat im Jahre 2017 50.000 Stück um 2.10/Stück verkauft. Das Tochterunternehmen hat 50.500 Stück um 2,80 an Dritte abgesetzt. Der Lagerendbestand beträgt 4.000 Stück. Die Herstellungskosten betragen nach wie vor 1,00 pro Stück.

	Stück	Einstandspreis T 2,10	Herstellungskosten à 1,00
Anfangsbestand T	4.500	9450	4.500
Lieferung M an T	50.000	105.000	50.000
Gesamtlieferung	54.500	114.450	54.500
Verkauf T an Dritte	−50.500	106.050	−50.500
Endbestand	4.000	8.400	4.000
Endbestand Vorjahr	4.500	9.450	4.500
Differenz = Gewinnerhöhung	500	1.050	500

Die am Jahresende lagernde Ware der Mutter ist zunächst vom Posten Handelsware auf den Posten unfertige und fertige Erzeugnisse zu übertragen.

4	Fertigerzeugnisse	8.400	
	an Handelswaren		8.400
	Übertragung des Warenendbestandes bei der Tochtergesell-		
	schaft auf fertige Erzeugnisse		

Der Warenvorrat Ende dieses Jahres beträgt 4.000 Stück, die in der Tochter mit 8.400 (4.000 Stück zu 2,10) und im Konzern mit 4.000 (4.000 zu 1,00) zu bewerten sind. Dies bedeutet eine Abwertung der Waren um 4.400.

Die bei der Tochtergesellschaft lagernde Ware wurde Ende des Vorjahres im Konzern um 4.950 auf 4.500 abgewertet, während im Rechnungswesen der Tochtergesellschaft die Ware zum Einstandspreis der Tochter weitergeführt wurde. Im Konzern ist aber bei der Bewertung vom verringerten Wert auszugehen, weswegen die Abwertung wieder einzubuchen ist.

5	Gewinnrücklage	4.950	
	an fertige Erzeugnisse		4.950
	Wiederholung Gewinneliminierung 2016		

Damit ergibt sich auf dem Konto Fertigerzeugnisse folgendes Bild:

Stand nach Übertragung vom Konto Handelsware	8.400
Abwertungserfordernis von 8.400 auf 4.000	–4.400
Übernommene Abwertung aus dem Vorjahr	4.950
Daher erfolgt eine Zuschreibung in Höhe von	550

Buchung

6	Fertigerzeugnisse	550	
	an Materialaufwand		550
	Bewertungsangleichung		

Der Einsatz der Handelsware wird grundsätzlich über den Materialaufwand verbucht, während Bestandsveränderungen bei Fertigerzeugnissen über das Konto Bestandsveränderungen geführt werden.

Bestand an Fertigerzeugnissen im Vorjahr	4.500 Stück à 1,00	4.500
Bestand am Ende des laufenden Geschäftsjahres	4.000 Stück à 1,00	4.000
Bestandsveränderungen	500 Stück à 1,00	–500

7	Bestandsveränderungen	500	
	an Materialaufwand		500
	Bestandsverminderung Fertigerzeugnisse		

Die gegenseitigen Forderungen und Verbindlichkeiten sowie Erlöse und Material-aufwand sind gegenseitig aufzurechnen

8	Umsatzerlöse verbundene Unternehmen	105.000	
	an Materialaufwendungen		105.000
	Aufrechnung interne Umsätze 2017 M an T		
9	Verbindlichkeiten gegen verbundene Unternehmen	8.000	
	an Forderungen gegen verbundene Unternehmen		8.000
	Schuldenkonsolidierung		

Wie schon vorne dargelegt, sind die Buchungen 8 und 9 in der Folgebilanz nicht zu wiederholen.

Latente Steuer

Auf Grund der Warenabwertung hat sich 2016 eine aktive latente Steuer von 1.237 (25 % von 4.950) ergeben.

Latente Steuer im laufenden Jahr:

Bewertung Endbestand im Konzern	4.000*1,00	4.000
Steuerliche Bewertung	4.000*2,10	8.400
Differenz		4.400
Aktive latente Steuer 25 %		1.100
Stand Vorjahr		1.237
Auflösung aktive Steuerlatenz		137

10	Aktive latente Steuer	1.237	
	an Gewinnrücklagen		1.237
	Einbuchung latente Steuern auf Gewinneliminierung		
11	Körperschaftsteuer	137	
	an aktive latente Steuer		137
	lt Berechnung		

Gewinnausschüttung

Das Tochterunternehmen hat aus dem Bilanzgewinn 2016 insgesamt 1.200 ausge-schüttet, wovon 300 an Minderheitsgesellschafter gingen, während der restliche Be-trag das Unternehmen nicht verlassen hat, da die Mutter der Empfänger der Dividende war. Die Ertragsbuchung der Muttergesellschaft ist somit konzernmäßig zu stornieren.

11	Finanzerträge		900	
	an Gewinnrücklage			900
	Storno Dividendenbuchung			

Konsolidierung des Konzernjahresabschlusses 2017

31.12.2017	UGB-Bilanz 31.12.16 Mutter 31.12.17	UB II Tochter 31.12.17	M+T Summe 31.12.17	Konzern-Überleitung Soll		Haben		Konzern-schlussbilanz 31.12.17	31.12.16
Firmenwert				1	2.625	2	262	2.100	2.363
						3	263		
Unbebaute Grundstücke									5.000
Technische Anlagen und Masch	17.600		17.600					17.600	17.000
Sonstige Sachanlagen	4.600	10.800	15.400					15.400	15.400
Beteiligung	18.000		18.000			1	18.000		0
Roh-,Hilfs- und Betriebsstoffe	20.000		20.000					20.000	21.000
Unfertige und fertige Erzeugnisse	9.500		9.500	46	8.400	5	4.950	13.500	12.500
					550				
Handelswaren		8.400	8.400			4	8.400	0	0
Lieferforderungen gegen T	8.000		8.000			9	8.000	0	0
Sonstige Lieferforderungen	9.000	11.000	20.000					20.000	27.000
Sonstiges Umlaufvermögen	17.015	8.513	25.528					25.528	12.600
Liquide Mittel	4.200	1.400	5.600					5.600	3.650
Aktive latente Steuer				10	1.237	11	137	1.100	1.237
Aktiva	**107.915**	**40.113**	**148.028**		**7.875**		**34.925**	**120.828**	**117.750**
Stammkapital	28.000	7.500	35.500	1	7.500			28.000	280.00
Kapitalrücklagen	5.000		5.000					5.000	5.000
Gewinnrücklagen	15.000	8.213	23.213	1	7.875	10	1.237	12.263	12.000
				2	262	12	900		
				5	4.950				
Bilanzgewinn	11.415	1.097	12.512	E	750			11.762	263
Nicht beherrschende Anteile		5.603	5.603					5.603	5.537
Rückstellg lat Steuern		600	600					600	1.300
Sonstige Rückstellungen	8.000	2.600	10.600					10.600	10.200
Lieferverbindlichk gegen M		8.000	8.000	9	8.000			0	0
Sonstige Lieferverbindlichk	12.500	3.200	15.700					15.700	20.000

31.12.2017	UGB-Bilanz 31.12.16	UB II	M+T	Konzern-Überleitung				Konzern-schluss-bilanz	
	Mutter	Tochter	Summe					31.12.17	31.12.16
	31.12.17	31.12.17	31.12.17		Soll		Haben		
Sonstige Verbindlichkeiten	28.000	3.300	31.300					31.300	35.450
Passiva	**107.915**	**40.113**	**148.028**		**25.662**			**120.828**	**117.750**
Umsatzerlöse extern	25.000	141.400	166.400					166.400	148.400
Umsatzerl verb Untern	105.000		105.000	8	105.000			0	
Bestandsveränderungen	1.500		1.500	7	500			1.000	2.500
Sonstige Erträge	3.000	1.500	4.500					4.500	3.000
Erträge aus Anlagenverkauf		200	200					200	
Materialaufwendungen	–64.000	–106.050	–170.050			8 67	105.000 550 500	–64.000	–72.750
Personalaufwendungen	–22.000	–15.100	–37.100					–37.100	–31.000
Abschreibungen	–5.000	–2.800	–7.800	3	263			–8.063	–7.862
Sonstige Aufwendungen	–30.330	–17.199	–47.529					–47.529	–41.800
Betriebserfolg	**13.170**	1.951	15.121		105.763		106.050	15.408	488
Finanzerfolg	1.550		1.550		900			650	500
Steuer vom Eink und Ertrag	–3.305	–488	–3.793	11	137			–3.930	–313
Jahresüberschuss	**11.415**	**1.463**	**12.878**	E	750			**12.128**	**675**
Davon nicht beherrschende Anteile		366	366					–366	–412
Konzernanteil	**11.415**	**1.097**	**12.512**					**11.762**	**263**

Eigenkapitalentwicklung 1.1.2016 bis 31.12.2017

	Stamm-kapital	Kapital-rücklage	Bilanz-gewinn	Gewinn-rücklage	Summe	Minder-heits-gesellsch	Summe
1.1.2016	28.000	5.000		12.000	45.000	5.125	50.125
Jahresübersch			263		263	412	675
31.12.2016	28.000	5.000	263	12.000	45.263	5.537	50.800
Übertrag	–		–263	263			
Gewinnaussch						–300	–300
Jahresübersch			11.762		11.762	366	12.128
Stand 31.12.2017	28.000	5.000	11.762	12.263	57.025	5.603	62.628

Geldflussrechnung

Entwicklung des Anlagevermögens 2017

	Anfangsbestand	Zugang	Abgang	Abschr	Endbestand
Firmenwert	2.363	0		263	2.100
Unbebaute Grundstücke	5.000		5.000		0
Techn Anlagen	17.000	4.900		4.300	17.600
Sonstige	15.400	3.500		3.500	15.400
	39.763	8.400	5.000	8.063	35.100

Eigenkapitalentwicklung 2017

Endbestand	62.628
Anfangsbestand	−50.800
Zuwachs	**11.828**
Jahresüberschuss	12.128
abz Ausschüttung	−300
Zuwachs	**11.828**

Es wird davon ausgegangen, dass das gesamte Umlaufvermögen kurzfristig ist. Das Gleiche gilt für die Verbindlichkeiten.

Bewegungsbilanz 2016 auf 2017

	Konzern-schlussbilanz		Differenz		
	2017	2016			
Firmenwert	2.100	2.363	−263		
Unbebaute Grundstücke		5.000	−5.000		
Technische Anlagen und Maschinen	17.600	17.000	600	−4.663	Anlagevermögen
Sonstige Sachanlagen	15.400	15.400	0		
Roh-, Hilfs- und Betriebsstoffe	20.000	21.000	−1.000		
Unfertige und fertige Erzeugnisse	13.500	12.500	1.000		
Handelswaren					
Lieferforderungen	20.000	27.000	−7.000		
Sonstiges Umlaufvermögen	25.528	12.600	12.928		
Aktive latente Steuer	1.100	1.237	−137	5.791	Umlaufvermögen kfr
Liquide Mittel	5.600	3.650	−1.950	−1.950	Liquide Mittel
Aktiva	**120.828**	**117.750**			

	Konzern-schlussbilanz		Differenz		
	2017	2016			
Stammkapital	28.000	28.000	0		
Kapitalrücklagen	5.000	5.000	0		
Gewinnrücklagen	12.263	12.000	−263		
Bilanzgewinn	11.762	263	−11.499		
Nicht beherrschende Anteile	5.603	5.537	−66	11.828	Eigenkapital
Rückstellg lat Steuern	600	1.300	700		
Sonstige Rückstellungen	10.600	10.200	−400		
Lieferverbindlichkeiten	15.700	20.000	4.300		
Sonstige Verbindlichkeiten	31.300	35.450	4.150	−8.750	
Passiva	**120.828**	**117.750**			

Geldflussrechnung

Ergebnis vor Steuern	16.058	
Körperschaftsteuer	−3.930	12.128
Gewinn aus Grundstücksverkauf		−200
Abschreibungen Sachanlagen	7.800	
Abschreibungen Firmenwert	263	8.063
Geldfluss aus dem Ergebnis		19.991
Veränderungen im Nettoumlaufvermögen		
Kurzfristiges Umlaufvermögen	−5.791	
Kurzfristige Verbindlichkeiten	−8.750	−14.541
Geldfluss aus laufender Geschäftstätigkeit		**5.450**
Einnahmen aus Grundstücksverkauf	5.200	
Ausgaben Sachanlagenerwerb	−8.400	
Geldfluss aus der Investitionstätigkeit		**−3.200**
Aufnahme/Rückzahlung langfristiger Kredite	0	
Gewinnausschüttung	−300	
Geldfluss aus der Finanzierungstätigkeit		**−300**
Veränderung liquider Mittel		−1.950

	Liquide Mittel Jahresende	5.600	
	Liquide Mittel Jahresanfang	3.650	
	Veränderung liquider Mittel	−1.950	

Umfangreiche Ausführungen zur Geldflussrechnung finden sich in Egger/Samer/Bertl, „Der Jahresabschluss nach dem UGB", Band 3.

Stichwortverzeichnis

E

S

Schuldenkonsolidierung 140, 178
– Verzicht 180
Simultankonsolidierung 130, 137
Stetigkeitsgrundsatz 49
Steuerabgrenzung 54
Stichtag 47
Stichtagskursverfahren 242
– modifiziert 243
Stille Reserven bei der Kapitalkonsolidierung 87

T

Tannenbaumprinzip 28
Teilkonzernabschluss 28
Tochterunternehmen, Definition 21

U

UB I 77
UB II 77
Überleitung von der UB I in die UB II als Stufe 1 des Konzernabschlusses 76, 138
– Buchwertmethode 83
– Neubewertungsmethode 77
Unterschiedsbetrag 88
– aktiver 90
– Behandlung 90
– Ursachen 89
– passiver 92
– – Behandlung 95
– – Ursachen 92
– Verrechnung 97

V

Verbot der Einbeziehung 37
Verbundene Unternehmen, Definition 21
Veröffentlichung 371
Verzicht auf Einbeziehung 38
Vollkonsolidierung 69
– Stufen 75
Vorräte 54

W

Währungsumrechnung bei hochinflationären Währungen 254

Z

Zeitbezugsverfahren 242
Zeitwertansatz bei der Neubewertungsmethode 86
Zwischenergebniseliminierung 181